阿诺德
投资学
（第4版）

［英］格伦·阿诺德（Glen Arnold）◎著
卢　斌　张小敏◎译

THE FINANCIAL TIMES GUIDE TO INVESTING

（Fourth Edition）

中国人民大学出版社
·北京·

译者序

拥抱变化，创造价值，做一名合格投资者

中国资本市场在变化中持续向好

纽约证券交易所1903年搬迁至华尔街，成就了美国的崛起：从传统农业到工业革命，从一战到二战，从信息产业到人工智能……资本市场始终为美国的发展开路架桥。特别是，美国经济发展的起点"大基建"——运河和铁路等大项目的筹资兴建中，华尔街的作用至关重要。

30年前，我国沪深证券交易所相继开业，国内资本市场迎来飞速发展。30年来，不断成熟壮大的资本市场为我国经济和社会发展所做的贡献不可替代。目前，中国资本市场上市公司已突破4 300家，数量已位居世界第二，在我国资本市场进步迅速的同时，体制、机制创新和投资者教育等方面有待提高。

近两年，伴随着科创板注册制试点、新版证券法实施、创业板存量市场注册制改革与退市新规落地、中小板与深市主板合并、设立北京证券交易所等一系列密集的改革政策，我国资本市场已逐渐形成供给侧改革新框架，更大增量潜力逐步显现。

2021年全球疫情已趋于稳定，中国资本市场发展的基本面继续走强：率先实现复工复产，成为全球唯一经济正增长的主要经济体，许多企业的营收和利润实现了30%以上的增长；国家坚持"房住不炒"，严控资金流入楼市，鼓励投资实业，居民资产配置开始更多倾向权益资产；在"双循环"新格局以及"注册制"改革大背景下，"高精尖缺"硬科技、科技赋能传统产业、生物科技与大健康、新消费等将成为IPO新主流，为资本市场带来更多活力和增量。种种利好因素叠加，中国无疑已成为全球最具吸引力的投资市场。这从2021年7月21日以来，A股两市成交额连续40多个交易日破万亿元可以得到印证。

做时间的朋友

尽管我国股市交易量开始变大、市场更成熟，制度更完善，但目前我国股市投资者结构仍较为不均衡，单散户一般法人和个人投资者持股市值占比已超80%，而机构投资者持股占比仍处于较低水平，截至2019年末，我国境内机构投资者持有市值占比仅为11.6%。

占比最大的散户群体——一般法人和个人投资者群体——与机构投资者相比，有诸多弱势。其中，个人投资者群体普遍存在：（1）对自身的非理性、"反身性"等认识不足，倾向追涨杀跌，崇尚赚快钱；（2）对自身的专业能力认识不足，专业择时和选股能力都较弱；（3）对投资创造价值的长期性认识不足，往往不能专注于股票基本面信息，坚信自己的"非对称信息优势"。

与此同时，一般法人把持着庞大的产业资本，当其对股票市场或上市企业的信心减弱时，容易出现减持潮，从而压制市场；甚至部分创始人股东出于自身利益的考虑，在市场出现局部高点时，减持股票，影响股市走势。很多法人散户在不具备投资专业知识的时候相信所谓"市值管理"，不少还走向不法操纵股票的邪路、歪路。

长期以来，散户两大群体的主要特征和机构投资者持股占比偏低，是我国资本市场发展质量不高的主要原因。我国股市无法充分反映经济发展情况，股市投资者盈利不足，股市长期牛短熊长。

中国股市要想真正变强、更具吸引力，政策和制度完善是一方面，参与市场的投资者更理性则是另一面。中国股市发展至今，市场上最稀缺的已不是交易平台或策略，而是对投资者的理性引导和教育，使其更注重公司和市场基本面，并最终真正理解投资创造价值的本质。

"找到最好的公司，做时间的朋友"，是价值投资的本质。无论是买股票还是基金，买的都是公司的部分股权，公司可以长青成长盈利，投资者才有可能有回报。也就是说，投资回报的本质是作为企业拥有者，获得企业创新成长带来的价值积累。

从 0 到 1，合格投资者养成指南

作为一名高等院校教育工作者，我观察到，课堂传授的理论有时落后于社会实践，不少学生的认知往往也是滞后于实践的。即便经济金融专业毕业的大学生，可能很长一段时间内不少也不能称为一名合格投资者，一方面因为缺乏投资领域专门知识，另一方面很多同学从未实战参与投资实践。

因此，我一直在寻找一本可以用于指导基础投资者的书籍，希望这本书不仅教人如何投资和如何使用投资工具，还注重传达价值投资本质；不仅介绍金融市场运作原理和各类资本品，还专注于真正创造价值，摒弃那些只是听起来高大上但并不实用的模型和阔论；不仅注重理论知识，还注重具体实践和投资品格。

感谢中国人民大学出版社的李文重老师促成本书翻译。初次阅读格伦·阿诺德博士的英文版书籍时，我意识到这正是我想找的那类书。

格伦·阿诺德博士是英国索尔福德大学金融学教授，同时也是一名全职投资人，其主要著作有《公司理财》《金融时报投资指南》《价值成长投资》《巴菲特的第一桶金》等，适合无任何金融预备知识背景的人阅读。

另外，他长期通过个人网站对外展示个人投资的分析过程和结果。本书也是他近年来通过个人网站发布的投资相关文章的合集。全书共四部分：第 1 部分（1~4 章）介绍了与投资相关的基本概念；第 2 部分（5~10 章）详细介绍了集合式投资、债券、衍生品与期货、期权等投资品；第 3 部分（11~15 章）具体介绍了如何进行公司分析；第 4 部分（16~21 章）将教会读者如何自己管理个人投资组合。本次翻译版本为本书第 4 版，其中所用新闻报道、数据等都已完成更新，便于读者借由熟悉的市场环境及案例，准确地理解、运用书中所介绍的理论知识及规则。

虽然中国的市场环境与国外有所不同，但投资的本质是一致的，投资的方法论也有重要的借鉴意义。正如"做正确的事"远比"正确地做事"更重要，在中国股市逐渐步向成熟之际，一本行之有效的个人投资者指南，可以帮助基

础投资者从 0 到 1 建立正确的投资理念和方法论，成为一名合格的投资者。

写在最后

本书翻译期间，除我与工作团队张小敏老师，中国人民大学高礼研究院金融科技本科双学位班的白乐、马锦康、吴俊彦、郑子浩、李婧玚等同学亦对本书翻译有贡献。相信在参与本书翻译的过程中，同学们也学到很多。

承担本书翻译任务时，我与团队力求遵循不偏离原著题意内容的原则，尽量运用通顺、流畅的文句，使本书尽可能读起来无生硬吃力之感，但深知离"信、达、雅"的至高翻译境界仍有很大差距，错误疏漏在所难免，恳请读者朋友们不吝赐教，当不胜感激。愿读者朋友开卷受益，实为译者和出版同仁的最大福报。

卢斌

写于北京

前　言

关于投资的神话，多是为了让金融业内部人士长存下去。大家对投资存在两个误解：其一，普遍认同金融资产和市场的复杂性，且难以理解；其二，投资者必须把大笔金额交给投资"专家"管理，但实际上，他们通过管理这笔资金获得的回报，远大于投资者本人的回报。

事实上，了解投资中最重要的事，是件很简单的事。基于常识的投资知识，只要智力正常任何人都可以理解。只是所谓的行话和烦琐的细节，让局外人对投资望而却步。本书以循序渐进的方式，首先解释了投资的本质和金融市场的运作方式，帮助投资者专注于真正有价值的东西，摒弃那些只是听起来高大上但并不重要的层层迷雾。本书也介绍了可投资的金融证券种类，包括债券交易期权和交易所交易基金的单位信托。另外，书中的关键之处在于，提供了可用于分析公司的工具。

关于投资者需要聘请专家来帮助自己管理投资的论点，纯属无稽之谈。因为，多数专业基金经理的表现落后于股票市场，而年复一年地观察证实了这一点。当然，你应该没听说过这一结论。毕竟，这有悖于基金经理通常宣传的内容。有研究员把各基金经理精心挑选的股票投资组合与随机选择的组合进行对比研究，并仔细记录下两组投资组合的表现。或许你已猜到结果，实验过程是随机的，研究的结果表明，50％跑赢市场，而另外50％表现更糟，甚至没有超过对照组。

但不要因此误解我，认为所有的专业人士都毫无作为，实际上在某些情况下，一些专业人士仍有他们的用处。我只是在反驳以下观点，即私人投资者相对于专业人士通常处于劣势，且应该完全遵循他们卓越的洞察力。

当然，首先你需要知道投资的基本知识（本书将对此有所帮助），同时你也需要全身心投入这项工作，但前提是不要被那些穿条纹西装的"专家"的危言耸听吓到，误以为他们比你更有竞争优势。只要你脚踏实地专注于真正重要的事情，在一些健全的投资工具的帮助下，你也可以做到。记住，股票投资的背后是企业——购买股票，等同于购买了企业所有权的一部分。千万要明白，股票投资不是短期随机的赌博计数器游戏。长期来看，股票代表比你活得更久的企业所有权，它的价值取决于企业未来几年的变化。对你而言，想做到比那些在伦敦拥有 200 家公司股票投资组合的基金经理更了解投资这项业务，并不难。

一旦你对投资原则有所了解，也就不再相信，只有专业人士才能获得丰厚回报这一结论。你会意识到，除了简单把钱交给，比如说 ISA 经理，你还有很多其他的选择。有时，金融服务机构确实可以比你自己做的更好，且费用更便宜。但是，通常情况下，最终你需要为基金经理们糟糕的表现支付巨额费用。本书将指导你做出决定，什么情况下可自己管理投资，什么情况下雇佣他人管理。

最后一个误解是，人们认为只有富人才能买得起股票和其他金融资产。但现实生活中，中等收入人群也在投资股票市场。其实，投资者可以从每月仅投资 20 英镑开始。本书第 2 章有案例可以佐证，一名女士，在 20 年里，每月投入 100 英镑。这样的延迟满足是值得的，在她退休时，所拥有的基金价值已增至数百万英镑，而这样的结果仅仅是每月投入 100 英镑。同时，这是通过英国股市相同的年度回报率实现的结果——而非她拥有远见，避开了表现最差的股票，买入了市场上表现最好的股票所取得的成果。

继续阅读下去，你会发现投资确实可以带来利润和乐趣！

目 录

第 1 部分　投资基础

第 1 章　什么是投资？ —— 3

合伙制 …………………… 3	企业债券 …………………… 10
有限责任制 ………………… 4	资本结构 …………………… 11
普通股与超常收益 ………… 5	证券与股票 ………………… 12
股东权利 …………………… 6	供股 ………………………… 12
赚钱机器 …………………… 7	金融机构 …………………… 13
股息与留存收益 …………… 8	做一个自豪的投资者 ……… 16
如何出售股票 ……………… 9	看清投资和投机 …………… 17
一级市场与二级市场 ……… 9	

第 2 章　投资的回报 —— 19

成为百万富翁 ……………… 19	各国市场的投资回报比较 … 27
单利与复利 ………………… 20	投资风险 …………………… 28
过去的投资者有多成功？ … 21	结语 ………………………… 30
收益的重要性 ……………… 23	

第 3 章　股票市场 —— 31

什么是股票市场？ ………… 31	经纪人和做市商 …………… 32

定价——商品的传统供需模式 ……	33	主板市场 ……………………………	41
伦敦证券交易所 …………………	34	另类投资市场 ……………………	45
金融大爆炸 ………………………	35	NEX 交易所 ………………………	48
国际市场 …………………………	36	谁持有英国股票? ………………	49
交易证券的类型 …………………	37	证券交易所的角色 ………………	51
伦敦证券交易所的一级市场 ……	39	参考网站 …………………………	52
伦敦证券交易所的二级市场 ……	40		

第 4 章 买卖股票 ——————————————————————— 53

股票经纪人服务 …………………	54	SETSqx ……………………………	85
如何选择股票经纪人 ……………	59	交易完成之后 ……………………	86
查询价格和其他信息 ……………	62	股票付款 …………………………	91
充分利用金融网站 ………………	64	网络交易 …………………………	91
参考网站 …………………………	68	直接市场准入 ……………………	92
买卖股票时会发生什么? ………	78	不通过经纪人转移股票 …………	93
订单驱动交易系统 ………………	83	参考网站 …………………………	94

第 2 部分 投资类别

第 5 章 集合式投资 ——————————————————————— 97

单位信托基金 ……………………	98	参考网站 …………………………	140
参考网站 …………………………	107	分红保单 …………………………	140
开放式投资公司 …………………	119	债券保险公司 ……………………	142
交易所交易基金 …………………	120	与市场挂钩的股票债券 …………	143
投资信托(投资公司) …………	126	货币市场 …………………………	145
投资信托相关网站 ………………	135	对冲基金 …………………………	145
投资平台或投资超市 ……………	136	要高度重视高额费用 ……………	148

第6章 债券 —————————————— 155

金边债券 ······ 156	可转换债券 ······ 168
公司债券 ······ 161	外国债券 ······ 169
信用评级 ······ 165	欧洲债券 ······ 170
参考网站 ······ 167	P2P 借贷 ······ 172
高收益（垃圾）债券 ······ 167	

第7章 非寻常的股票投资 —————————————— 173

天使投资人 ······ 174	风险投资和其他私募股权 ······ 176
参考网站 ······ 174	私募股权的分类 ······ 178
众筹 ······ 175	海外股票 ······ 181
参考网站 ······ 175	参考网站 ······ 184

第8章 金融衍生品和期权 —————————————— 186

金融衍生品是什么？ ······ 186	看跌期权 ······ 194
期权是什么？ ······ 187	如何交易期权 ······ 194
股票期权 ······ 187	使用股票期权降低风险：
看涨期权持有者（看涨期权买家） ······ 188	套期保值 ······ 195
看涨期权卖家 ······ 191	使用期权减少损失 ······ 195
伦敦国际金融期货期权交易所（LIFFE）股票期权 ······ 193	指数期权 ······ 196
	参考网站 ······ 203

第9章 期货 —————————————— 204

盯市和保证金 ······ 207	股指期货 ······ 210
结算 ······ 209	买卖期货 ······ 211

· 3 ·

第 10 章　点差交易、差价合约和权证 —————————— 212

点差交易 ·················· 212
预付款 ···················· 213
参考网站 ·················· 217
差价合约 ·················· 217
认股权证 ·················· 219
备兑权证 ·················· 220
参考网站 ·················· 222

第 3 部分　公司分析

第 11 章　公司报表 ————————————————————— 225

哦不，又是数字！ ·············· 227
如何获取报告 ················ 228
报告与报表 ·················· 228
损益表 ······················ 230
资产负债表（财务状况表） ······ 234
现金流量表 ·················· 238
董事长声明 ·················· 242
首席执行官回顾 ·············· 242
财务回顾 ···················· 242
董事工作报告和业务审查 ······ 243
审计报告 ···················· 243
五年总结 ···················· 245
交易报告 ···················· 245
延伸阅读 ···················· 245

第 12 章　核心投资比率与指标 ———————————————— 247

财经版块中涉及的比率 ········ 248
绩效比率和指标 ·············· 256
财务健康比率与指标 ·········· 262
前瞻性指标 ·················· 265
延伸阅读 ···················· 271

第 13 章　会计里的技巧 ——————————————————— 272

商誉 ························ 275
公允价值 ···················· 280
我们的收入又是多少？ ········ 283
特殊项目 ···················· 285
存货计价 ···················· 286
折旧 ························ 288

资本化 …………………………	290	利润和资产 …………………………	293
表外项目 ………………………	291	其他花招 ……………………………	295
股票期权 ………………………	292	结论性意见 …………………………	297
投资公司报告未计入被投资公司的		延伸阅读 ……………………………	298

第 14 章 行业分析 —————————————————— 299

竞争基准收益 …………………	299	买方（客户）力量 …………………	308
五种竞争作用力 ………………	300	供应商力量 …………………………	309
新进入者威胁 …………………	303	行业发展 ……………………………	310
现有公司的竞争强度 …………	305	结论性意见 …………………………	315
替代品的威胁 …………………	307	延伸阅读 ……………………………	315

第 15 章 公司的竞争地位 ————————————————— 316

TRRACK 系统 …………………	317	借力资源和过度开发资源 …………	330
是什么让资源与众不同？ ……	325	结论性意见 …………………………	331
投资资源 ………………………	329	延伸阅读 ……………………………	333

第 4 部分　投资组合管理

第 16 章 发行股票的公司 —————————————————— 337

新股发行 ………………………	337	红利股票发行 ………………………	352
配股 ……………………………	345	股票回购和特别股息 ………………	354
其他股票发行 …………………	350		

第 17 章 税收和投资者 ——————————————————— 356

印花税 …………………………	356	股息税 ………………………………	357

· 5 ·

资本利得税 …… 357	个人养老金 …… 365
附息金融工具 …… 359	企业投资计划 …… 369
遗产税 …… 360	风险投资信托 …… 370
个人储蓄账户 …… 361	节税慈善捐赠 …… 373

第 18 章　合并和收购 —— 375

合并的动机 …… 375	谁是并购的赢家？ …… 391
融资并购 …… 380	为什么合并会失败？ …… 392
收购游戏的规则 …… 383	延伸阅读 …… 393
参考网站和延伸阅读 …… 391	

第 19 章　投资者保护 —— 394

不守规矩的金融服务专业人士 …… 394	自我保护 …… 404
市场监管 …… 401	诈骗 …… 405
公司监管 …… 403	

第 20 章　衡量绩效：指标与风险 —— 411

指标 …… 411	参考网站和延伸阅读 …… 430
风险 …… 420	

第 21 章　投资俱乐部 —— 431

如何成立俱乐部 …… 432	经纪人 …… 433
单位估值系统 …… 433	税收 …… 434
银行账户 …… 433	

PART 1

| 第 1 部分 |

投资基础

第1章

什么是投资？

为了帮助读者深入理解"投资者"这一概念，大家可以创设这样一个场景：想象你并不是生活在拥有众多金融工具的 21 世纪，而是处在一个金融更为简单的时代。假如你是维多利亚时代中产阶级的一员，生活富足，衣食无忧。多年来，由于良好的储蓄习惯，你积攒了一笔数量可观的存款，但当地银行 2% 的年回报率让人很不满意。

你有两个好朋友，斯蒂芬森和布鲁内尔，他们认为修建铁路能明显改善英国人的生活质量。修建铁路确实会带来十分丰厚的社会收益，同时也能够让修建者对自己为公众美好生活所做出的贡献而感到自豪，但这并不是他们想修建铁路的主要原因。实际上，他们只想赚得盆满钵满，因为在他们眼里，修建并运营一条铁路是开启财富大门的金钥匙。

但这一过程中，他们遇到了一个大麻烦：初步估计，在进行建造铁路、购买车皮、周转资金等初期投资时，至少需要 200 万英镑，然而两人眼下只能凑够 10 万英镑。这该如何是好？即便他们知道这条铁路一旦开通运营，其盈利会远远超过初始投资的 200 万英镑，可他们依然无法从银行贷到所需的 190 万英镑。

合伙制

为了募得足够的资金，他们尝试了另一种方法，游说包括你在内的多位投资者，他们说明了修建铁路的投资计划，期望与你们合伙经营。在合伙经营模式下，每位合伙人先投资 5 万英镑，剩余的资金缺口由银行贷款补齐。当铁路开始盈利时，在支付完银行利息后，剩下的利润由各合伙人平分。鉴于斯蒂芬森和布鲁内尔在负责铁路管理的过程中会付出大量的时间和精力，因此两人各自领一份薪水。但是，出于两方面原因，投资者拒绝了该投资提议。第一个原因是，根据合伙企业法，每个合伙人都应对合伙企业的所有债务负责。因此，当企业未能盈利，资产贬值，无力偿还银行债务时，银行会设法从其业务中收回资金，下一步便是向每位合伙人索赔欠款。很多时候为了偿还债务，不少合伙人都失去了房产、收藏品等个人财富，有太多的富豪因为合伙企业的债务而潦倒落魄。有了这么多的前车之鉴，你决定保证自己的资金安全，而不是冒风险投资这个项目。

此外，当合伙企业中的某位合伙人希望退出（或辞世）时，就产生了第二个问题：合伙人资产如何合理分配？退出的合伙人有权获得合伙企业资产中属于他的份额，可是要拿走这部分资产（或等价资金），企业资产就需要进行出售和分割，而这会对企业造成极大的破坏。事实上，如果一个合伙人希望退出，先前的合伙关系往往会解散，剩余的合伙人随后会建立新的合伙关系，继续经营业务。显然，这一过程无法在铁路建设项目中实现。

因此，斯蒂芬森和布鲁内尔必须考虑两个难题：投资者的无限责任，以及如何保证投资者想要（或被迫）放弃投资时的业务连续性。

○ 有限责任制

幸运的是，有一种商业模式可同时解决以上两个难题，帮助资金从普通储蓄用户流向实际商业资产中的生产性投资。在该商业模式中，公司依法作为"独立人"成立。在签订银行贷款合同等法律协议时，由公司本身作为合同的责任人，而不牵连公司股份所有者。理论上，公司没有寿命限制。因此，投资者希望兑现其股份时，无权要求公司清算资产并支付给他相应的资金，公司会直接将他名下的股份出售给另一位投资者，此项操作并不影响公司的正常经营。这个解决方案十分优秀，它能够让管理者明确商业资源不会被随意撤走，可以更好地帮助公司进行提前规划。同时，也可以不中断公司的正常运作，更好地实现经营目标，其他股东也能高枕无忧。

英国的资本主义和经济发展中最重要的突破之一是：1855年，英国引入了有限责任制。

在修订法律时，反对意见接踵而至。有人认为，当企业经营失败时，法律应规定债权人有权要求企业股东承担责任。但最终被另一种说法占了上风，即如果法律鼓励个人将储蓄用于企业投资，社会福利将得到提升，工厂、船运、商店、地产、铁路等行业也会飞速发展，市场上也会涌流着更多货物与服务。

坚持对投资者实行无限责任制，会降低其投资的信心和意愿，使得社会总体财富减少。因此，如今的企业大多以有限责任公司的形式存在，我们应该对有限责任制的创造心怀感激。债权人迅速适应了仅由公司进行贷款担保的新模式。在决定是否投资时，债权人变得更为专业化，他们开始对贷款的坏账风险（信贷风险）进行彻底评估，对信息的需要变得更大。为了让债权人获得需要的信息，立法者要求公司公布重要的经营信息。

目光转回19世纪，作为投资者，此时的你需要考虑，是否应该投资斯蒂芬森和布鲁内尔所提的好方案。经过一阵深思熟虑之后，斯蒂芬森和布鲁内尔打算创建一家有限责任公司。该公司将发行150万股股票，每股面值1英镑。就股票价格而言，有时公司以面值出售股票，有时以高于面值的价格出售股票。面值（也称为名义价值）只是一个名义数字，可用于股票有关的记录保存，但与股票的市场价值无关。以史蒂芬森和布鲁内尔有限责任公司为例，这些股票将以面值向投资者售卖，同时公司还从一家银行贷款了50万英镑。

◉ 普通股与超常收益

公司发行的绝大多数股票是普通股，投资者在购买股票的同时获得了一系列法律权利。需要注意的是，这一系列权利并不能保证投资者一定能获得股票回报。由专业经理人管理的公司没有义务向投资者发放股息（派发利润），也无权将投资者的投资退回。经理人可承诺尽最大努力运营和管理公司，但是法律无权强迫他们保证股票的回报。这与公司和银行之间的贷款合同形成鲜明对比。在与银行的贷款合同中，公司在法律上有责任定期支付利息，并在贷款到期时还清本金。

对普通股股东而言，这听起来并不是一桩好生意。股东投入了大量金钱，但无法再从公司中取出这笔资金（最多也就期望能够把手头的股票卖给其他投资者），公司没有义务向普通股股东支付任何款项。还有更糟糕的情况，如果公司被收购，其资产将被出售，此时股东有权从出售资产所筹集的资金中分得一杯羹。然而这笔"资金"只有在其他有关各方的应得款项清算完成后才能兑现。一般而言，一家公司在出售资产后，如仍有未缴纳税款，英国税务及海关总署（HMRC）会从出售资产所获的资金中扣除应收税款，然后才轮到该公司的借款人和贸易债权人（即向公司供给货物和服务但尚未收到货款的供应商）。如果公司发行了优先股（参见第7章），则拥有优先股的股东有权优先获得资金的一部分。只有在以上所有有关各方收完对应的款项，且还有剩余资金时（一般不太可能），普通股股东才能索要到资金。

虽然普通股有着众多劣势，但是否仍存在吸引普通投资者的优势呢？答案是肯定的。普通股股东可以享有企业偿还完全部债务后创造的所有利润。如果企业经营良好，那么初期1000万英镑的普通股投资到后期，其价值完全有可能超过1000万英镑。这样的例子屡见不鲜。许多投资者依靠对市场龙头企业的初期投资摇身变成了今日的百万富翁，例如Just Eat、ASOS、Boohoo、脸书和伯克希尔-哈撒韦公司皆是如此。

股东权利

公司为股东所有，股东享有当下以及未来所有盈利的最终控制权。为保护自己的财富，普通股股东依法享有一系列权利。比如，每位普通股股东都有与持有股票数量成比例的投票权。在决定公司的重要事项（如选举董事会）时，他们可以进行投票。如果董事们制定了错误的公司规划，或为一己私利参与利益输送，普通股股东可以在年度股东大会（annual general meeting，AGM）或由股东召集的特别股东大会（extraordinary general meeting，EGM）上投票更换董事会成员。股东亦可投票决定公司是否发行更多股票，以及是否应与另一家公司合并，同时，股东也有权定期获得公司的财务信息，公司每年必须向所有股东发送年度会计报告。此外，股东对公司的重大事件享有知情权，例如业绩直速下滑、重要合同违约或公司出售某个部门等。

让我们继续讨论斯蒂芬森和布鲁内尔的铁路修建计划，他们的有限责任公司已以每股1英镑的价格出售了150万股普通股。你购买了其中的5万股，意味着你需要向该公司支付5万英镑，这是你能承担的最大一笔资金。这笔钱从银行转到公司后，你所承担的风险远大于稳收银行2%利息的风险。此处风险指的是一系列事件的概率分布，而非对未来事件的准确预测。虽然储蓄利息并不能保证每年按时按数到账（毕竟银行可能破产），但收益波动的可能范围十分狭窄，即本金全部损失的概率极低。然而，你所投资股票的回报波动范围十分大，从高额回报到完全亏损（本金全部损失）都有相当大的可能性。

你持有150万股普通股中的5万股，因此持有的投票权占总数的3.33%，通常普通股的每一股都对应着一票投票权（但情况并非总是如此，公司也可以发行具有十票投票权的股票，另外发行只具有一票投票权的股票。或者，公司可以同时发行具有/不具有投票权的股票）。在由股东召集的特别股东大会上，你行使自己的投票权完成了公司董事会的选举。此刻，公司已开始启动和运行建设铁路的项目了。

◉ 赚钱机器

随后两年，公司相继建成铁路和车站，第一批乘坐火车的旅客非常满意铁路的服务。斯蒂芬森和布鲁内尔的公司目前总资产为230万英镑。公司还有40万英镑的应付账款（欠供应商的货款）和50万英镑的银行贷款。公司当前的净资产为140万英镑（即扣除负债后的资产，230－40－50＝140万英镑）。净资产归普通股股东所有，作为股东权益记录在年末资产负债表中。

鉴于斯蒂芬森和布鲁内尔的公司已经发行150万股普通股，此时每股对应93.33便士的净资产（140万英镑除以150万股）。如果公司进行破产清算（假设资产可以按照资产负债表上记录的价值出售），则持有5万股股份的股东将有权获得46 667英镑，而持有10万股股份的股东将获得93 333英镑。以此类推，每一股都平等地对应着一份企业资产和一份股息，这就是普通股又被称为股权的原因。

现在你可能觉得这笔股票交易是个赔本买卖。在公司账面上，购买公司股份时投资的5万英镑已经亏损了6.67便士。但现在就下结论还为时尚早，大多数股票都不是根据公司现有的总资产来估值的。在购买股票的过程中，股东有资格获得由公司经营所产生的未来收益的一部分，而一家企业的总价值也不仅仅是资产负债表上显示的资产。公司的价值是由有形资产与许多无形要素共同创造的，诸如公司战略定位、管理层的经验，以及公司与投资者、政府、供应商之间的关系等。

斯蒂芬森和布鲁内尔有限责任公司不仅修建了一条铁路，还为自身确立了一项特殊的权利——特许经营权（见第15章的讨论）。这意味着公司在市场上可以保有自身的定价权，向投资者收取远高于产品成本的价钱。公司在其经营区域的铁路运输行业中具有不可动摇的垄断地位，其潜在竞争对手根本无法撼动该公司的客户（也称为"高门槛"）。由于特许经营权的存在，公司能够为投资者创造可观的长期投资回报。

股息与留存收益

特许经营权在公司开业后的第三年开始发挥显著作用，其在支付完贷款利息和税款后，利润（收益）达到75万英镑。董事会需要让股权所有者（普通股股东）决定收益用途：要么由公司保留所有收益，将资金用于公司下辖路网的扩张（留存收益）；要么将部分（或全部）收益以股息的形式支付给股东。需要注意的是，无论股东做出何种决定，资金都属于股东。留存收益之所以存在，也是因为股东愿意将收益投资到企业的未来发展中。

假设董事会（经股东大会投票同意）决定以50%的派息率派发股息。即把公司税后收益的一半用于支付股息，每股将获得25便士的股息（37.5万英镑÷150万股）。

剩余的一半（37.5万英镑）作为留存收益使股东资金从140万英镑升至177.5万英镑。就股东持有的股票而言，每股不仅收到了25便士的股息，而且留存收益让每股对应的资产价值从93.33便士增长到118.33便士（177.5万英镑÷150万股）。

需要强调的是，每股118.33便士的资产价值并不等于出售时的期望价格，很多投资者愿意支付更高的价格，购买那些在市场上占有优势地位的公司股票，以期获得该公司未来的股息。我们完全有理由相信，在未来的一二十年里，该公司的收益和每股股息将大幅增长。或许有人会以每股10英镑甚至

100 英镑的价格来购买这家未来之星公司的股票。一开始买入股票时，每股仅支付了 1 英镑，然而这笔投资将会为你带来巨额的收益。

如何出售股票

这个问题将指向现代金融体系的另一块拼图。如果真的想卖掉自己持有的股票，在哪里进行交易？如何确定自己的股票是以市场公允价格卖出的？

当然，你可以将股票出售信息刊登在当地的报纸上，但很多人可能视而不见。或者拜访一下老朋友，问问他们是否愿意购买你的股票，但这样做比较失礼。

幸运的是，在维多利亚时代之前，伦敦就已建立一套帮助投资者进行股票交易的系统。早在 16—17 世纪，世界上就已经出现了一批通过远洋轮渡进行国际贸易的公司。如果投资者想要出售此类公司的股票（代表着未来收益），可以前往伦敦针线街周围的咖啡馆洽谈这笔交易。1773 年，新乔纳森咖啡馆成了英国首屈一指的"证券交易所"，并名声远扬。1802 年，伦敦证券交易所正式成立。到 19 世纪 40 年代，已有上百万只公司股票在伦敦证券交易所挂牌上市，投资者可以通过证券交易所买卖股票。

一级市场与二级市场

在鼓励投资者进行企业投资方面，伦敦证券交易所扮演着两个重要角色：其一，证券交易所负责运营管理一级市场，公司通过一级市场向投资者发行股票，然后将所得资金用于公司经营；其二，证券交易所也提供二级市场，为投资者交易股票搭建平台。一个高效可靠的二级市场能激励投资者在一级市场中购买股票。投资者希望有一个地方可以迅速、低费率地出售股票，同时不会被买家压低价格，即以市场价格卖出。换言之，投资者需要一个高流通性市场。在高流通性市场中，有着大量相互竞争的买家和卖家，股票的市场价格由大量交易订单决定。高流通性市场交易十分活跃，以至于一天内卖出 5 万股也不会引起股价下跌，因为市场会快速消化这部分股票。

股票市场理应是一个公平的赛场（人人机会均等），不能让一些投资者、经纪人、集资者或金融家以他人的损失来使自己获利。例如，市场严禁内幕交易，即禁止公司高管或其他知情人士利用内幕消息交易公司股票。股票经纪人应受到严格管理，以确保其行为决策皆是为了投资者的权益。出于自身利益考虑买卖股票者，在证券交易所中亦须严格遵守股票市场的行为准则。股票市场受到严格监管，意在避免职权滥用、操作疏忽和欺诈等不良行为的发生，从而让承担风险的投资者放心。此外，投资者希望了解有关公司运营和股价变化的信息，因此证券交易所会按最低标准要求公司公布相关信息，并协助公示相关公告，同时证券交易所还会公布交易价格和股票交易数据（如交易量）。

一个优质的二级市场允许企业将其对不动产的长期投资和股东对金融资产的短期投资即普通股分开。英语中有时会出现词不达意，不能很好地解释说明，"投资"（investment）一词正是这样的例子。在英语中，"投资"一词有两种意义：一是企业投资的不动产，范围从办公大楼、机械等有形资产到专利、品牌和版权等无形资产，这些都是增加经济产出的生产性投资；二是在二级市场上，从他人手中购买股份的投资，这种投资不一定会把更多的钱投入创造财富的资产中，二级市场交易只是两个投资者之间现金与股份所有权的转移。再次强调，如果没有一个运行良好的二级市场，人们对一级市场的投资就会减少，生产性的不动产投资也会因此而减少。

企业债券

如果想投资企业但又无法承受股票带来的高风险，购买债券是一个不错的替代方案。债券是一种长期合约，债券持有人借钱给公司并收取一定的回报。在债券到期前，公司承诺向债券持有人支付一系列（通常是）利息，其领取凭证称为息票。债券到期时，债券持有人会收到一笔特定的本金，称为债券的票面价值（或名义价值）。在英国，债券票面价值通常是 100 英镑或 1 000 英镑，到期年限一般在 7～30 年。

债券是债务融资的一种形式，不属于权益资本，债券持有人无权在公司会议（年度股东大会或特别股东大会）上投票。鉴于债券投资有许多股权投资所没有的保障措施，债券的预期回报率低于股票。债券利息的优先级高于普通股股息，因此债券持有人与股东相比，在回报上具有更高的确定性。如果公司进行破产清算，债券持有人将先于股东得到偿还。此外，债券持有人通常要求公司提供贷款抵押品（如果借款人违约，贷款人可能没收这部分抵押品），并可能对公司的管理运营提出一定的限制要求，以免使公司面临巨大的风险。为了平衡债券投资和股票投资享有的优势，债券持有人通常无法享受企业利润的分成，他们只能获得债券上写明的利息。

有些债券通过证券交易所的二级市场进行交易，但更多的债券会通过专业债券交易商进行交易。尽管公司发行的是长期债券，但提供资金的投资者亦可以将债券出售给他人，以便将其持有的债券变现。

资本结构

由于杠杆效应，公司股东可能会非常乐意公司从银行贷款或发行债券中获取资金。下面通过一个例子来说明这一点：假如这家公司已经成立五年，早已还清所有银行贷款，此时公司提议进行一项扩充铁路支线的重大投资，这一投资计划需要500万英镑。筹集资金的一种方法是供股，通过向股东出售额外股份（稍后将详细介绍），从股东那里获得所需的500万英镑。在考虑投入与回报时发现，这笔投资预计每年能为本金带来20%的回报，即从股东那里筹集的500万英镑每年可获得100万英镑的回报。

这样的回报率十分可观，但股东可以通过另一种资本结构（均衡债务与股权在公司总融资中的权重）获得更高的收益。如果该公司增发股票，从股东处获得100万英镑；发行债券，从债券持有人处获得400万英镑，这种资本结构可为股东带来更高的回报。假设债券持有人每年要求6%的回报率，那么财务杠杆对股东的好处就显而易见了。公司每年能因此新创造100万英镑的额外息前收入，其中24万英镑（400万英镑的6%）用于支付债券利息，剩余的76万英镑归于股东，而股东只付出了额外100万英镑的投资，其投资年回报率达到76%。

虽然财务杠杆使股东获得了超额收益，但也有其不利的一面。若一家企业背负了过多债务，则需要定期支付巨额利息。当企业经营业绩下滑时，其正常运营将难以为继，而增加借款意味着增加固定成本（每年都会产生额外的利息），连年的亏损可能会让公司净资产消耗殆尽，最终导致破产清算。但对于斯蒂芬森和布鲁内尔有限责任公司而言，增加债务规模算不上大问题。运营五年后公司的资产负债表中有1 000万英镑的净资产，同时收入仍在稳定增长，增加400万英镑的债务和24万英镑的年利息并不是什么大问题。

证券与股票

在许多金融出版物中，尤其是在描述美国金融市场时，"证券"（stocks）与"股票"（shares）这两个术语经常被混淆使用。在英国的金融体系中，我们将"股票"定义为公司权益，也就是前文中提及的"风险资本"，而"证券"指代能够收取投资利得的金融工具，如债券。反观美国，"股票"则被看作"普通股"，"股东"一词有时也和"股票拥有者"一词对等。因此，人们在使用"证券"一词时，既可以指债券，也可以指股票。

供股

斯蒂芬森和布鲁内尔有限责任公司已经开业十年。十年里，公司向股东发放了大量股息，而在公司的资产负债表上，股东资金的规模已然达到1 200万英镑。但美中不足之处是，公司背负着1 500万英镑的债务，且贷款利率也一直居高不下，保持上行趋势。由斯蒂芬森和布鲁内尔领导的公司董事会，想追加1 000万英镑的投资，用于现有铁路线路的扩建。从市场角度出发，这笔投资的回报十分诱人，但在现实操作中，再借贷1 000万英镑，将会给公司带来过重的风险负担，仅每年固定支出的利息就有可能让整个公司破产。考虑到增加贷款的弊端，公司决定出售更多股份，而这些新增股份，远比债务资本更具优势，权益资本在此时体现出了"危机缓震器"功能。因为经济不景气时，公司可以选择不支付股息，以更好应对商业危机。

英国法律中有一项名为"优先认购权"的规定，即公司筹集资金时，如果现有股东没有优先购买权，其新增股份将无法在市场中交易。股东有权利根据已有股份份额认购新增股份，而这也能够帮助他们维持各自的股权比例不变。按照上述规则，如果一位股东手中拥有该公司10%的股份，那么他可以认购该公司任意新增股份的 10%。需要说明的是，虽然行使"优先认购权"的股东按持有比例认购新增股份，他们各自所占股份的比例没有改变，但是因为公司筹集到新资金，经济实力更为雄厚，所以股东所持有股权的实际"分量"将会增加。供股相对于其他融资方式，操作更轻松，且节约成本，是一种十分常见的融资方式。（供股的更多内容详见第 16 章。）

金融机构

我们已经讨论过有关投资的一些核心问题。投资，是指投资者从公司认购股份和债券。公司会使用从投资者那里筹集到的资金，创造出新财富（理想状态下），并将其与投资者分享。投资者可以在证券交易所购买公司股份和债券，在二级市场中，这些法定权利可转卖给其他投资者。

在阐释完这些基本概念的基础上，我们需要进一步了解金融市场中的中介机构，明确金融机构在推动金融系统的运转与工作中扮演的角色。

投资银行

无论是铁路公司的董事长，还是制造业或服务业公司的老板，他们都不是通晓金融知识的专家，都需要从投资银行购买金融服务。而投资银行则会向那些准备上市的公司收取服务费，并提供金融建议。首次进入市场募集权益资本的公司，或仅申请股票二级市场准入许可的公司，都必须经过一些较为烦琐的办事流程，办理诸多手续，从而确保获得市场监管机构的准许。除此之外，公司还需要通过市场监管机构的认可，向投资者传递一种信号，即这家公司是由可信赖的专业人士运营管理。

投资银行可以成为一家公司的保荐人。在为这位股市新秀保荐之前，投资银行通常会认真、彻底地调研这家公司，一旦投资银行同意成为这一家公司的保荐人，就是向投资者说明，该公司运营业绩良好，并且投资银行看好其发展前景。如果保荐人怀疑一个公司的高级管理团队太过于依赖特定个人，或者在专业程度与管理平衡的把控上严重不足，那么保荐人会在公司上市之前建议（甚至坚持要求）该管理团队聘用新董事。一旦某个公司获得了入市许可，那么保荐人将开始和其他相关组织机构协调各项活动：股票经纪人协助参与股票的定价与销售；承销商将入手所有大众投资者未购买的股票；会计师会详细列出与公司业绩和公司财务实力的相关数据；律师将会处理好相关的法律程序。除此之外，保荐人还会助力起草招股说明书，其中包含了潜在投资者在做出投资决定时所需的全部重要信息。（有关公司招股说明的更多信息详见第 16 章。）

投资银行在其他方面也能为公司运作提供帮助，包括公司合并的流程、技巧与管理（公司合并问题将在第 18 章详述）。在一家公司上市一段时间后，投资银行还能够再次通过兜售新权益（例如供股），售卖债券，或者其他金融工具（例如可转换债券），帮助该公司筹集到新的资金。

对于投资银行来说，无论是协助公司的首次公开募股发行（公司在证券交易所上市），还是辅助已上市公司的股票增发（例如通过供股完成的股票增发），抑或是帮助公司之间的合并，都能够挣得盆满钵满。投行的"中介费"可高达几千万英镑，而那些有着良好声誉的个人银行家，能够通过协助完成这些交易，每年赚取数百万英镑的奖金。

除此之外，投资银行还在金融市场上充当买卖证券的经纪人。一些投资银行设有协助二级市场运作的做市部门。另外，投资银行的另一个分支业务是帮助公司完成出口融资。

对于不少投资银行而言，他们不仅协助公司完成投资理财，还负责协助个人投资者完成投资，主要是为那些缺乏时间或者无法进行专业投资计划的有钱人，提供投资组合管理服务。他们还提供以单位信托为代表的集体投资工具（详见第 5 章），同时还有一些养老金以及保险公司的投资组合。

资产转移者

投资银行和零售型商业银行完全不同（尽管许多商业银行背后是同时拥有投资银行部与商业银行部的大企业集团或综合银行）。零售银行的主要功能是向广大储户提供低风险的投资方式（绝大多数储户并不担心账户中的资金无法取出），从而吸纳短期的多笔小额存款（其储户可以随时从自己的账户中提取现金）。然后，零售银行把资金借给那些长期需要大量资金的公司，而这笔钱也将处于一定的风险中。在这一过程中，零售银行在金融市场中扮演的就是"资产转移者"的角色。

零售银行作为资产转移者起到三方面的作用：其一，转移金融市场中资产的面额，即吸纳储户的小额存款，贷款给需要大额贷款的企业；其二，分散金融投资风险，储户（可视为持有银行账户的投资者）承受低风险的投资，银行承受借贷的高风险；其三，改善资金的期限限制，将吸纳的短期存款转换成长期借贷。零售银行之所以能起到这些作用，是因为其享受了规模经济的好处，同时规模效应可以带来以下好处：高效地收集被放贷企业的风险信息，通过向多家公司同时放贷来分散风险，同时能够减少与建立贷款协议或监控借贷过程有关的银行系统的交易成本。

实际上，投资银行已放弃吸收存款和向借款者放贷的相关业务。虽然类似的资金业务投资银行仍在开展，但通常金额规模极大，在25万英镑以上。投资银行更加倾向于为企业和投资者提供专项服务，获取服务费用，并用自有账户在外汇兑换市场、衍生品市场和股权市场等不同市场进行交易，以获取利润。这些也是所谓的"自营交易"业务。

养老基金

工作时，我们都会支付一笔养老基金，为退休之后的生活提供资金来源。而养老基金的授权委托人则需要考虑在未来的几十年中如何合理处置这份资金，毕竟我们中有人在不断缴存，也有人在持续取款。有不少委托人将部分甚至全部养老基金交给专业的投资经理进行管理。在过去的50年中，英国的养老基金规模已累计超过2万亿英镑。

在英国，养老基金中的大部分资金投资了英国公司的股票。此外，正如海外资金会投资英国股市一样，英国的养老基金也会投资海外的股票权益资产。因此，在发行股票时，许多公司会把养老基金经理视作重要资金来源的掌门人。还有一点值得注意的是，尽管只有900万左右的英国公民直接持有股份，成为产业资本所有者，但是几乎全部英国公民的大多数财富都会通过养老金体系与股票挂钩。所以，基本上所有人都会对股市行情与公司股票饶有兴趣。

保险公司

保险公司也会在英国股市中持有一定比例的股份（大约5%）。除了针对火灾、盗窃、灾祸等意外事故的一般保险，保险公司还会通过游说储户购买类似于人寿保险、养老保险和个人养老金等产品，组建较大的资金池（详见第 5 章和第 17 章）。这部分资金多投资于股票、债券与房地产，资金规模已达 1.7 万亿英镑。

风险分散者

那些手中仅拥有几千英镑的投资者深知，他们需要多元化的投资，但如果他们选择购买十家不同公司的股票以实现投资的多元化，他们需要为此付出的交易成本将非常高，甚至会占用本金的一大部分。此外，投资者还希望能够将资金投资到某些特定领域，如日本股票，或美国的高科技股。但总有些提心吊胆，因为他们不具备足够的专业知识。这便促成了集合式基金的诞生。集合式基金通过筹集大量小额资金，投资数十甚至上百家公司的股票、债券以及其他证券，推动资金从储户流向生产性投资。

单位信托、投资信托以及开放式投资公司（OEIC）为投资者分散了投资风险。它们甚至允许投资者每月只投入几十英镑。英国金融市场拥有的单位信托、投资信托，以及开放式投资公司已超过 2 000 家，其市场投资规模也已经超过 1 万亿英镑。

◉ 做一个自豪的投资者

根据上文论述我们知道，现代金融体系鼓励储户将其资金投入到实物资产中以产生财富。所有社会服务（医疗保健、教育等）都依赖于这些财富来获取资源。如果没有过去 200 年来进行的社会技术革命，根本就不会有这些财富。为了创造社会财富，市场需要让数百万人的积蓄流动起来。因此，我们允许有限责任制，发展严格监管的一级和二级市场，制定法律来保护财产权利，并建立金融机构协助企业及投资者寻找合作方、签订合同、提供专业知识并关注公司的发展。

由此可见，金融系统是经济的重要润滑剂。尽管投资者进行投资的初衷是增长个人财富，但投资这一过程可以创造大量的实际资产，以此带来更大的社会福利。这并非我的原创想法。早在证券交易所正式出现之前，亚当·斯密在 1776 年就指出了个人逐利对社会的价值。

> 商人为的只是想尽可能增加他自己的利益；结果，在这种场合，和其他许多场合一样，他宛如被一只看不见的手引导，增进了一个在其意图之外的目的。而且，社会也不会因为这个目的不在他意图之内而一定更糟。经由追求他自己的利益，他往往会比他真想增进社会利益时更有效地增进社会利益。
>
> （《国富论》，1776）

所以，做一个自豪的投资者吧！个人储蓄是可以创造出财富的，高举在手中的旗帜上应该写着：投资让我变得富有，同时我也把资源分配给我认为可以高效生产社会需要或想要的商品和服务的公司。如果一个世界没有纯粹逐利的股民和债券投资者，铁路就不会建成，医药行业规模就会小很多，而硅谷仍然只是个果园。

看清投资和投机

本杰明·格雷厄姆被视为有史以来最伟大的投资家。20 世纪 20 年代，当他还只是一个在华尔街工作的年轻人时，被当时的投资狂潮所吸引。那个年代被视作"新时代"，层出不穷的新技术推动着工业向前发展。股票价格一旦上涨，无论是经验丰富的老玩家还是初出茅庐的新手，在没有调查股票所属公司的情况下便会购买大量股票。他们会根据谣言、小道消息或者上周股票涨幅较大而选择买入。因为其他人通过跟风购买都获得了成功，所以他们认为自己可以随大流。（类似的交易风气也盛行于 20 世纪 60 年代冠以"-tech"的公司，90 年代冠以".com"的公司，以及 2015—2019 年的社交网络公司身上。）

本杰明·格雷厄姆在 1929 年股市大崩盘中损失了一大笔钱。在大萧条时期，他对投资与单纯投机之间的区别思考了很多。经过长时间的思考，他摒弃了当时关于投资与投机的普遍观点，即多数人认为二者区别在于购买的投资类型，同时他也反对将持有证券的时间长短作为区别标准。他所总结的二者的关键区别在于买卖时的思维不同。投机者希望通过预测市场的波动并从中获利。相反，"投资行为被定义为，通过深入分析，在保证本金安全的同时，赢得令人满意的回报。所有不符合这一条件的行为都是投机行为。"①

再谈回铁路扩建投资计划。作为一个投资者而非投机者,你会全盘考虑斯蒂芬森和布鲁内尔的投资计划,并保证自己的资金不会承受不合理的风险。此外,你会判断管理团队的能力和完整性,并不期望通过股票的快速买卖来赚取短期利润,同时还要确保自己不会为公司的股票给出过高的价格。

19世纪,许多铁路公司的早期投资者从中获得了极为丰厚的回报,这仿如20世纪90年代末,互联网和电信行业股票的早期买家所取得的丰硕战果。随后,当越来越多人看到铁路的丰厚回报后,市场开始盛行投机风潮,人们只管向提议修建铁路的相关股票投钱,其股票价格随之飞涨,但最终泡沫破裂,许多人蒙受了巨大损失,并终生厌恶股市。希望本书能帮助你成为一个大有见地的投资者,而不是股票投机者。优秀的投资者不会厌恶股票,而是将股票视为企业的一部分,并乐于寻找优质企业,然后以合理的价格进行投资。

---

① B. Graham and D. Dodd, *Security Analysis* (McGraw-Hill, 1934), p. 54.

第 2 章

投资的回报

● 成为百万富翁

20 岁那年,莎莉·凯尔克决定每月向一只基金定投 100 英镑,该基金通过伦敦证券交易所投资了多只股票。在 20 世纪的最后 20 年里,她一直坚持定投,年回报率高达 19%(1980—1999 年英国股票的年均回报率)。在她 40 岁那年,也就是新千年的第一周到来时,她卖掉持有的所有股票,拿到 215 245 英镑。以每月 100 英镑,总计 2.4 万英镑的投入来说,这个回报还算不错。与此同时,她并未感到付出太多,因为这笔投资被分摊到了漫长的 20 年中。

值得高兴的是,莎莉却因此有机会成为百万富翁。2000 年时,她认为自己暂时不需要使用这 215 245 英镑,于是决定将这笔钱仍投资于股票市场,等到 25 年后,也就是自己退休时使用。那么她能安度晚年吗?其答案显而易见。假设 21 世纪前 25 年的年均回报率与 20 世纪后 20 年的年均回报率相同,也就是基金仍以每年 19% 的速度增长,那么莎莉到 65 岁生日时将拥有 1660 多万英镑的资产。这就是复利的力量!复利是指将投资所获得的收益进行再投资,再从累积的再投资资金以及原始资本中获得回报。

当然,这个例子的假设过于粗糙。首先,19% 的年回报率是所谓的名义回报率,其中包含对 20 世纪 80 年代通货膨胀所带来的货币购买力损失的补偿。如果以恒定的购买力计算,扣除通货膨胀的影响,年回报率(即实际回报率)

将降至13.1%。这样的年回报率依旧可观，但在莎莉25年的投资到期时，回报无法达到1 660多万英镑，最终只能拿到470万英镑。

其次，考虑到20世纪最后20年的股票回报率整体偏高，不能用作一般性的参考回报率。在之后的章节里会罗列出更精确的回报率图表，这里我先给出从总体数据来看所得出的结论：整个20世纪的股票投资年均实际回报率（扣除通货膨胀后）为5.7%，而不是最后20年里所达到的13.1%。假定从2000年起，莎莉的215 245英镑以每年5.7%的速度增长，那么到了她退休之日，这笔投资的总额将变为860 613英镑。也许这个数字不那么惊人，但要注意，它是用2000年的购买力来表示的。换言之，莎莉最后能购买的商品和服务是最初的四倍。

如果我们考虑一点通货膨胀，那么可以估算一下这笔资金的名义规模（以2025年的货币计价）：本金为215 245英镑，按25年每年9%的回报率计算，最终能达到186万英镑。所以，在不考虑其他收入、资产等情况下，莎莉在2025年时，有机会成为百万富翁。祝她好运！她有远见，够自律，把钱投资在股票上，并最终得到了丰厚的回报。[①]

单利与复利

图2-1展示了复利的威力。它显示了一笔钱分别以单利（即仅有原始本金的利息）和复利（把每年的利息再放入到投资资金中，并且未来利息是基于原始本金与每年利息再投资之和计算的）的方式进行投资，在未来不同时间点的规模差异。这两组数据都以初始投资100英镑，年利率10%进行计算。按单利计算，100英镑50年后只能获得600英镑。然而，如果利息是累积计算的（即复利），同样的年限，100英镑的投资将收获11 739英镑。[②] 爱因斯坦说复利是世界第八大奇迹（显然是谣传）。身价亿万的投资者查理·芒格曾说过，如非必要千万不要打断复利过程。

[①] 我们还忽视了第三个因素——税。莎莉可能（很可能）需要支付股息所得税和股票出售的资本利得税。

[②] 复利计算在本书作者的另一本书《企业财务管理》（Pearson，2019）第2章附录中有详细的解释。

第 2 章　投资的回报

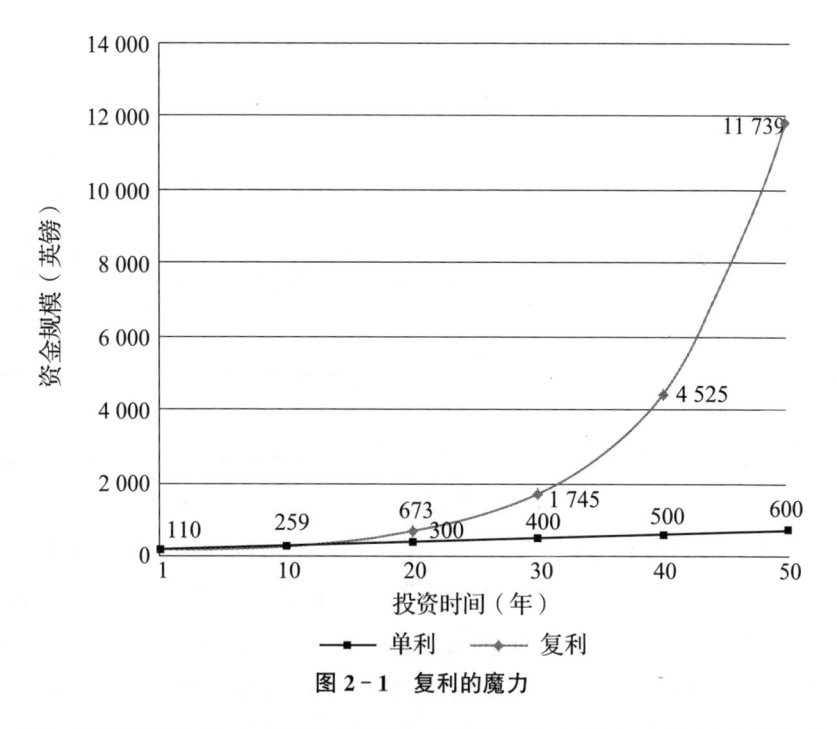

图 2-1　复利的魔力

长期投资好似种树，一开始的资金只够买一些树苗，这批树苗看起来又小又矮。月复一月，你扩充着自己的苗圃，然而头几年这批树苗看起来仍然普普通通，甚至不值得费心投入。但是，你坚持积聚和扩充它的规模。一段时间后，你可能不会再买进新树苗，只是在苗圃中简单打理一下，又或许投入到了其他的工作中。而等到回看这个苗圃时，你会惊异地发现原来稀稀拉拉的灌木丛已经变成了一座生长着参天大树的植物园。在这个过程中，时间施加了魔力。在复利的作用下，即便是很低的年利率，依然能够通过极少的本金投入而产出巨量的收益。

◦ 过去的投资者有多成功？

有这样一个值得深思的问题，即历史上不同时期的投资，如果长期持有到现在，其价值是多少？其最终投资回报的规模，取决于投资者所持有金融产品的类型（参照表 2-1）。例如，1900 年 1 月购入价值 100 英镑的英国国债（鉴于购买国债是最稳妥的投资方式之一，即通过购买国债将 100 英镑借给英国政府），如果将每年收益继续用于投资，到 2019 年年初，原来的 100 英镑将变成

59 240英镑。这项投资的名义年回报率（未扣除通货膨胀）是5.5%。即便排除通货膨胀的影响，实际投资价值也能从100英镑增长到876英镑（实际年回报率为1.8%）。

表2-1 将所有收益再投资的情况下，1900年100英镑的投资在2019年年初的价值

单位：英镑

	如果投资英国股票（股份）	如果投资英国政府债券（金边债券）
货币（名义）回报	3 675 851	59 240
实际回报	54 360	876

资料来源：瑞士信贷全球投资回报年鉴2019。基础数据由保罗·马什教授提供。

如果投资英国政府债券（金边债券）所获得的回报率远高于通货膨胀水平，那么或许投资人会因此选择投资国债。然而，当投资者将投资金边债券的回报和股票的回报进行比较后，可能会改变主意。假定某人在1900年用100英镑购入多只股票，且将股息再次投资，这笔资金在2019年1月将价值3 675 851英镑（名义回报），或者说54 360英镑（实际回报）。相较于1900年，这笔钱在119年后的今天能够买到543倍多的货物或服务。如此优异的回报表现，只是源于非常小的年回报率差距（差距仅为3.6%，在年实际回报率方面，股票为5.4%，而金边债券为1.8%）。

即便对最专一的长期投资者来讲，119年仍显得有些漫长。接下来，我们将采用更短的时间跨度，对比不同投资方式的回报如表现。如表2-2所示，房屋信贷互助会账户虽然广受储蓄用户的喜爱，但其总体回报远低于股票，甚至低于金边债券。

表2-2 英国证券的年实际回报率和100英镑本金在投资期末时的价值（将税前收益进行再投资）（%）

	119年(1900—2019.1.1)	50年(1969—2019.1.1)	20年(1999—2019.1.1)	10年(2009—2019.1.1)	1年(2018—2019.1.1)
股票	5.4	5.5	3.0	6.7	−11.8
金边债券	1.8	4.2	3.9	4.2	−0.7
房屋信贷互助会账户		0.7	−0.3	−1.7	−2.1
通货膨胀	3.6	5.1	2.0	2.3	2.1

资料来源：瑞士信贷全球投资回报年鉴2019。基础数据由保罗·马什教授、房屋信贷互助会、巴克莱投资银行股票与金边债券研究报告、英格兰银行提供。

表2-3以十年为单位对回报进行了更加细致的分析。在过去的119年时间里，股票回报（包括股息收益）只有在1910—1919年这十年区间，年回报率低于-1%，其他大部分十年段里，股票的回报都高于金边债券。

表2-3 英国证券的年实际回报率（%）

	股票	金边债券
1900—1909年	1.8	0.0
1910—1919年	-1.4	-9.9
1920—1929年	9.3	8.2
1930—1939年	2.6	5.8
1940—1949年	2.8	0.3
1950—1959年	13.4	-2.7
1960—1969年	6.7	-1.3
1970—1979年	-0.8	-3.9
1980—1989年	16.5	8.5
1990—1999年	11.6	9.7
2000—2009年	-0.2	3.2
2010—2018年	4.6	5.2

资料来源：瑞士信贷全球投资回报年鉴2019。基础数据由保罗·马什教授提供。

收益的重要性

股票投资者的总回报由两个要素组成：

股息 股息根据公司的税后利润每半年支付一次。公司董事会决定股息的支付比例，但须经过股东批准。此外应注意，有时公司可能不会支付股息，也许是因为公司目前尚未实现盈利，或因增长迅速，需要将所有现金投资于经营性资产。

资本收益 由于业务潜在价值的增加，股票价格随着时间的推移而上升（或出于投资者对股票的暂时热情上升，这可能是合理的，也可能是不合理的）。

那么，股票的丰厚回报主要是来自股息还是资本收益？在投资周期为一年的情况下，股票的回报主要来自股价变动，而股息收入贡献的金额相对较小。然而，长期投资回报绝大多数来自股息。例如，假设在1900年投资100英镑到股市，如果投资者选择将每年所得股息取出消费而非再投资，这笔投资的资本收益约为2万英镑（名义回报），而选择将股息再投资的投资者将持有价值超过300万英镑的资金（名义回报）。

关于股息

每年的第一笔股息称为中期股息或中期股息付款，在公司财年第六个月结束后不久便会派发（财年与日历年不同，公司可以选择其年终日期）。投资者收到的金额取决于其持有的股份数量，所有股息都是以每股单价计算，单价以每股若干便士或欧分的方式公布。

第二次股息称为最终股息[①]，将在该财年结束几个月后到账。首先，本年度的初步经营会计结果（如利润等）在财年结束的几周内公布，股息金额由董事会根据该结果提出。此会计结果只是初稿，不是最终的官方版本。

当经营报告和会计报表的最终版公布后的一个月左右，公司将邀请股东参加年度股东大会（AGM），大会将以投票的方式决定是否通过董事会提出的股息分配方案（实际上很少人会反对）。若股东因故无法到场参加年度股东大会，可通过网络或邮件发送投票意见。最终股息在年度股东大会闭幕后的几日内到账。把中期股息和最终股息二者相加即等于全年的股息总额。

一些公司只支付最终股息而没有中期股息（目的是降低管理成本），另一些公司则多年从未支付过股息，这种情况通常出现在公司需要大量资金投入新项目的阶段。如苹果公司在研发iPhone和iPad的过程中，多年都未曾支付股息。而一些英国和欧洲公司每个季度都会派发股息，因为这些公司大多深耕美国市场，来自美国的股东占比较高（例如英国石油公司），大多数美国公司会派发季度性股息。

支付多少股息？

公司可以决定其支付股息的数额。如果董事会愿意，公司甚至可以用前几年的剩余利润来支付股息，这笔利润甚至可以比公司当年的

[①] 也可称为第二次中期股息。

税后利润还要多。① 不过，多数公司支付的股息约占当年年度税后利润的 40%~60%。

董事会尽力保证股息不会剧烈变动，主要原因有以下两点：一是能够稳定支付股息的公司在市场上很受欢迎，投资者期望从自己持有的股票中获得可预期的收入。但在现实中，许多行业的利润都很不稳定，如果公司坚持要拿出税后利润的 50% 用于股息支付，那么股息也会变化无常，这会让许多股东为难；二是股息的变动趋势会被投资者视为董事会提前放出的信号，这代表董事会对公司发展前景的信心。股息逐年上升，表明公司运营蒸蒸日上。当公司遭遇暂时的困难时，董事会并不会削减股息，除非公司债台高筑以至于不得不这样做。同样，在一个营业收入井喷式增长的年份，公司也不会提高股息来配合增长的短期利润，否则来年利润恢复如常时，公司又不得不再次削减股息，这是断然不可取的。

股东何时收到股息？

公司有一个财务日历，通常会在其官网上公布，上面列出了股息发放的时间，这份日历能帮助你确定何时可买入股票以及何时可收到股息。此处以森宝利公司为例来讲解。

森宝利公司的财年年终日期是 2019 年 3 月 9 日。为了编写年终报告，公司财务部门需要计算过去 12 个月的利润，并编制一份资产负债表（财务状况表）。这项工作需要一定时间，所以一直到 5 月 1 日公司才会公布初步结果。两个月的时间内完成这项工作是相当迅速的，毕竟大多数公司在这项工作上要花费 2~4 个月才能完成。在年终报告中，董事会提出最终股息的金额（财年的第二笔股息）。

公司在公告日（亦称宣告日）不会支付股息。在公告中，公司会向股东说明，股息将于 7 月 12 日支付给那些在 6 月 7 日交易结束时股东名册上的股东（见表 2-4）。虽然等待的时间显得有些漫长，但这份迟滞确有必要。

---

① 公司只能从营业盈余（可分配利润）中支付股息，营业盈余是指前几年尚未使用的利润，加上出售非流动资产（以前的说法是"固定资产"）所产生的收益。这笔钱需要扣除税收和减去处置非流动资产的成本支出。

表 2-4 森宝利公司财务日历

2019 年 7 月 12 日	年终股息：支付
2019 年 7 月 4 日	2019 年度股东大会
2019 年 6 月 7 日	年终股息：股权登记日
2019 年 6 月 6 日	年终股息：除息日
2019 年 5 月 1 日	初步经营会计结果年终公布
2019 年 3 月 9 日	财年年中
2018 年 12 月 21 日	中期股息：支付
2018 年 11 月 16 日	中期股息：股权登记日
2018 年 11 月 15 日	中期股息：除息日
2018 年 11 月 8 日	经营会计结果中期公告

资料来源：www.about.sainsburys.co.uk/investors/financial-calendar/2018.

首先，董事会需要明确股东名单并以此确定该向哪位股东支付股息。每个工作日，一些股东都会将股票出售给新的投资者，因此股东名单经常变化。公司需要确定一个日期，在当天检查并确认股东名单，以明确发放股息的对象。森宝利公司选择的日期为 2019 年 6 月 7 日。

还有其他事项尚未完成。别忘了，年度的最终股息只是由董事会"提议"的，还需要在年度股东大会上进行投票表决。因此，为了避免股东大会因反对董事会提议（极少反对，但依然可能）而产生股息分配问题，股息需要等董事大会通过董事会"提议"后再发放。在年度股东大会闭幕后几日内，公司会通过银行转账或支票的形式向股东支付股息。

读者可能会疑惑，为什么表 2-4 中有两个派息资格审查的日期？一个称为"除息日"，另一个称为"登记日"？这两个日期都是非常必要的，因为投资者购买股票时，注册成为新股东会有延迟。如果通过经纪人购买股票，假设今天委托，则当天就能执行交易（即称"执行日"），但通常需要两天的时间来完成这笔交易。交易结束，买家的名字被列入股东名册时，即实际成为股东的日子。

若森宝利公司决定于 6 月 7 日（周五）进行股东资格审查，则应提前告知潜在的股票买家，如果要获得股息，需要在除息日前一天进行股票交易。即如果于除息日之前也就是周三买入，则 6 月 7 日依旧可以登记为股东；若在 6 月 6 日（周四）买入股票，则只能在 6 月 10 日（周一）进行登记，届时无法收到本年度的股息。公司审查股东资格时，股东名单上出现的是 6 月 7 日的股东，股息将按名单进行派发。

除息日（标记为 XD 或 xd）对投资者来讲十分重要，错过某只股票的除息日再买入就无法获得当年的年度股息。在除息日前交易的股票会被贴上"附股息"的标签，说明其之后会向股东派发股息。

不必担心除息日股价的大幅度波动

除息日当天股价可能会产生明显的大幅下跌，这可能会让一些投资新手上当受骗。鉴于除息日的买家无法收到几周后将会派发的股息，此时的股价下跌是必然的。

下载公司股息数据

公司官网是其股息数据的重要来源之一，访问官网可以查询公司历史账目和股息状况。此外，可以访问免费金融网站，通过网站查看特定公司的历史数据。（更多关于金融网站的内容请参见第 4 章。）

各国市场的投资回报比较

为验证在国际上英国股票和金边债券的回报率是否独树一帜，表 2-5 显示了 119 年以来，英国和其他国家的股票和政府债券的实际回报对比数据。各国股票的回报率十分接近，各国政府债券的回报率也是如此，各国股票和政府债券回报率之间的差异亦极其相似。但需要指出的是，即便是较小的年回报率差距亦能使财富在长期投资后产生巨大差异。例如，1900 年开始投资，日本股票市场中投资的 1 日元，119 年后实际增长了 119 倍，而在美国投资的 1 美元，其价值则增长了 1 500 倍以上。

表 2-5　1900—2018 年各国股票及政府债券投资的实际回报（年均回报率，%）

	股票	政府债券
欧洲大陆（16 国）	4.2	1.2
日本	4.1	−0.8
瑞士	4.4	2.3
英国	5.4	1.8
美国	6.4	1.9
世界（23 国）	5.0	1.9

资料来源：瑞士信贷全球投资回报年鉴 2019，总结版 . www.credit-suisse.com/corporate/en/research/research-institute.

投资风险

可以说，股票是一种被大众广为接受的投资选择，但股票投资也有其弱点。正如我们曾经历过的，股票可以在长达十年的投资周期中，其实际回报一直为负。2000—2003年，英国股票的价格下跌了一半，德国股票的价格下跌了2/3，日本股票的价格亦遭腰斩。即便在2003—2007年间有些许反弹迹象，但在2007年年末，全球股市以惊人的速度下跌。当2008年金融危机爆发时，全球的股票指数下跌了55%。

只要看得懂经济统计数据，理解股票的风险其实并不难。图2-2可以直观地展示出股票的风险，图中的数据是自1900年起每年股票的年实际回报率。在119年的时间里，股票在1/3以上的时间内回报为负，甚至在一些时间段内投资者损失惨重。假设你作为投资者，在1973年年初持有10万英镑的股票组合，可到了年底，你所持有的股票总价值跌至65 000英镑。此时，你可能会觉得股票价格已经触底，股市即将反弹（这也是股票分析师和媒体的老生常谈），并决定将手中的投资组合继续持有一年。

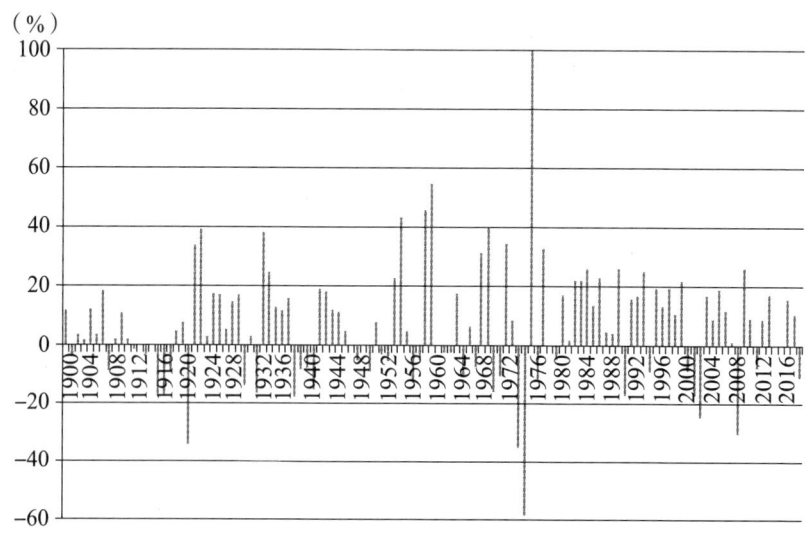

图2-2 1900—2018年股票年实际回报率

资料来源：Barclays Capital. Various Equity Gilt Studies. London：Barclays Capital.

但没想到后面还有更糟糕的境地，到1974年年底，之前持有的股票，其价值又跌至27 235英镑。此时此刻，你和许多投资者一样，在股市里跌了一个大跟头，对股票的暴跌难以接受。投资者可能会为了及时止损而将手中的股票抛出，将资金放在一个更安全的地方。然而反复无常的市场再次开了一个大玩笑，如果你继续持有之前的股票，1975年你手中的股票就会上涨至买入价格的99.6%。不过股票的价格要恢复到最初的10万英镑（以实际价值计算），还得等到1983年。

股票投资者理应具有较强的承受能力，要明白即便是在一个交易日内股票市场也有可能发生大幅度的下跌，同时也要清楚，当某家公司进入破产清算流程时，个人持有的股票有可能会在一夜之间变成一堆废纸。如果你无法承受这样剧烈的波动，那么建议你选择其他投资方式，例如房屋信贷互助会账户和银行储蓄。

金边债券的年实际回报率也会产生波动。如图2-3所示，在多个年份中，金边债券的投资者，其损失超过本金的10%。

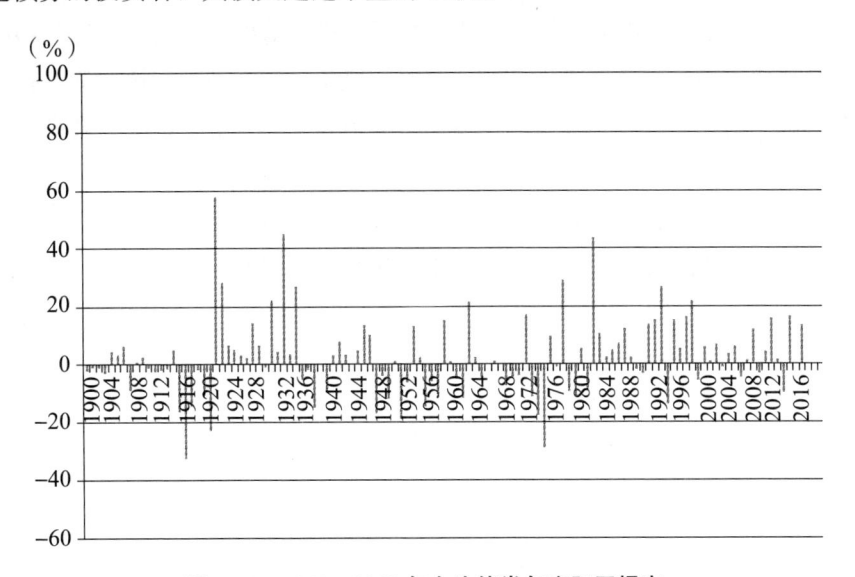

图2-3　1900—2018年金边债券年实际回报率

资料来源：Barclays Capital. Various Equity Gilt Studies. London：Barclays Capital.

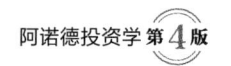

结语

尽管股票投资的回报可能为负,甚至有些投资者花了十多年都难以走出亏损的阴影,但是我们也不必为此过于悲观。20 世纪,总体来看,依然有很多投资者从股票市场获得了丰厚的回报。我相信,只要投资者避免在市场处于"非理性繁荣"时买入和在泡沫破灭时深陷其中,股票依然能给投资者带来良好的收益。投资者理应将股票视为长期投资而非短期赌博[1]。

应时而动且富有耐心的股票投资者,最终将获得丰厚的回报。回看历史数据,我们注意到,即便投资者是在 1973 年股市的最高点买入股票,在经历 1973—1975 年的股市大跌后,手中股票的价值降至最初的 27%,但如果投资者坚持将股票继续持有 38 年,那后来这 38 年的年均回报率将达到 6.2%,意味着 10 万英镑的本金可以变为 2012 年的 900 多万英镑(相当于 1973 年的 110 万英镑)。由此可见,耐心和沉稳能够在变化多端的股市中为投资者保驾护航。

股票投资的高回报有其内在逻辑。股票代表企业的风险资本,这笔钱时刻处于高风险之中。当公司进入破产清算时,股市行情将剧烈下挫。债券投资者向低风险妥协,也就收到较低的债券回报(但有时债券价格可能会被高估,让债券投资者亏损)。

单只股票以及整个股票市场或多或少都会存在风险,但基于多只股票并且长期持有的投资组合,仍会给投资者带来相当可观的回报。

---

[1] 欲了解更多关于股票"投资"而非"投机"的本质,读者可以参考我的一些通讯文章,在文章中我专注于投资哲学和应用投资原则来分析我正持有股票的英国公司。请访问 www.glen-arnold-investments.co.uk 或 www.newsletters.advfn.com/deepvalueshares。

第 3 章

股票市场

过去三十年，世界风云变幻，莫斯科、华沙和胡志明市的股票市场拔地而起。中国正在蓬勃发展的两家证券交易所，分别坐落于上海和深圳。在这两个证券交易所中，有超过 3 000 家上市公司，亦有成千上万的中国投资者，这远比英国投资者多。对这些投资者的更准确的表述应该是"资产者"，他们对资产进行风险配置，以期获得资本回报。

全球 140 多个国家拥有本国股票市场。股票市场能赢得如此多国家的青睐，说明其一定有非常珍贵的特质。中国曾表示，稳定、健康的股票市场是现代经济的重要组成部分，可以给投资者、企业和社会带来巨大的利益。本书中我们虽然专注于研究英国股票市场，但很多特征往往在其他国家的证券交易市场也能得到同样的印证。①

❍ 什么是股票市场？

股票市场是政府与企业进行长期资本募集，以及投资者进行证券交易的系统。②无论是股票市场、债券市场还是实物市场，都是为个人、组织及二者之间提供交易机会的系统。市场分为两类，一类是线下的（如牲畜买卖），能为买卖双方提供面对面的场所；一类是线上的（如外汇市场），通过电话、电脑

---

① 证券交易所（stock exchange）和股票市场（stock market）可以同义互换。交易所（bourse）是一个替代词，在欧洲大陆使用较多。

② 这些是证券交易所最基本也是历史最悠久的功能之一，如今主要证券交易所（如伦敦证券交易所）可以进行多种证券交易，包括短期交易。

等终端搭建起一个交易网络，而不存在实体的交易地点。

有些证券交易所仍为买卖双方（或买卖双方的代表）提供面对面的交易场所。例如纽约证券交易所（NYSE）继续使用原有的大型交易大厅，每个工作日都会产生数千笔面对面交易（或称公开竞价交易），这也是传统股票市场的形象。如果电视记者来到证券交易所进行采访，在纽约证券交易所大厅中，他们通常会看到，眼前小纸条遍布，交易员四处奔忙且语速飞快。

但在伦敦证券交易所里又是另一番景象。伦敦证券交易所（LSE）与当今许多交易所一样，都没有设置交易大厅。20世纪80年代，伦敦证券交易所决定使用计算机系统进行交易。计算机系统比人工交易更为便捷有效，而且交易不受距离的限制，只要交易双方可以连接到交易所的中央计算机，交易就可以正常进行。刚刚采访完纽约证券交易所的记者来到伦敦后，会选择伦敦证券交易所众多交易室的其中之一进行深度报道。交易室由金融公司所有，室内陈设着数百台电脑。其中一台电脑上显示着伦敦证券交易所中央计算机的信息，如最新交易价格。还有一些电脑显示着有关公司、新闻或分析工具的信息。屏幕前坐着股票或债券的经纪人，他们为投资者进行相关投资买卖。

通常身处不同证券交易室的买卖双方经纪人，很难在现场和同行打个照面，但遇上市场大跌时，他们将通过当天的晚间新闻看到疲惫不堪的同行，这些照片是由架在交易室里的高清摄像头捕捉到的。

经纪人和做市商

投资者之间进行场外交易是完全合法的（公司有一种特殊表格专门用于记录股份的转移——参见第4章）。然而，大多数股票交易是通过经纪人进行的，经纪人在股市上充当买家和卖家代理人的角色。经纪人不会通过另一个经纪人，而是通过蓄势待发的做市商完成买卖交易。做市商会开出买卖双向价格：一个是做市商愿意买入的价格（较低的价格），另一个是做市商愿意卖出的价格。做市商不断买入某个公司的股票，同时持续出售自己所持有的大约相等数量的股票，买入价和卖出价之间的差价即是做市商的利润。

对某只股票而言，会有许多做市商参与买卖，做市商之间的高度竞争可以确保股票买入和卖出的价格差额不会太大，避免投资者被"敲竹杠"（有关股票交易的更多详细内容请参阅第 4 章）。伦敦证券交易所也运营了两套不需要做市商的替代交易系统，但在实际操作中做市商依然是股市里很重要的角色之一。

定价——商品的传统供需模式

股票和其他证券的价格如何确定？就像在市场上出售的货物和其他资产一样，股票和其他证券的价格由供给和需求两方面来确定。

假设某只股票目前做市商定价为 149～150 便士，这意味着做市商想要以每股 149 便士的价格买入，以每股 150 便士的价格卖出（这是一个非常理想的假设，实际上做市商的买卖价格难以达成一致，但为了便于研究我们可暂时采用这一假设）。同时，我们进一步假设市场价格目前处于稳定状态，即供给和需求处于均衡。这意味着，做市商可以通过某项买卖订单数量大致相匹配的交易，平衡某只股票流动的稳定性。因此，如果供需稳定，做市商不会过多调整买卖价格。

现在假如股市上出现了关于该公司的负面新闻。投资者对公司未来利润预期下降，之前以 150 便士购买股票的买家，决定要求经纪人停止执行这笔交易，因此市场需求量也跟着下降。同时，越来越多的卖家联系经纪人，要求出售手中的股票。考虑到这家公司的前景较差，此时 149 便士的价格是合理的。

处于股市中间位置的做市商收到数量不同的订单，即卖出订单比买入订单多，这意味着买卖股票价格在 149～150 便士时，供需不再平衡。为了平衡手中买卖订单的数量，做市商需要找到数量大致相等的买家和卖家，而在当前状态下，卖家数量远大于买家数量，这时就需要刺激股市才能寻求新的供需平衡。于是，大多数做市商很快改变了报价，其实早在他们看到公司的负面新闻时就做出了这一决定。许多做市商将买卖价格降到了 148～149 便士，一些投资者被 149 便士的买入价格吸引，但这仍然无法平衡供求关系。当买卖价格进一步降到 145～146 便士时，卖出订单（每股 145 便士）大幅下降，而买入订单（146 便士）则增加不少，最后股市在 144～145 便士时达到新的均衡。这一均衡状态可持续到下一条负面消息或其他引起投资者情绪变动的因素到来之前。

至于那些仍将价格保持在149～150便士的做市商呢？他们发现大量投资者以149便士的价格出售股票。证券交易所规定做市商必须以其在交易所计算机系统中公示的价格购买特定股票（但购买数量有上限）。由于自身资金并不充裕，做市商不会持有大量股票以求囤积居奇（做市商需要同时处理数百家公司的股票交易）。因此，他们需要迅速出售以149便士购入的股票。不幸的是，他们发现其他做市商的最高价格已经跌至144便士，这意味着之前购买的股票每一股就损失了5便士。显然，所有做市商都需要对市场保持机敏，及时响应市场变动而非作壁上观。

上述交易系统以做市商为基础说明了供求关系是如何影响股票价格的。自1997年，伦敦证券交易所在做市商交易系统之外还另外开发了一种"订单驱动"的交易系统，即买卖双方（通常通过股票经纪人）可以不经由做市商这一环节直接进行交易。在这个系统中，供需关系仍对股票价格发挥着决定性作用。（订单驱动系统详情请参见第4章。）

伦敦证券交易所

商业需要资本来启动和成长，资本只是被贮藏起来的财富和资源。股票市场帮助资本从储户流向急需资金的企业，资本流动的过程在两种主要资本市场中得到了体现：交易公司股票的股票市场和交易政府与企业债券的债券市场。

资本市场历史悠久。在中世纪晚期，意大利城市就发行了与现代股票交易相类似的联邦证券（即政府债券）。英国公司投资者希望能够买卖股票，因此推动了伦敦交易市场的建立。起初，这个交易市场相当简陋，金融证券（如股票）持有者们在公众场合会面，特别是伦敦古城区，也就是现在的伦敦金融城（也被称为"一平方英里"（Square Mile），周围的城墙由罗马人所建，伦敦城位于伦敦塔的西北方）的咖啡店是常见的聚集地。早在19世纪，证券交易所就制定了一套规则和程序，旨在帮助投资者可以轻松地买卖股票，并降低欺诈和不公平交易的风险。

金融大爆炸

伦敦证券交易所的发展历程决定了它像是一个"俱乐部",具有排外性。"俱乐部"的成员(经纪人等)出于维护自身利益而进行交易。很早以前,伦敦证券交易所里竞争很少,这使得交易佣金率居高不下。20世纪70—80年代,伦敦证券交易所愈发失去了与海外市场的贸易。与此同时,养老基金和保险公司等大型金融机构支持证券交易所从固定佣金制转向协议佣金制。竞争监督机构向证券交易所施加压力,进一步打破这个舒适的卡特尔。

原本安逸自足的商业模式于1986年因金融大爆炸的出现而告终。之所以称为金融大爆炸,是因为当时英国同时实施了一系列金融变革,如取消经纪人固定佣金,外国竞争者的会员(做市商、经纪人等)资格审查放宽,证券交易系统计算化且完全取代了传统的面对面交易模式。

做市商和经纪人很快被大型金融集团收入麾下。大订单的佣金大幅度下降(比例从0.4%降至0.2%左右)。然而,由于中介机构不再进行补贴,私人投资者(投资者自行购买少量股票)的佣金则略有提升。经纪人开始分化,一些会提供传统的咨询和交易服务,而另一些则只提供交易服务(现在只进行交易的话,费用非常便宜,详情参见第4章)。

新出现的大型金融集团可以提供多种服务,如零售银行、做市、市场经纪、投资管理和保险等。这些金融巨头可以和纽约、东京、法兰克福和日内瓦的大企业分庭抗礼。为了防止由于金融服务公司内部的利益冲突而损害投资者的收益,公司建立了职能分离制度,防止敏感信息被传输到同一组织的其他部门。例如,当一位持有公司10%股份的投资者要求经纪部门出售这部分股票时,他们不希望基金(资产)管理部门知晓内幕消息而操纵市场价格,比如基金经理可能先行卖出,压低价格。同样,公司财务部门在协助投资者收购对手公司时,应防止相关信息被泄露至同一公司的其他员工,否则容易使知晓收购消息的人购买被收购公司的股票,从而抬高股价,让他们在收购合约公告时攫取大量收益(这即是内幕交易的一种形式)。

虽然职能分离制度发挥了应有的作用,但这些金融机构的公共关系部门能够发挥更大的作用。

近期动态

几个世纪以来，伦敦证券交易所一直为会员所有，并由会员运营。2001年，伦敦证券交易所成为一家公共有限公司，其股票在二级市场进行交易。企业在证券交易所主板上市，如今任何人都可以自由购买这些股票。伦敦证券交易所自"俱乐部"时期开始，已逐渐发展成股票界的支柱交易所，即便现在，它仍是世界上最大的股票市场之一。表3-1展示了伦敦证券交易所的地位，从中我们也可以发现中国和印度的证券交易所的股票市值近年来已超越大多数西方交易所的股票市值。

表3-1　未包含外国公司的各国证券市场总市值（股票市值）

交易所	10亿美元，截至2019年年初
纽约证券交易所	20 679
纳斯达克（美国）	9 757
日本交易所集团	5 297
上海证券交易所	3 919
泛欧证券交易所（巴黎、阿姆斯特丹、布鲁塞尔、里斯本、都柏林）	3 840
香港证券交易所	3 819
伦敦证券交易所集团	3 638
深圳证券交易所	2 405
印度国家证券交易所	2 056
多伦多证券交易所集团（加拿大）	1 937
德意志交易所	1 755

资料来源：World Federation of Exchange's *Annual Statistics Guide*，2018：www.world-exchanges.org/our-work/articles/wfe-annual-statistics-guide-volume-4.

2004年，伦敦证券交易所从伦敦金融城原址搬迁至圣保罗大教堂的主祷文广场。其实伦敦证券交易所也考虑过搬出伦敦金融城的方案，但鉴于交易所与金融城的紧密联系，最终还是未将交易所搬离起源地。

国际市场

国际市场变化多端。欧洲的证券交易所一直忙于合并，法国、荷兰、比利时和葡萄牙的交易所在 2000 年合并成为泛欧证券交易所（Euronext），并于 2018 年和 2019 年分别收购了爱尔兰证券交易所和挪威奥斯陆证券交易所。美国洲际交易所（ICE）下设有能源、金属和其他大宗商品交易中心，同时拥有纽约证券交易所。另外，伦敦证券交易所已经与意大利交易所合并；美国纳斯达克（NASDAQ）与北欧证券交易商瑞典 OMX 集团（包括波罗的海和斯堪的纳维亚交易所）合并后形成了三个分支——纳斯达克（北欧）交易所、纳斯达克（波罗的海）交易所以及纳斯达克（美国）交易所。然而，曾多次寻求与其他交易所合并的德意志交易所（Deutsche Börse）现在仍然保持其独立经营的身份。

欧盟通过 MiFID 立法鼓励扩大股票交易的良性竞争。MiFID 是欧盟金融工具市场法规（Markets in Financial Instruments Directive）的缩写。根据 MiFID，经纪人需要在最便捷、成本效益最高的交易所进行交易，并确保其交易价格合理。新的交易所（跨境交易机构如 Cboe Europe Equities 和 Aquis Exchange 不断涌现，与市场上的交易所以及传统的交易所之间展开竞争。新交易所已经占有一大批大型公司股票交易的市场份额。

交易证券的类型

除了股票，伦敦证券交易所还为其他类型的金融证券提供交易服务。许多固定利率的证券也可以通过伦敦证券交易所进行交易，包括金边债券、地方政府债券、外国政府债券、企业债券和欧洲债券，见图 3-1。英国政府债券（或金边债券）市场很大（即许多人都愿意借钱给英国政府）。2018 年 4 月至 2019 年 4 月，990 亿英镑的金边债券被售出，而此前英国政府已经发行了 19 300 亿英镑的国债。此外，外国政府可以通过伦敦证券交易所出售债券。然而，公司发行的企业债券（利息和最终赎回的付款都以英镑结算）的市场规模比政府债券要小得多。根据往年数据可以发现，伦敦证券交易所中欧洲债券交易的市场规模一年超过 2 000 亿英镑。（关于债券的更多内容请参阅第 6 章。）

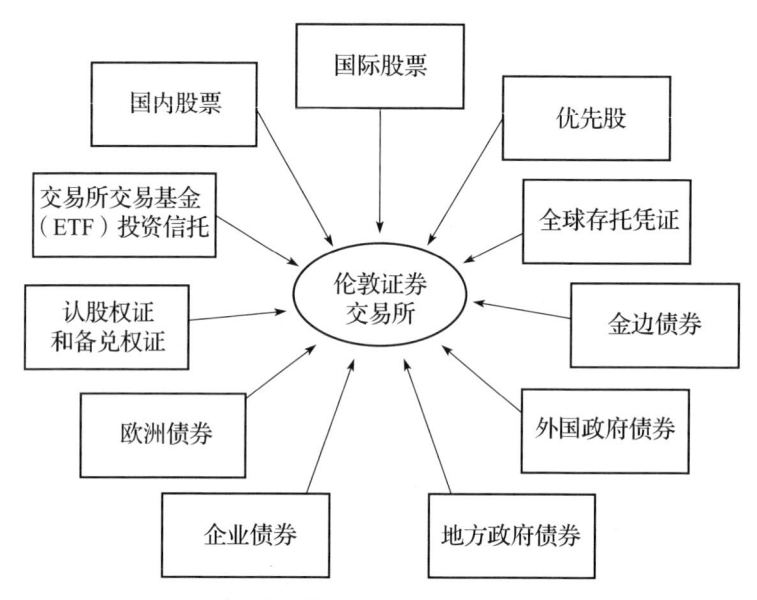

图 3-1　伦敦证券交易涉及的主要金融证券类型

一些较为专业的金融证券，如认股权证和备兑权证，通常只有少数掌握专业投资知识的投资者进行交易（认股权证是一种衍生证券，详情请参见第 10 章）。

除海外公司股票交易外，还有存托凭证（DR）市场。存托凭证可用于交易，它是存款人持有公司股份的所有权证明。因此，一家印度公司的股票可以由一个存管机构（通常是银行）分为五组，然后由存管机构出售代表一组股票所有权的证书。存托凭证可以使用公司所在国以外国家的货币计价，股息则可以用存托凭证上的货币（如英镑）而非原始股票的货币（如卢比）计价。对于国际投资老手来说，这些证券比原始股票更有流动性，也就是说更容易交易。

交易所交易基金（ETF）和交易所交易商品（ETC）是指低成本公司利用出售股票等方式筹集资金，将资金投资于一系列股票或其他证券，以跟踪特定的股票市场指数（如富时100指数）或其他行业行情（如商品价格）。详情参见第 5 章。

伦敦证券交易所的一级市场

伦敦证券交易所通过运营上市证券的一级市场，为需要资金的企业募集到大量资金（见表3-2）。2019年，超过900家英国公司和220多家非英国公司在伦敦证券交易所主板上市。绝大多数公司，在首次上市及随后几年会通过发行股票、供股、发行债券或其他金融工具来筹集更多资金。超过900家公司（769家英国公司和135家国际公司）在伦敦证券交易所另类投资市场（AIM）上市，另类投资市场专门为小规模、新成立和成长型的公司提供服务。这些市场新秀也会把筹集来的宝贵资金用于发展壮大自己的公司。

表3-2 2014—2018年通过在主板和另类投资市场发行股票和欧洲债券募集的资金额

货币单位：10亿英镑

年份	主板新上市公司 公司数	主板新上市公司 募集股权资金	主板其他上市公司* 发行次数	主板其他上市公司* 募集资金	欧洲债券 发行次数	欧洲债券 募集资金	另类投资市场 英国公司数	另类投资市场 国际公司数	另类投资市场 总募集资金
2014	71	12.3	502	13.9	1 508	220	94	24	5.7
2015	82	8.0	484	20.3	2 027	318	47	14	5.5
2016	50	3.5	396	12.4	1 671	266	55	9	4.8
2017	82	8.0	437	12.7	1 759	251	69	11	6.4
2018	82	5.1	762	14.3	（暂无）	（暂无）	52	13	5.5

* 其他上市公司是指已经在证券交易所上市多年的公司，这些公司可以通过供股等方式募集更多股权资金。

资料来源：伦敦证券交易所；主板和另类投资市场相关统计数据参见伦敦证券交易所官网。

仅2017年，在伦敦证券交易所上市的公司，通过发行股票和固定利率证券筹集到的新资本高达2 800亿英镑。这相当于平均每位英国公民向股市投入4 121英镑。当然，公司也会在当年通过多种形式向市场返还资金，如赎回债券、支付债券利息和发放股息。综上所述，一级市场确实可以为公司筹集到大量的资金。

每年都会有数十家偏爱和关注市场动态的公司，在伦敦证券交易所等待上市。2018年，有67家英国本土公司和15家外国公司在伦敦证券交易所的主板上市，52家英国公司和13家外国公司在另类投资市场上市。

因为在主板或另类投资市场上市需要支付高昂的成本费用（最低50万英镑，有时更多），所以当投资者发现大多数上市公司的市值（股价×已发行股票数）其实不足1亿英镑（见图3-2），颇为惊讶。

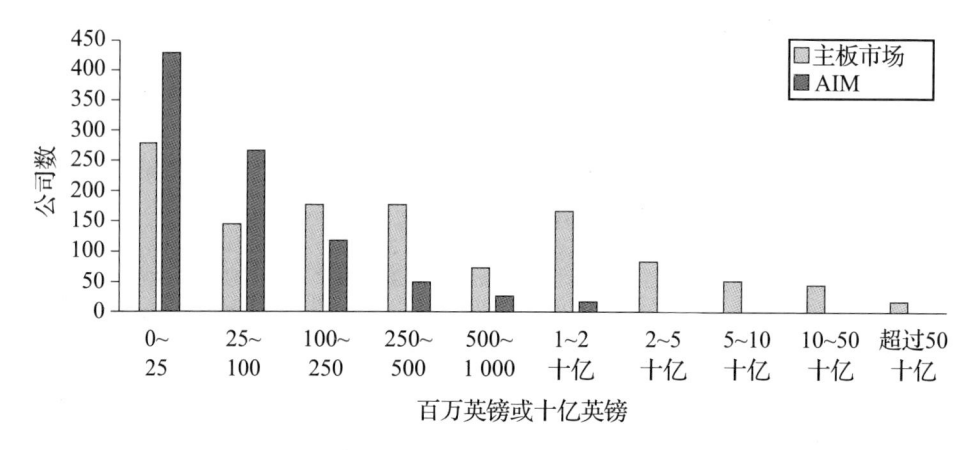

图 3-2 截至 2018 年 12 月上市公司市值分布图

伦敦证券交易所的二级市场

在证券交易所，股东之间的交易额通常十分庞大，每天投资者间的交易额常会超过100万笔，涉及金额达50多亿英镑。单笔交易的规模差别很大，从个人投资者的单笔500英镑到主流基金入场时的单笔数亿英镑。总体上看，单笔交易平均值约为6 000英镑。

二级市场成交量远超过一级市场，一级市场一年的融资额约等于二级市场几个交易日的股票交易总额。同时，二级市场投资者的活跃度确保了资金的高流动性，使股票能以低成本且不对股价造成巨大影响的方式进行交易，而这也是一个优秀证券交易所的完成目标之一。投资者可以在交易时间（周一至周五的08：00—16：30）进行股票交易。

主板市场

希望上市的公司必须签署上市协议，要求董事会遵守相关规范并保证公司向股东及时报告经营情况。上市是企业发展迈出的重要一步，企业上市后，涌入的庞大资金可以让企业迈入全新的发展阶段。由于法律规章对上市公司做出了相当细致的规定，因而成为上市公司并不容易。英国上市监管局（UKLA）作为英国金融行为监管局（FCA）的下设单位，会依照严格的规章制度对上市公司执行细致的监管。公司上市之后，董事会需要承担新的更大的责任。

在伦敦证券交易所主板上市需要经历两个阶段。证券（通常是股票）需要：（1）通过英国上市监管局审批上市；（2）通过证券交易所进行交易。

即便上市会增加公司的管理成本，并带来一定的监管压力，但综合来看，多数公司认为相比成本与压力，上市能给公司带来更多好处。例如，上市可以给股东带来更大的利益。伦敦证券交易所的主板市场是世界上最活跃、最透明、流动性最强的证券交易市场之一。如果股东希望出售持有的股票，可以在二级市场中极为便捷地完成交易。股东既能随时出售自己持有的股票，也能及时获取手中股票的价值信息，相比之下，一家未上市公司的股东往往很难评估手中股票的市值。

其次，公司上市还可以获得大量的投资资金池，推动公司迅速发展。二级市场可以做到及时公布和更新上市公司的股票价格，因此持有股票的投资者可及时确定手中的股票价格，能够快捷地、便宜地进行买卖操作，同时以较为确定的价格波动范围进行股票交易。相比因流动性差导致交易速度慢、成本高且交易价格多变的公司，即便上市公司股价偏高，投资者也愿意购买上市公司的股票。

此外，通过在主板上市，公司的地位和知名度会显著上升。银行和其他金融机构通常会对已上市的公司更有信心，他们在向这些公司提供贷款时也会更优惠。这份信心来自管理机构对上市公司严格的监管和审查制度。此外，那些围绕公司上市时的宣传也会提高投资者、供应商和员工眼中的公司形象，从而对公司的日常经营产生积极影响。

为了创造一个稳定的市场并鼓励投资者对公司进行投资，英国上市监管局要求上市公司必须严格遵守相关规章制度以降低投资风险。例如，在上市前董事会必须准备详尽的招股说明书（"上市公告"），向市场公告公司的有关情况。（更多内容请参见第16章。）

上市公司必须保证至少25%的股本为公众投资者所有，并且保证这些股票能够在市场上顺畅交易。如果二级市场不够活跃，投资者之间的交易将减少甚至停止，股票可能会因此缺乏流动性。此外，许多股东大会投票通过需要75%的赞成票，如果允许大股东持股超过75%，则会让太多权力集中在某个人（或某个集团）手中。

英国上市监管局尽力确保上市公司的"质量"，以此吸引投资界的关注。公司管理团队需要有经验丰富的成员以及深刻的行业理解，而且公司近年来的管理需保持高度的连续性和稳定性。一般来讲，投资者不喜欢一家公司过度依赖某个人的才能，因此公司需要一支有能力的董事团队，包括一些非执行董事以及一个合格的财务总监。

英国上市监管局要求上市公司提供，至少保有连续三年的经营记录报告（以会计数据的形式呈现）。这适用于高级上市（Premium Listing）的公司，即绝大多数上市公司。近年来，上市监管局也执行标准上市（Standard Listing），该制度不需要公司提供连续三年的经营记录报告，对其他质量指标以及持续性限制（如重大交易需得到股东大会通过）的要求也不那么严格。鉴于很少有公司选择标准上市，本书专注于研究高级上市。许多公司认识到，高级上市制度对公司的严格监管要求能够让股东更为安心，所以很多公司坚持选择高级上市。

遵照高级上市制度在主板上市的公司，需要聘请一位保荐人（证券发行公司）为上市流程提供建议，并为英国上市监管局和投资者提供公司质量以及上市合规性的保证。保荐人（经英国上市监管局颁发资格证）可能是银行、股票经纪人或其他专业顾问。即便保荐人的收入与企业是否能成功上市挂钩，但作为业内享有名誉的组织，他们会为刚及格的公司提供改进建议，而不会为劣质公司做上市保荐。阿斯顿·马丁公司的上市过程最能说明这一点。

阿斯顿·马丁下调 IPO 最高股价

彼得·坎贝尔

汽车制造商阿斯顿·马丁于本周一调整了股票的价格区间,将最高值由 22.5 英镑下调至 20 英镑,将最低值从 17.5 英镑上调至 18.5 英镑。所有的股票交易都需要在新的价格区间内进行。股票价格区间调整后,集团市值估计在 42 亿～45 亿英镑。

阿斯顿·马丁在其百年历史上曾破产七次,这次在伦敦证交所上市标志着这家曾为 007 詹姆斯·邦德制造座驾的车厂东山再起,其股票将于周三正式开始交易。本年上半年,该公司公布税前利润为 2 080 万英镑,营业收入为 4.499 亿英镑,营业利润增长 14%,高达 1.06 亿英镑。阿斯顿·马丁一直尝试对标法拉利(Ferrari),试图采用奢侈品公司而非传统汽车制造公司的估值模式。

阿斯顿·马丁首席执行官安迪·帕尔默在 2014 年从日产公司跳槽到该集团,旨在扭转集团的经营困境。在其任职期间,阿斯顿·马丁公司制定了新的发展战略,每年发布一款新车,并推出 SUV 和中档车型,重振旗下子品牌 Lagonda,将集团定位为劳斯莱斯和宾利在电动车领域的竞争对手。

在上市之前,阿斯顿·马丁公司已经建立一个独立的董事会,任命前苏格兰皇家银行董事会成员佩妮·休斯为董事长。在可口可乐任职期间,休斯积累了丰富的品牌经验。为了成功上市,阿斯顿·马丁公司的现有股东,包括意大利私募基金 Investindustrial 和一些科威特籍股东,将会出售公司 25% 的股份。与阿斯顿·马丁签订技术合作合同的戴姆勒公司将继续持有公司 4.9% 的股份,并向阿斯顿·马丁供应 V8 引擎和车用电子设备。

资料来源:*Financial Times*,1 October 2018.

© The Financial Times Limited 2018. All Rights Reserved.

董事会必须付出百倍努力才能让公司成功上市,但上市并不意味着可以高枕无忧。英国上市监管局坚持持续合规义务(continuing obligations),旨在保护与激励股东投资。公司有义务尽快为股东提供所有与价格有关的敏感信息,并且坚持"全面、准确的披露"。如果这些信息可能会影响股价或股票交易，则该信息对价格敏感。投资者需要确定，如果存在内部消息泄露以及内幕人士造成市场扭曲的情况，自己是否处于不利地位。在若干情形下，如开发新产品、签署重要合同、收购合约的细节、出售大型资产、更换董事和决定支付股息等，上市公司都需要发布公告。黄蜂橄榄球俱乐部就是因为没有准确发布公告而惹上了麻烦。

黄蜂橄榄球俱乐部将接受英国金融行为监管局关于市场公告的调查

卡罗琳·宾汉

著名橄榄球俱乐部黄蜂正在接受英国金融监管机构的调查，主要针对其是否存在误导市场的嫌疑进行调查，以及了解俱乐部财务状况和善后工作。2017年下半年，拥有152年历史声誉的黄蜂俱乐部向债权人承认其夸大了俱乐部的收益，之后，金融行为监管局决定对其开展调查。

爱尔兰商人德里克·理查森既是黄蜂俱乐部的拥有者，也是该俱乐部的主席。此前，德里克对黄蜂俱乐部注资110万英镑，而俱乐部错误地将其公告为俱乐部的收入。根据2017年12月的市场公告，为了更正这一错误，俱乐部的收益从最初的350万英镑直接削减为240万英镑。

据知情人士透露，监管机构已展开正式调查，并传唤与本次事件有关的个人进行询问。英国金融行为监管局有权对违反市场管理法规的行为处以罚款和刑事起诉。

黄蜂俱乐部是除金融行业之外的最新一家接受金融行为监管局关于市场公告调查的实体机构。作为英国上市公司的管理机构，金融行为监管局就上市公司公告的准确性和及时性，对包括Carillion、Cobham、Telit和Interserve在内的上市公司展开过调查。此外，金融行为监管局还对力拓集团（Rio Tinto）的违规行为开出了2 740万英镑的罚单，并敦促英国乐购（Tesco）在出现会计错报后，建立全新的赔偿机制。

资料来源：*Financial Times*，12 April 2019.

© The Financial Times Limited 2018. All Rights Reserved.

第3章 股票市场

公司一旦在证券交易所上市，公司董事参与公司股票交易将受到严格管制。在公司公布定期信息（如年度业绩）之前，至少两个月董事无法进行股票交易。在公告任何价格敏感信息和事项前，公司董事也被禁止进行股票交易。这些管制对所有知晓公司内部（未公开）信息的员工也是有效的。董事参与的所有涉及公司股票的交易必须向市场披露。

多年来所有上市公司的重大公告，都可以通过大多数金融网站（如 www.advfn.com，www.Londonstockexchange.com）查询，公告中包含董事的股票买卖交易行为。

另类投资市场

众所周知，小型初创公司也需要拥有融资的途径，但由于上市及上市公司的管理成本，许多小型初创公司并未选择主板市场上市。和许多发达的证券交易所一样，伦敦证券交易所也拥有另类股票市场（通常称为"二线市场"），这个市场针对公司上市和管理的规章制度，相比主板市场要稍微宽松一些。

通常，监管不力或监管缺失的市场将陷入两难的境地。一方面，如果监管过于宽松，市场上就会出现欺诈和管理混乱，这有损市场形象、信誉，会挫伤投资者的积极性。2002年德国"新市场"Neuer Markt因投资者失去信心而被迫关闭，在关闭前，市场上就存在大量的欺诈行为和夸大其词的公司预期，上市公司股价平均下跌95%致使市场崩盘。另一方面，如果市场监管过于严格，公司上市前的调查将极为繁复，对公司的信息披露以及上市前的经营记录要求更严，由此带来的成本上升和不便将会让许多公司对上市望而却步。

另类投资市场（AIM）背后的驱动理念是为新成立及发展中的公司提供新的资金来源，同时为投资者提供专业可靠的股票交易市场。AIM努力降低公司的上市成本，使上市规则尽可能简单。与主板市场相比，AIM无须"至少连续三年的经营记录"，也不要求公司将其股份的一定比例公开发售。即便公司只向外部人士出售1%~5%的股份也是可以的。

实际上，能在AIM上市的公司是有一定质量保证的。上市公司必须任命并保留一位保荐人和一位指定经纪人。保荐人由公司从证券交易所认可的机构中挑选，这些保荐人是该公司向证券交易所证明其有足够经验和资格担任的"质量控制员"，辅助伦敦证券交易所确认该公司是否遵守 AIM 的相关规定。与主板市场要求不同，英国上市监管局和证券交易所对 AIM 没有上市前的文件审查制度，因此重担主要压在保荐人肩上，保荐人需要对公司进行深入的调查，并发表知情意见。

指定的经纪人主要负责搭建股票买家和卖家之间的桥梁，让投资者相信至少有一位经纪人能帮助股东完成交易。在和投资者进行交易的过程中，经纪人还代表着公司（一种公关角色）。公司在 AIM 上市和交易期间，保荐人和经纪人的角色将会一直存在，如果其中任何一个突然与上市公司断绝往来，这种情况可能会被解读为该公司出现问题的信号。

AIM 上市的公司需要遵守关于公布价格敏感信息、年度报告和中期报告的严格规定（关于账目的更多内容请参见第 11 章）。在 AIM 上市前，公司需要准备 AIM 准入文件，该文件类似于在主板上市所需的招股说明书，比较简略，因此费用更低。AIM 准入文件虽然简略，但需要说明董事会对上市的态度以及各位董事过往职业情况。伦敦证券交易所每年向 AIM 上市公司收取数千英镑的管理费用，以维护其上市状态。证券交易所管理费、保荐人费用以及与机构和投资者的沟通成本，这三项合计起来意味着，AIM 市场的上市公司每年需要花费数万英镑。对许多公司而言，这笔支出实在不菲。在 AIM 上市的公司不受英国上市监管局的上市规则约束，但要遵守由伦敦证券交易所制定、管理的 AIM 规则。

虽然多数情况下中小企业通常选择 AIM 上市，大公司选择主板市场上市，但也有例外，下面两篇文章中正好说明了这种例外。第一篇文章，Servelec（思维莱克科技公司）选择在主板市场上市的原因是公司"需要机构投资者的大额资金"，用这笔大额资金收购其他技术公司；第二篇文章中英国时尚服饰及美妆产品线上零售商 Asos 公司虽然体量很大，却更乐意在 AIM 中上市。

Servelec 的 IPO 提升了谢菲尔德市的高科技形象

萨利·贝恩斯

在英国电影《光猪六壮士》中,谢菲尔德市炼钢厂的下岗工人迫于生计不得不跳脱衣舞。现在,他们终于可以换个身份,作为程序员更体面地工作,养家糊口。

Servelec 是一家主营软件和服务的公司,总部设在英国著名的"钢铁城"谢菲尔德。今天,Servelec 将在伦敦证券交易所主板上市,预计发行 6 830 万股,市值估计可达 1.22 亿英镑。

Servelec 上年收入为 3 940 万英镑,税前利润为 1 090 万英镑。英国股票经纪机构和投资银行 Panmure Gordon 的分析师亚当·罗森表示:"投资者对风险的胃口逐渐增加,我们已经看到市场的动向,以及(科技公司)未来的成功。"亚当此番话意指在美国上市的科技公司的市值规模将相当可观。

Servelec 的自动化部门为英国主要公共场所、广播公司、灯塔和北海石油钻井平台提供软件和控制系统。

公司 CEO 斯图布斯表示,Servelec 经由保荐人 Investec 在主板市场而非 AIM 上市,主要是因为 Servelec 想吸引更多机构的大笔投资。

Servelec 上市在即,没有债务在身,且另有 500 万英镑的现金。斯图布斯表示,这些资金将用于收购其他公司。斯图布斯说:"Servelec 擅长帮助其他组织提高效率。我们希望收购拥有优质技术的小型公司,尤其是那些期望能成为大公司一部分以加速其成长的小公司。"

资料来源:*Financial Times*,1 December 2013.

© The Financial Times Limited 2013. All Rights Reserved.

Asos 警告全年销售增长将低至目标下限

乔纳森·埃利

伦敦证券交易所 AIM 上市公司 Asos 近日表示,公司全年销售额的增长将低至年度目标下限(25%)。Asos 作为一家英国线上时尚美装零售商，目前在 AIM 的市值已超过玛莎百货（Marks and Spencer）。在公司新一财年的前四个月，Asos 全线零售额增长了 22%，其中英国本土销售额占总体销售额的 1/3，增长率略高于总体增长。公司总收入为 24.5 亿英镑，其中税前利润约为 1 亿英镑。

资料来源：*Financial Times*，12 July 2018.

© The Financial Times Limited 2018. All Rights Reserved.

NEX 交易所

在伦敦证券交易所，一家公司上市的成本在 10 万英镑到 100 万英镑之间，这其中尚未包含每年支付的固定运营成本。如果一家公司不愿负担这笔管理费，它也可以选择在伦敦 NEX 交易所上市。在 NEX 交易所上市后，公司可以为股东服务，股东可以进行股票交易。NEX 也允许公司通过供股获得更多资本，而这并不需要被伦敦证券交易所的严格规定所束缚。但 NEX 交易所也有缺点，如股票流动性较差（买家和卖家数量不多），交易成本高。对一家公司的股票而言，尽管有多家相互竞争的做市商，但他们为投资者提供的股票买入和卖出的价格往往相差高达 20%，甚至更多。

一家公司必须至少存有 12 个月的已审计账目，才能获得上市资格。同时预计上市的公司，需要向交易所一次性缴纳 8 000～50 000 英镑不等的上市费用，此外每年还需缴纳 6 800 英镑的年度费用。当公司上市时，还需聘请保荐人，并支付大约 20 000 英镑的服务费。如果上市后，公司成功募集到所需资本，这笔服务费还会攀升至 10 万英镑以上，同时每年也要支付保荐人一笔固定年费。NEX 交易所要求每家上市公司必须将总数 1/10 的股票投放于市场，用于自由流通。

在 NEX 交易所上市的公司，通常规模较小且创立时间较短，但也有一些历史悠久、名声在外的公司，如英国老牌啤酒厂 Adnams。申请 NEX 交易所上市资格的公司并不要求遵守一般的上市规则，因此交易所对这些公司的质量没有稳定的保证。不过，NEX 交易所也有自己的一套行为准则，例如禁止进行内幕交易、必须始终拥有一位保荐人（如投资银行、公司经纪人、会计师或律师)、必须有上市许可文件，并且必须向市场披露任何可能影响公司财务状况的变动或相关信息。

公司保荐人将根据NEX交易所规章制度向保荐公司提供建议，并坚持采用专业的会计系统为其出具年度审计账目和年中审计账目。保荐人还需确保公司至少有一名非执行董事，并保留充足的运营资本。

目前有89家公司使用NEX交易所的交易系统，此外还有500家在AIM上市的公司将NEX交易所作为备用的交易手段。NEX交易所被视为AIM和主板市场的"孵化器"，因为在NEX上市的很多小公司都热衷于未来在这两个市场上市。但也有相当多的公司，在NEX交易所中交易几年后，不愿意再到伦敦证券交易所上市，毕竟伦敦证券交易所意味着大笔的支出费用。

○ 谁持有英国股票？

过去六十年，英国股票的持有者结构发生了巨大变化（见图3-3）。在过去，个人投资者一直是市场的绝对主体。1963年，个人投资者持有英国已发行股票总数的54%。但随后这一比例逐年走低，到2012年，个人投资者持有比例已下跌到10%，但最近几年又回升至12.5%。值得注意的是，现在大多数个人投资者通过经纪人的代理人账户持有股份（参见第4章），这批人不会直接作为股票持有者被纳入统计。如果包含这种间接持有的情况，个人投资者持股占比至少是官方统计数据的两倍。

个人投资者持股比例的持续性降低，不仅是因为个人投资者对股市的兴趣有所降低，尤其在2000—2002年和2007—2009年股市表现低迷，也因个人投资者投资方式的转变。个人投资者从自行投资转向集体投资（如单位信托、保险和养老基金），他们期望依靠多样化的投资和专业化的投资经理来实现财富增值。单位信托一直是大赢家，其持股占比从20世纪80年代的2%到如今的9.5%。虽然个人投资模式已经从直接转向间接，但英国社会仍对股市有着浓厚兴趣，很少有人会不关注伦敦证券交易所的股市动态。绝大多数英国人都有养老金计划、养老储蓄或单位信托投资，这些资金都会投入股市。

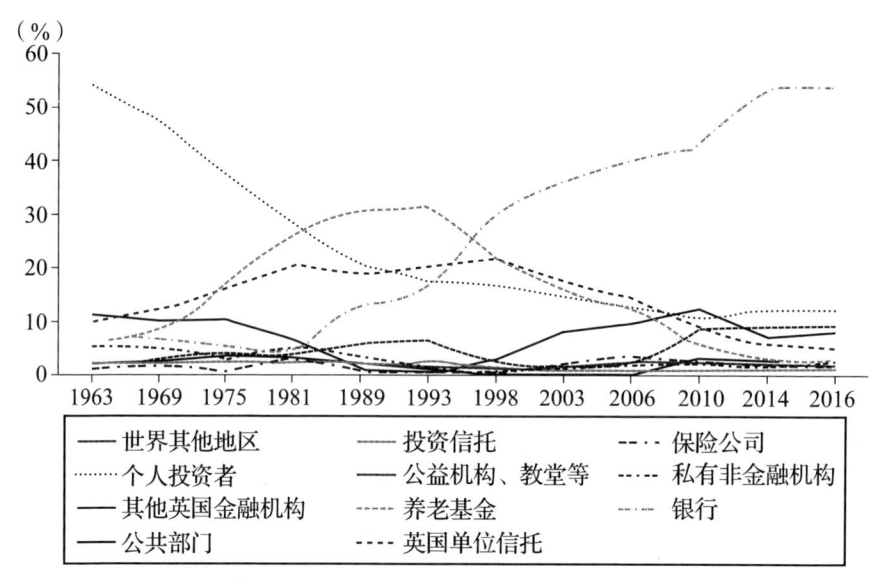

图 3-3 英国已发行股票的持有者构成分布

英国个人投资者持股比例的下降主要源于金融市场的国际化。今天的英国投资者可以很便捷地购买海外市场股票。更为重要的一个数据是，来自英国境外的投资者对英国股票的持有比例显著增长，从 1963 年的 7% 上升至 2016 年的 53.9%。这一增长有一部分归功于海外公司选择在英国上市。以必和必拓公司（BHP Billiton）为例，该公司在澳大利亚发家壮大，有许多澳大利亚股东，同时作为跨国矿业公司，也吸引着来自一百多个国家的其他投资者。许多外国公司英国子公司已经上市，同时这些国外公司依然保留着大量子公司的股份。

外资持股比例上升主要源于投资者购买海外市场股票的意愿增强。其次，个人和机构投资者想要购买海外股票变得轻而易举，尤其在英国，对外开放的股票市场允许投资者进行远程电子交易。在我们生活的世界中，财富不断流动与增值，尤其发展中国家正迅速变得富有。在亚洲，有数亿投资者希望通过股票投资实现财富保值，实际数据显示，大约 8% 的英国股票由亚洲投资者及当地机构持有。

北美投资者是海外投资者中占比最大的，占半数左右。在统计数据上，北美个人和机构投资者持有英国股票的比例约为 26%。石油基金等大型主权财富基金正投资世界各地的股票。例如卡塔尔拥有国际航空集团旗下英国航空公司 1/5 的股权。

过去，英国的保险公司和养老基金是英国公司股票的大股东，1992 年持有英国公司股票占比约为 52%。保险金和养老基金享受的税收优惠使其成为极具吸引力的储蓄工具，英国人每年向保险金和养老基金中投入数十亿英镑。然而最近三十年来，保险金和养老基金一直从股市中套现，并将其投资于其他领域，如债券、海外股票和风险资本。

证券交易所的角色

一般而言，证券交易所通过以下功能来发挥其在现代社会中的作用：
- 监管证券交易活动，以保证市场的公平和效率。
- 授权和监管经纪人和做市商等市场参与者。
- 为价格的有效且无偏形成提供市场环境（价格发现或价格形成作用），这不仅需要严格监管和保证低交易成本，同时还需要拥有大量买家和卖家的高流动性市场，并确保投资者能够在不影响市场价格的情况下快速进入或退出市场。
- 组织交易的清算与结算。交易达成后，买方必须为购买股份支付款项，股份则应依照交易约定及时转让给新股东（详情参见第 4 章）。
- 公司上市许可和已上市公司的监管。
- 信息的披露（包括交易数据、价格和公司公告）。如果公司能够及时、完整地披露交易和价格信息，投资者将更愿意进行交易。

近年来，有些人质疑证券交易所是否需要开展上述所有活动。就伦敦证券交易所而言，交易结算早已交给一个名为 CREST 的组织（详情参见第 4 章）进行操作。而对上市公司许可证的发放和管理已移交英国金融行为监管局下设的上市监管局。伦敦证券交易所的管理及信息服务机构 RNS 主要负责发布重要的公司公告和其他价格敏感的金融新闻，但现在 RNS 不得不面临市场上其他信息服务商的竞争，因为上市公司现在也可以在新闻传播平台服务商之间进行选择。尽管市场变化迅速，但伦敦证券交易所在监管交易、发布交易及定价信息等领域仍发挥着举足轻重的作用。

参考网站

www. aquis. eu

www. advfn. com

www. markets. cboe. com/europe/equities

www. euroclear. com

www. deutsche-boerse. com

www. euronext. com/en

www. fese. eu

www. fca. org. uk

www. ft. com

www. ftserusssell. com

www. ii. co. uk

www. londonstockexchange. com

www. nasdaq. com

www. nexexchange. com

www. nyse. com

www. ons. gov. uk

www. fca. org. uk/markets/ukla

www. world-exchanges. org

第 4 章

买卖股票

股票经纪人没那么神通，股票交易也没那么神秘。事实上，股票经纪人对投资者的依赖程度远超过投资者对经纪人的需要。股票经纪市场竞争十分激烈，在市场中有数十家经纪人公司争相为投资者提供服务，而作为投资者只需支付不到 10 英镑的服务费。因此，投资者可以把自己当作老板，在股票市场中的选择权也更多。

本章主要向读者介绍股票买卖的服务内容，帮助读者了解哪种服务更适合自身。阅读完本章后，读者将知晓在股市中，你可以寻求不同级别的服务。例如，在没有经纪人建议的情况下，你是否希望自行选择投资股票？这类情况下，投资者需要的是廉价和高效的"仅办理业务"服务。当然也可以采纳经纪人的建议，只是花费稍高。如果投资者愿意支付更高的服务费，也可以要求经纪人运用他们的专业知识来帮助自己管理投资组合。

本章还会讨论在选择经纪人时需要注意什么，并向读者说明在接受投资者委托后，经纪人是如何操作的。股票经纪业务已不再需要长时间的面谈和高收费，由于互联网的便捷，大部分交易甚至无须投资者和经纪人面谈即可完成。同样，在线交易市场竞争十分激烈，读者只需要了解一些基础业务知识，便可以拥有最适合自己的业务模式。

股票经纪人服务[①]

投资者如果想在伦敦证券交易所买卖股票（或其他证券），必须通过股票经纪人来办理业务。市场上有两种类型的经纪人：为投资者服务的散户经纪人（也称私人投资者或私人投资者经纪人）；代表公司办理业务的公司经纪人（根据市场条件向公司提供建议或者在市场上代表公司）。

在取得交易资格前，投资者需要向散户经纪人提供必要的个人信息，完成交易账户的注册。经纪人将根据投资者的信息，检查其信用状况（例如参考银行的征信报告）。此外，反洗钱的相关规定需要投资者提供额外的证明。为了证明个人身份属实，投资者需要提供护照、驾驶执照或水电费账单等包含个人身份证明的文件复印件。注册过程可能需要两周左右。注册通过时，经纪人会为投资者开通账户以便投资者向账户汇款。经纪人可以根据投资者的购买需求及时使用账户付款（而无须等待投资者转账或开具支票）。散户经纪人（以下简称"经纪人"）提供的服务主要分为三类：仅提供交易服务、交易咨询顾问和全权委托。投资者可以根据自身情况选择最合适的服务。

仅提供交易服务

此类服务中，经纪人会执行投资者已经决定的买卖订单，不提供任何投资建议。这是参与买卖股票成本最低的方式。就服务费而言，小额订单一般在10～20英镑，最低可至6英镑。此类服务要求投资者每个月交易20次。以上数字适用于价值1 000英镑的股票订单，实际上费用通常会随着订单额的增加而上升。一笔价值5 000英镑的订单服务费在20～30英镑，然而，随着经纪人市场竞争越来越激烈，有时一笔25 000英镑的订单却只需10英镑左右的服务费。

上文讨论的是在线交易的情况。如果使用电话或邮件交易，那么费用一般会稍高些，小额订单费用在15～35英镑；价值5 000英镑的订单费用在25～

[①] 十分感谢加拿大投行加通贝祥的里卡多·兰杜奇先生对本章的贡献，他在阅读本章后对文章内容提出了建设性的修改意见。

80英镑；价值25 000英镑的订单费用在50～200英镑。即便投资者并未进行交易，经纪人也会按月或按季度收取固定费用，每月约10英镑。这笔费用包括分配股息和接收公司公告的费用。在英国有50多家提供"仅提供交易"服务的经纪人，投资者可以从中任选一家。此外，一旦投资者选定了某家经纪人，则应该留心经纪人收取的费用是否有变化，有时经纪人会根据市场行情对服务费进行调整。比如，经纪人可能会按月收取"不活跃费用"，直接从投资者账户中扣款。但在投资者执行交易时，可以使用"不活跃费用"来抵扣交易服务费。以互动投资者为例，他们每个月都会收取9.99英镑，但同时会向投资者发放7.99英镑的信用额度，投资者可以使用这7.99英镑来支付因交易产生的费用。投资者可以使用互动投资者进行线上交易，计算机操作取代了和经纪人的面谈。

我通过电话与英国线上股票经纪人Charles Stanley的工作人员进行联系，订购了他们的"仅提供交易"服务。尽管在费用方面稍显昂贵，但其优点是我可以实时与经纪人进行交流。当我在电话旁等待回应时，经纪人可以和做市商谈判，从而获得比交易所大屏上展示的更好的价格。当下单的数额较大时，这种方式尤其有用。

试想这样一个场景。我作为一名投资者与经纪人沟通到，"ABC公司在交易所大屏上的卖出买入报价分别是2.30英镑、2.40英镑。这是一家交易量很少的小公司，但我想买入15 000股，希望买入单价控制在2.39英镑以下，你能办到吗？"此时经纪人可能会回复："了解，你可以在电话旁等等，或者等会我再联系你可以吗？"然后经纪人会和做市商讨论我的报价需求，试图将股票买入价格压低。几分钟后我可能会接到一个电话，说订单已经以"238.7"（即单价2.387英镑）成交。我的经纪人已经在指定范围（叫价与卖价的差价范围）内成功地执行了交易。许多在线经纪人会坚持与交易所统一价格，即卖出2.30英镑，买入2.40英镑，而且这一价格也只能买入大概3 000股，一旦超出3 000股，买入价格将会上涨。

假设我能买入15 000股，每股便宜1.3便士意味着总共能为我节省195英镑。

交易佣金如下：

不超过10 000英镑的部分费率0.75%　　　　　　75英镑

| 剩余部分（25 805 英镑）费率0.25％ | 64 英镑 |
| 总佣金 | 139 英镑 |

（Charles Stanley 每年还向投资者收取至少 200 英镑的代管费。）

经纪人还为投资者提供定期储蓄计划。如果投资者定期向股票账户里注资，可以让经纪人减少佣金，比如每个月向账户中存入 20 英镑或 50 英镑。当某位投资者希望购买股票时，他的订单会与其他投资者的订单合为一组，这组订单每月统一执行。这种情况下股票的买入费用可以低至 1.5 英镑（销售费用为 10～20 英镑）。该计划的缺点是无法在投资者认为的最好的时间点进行交易，但也不失为一种非常划算的启动投资组合的方式。

仅提供交易服务非常受欢迎，超过九成的投资者习惯与经纪人签订仅提供交易合约。这种服务非常适合有时间并倾向于自行决策的投资者。如果投资者对自己的研究和判断比经纪人的建议更有信心，那么经纪人可以只是交易工具，但缺点是会失去和经纪人讨论想法的机会。也有人说仅提供交易服务会让投资者错过热门消息。不过，投资者根据热门消息选择的不是投资，而是投机，投机一般无利可图（学术上已有证据证明这一论点）。

交易咨询顾问

在交易咨询顾问服务中，经纪人会给出投资建议，但是否买入或卖出仍由投资者自行决定。若没有投资者的授权，经纪人不会做出任何投资决定。这是更为传统的股票经纪服务，经纪人在充分了解投资者投资意愿和偏好后，再与投资者讨论投资想法和策略。投资者可以和拥有丰富市场经验的经纪人一起讨论投资观点。此外，经纪人会向投资者发送关于公司和行业的研究报告、新闻通讯和市场评论。此外，税务咨询和投资组合评估也在咨询业务范畴内。

交易咨询顾问服务比仅提供交易服务费用高。经纪人通过单笔交易的佣金而非咨询费获得收入。一般而言，小额订单佣金在 20～50 英镑；价值 5 000 英镑的订单佣金在 40～100 英镑；价值 25 000 英镑的订单佣金在 200～300 英镑。除此之外，还有另一种计费方式，佣金费用很低，不过经纪人会直接以年为单位来收取费用，比如收取投资组合价值的 0.85％作为佣金。费用因经纪人而异，经纪人的服务质量也大不相同。一些提供咨询的经纪人比其他同行更愿意为投资者付出心血。很多经纪人会等投资者打电话来询问和商讨投资策略，也有一部分经纪人更愿意主动拜访投资者，并与之交流。

交易咨询顾问服务还被进一步细分为交易咨询和投资组合管理咨询（或只是管理咨询）。交易咨询是一种被动性质的服务，即在投资者询问特定股票后，经纪人再向其提供建议。而投资组合咨询是经纪人定期（如每月 1 次或 2 次）拜访投资者，就其投资组合及其成分股提供建议。需要说明的是，经纪人拜访投资者一般事出有因，比如说明特定公司或行业的最新动态。

经纪人为投资者提供投资组合管理的咨询，可以了解投资者的整体财务状况，并提供适当的投资建议。这种合约可能会促使投资者频繁交易，这对经纪人来说是好事，但对投资者的财富而言往往十分有害。基于投资组合规模而非交易次数的收费模式，在一定程度上缓冲了这一问题，降低了经纪人对投资者投资组合的频繁交易（频繁交易的含义是指频繁进行一些不必要的交易，从中赚取交易费用。金融行为监管局要求经纪人的合规部门对投资者的账户进行监管，并保证账户的交易次数处于适当的水平。在严格监管之下，眼下频繁交易已不再那么令人担忧）。同时，这种合约鼓励投资者增加资金池的规模。但在市场行情好时，经纪人会建议投资者及时兑换现金，而非坚守股票仓位，这样他们的总资产规模将会得到保全。

全权委托

全权委托服务意味着经纪人可以根据自己的经验和知识对投资者的投资组合进行管理。经纪人可以自行决定买入和卖出股票的价格和数量，而无须征询投资者的意见。通常在交易完成后，经纪人才会向投资者说明情况。在得到投资者允许之前，授权经纪人会采取行动以便抓住转瞬即逝的市场机会。提供咨询服务的经纪人通常会抱怨很多时候联系不上投资者，还吐槽他们好像忘记了自己有一笔投资组合。没有投资者的许可，咨询经纪人不能轻举妄动，因此也会错过很多好机会。

许多投资者并不想花时间管理手中的投资组合，他们也不想专心致志地训练自己的投资技术，因此才选择将资金放在专业人士手中。在管理投资者的投资组合之前，经纪人会同投资者面谈，详细了解投资者的个人状况、投资目标以及他们对投资组合的特定要求（比如禁止投资烟草或武器行业）。

在英国只有约 5% 的投资者和经纪人签订了全权委托服务合约。全权委托服务在市场上接受率较低，一方面是因为经纪人会要求投资组合的最低限额为5万英镑，有些经纪人会设置为10万英镑或更高，一般可支配的投资组合资金规模为25万英镑。另一个原因是服务成本，经纪人不仅会对每笔交易收取佣金（费率和交易咨询顾问服务大致相同），而且会收取与投资组合总价值相关的年费，一般为投资额的0.5%~1%。一些经纪人的佣金费率较高（1.25%或更高）而年费费率较低，另一些经纪人每笔只收取20英镑左右的佣金，而将其他费用转到年费中。少数经纪人只收取年费。

投资者支付的总费用取决于交易频率，而交易频率受限于投资者对经纪人的授权范围。投资者需要警惕经纪人过于频繁地交易，毕竟很少有经纪人只依据投资组合的回报收费。

下面这篇文章讨论了对全权委托服务收费模式的隐忧。自文章发表以来，新出台的市场规则（2018年欧盟出台金融工具市场指令（MiFID）Ⅱ）要求财务经理人对投资者过去12个月发生的费用和成本进行细分并制作完整的年度报告。当投资者拿到用英镑和比率标注的报告单时，我们可以观察投资者们的各异反应。至于财务经理人是否存在虚假收费等丑行，到那时便会真相大白。

提供全权委托服务的经理们被要求披露收费明细

朱迪思·埃文斯

一份新出炉的研究报告显示，提供全权委托服务的基金经理未披露费用和持股情况的明细，而这些信息对财务顾问的决策至关重要。

咨询公司The Lang Cat的研究认为，代投资者管理其资金的经理人，他们手中管理着可全权委托的投资组合，经理人需要对投资组合进行资产平衡，并做出适合的资产配置决策。

可全权委托的投资组合，应与互惠基金遵守相同的信息公开要求。越来越多的投资顾问建议投资者使用可全权委托的投资组合。The Lang Cat试图确认经纪人是否为投资者量身推荐适合的产品。

"我们发现一大批经纪人的行为几乎完全不符合理性，在供应端存在系统性的问题"，The Lang Cat的负责人马克·波尔森说。近半数推荐可全权委托的投资组合的产品经理向The Lang Cat表示，确定总成本"相当困难"。The Lang Cat则表示，对不同可全权委托的投资组合进行全面比较"几乎不可能",但他们在报告中估计,投资者每年支付的平均费用为投资组合总值的 2.08%。其他机构对此费率的估计更高,一项 Numis 的调查表明一些投资者的年均费率高达 7%。

财务经理直接为投资者运营投资组合,同时也要向外部的投资顾问提供产品。他们表示已经以百分比的形式向新投资者公示了大部分费用的价格。

在线财务经理 Nutmeg 的创始人尼克·亨格福德表示,尽管使用投资者资金支付交易成本是常规操作,但他发现网站的一些新投资者留言称并不知道之前的财务经理向其收取了交易费用。

The Lang Cat 表示,不及时披露成本等问题接踵而至,例如缺乏持股信息和业绩公示。该咨询公司以三年期可全权委托的投资组合为样本进行研究,发现无论何时,不超过 11% 的投资组合跑赢了富时综合指数,而跑赢富时 250 指数的投资组合一个也没有。

资料来源:*Financial Times*,30 January 2015.

© The Financial Times Limited 2015. All Rights Reserved.

如何选择股票经纪人

寻找股票经纪人的方法有很多。伦敦证券交易所的官方网站上公布了其会员单位的完整名单。个人财富管理和金融咨询协会(PIMFA)在其网站 www.pimfa.co.uk 上也会提供许多经纪人的信息,包括经纪人姓名、地址、联系方式和所提供服务的概述。《投资者纪事》等投资杂志会定期调查投资者对经纪人业绩和费用的看法,读者可以通过杂志了解经纪人。此外,熟人推荐也是找到经纪人的好方法。

选择一位经纪人需要充分考虑成本和服务内容两个因素,以下标准可以帮你制定经纪人的候选名单,并最终从中选择一个适合自己的经纪人。

费用 交易的佣金肯定越低越好,但也要理解适度的额外收费可以改善服务质量。改善服务质量主要体现在"价格优化"的努力上,即通过与做市商谈判来获取比交易所的出价和报价更好的价格。收费模式会显著影响投资者对经纪人的选择。如果投资者偏好每月交易多次，每笔价值大约5 000英镑，并且不需要投资建议，那么他会选择单笔收取固定交易费用的经纪人（例如每笔交易收取20英镑）。但如果投资者只是进行单笔在1 000英镑左右的交易，那么他会选择按交易金额比例收费的经纪人（如交易金额的1%）。对于偏好买入并长期持有、交易次数很少的投资者而言，买卖佣金可以忽略不计。但对于那些交易十分活跃的投资者，佣金会随着交易次数增加而迅速攀升，因而他们会选择最便宜的交易模式（如在线交易）。这种交易模式十分适合流动性很强且买卖价差很小的股票。对于不常交易的股票而言，买卖价差甚至可以达到10%及以上，此时提供电话服务的经纪人也许能够通过谈判拿到更好的价格。

所在位置 一些投资者青睐本地经纪人，因为这样能够有机会和经纪人面谈。对于全权委托服务和交易咨询顾问服务而言，充分的交流十分有用。经纪人需要知晓投资者的个人情况和投资目标。本地经纪人可能会更了解当地的公司。

联络渠道顺畅度 在杂志调查中，投资者十分关注能否及时联系到经纪人。他们抱怨道，当投资者希望交易时很容易遇到电话占线的情况，有时甚至20分钟都打不通。当投资者要卖出某只股票而且其价格正急速下跌时，打不通经纪人的电话简直让人备受折磨。经纪人有时也会忘记约定好的电话回访。由于服务器过于繁忙，在线订单可能会处理得非常缓慢。不幸的是，这些倒霉事只有在亲身经历时才能体会到其带来的不便和痛苦。在筛选出可供选择的经纪人列表后，你可以咨询一下这些经纪人的其他投资者，询问该经纪人是否存在投诉和不满情况。如果网络系统出了问题，优质的经纪人能够灵活地切换成电话方式进行交易，反之亦然。因此，在选择经纪人时需要留心经纪人能否提供多种沟通渠道。

管理 投资者投诉的次要方面来自管理。一部分经纪人在交易记录保存方面做得较为草率，对股息和税收事务的管理也显得十分业余。甚至有时书面文件会在事件（如股东大会、交易等）发生的几个星期后才能送达投资者。如果遇到这种经纪人则不必和他死磕到底，市场中有其他办事高效、行动快速的经纪人，任君挑选。

第 4 章 买卖股票

专业性 投资者需要一个资源丰富的经纪人,资源丰富意味着公司能够获得高质量的数据并拥有强大的人才队伍。如果投资者寻求投资组合管理服务,公司的专业性尤为重要。投资者肯定不会希望自己的宝贵资产被一位菜鸟实习生所掌控。投资者需要了解公司是否对投资者的投资组合类型具有相关管理经验。

业绩 由于针对投资经理业绩的专业排行几乎不存在,因此很难去比较各个经理之间业绩的差别。虽然经纪人会公示经理的业绩,但投资者须审慎查阅并进行比较。[①] 当然,选择经纪人主要还是参考熟人的推荐。

利率 经纪人代投资者管理现金账户中的资金。有时这类账户会按照活期利率提供一点微不足道的利息。投资者在经纪人那里存放着大量资金,在这些资金用于购买股票前,投资者记得提前询问这一阶段的利率是多少。此外,投资者也会遇到临时贷款情况,所以一定要提前咨询经纪人是否设有贷款上限。

以下还有一些需要进一步明确的问题:

● 经纪人是否在英国金融行为监管局成功注册?如果没有金融行为监管局的注册认证,那么投资者的资产很可能处于危险当中。访问金融行为监管局官方网站 www.fca.org.uk,或者拨打消费者求助热线进行查询(0800 111 6768,免费)。

● 经纪人对欺诈或操作失误是否设有保险条款?

● 在时事通讯、公司和行业分析、定期的投资组合估值等金融信息方面,投资者能从经纪人处得到什么信息?

● 经纪人是否提供英国上市股票以外的证券(如海外股票、期权和债券)交易服务?

● 如果投资者选择在线交易,经纪人是否能保障在线交易的安全?

约一半的英国投资者同时于多个经纪人处开设投资账户,因为增开两到三个账户不花任何费用。开设多个账户的重要原因之一就是避免因联系不到经纪人而焦虑,假如联系不上某个经纪人,另外的经纪人还能派上用场。在首选经纪人无法提供特定服务或需要收取高昂费用时,其他经纪人也是个不错的选择。

---

① 由于经纪人提供的业绩数据是根据投资者的特定需求而制作的,所以在统计和比较数据时很容易出现口径不一。例如投资者风险偏好类型、投资组合持有成分股种类、除股票外其他投资方式等因素会显著影响投资者的特定需求。

⊙ 查询价格和其他信息

选择好合适的经纪人后，你已做好开始投资的准备了。可是在哪里能查询某个公司的股票价格及其他相关信息呢？每天的报纸是传统的信息来源，但这样查找的信息如今时效性不高（报纸从刊登信息到送达读者手上，至少要12个小时）。此时我们完全可以求助于互联网，对股票交易而言，互联网十分便捷。在过去的二十年中，互联网从根本上改变了投资者查询公司和股票关键数据的方式。

在线交易尚未出现以前，要传输信息和数据，交易员必须给公司写信或打电话才能获得需要的年报副本；股价图表只有那些在交易所显示大屏幕前蹲守的交易员才能看到；公司发布的公告也需要一段时间才能公布给大众。而今天，投资者通过网络搜索引擎就可以快速地查询某个公司十年前（甚至更久远）的年报，以及获得一系列股市的统计数据和关于公司的研究报告。还有诸如公司董事的股票交易活动、股票价格曲线、对公司最新产品的市场舆论等信息，投资者也可以利用网络来获取。

公司网站

如果对某个公司产生投资兴趣，投资者可以首选其官方网站进行了解，可着重考察两个方面。一是了解公司在网络上如何展示自己，并从投资者吸引力方面考察其潜在的商业优势。二是查询该公司的财务数据，并从股东利润方面考虑其业绩如何，公司的财务状况如何。（例如若公司负债太多则表明风险过大。）

从某个公司的官方网站上，投资者就能够体会公司在宣传方面投入的努力，并深入了解该公司与业内其他公司的竞争情况。当然，公司官网也会存在一定的美化现象。因此，投资者需要带着审慎和怀疑的态度进行浏览。通过对公司官网的信息和其他地方收集到的材料进行整合，投资者可以对该公司有一个较为全面的认知。

投资者如果想要了解企业公关，可以在搜索公司名称或其产品时加上"评论"一词，看看市场对公司的看法。如果对公司有许多不满和批评，投资者可能会因此放弃对该公司的投资。还有一些网站如 Glassdoor、Indeed 上会有员工对公司的评论，这些都可以为投资者提供参考意见。

对消费者高度关注的公司（如沃达丰、玛莎百货），在设置官网时会主攻产品销售或公司形象。在使用公司名称进行搜索时可能很难找到针对投资者的资料。为了更直接地获取相关资料，我通常使用"投资者关系"这一关键词搜索。

报纸网站

许多大报纸会免费将文章提供给网站用户，用户甚至可以搜索到多年以前的古董文章。英国最畅销的金融报纸《金融时报》和《华尔街日报》允许用户免费访问其网站的部分内容，但会限制用户在设定时间段内的可访问文章数量。如果用户想要访问更多内容，则需要订阅该报纸。

金融网站

专业的金融网站能提供的信息远不止股票价格。通过这些网站，用户可以深入地了解一个公司。而且不必局限于某一个网站，你可以同时注册七八个金融网站来扩大信息搜索范围。但这种操作也有一个缺点，即网站会经常向注册用户发送一堆垃圾邮件。以下是一些典型的金融网站，用户可以试试浏览这些网站并了解其提供的服务。

网站列表：

www. advfn. com

www. youinvest. co. uk

www. digitallook. com

www. ii. co. uk

www. londonstockexchange. com

www. moneyam. com

www. morningstar. co. uk

www. fool. co. uk

www. uk. finance. yahoo. com

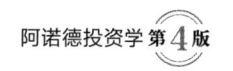

◦ 充分利用金融网站

图 4-1 展示了金融网站 ADVFN 的主页界面，其他的金融网站也都大同小异，可能在特定板块上其他网站的设计更好些。我并不是在为 ADVFN 做推广（虽然我确实在 ADVFN 上开设了"深度股票研究"（Deep Value Shares）专栏），只是想以一个主流金融网站为例来说明用户可以利用网站找到许多有用的信息。

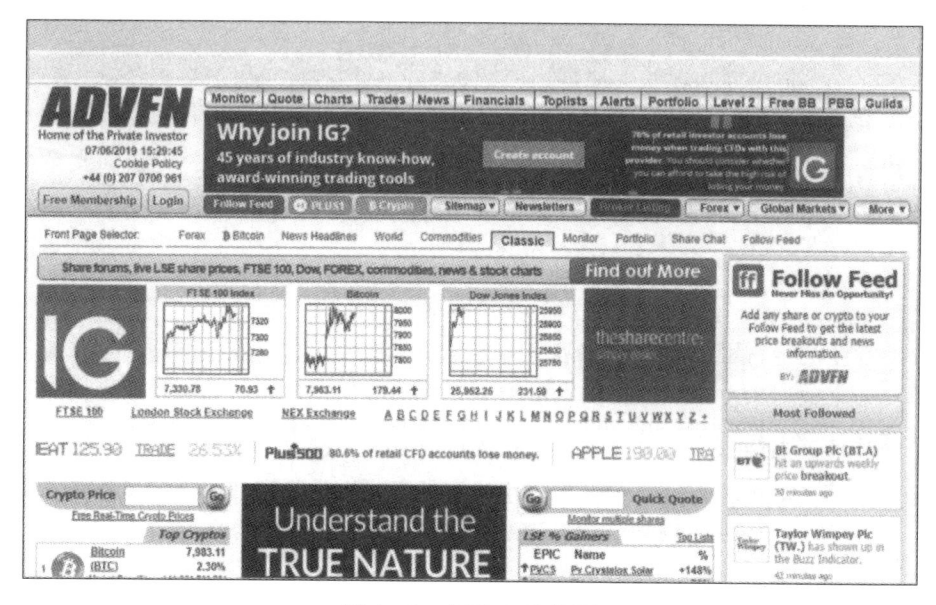

图 4-1　ADVFN 的首页

用户登录之后，如果想要查询当天的股票价格，点击左上方的报价（Quote）按钮即可。如图 4-2 所示。

图 4-2　主页上方导航栏中的报价（Quote）按钮

点击报价按钮后会显示股票查询页面，在页面中用户可以查找特定公司的股票信息。如图 4-3 所示。

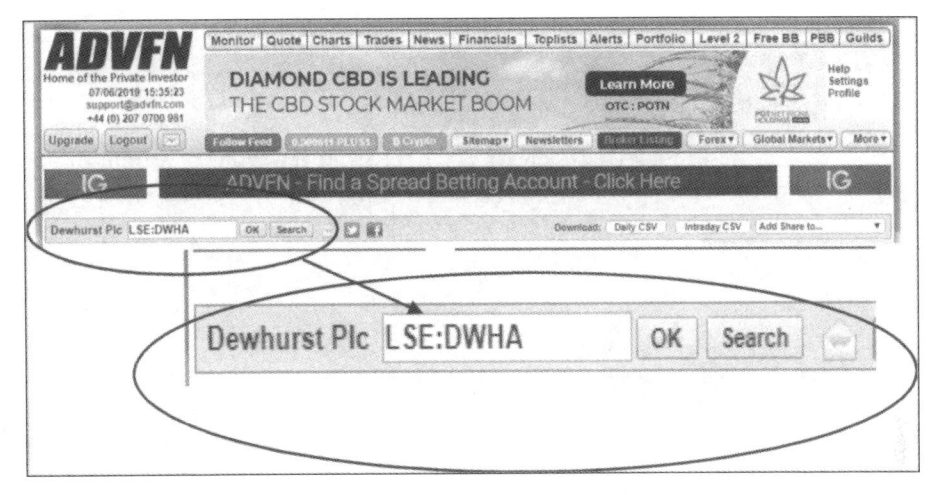

图4-3 报价（Quote）页面

资料来源：www.advfn.com。

市场参与者（如经纪人等）将公司全称缩减为非常短的"股票代号"或"号码"，也称为股票代码或TIDM代码（通常使用旧称，即EPIC代码）。例如，玛莎百货（Marks and Spencer）的股票代码为MKS。大多数投资者不知道公司对应的代码，但可以通过网络直接查到此类信息。在报价页面，如果投资者点击搜索（Search）按钮，会显示如下内容。

报价页面

在网站上试着搜索玛莎百货的股票信息。在图4-4的输入框中输入玛莎百货及其TIDM代码（MKS），点击公司名称，进入图4-5所示页面。

图4-5展示了在报价页面上MKS股票的数据。页面上的Cur（即current）代表该股票的最新交易价格为219.90便士。假如投资者想要卖出股票，页面上的Bid（出价）价格为219.80便士。当日成交的最高价和最低价也会在页面上显示。从当日早上8：00开始交易到下午4：03，已有13 754 914股股票完成交易。通过当前页面，投资者还可以了解到公司的部分财务数据：最近12个月玛莎百货的销售额（103.773亿英镑）、年利润、每股收益（EPS）、市盈率（参考第12章对EPS和PE的讲解）以及玛莎百货所有普通股的当前总价值，即当前公司市值为35.679亿英镑。最后一行显示了最近进行的交易：4股，每股219.90便士。

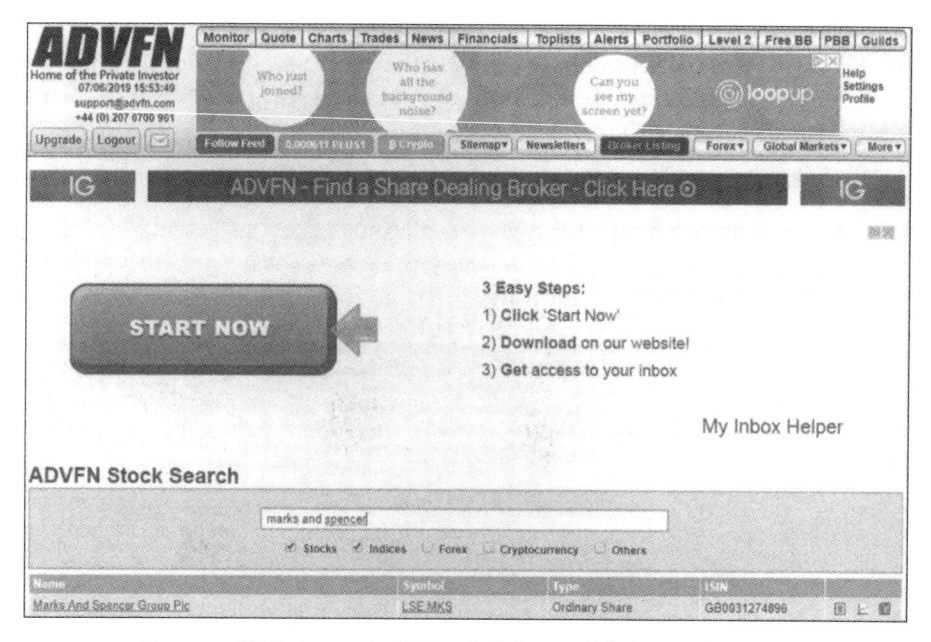

图 4-4 搜索（Search）页面：查询公司（或指数）信息的页面

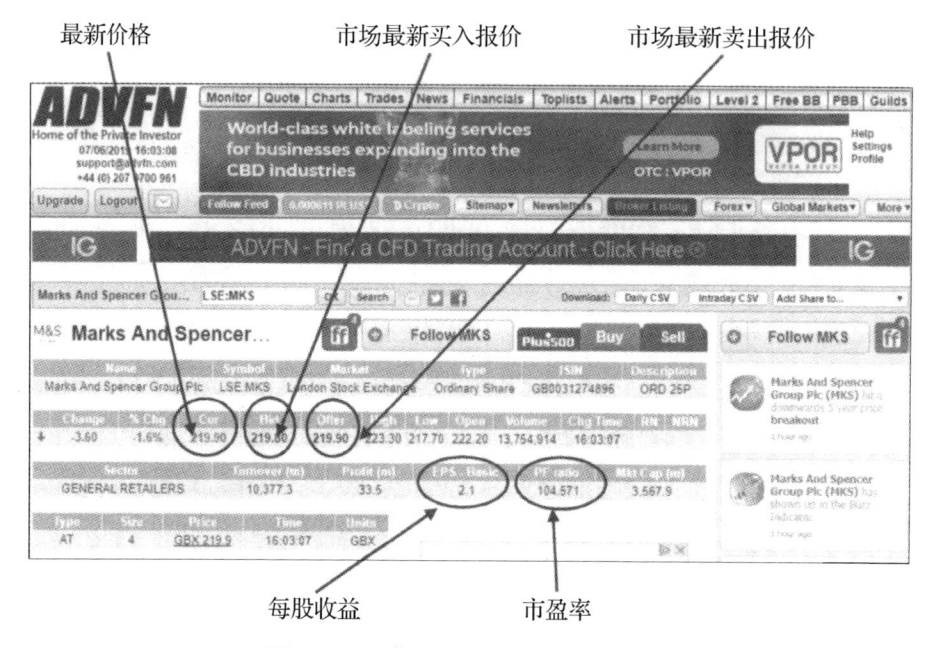

图 4-5 玛莎百货（MKS）的报价页面

资料来源：www.advfn.com.

新闻页面

向下翻页可以看到最新消息（Recent News）板块。所有的金融网站都会在这里提供公司公告和其他相关新闻。在 ADVFN 网站上关于 MKS 的新闻显示如图 4-6 所示。

Date	Time	Source	Headline
03/06/2019	09:00	UKREG	Marks & Spencer Group PLC Total Voting Rights
31/05/2019	12:56	ALNC	DIRECTOR DEALINGS: Marks & Spencer CFO Buys GBP50,000 In Shares
31/05/2019	11:09	UKREG	Marks & Spencer Group PLC Director/PDMR Shareholding
29/05/2019	07:00	UKREG	Marks & Spencer Group PLC Admission of Nil Paid Rights
24/05/2019	13:30	UKREG	Marks & Spencer Group PLC Publication of a Prospectus
23/05/2019	13:29	UKREG	Marks & Spencer Group PLC Annual Financial Report
23/05/2019	12:08	ALNC	UPDATE: Two Pension Insurers Buy-In M&S Pension Scheme

Set a News Alert for MKS   More MKS News

图 4-6　从 ADVFN 网站中了解公司新闻

点击新闻的对应标题可以阅读全文。系统里存储着多年的新闻和公告记录。如果投资者想要确定董事会定期发布的公司发展报告是精准无误还是夸大其词，可以通过系统查找十年（甚至更久远）的报告以及之后的经营结果，并对其进行对比。

公告栏

继续向下翻阅玛莎百货的报价页面，用户可以看到消息/讨论区（又称"公告栏"），如图 4-7 所示。公告栏是公司信息的一个重要来源。网站的注册用户均可在此处发帖。在公告栏，投资者可以联络一些志同道合的人，从而避免投资市场中单打独斗的"孤独感"，同时也能了解到其他投资者的想法与观点。

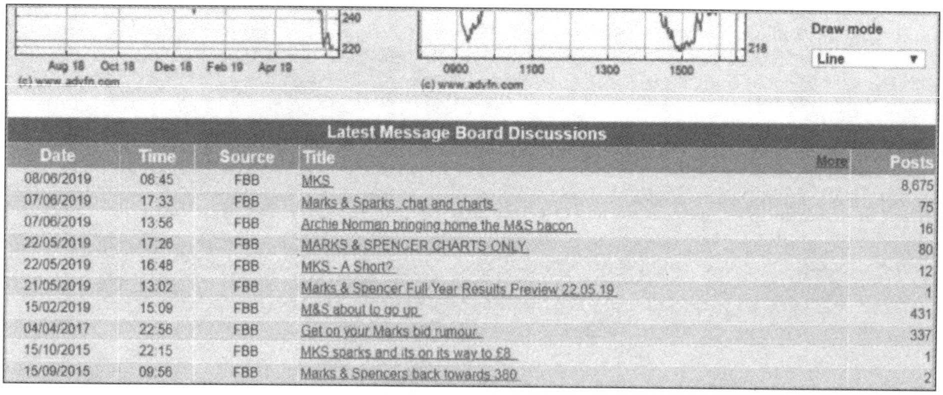

Latest Message Board Discussions

Date	Time	Source	Title	Posts
08/06/2019	08:45	FBB	MKS	8,675
07/06/2019	17:33	FBB	Marks & Sparks, chat and charts	75
07/06/2019	13:56	FBB	Archie Norman bringing home the M&S bacon	16
22/05/2019	17:26	FBB	MARKS & SPENCER CHARTS ONLY	80
22/05/2019	16:48	FBB	MKS - A Short?	12
21/05/2019	13:02	FBB	Marks & Spencer Full Year Results Preview 22.05.19	1
15/02/2019	15:09	FBB	M&S about to go up	431
04/04/2017	22:56	FBB	Get on your Marks bid rumour	337
15/10/2015	22:15	FBB	MKS sparks and its on its way to £8	1
15/09/2015	09:56	FBB	Marks & Spencers back towards 380	2

图 4-7 讨论区

在讨论区发帖的用户通常用昵称。有些人消息灵通，能够为用户提供一些公司的最新消息。但也要小心有些人可能只是炒股票的投机分子，或者只是在帖子里无病呻吟。投资者尤其需要提防那些自称掌握内幕信息的人，他们声称某位董事即将出售大量股份或者收购要约即将公布，其实他们这样说只是为了左右市场情绪并影响股价走势，以便自己获利。假如他们真的掌握了内幕消息，你认为他们真的会在公告栏和他人分享吗？另外，无论方式如何，内幕交易总归是违法的。

小贴士：多看几个网站的讨论区有助于增加投资人对股票知识的理解。

参考网站

www. advfn. com

www. ii. co. uk

www. moneyam. com

www. fool. co. uk

www. uk. finance. yahoo. com

财务数据

在页面顶部的功能区上有金融（Financials）按钮（见图 4-8），具体参照下文。

第 4 章 买卖股票

点击此处

图 4-8 获取公司财务信息

点击金融按钮后会出现如图 4-9 所示的页面。此页面上有一个十分有用的按钮更多同类公司（more like this），点击该按钮，投资者可以查询在伦敦证券交易所上市的同行业的其他公司。对投资者而言，了解公司竞争对手的相对优势非常重要。通过页面下方的链接，投资者可以发现公司竞争对手的相关信息，但最好将视野扩大至全球，因为有些公司的主要竞争对手可能并未在伦敦证券交易所上市。例如劳斯莱斯航空发动机公司的主要竞争公司大部分在美国上市。

在金融（Financial）页面继续往下浏览，可以获得公司的财务数据。

本章节不对金融页面里的各种财务数据具体展开讨论，详情请参见第 11、12、13 章的相关内容。

紧盯市场

回到 ADVFN 网站的主页（参见图 4-1），可以看到顶部有一串按钮。

图 4-9 在 ADVFN 网站上可以查到公司的财务信息

网站中的监控器（Monitor）按钮能够让用户同时监视多个公司和指数的行情。

在将某个公司加入自选列表后，用户只需点击公司名称即可获取该公司的详细信息，无须查找其股票代码。同时，用户还能查看自选列表里公司的最新消息。要想将某公司添加至自选列表，只需找到该公司代码即可。

股价图表

主页顶部的图表（Charts）按钮能够让用户绘制股价图表，如图 4-10 所示。

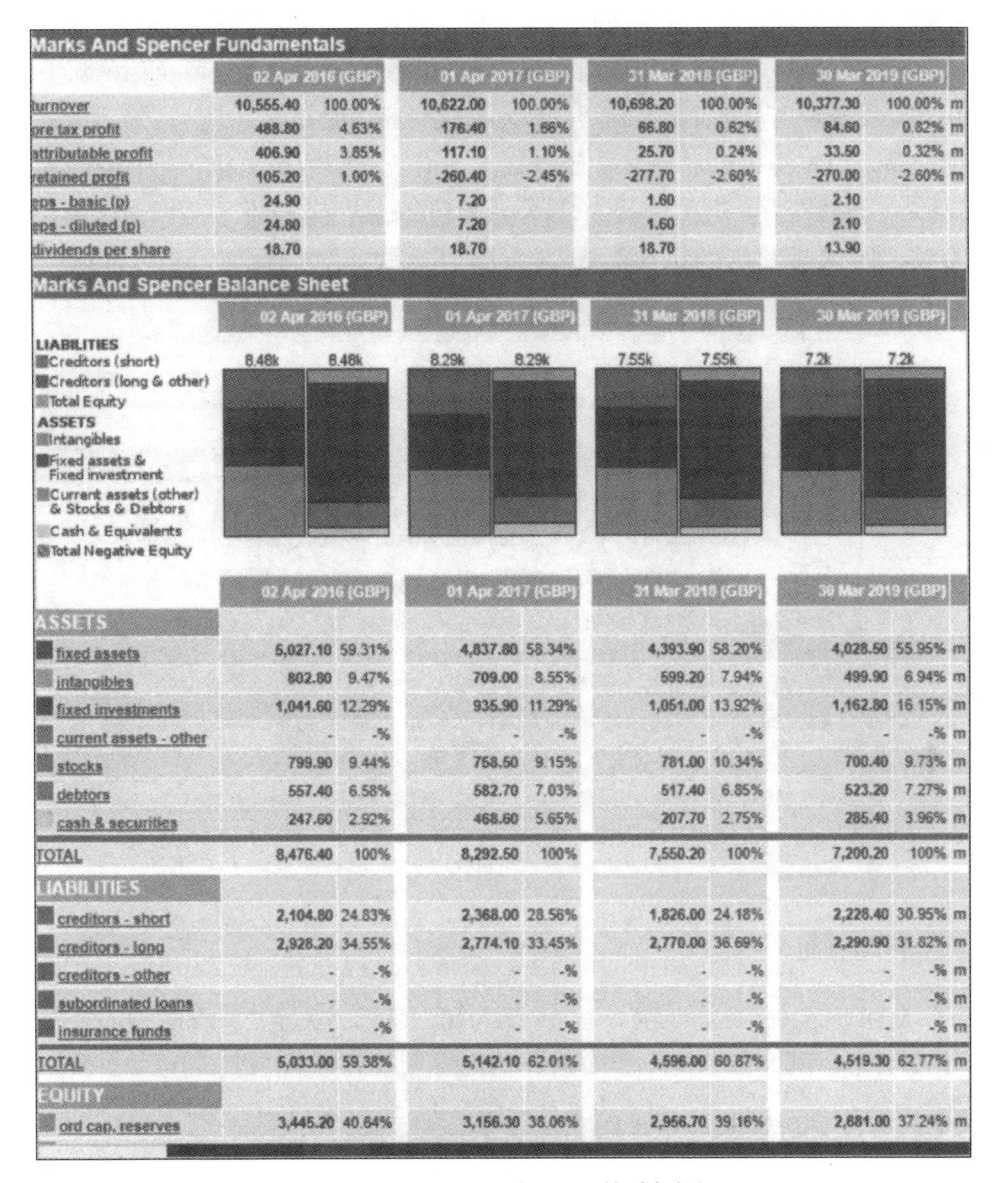

Marks And Spencer Fundamentals

	02 Apr 2016 (GBP)		01 Apr 2017 (GBP)		31 Mar 2018 (GBP)		30 Mar 2019 (GBP)	
turnover	10,555.40	100.00%	10,622.00	100.00%	10,698.20	100.00%	10,377.30	100.00% m
pre tax profit	488.80	4.63%	176.40	1.66%	66.80	0.62%	84.60	0.82% m
attributable profit	406.90	3.85%	117.10	1.10%	25.70	0.24%	33.50	0.32% m
retained profit	105.20	1.00%	-260.40	-2.45%	-277.70	-2.60%	-270.00	-2.60% m
eps - basic (p)	24.90		7.20		1.60		2.10	
eps - diluted (p)	24.80		7.20		1.60		2.10	
dividends per share	18.70		18.70		18.70		13.90	

Marks And Spencer Balance Sheet

	02 Apr 2016 (GBP)		01 Apr 2017 (GBP)		31 Mar 2018 (GBP)		30 Mar 2019 (GBP)	
ASSETS								
fixed assets	5,027.10	59.31%	4,837.80	58.34%	4,393.90	58.20%	4,028.50	55.95% m
intangibles	802.80	9.47%	709.00	8.55%	599.20	7.94%	499.90	6.94% m
fixed investments	1,041.60	12.29%	935.90	11.29%	1,051.00	13.92%	1,162.80	16.15% m
current assets - other	-	-%	-	-%	-	-%	-	-% m
stocks	799.90	9.44%	758.50	9.15%	781.00	10.34%	700.40	9.73% m
debtors	557.40	6.58%	582.70	7.03%	517.40	6.85%	523.20	7.27% m
cash & securities	247.60	2.92%	468.60	5.65%	207.70	2.75%	285.40	3.96% m
TOTAL	8,476.40	100%	8,292.50	100%	7,550.20	100%	7,200.20	100% m
LIABILITIES								
creditors - short	2,104.80	24.83%	2,368.00	28.56%	1,826.00	24.18%	2,228.40	30.95% m
creditors - long	2,928.20	34.55%	2,774.10	33.45%	2,770.00	36.69%	2,290.90	31.82% m
creditors - other	-	-%	-	-%	-	-%	-	-% m
subordinated loans	-	-%	-	-%	-	-%	-	-% m
insurance funds	-	-%	-	-%	-	-%	-	-% m
TOTAL	5,033.00	59.38%	5,142.10	62.01%	4,596.00	60.87%	4,519.30	62.77% m
EQUITY								
ord cap, reserves	3,445.20	40.64%	3,156.30	38.06%	2,956.70	39.16%	2,881.00	37.24% m

图 4-10　ADVFN 网站上展示的财务数据

交易的历史记录

用户只需点击交易按钮（Trades，见图 4-11），便能查看市场上已完成的交易。玛莎百货的股票几乎随时都在交易，但其他（规模较小）公司可能几天都没有交易一单。如果投资者即将购买或出售股票，此时交易页面能派上用场，投资者可以在交易页面看到市场对该只股票的态度。当然，除了当天的交易，用户还可以看到交易历史记录，点击交易的历史记录（Historical trades）按钮即可，见图4-12。另外，看到自己的交易出现在页面上也十分有趣。

图4-11

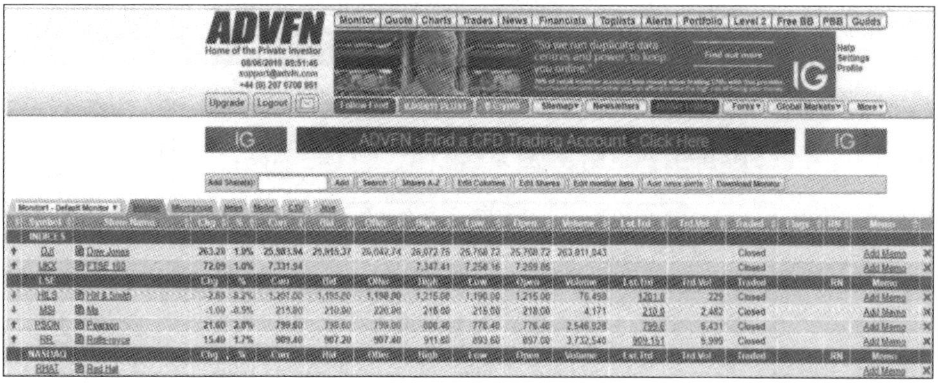

图4-12

新闻页面

新闻页面（News，见图4-11）是为用户显示当天主要新闻事件的页面（例如公司合并）。用户输入感兴趣公司的股票代码后可以看到公司已发布的公告等多种信息。此外，也可点击新闻页面按钮，获取滚动显示的信息流，市场上的所有公司都会根据自身需要发布信息，当用户浏览新闻页面时，信息流会随着市场信息的不断发布及时更新。如图4-13和图4-14所示。

排行榜

排行榜按钮（Toplists，见图4-11）可以便捷地帮助用户从股市中选出排名靠前的公司名单，排名标准由用户自行确定，如五年回报率从高到低或从

图 4-13 玛莎百货的股价图表

低到高。用户可以根据个人需要筛除掉上一财年无盈利的公司，或者去掉市值超过 1 亿英镑的公司，其他指标亦能达到筛选效果。图 4-15 中只显示了一部分用于筛选和排名的指标。

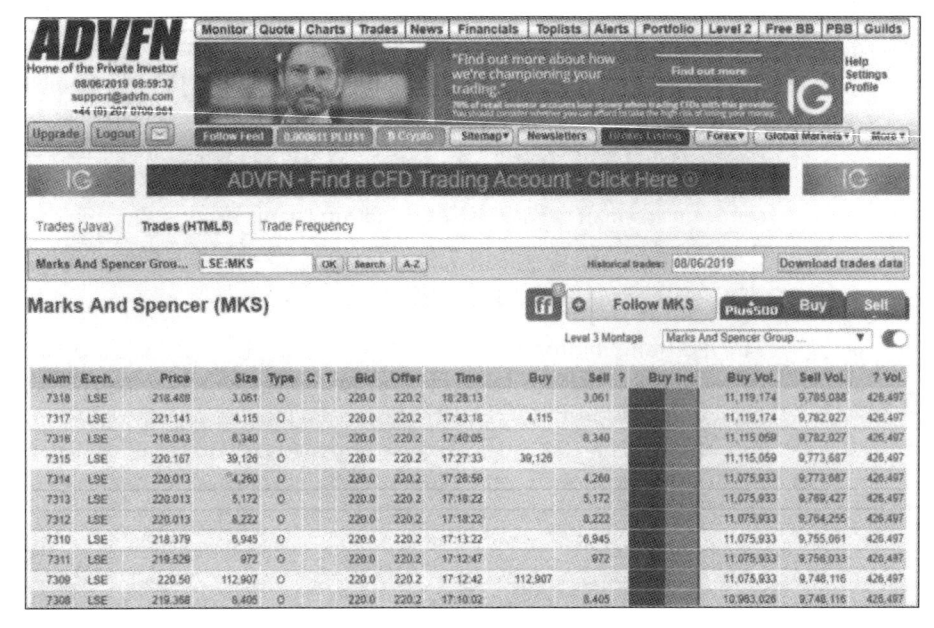

图 4-14 玛莎百货股票的交易历史记录

图 4-15 上市公司的筛选与排行榜

提醒推送

提醒页面（Alert，见图 4-11）允许用户自行设置系统，当某个指标触发特定阈值（或满足特定条件）时推送并提醒用户操作，比如玛莎百货股价低于 1.80 英镑，或公司有重大事项公告等。网站为用户提供三种类型的提醒：股价提醒、新闻提醒和公告栏提醒。当条件触发时，用户可以要求金融网站通过电子邮件及时推送通知。

创建真实和虚拟投资组合

投资组合按钮（Portfolio，见图 4-11）允许用户设置虚拟或真实的投资组合，并将选中的股票加入自选股跟踪其动态。图 4-16 显示了金融网站会自动为用户计算投资组合的收益或损失。在投资组合列表中点击公司名称即可获取关于公司的更多详细信息。

图 4-16 投资组合页面内容

用户可以根据个人需求创建尽可能多的投资组合。如果用户希望追踪低市盈率的股票,可以每六个月建立一个包含符合条件股票的投资组合,并在随后的几年追踪其发展。用户也可以遵循沃伦·巴菲特的投资选择,选择特定的公司,并在系统中设置投资组合以追踪公司的发展。

用户在检查投资组合时,需要小心行为学家所谓的"狭隘框架"心理问题。即用户在投资时缺乏全局观,会因此而感到痛苦。在任意一月或一天中,每个投资组合都有 50% 的概率上升或下降,但事实证明我们人类对损失的感受比收益更强烈。

如果我们一直盯着投资组合的波动,想要确认此时究竟是赚了还是赔了,那么赔钱给我们带来的痛苦就会经常找上门来,而且痛苦程度远远超过赚钱时带来的快乐。这可能导致一些错误的投资决策,促使我们机械地寻找那些可以赚钱的短期交易。

投资不要鼠目寸光,要从全局出发,这样股票会在若干年内带给投资者满意的回报。投资路上总会有些磕绊,但不必为这些磕绊分心和沮丧。

成为优秀公司的长期投资者吧!你可以考虑一下,每天盯着投资组合的回报是否真的有意义。与其整日盯着股市的起伏,不如关注公司的业绩以及其他与业绩相关的数据(如行业发生的技术变革)。这是著名投资者本杰明·格雷厄姆和沃伦·巴菲特的主要投资心得之一。[①]

Level 2 价格服务

经纪人和许多金融网站都提供 Level 2(或 Level Ⅱ)价格服务。Level 2 允许投资者在本人电脑上查看其他投资者在伦敦证券交易所系统中交易的订单,包括股票买入或卖出的价格以及交易的数量。我们从图 4-5 中可以看到 Level 1 的数据包含:简单的买入和卖出价格、最新一笔交易的价格、当天的最高价和最低价以及当日开盘以来的股价百分比变化、交易量等。

Level 2 则允许个人投资者看到当前尚未执行的买卖订单,并根据市场即

---

① 想要了解更多关于投资哲学的知识,可以阅读我在 ADVFN 上的专栏"深度股票研究"或我所著作的书籍: *Great Investors*(Financial Times Prentice Hall, 2011)或 *The Financial Times Guide to Value Investing*(Financial Times Prentice Hall, 2009),The Deals of Warren Buffett, Vol 1(Harriman House, 2017),或 The Deals of Warren Buffett Vol 2.(Harriman House, 2019)。

时情况进行更新，可以帮助投资者更好地了解市场当前的供求情况。Level 2 能够帮助投资者理解股票价格是如何形成的，以及协助股票交易及时下单。Level 2 价格的页面如图4-17 所示。

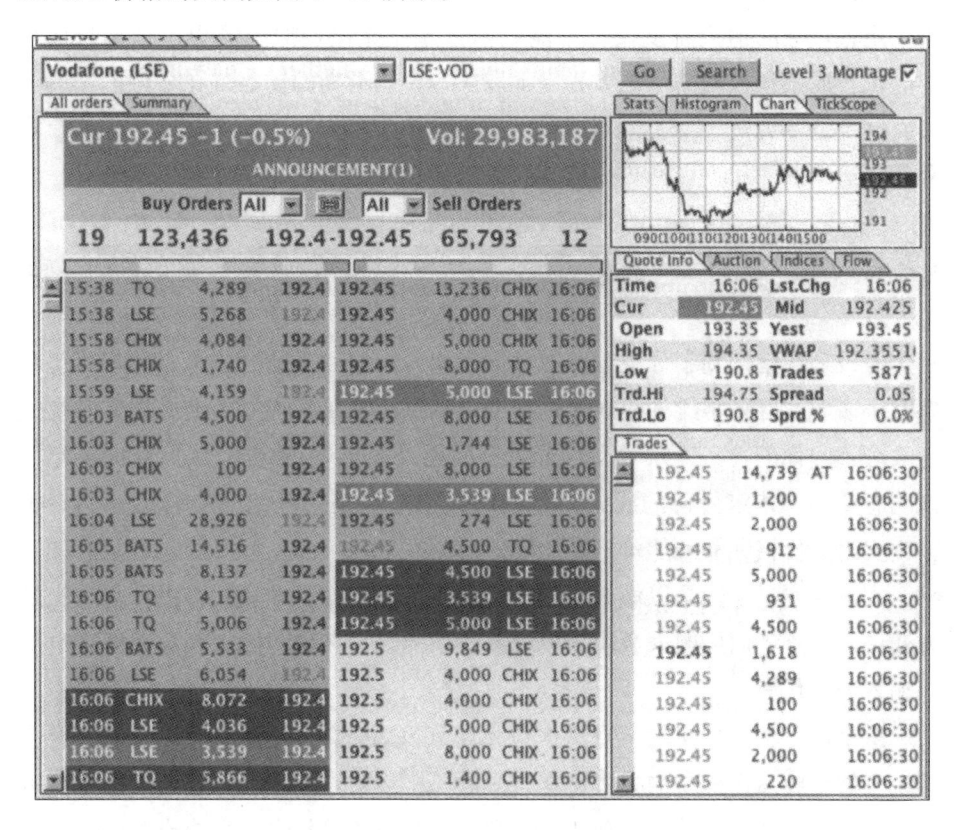

图4-17 Level 2 页面

Level 2 对交易较频繁的投资者来讲十分有用，但对于一位不经常交易且坚持长期持有股票的投资者而言，每月48 英镑（有时更多）的 Level 2 服务则显得有些昂贵且无用。如果投资者通过固定的某个经纪人频繁地进行交易，比如每个月有30 笔交易，那么经纪人可能会愿意提供免费的 Level 2 服务，但投资者需要支付相当高的交易费用。

董事交易

投资者想要知道公司的董事们是否一直在购买或出售手中的股票。许多投资者将公司董事购入股票的这种行为视作其对公司前景持有积极的态度，主要是因为这些股东对公司信息知晓得更为全面。如果公司董事一直购入公司股票，投资者有理由认为公司的股票价值被低估了。但是，公司董事出售股票也不一定代表他的消极态度，有可能是因为家用支出，抑或他想要增加持股种类。出售股票释放的信号很大程度上取决于公司近期的动态。在金融网站的公司新闻部分（见图4-6），投资者可以找到所有董事进行股票交易的详细信息和历史记录。

买卖股票时会发生什么？

假设现在已经到了你想要买入（或卖出）股票的激动时刻。当然，买卖股票有很多方式，最常见的是通过网络或电话进行交易。当你致电经纪人时，经纪人会询问你的姓名、账号和几个安全问题（如出生日期）。然后你向经纪人说明想要购买特定公司的股票，并询问当前的价格。经纪人会告诉你两个价格：卖出的价格和买入的价格。

本书主要讨论的是以做市商为中心的报价驱动交易方式。在报价驱动交易方式中，投资者向经纪人说明想要交易股票的公司名称，经纪人会立即在电脑中输入公司代码。

这里以伦敦证券交易所自动报价系统（SEAQ™，发音为"see-ack"）为例说明做市商运作交易的方式。在过去的几十年中，该系统一直是英国股票市场的重要组成部分，并且比现代SETSqx系统更浅显易懂。只要投资者对报价驱动交易方式有一定了解，就能很快地熟练使用SEAQ系统。但现在的股票不再通过SEAQ系统交易，只有债券在该系统中交易。

SEAQ作为高度电脑化的系统，主要用于向系统各终端分发做市商提供的价格。当投资者向经纪人表达交易意愿，经纪人在系统中输入公司代码后，SEAQ会自动显示出针对该公司股票所有做市商愿意买入（或卖出）的价格。[①] 一个典型的SEAQ系统页面如图4-18所示。

---

① 如果投资者选择在线交易而非电话交易，他可以使用个人账户密码调用经纪人网站，而后在网站上输入公司名称或股票代码来查看价格（Level 1账户对应当前股票价格的简要信息，而Level 2账户会显示一系列交易者执行的价格）。

第 4 章 买卖股票

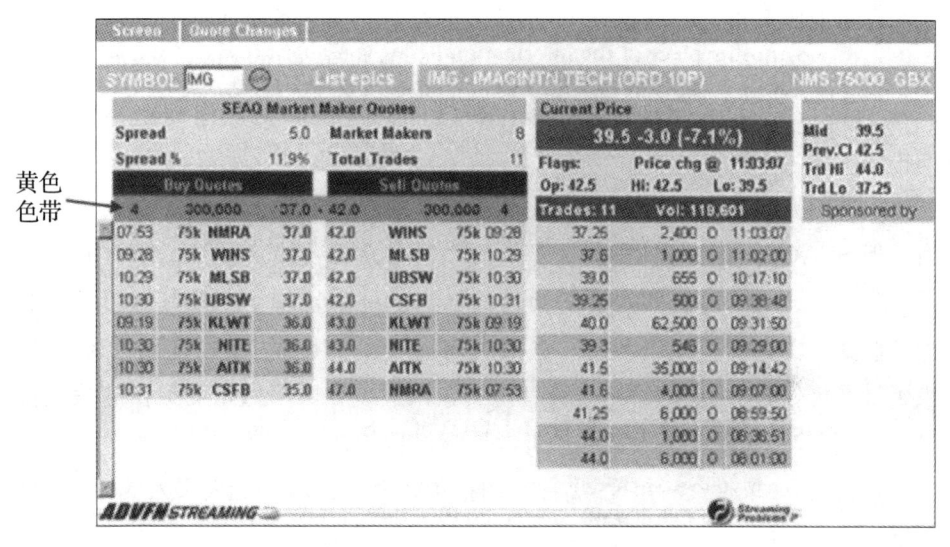

图 4-18 典型的 SEAQ 系统界面

图 4-18 中一些指标释义如下：

NMS 75 000　该股的正常市场规模（NMS）为 75 000 股，也称交易所市场规模（EMS），EMS 是做市商必须进行交易的最少股票数目。EMS 由伦敦证券交易所为证券单独设置，通常为日均交易规模的 1%～2%。

Spread　买家出价和卖家报价之间的差额。在图中为 5 便士或者用百分比表示为占卖家报价（42 便士）的 11.9%。

Total Trades　该交易日已经成交的交易数目。图中为 11 笔。

Current Price-Mid 39.5　该指标说明当前的中间价格。中间价格为当前买家出价和卖家报价的中位数。中间价的显示颜色反映与前一交易日收盘价格相比的变动趋势，蓝色表示上涨，红色表示下跌，绿色表示不变。

−3.0（−7.1%）　某股票当前中间价与前一交易日收盘价之间的变动。图中当前变化为−3.0 便士，变化幅度为下跌 7.1%。

Vol　该交易日已经完成交易的总股票数，图中为 119 601 股。

市场上约有 36 家股票做市商，但并非所有的做市商都会选择为图 4-18 所示的公司造市。图中显示有八家做市商（从 NMRA 到 CSFB）正在报价。事实上，对于一家大公司的股票，其在二级市场上具有很强的流动性，有大量相互竞争的做市商愿意为大公司股票报价。而对小公司股票而言，可能只有两三个做市商愿意报价。出价（Bid）是做市商愿意买入股票的价格，图中做市商 NMRA 的出价为 37 便士。报价（Offer）是做市商愿意出售股票的价格，NMRA 的报价为 47 便士。出价和报价之间的价差即是做市商希望获得的回报。

对经纪人而言，要在众多的做市商价格中找到最佳价格实在令人劳心费力，但 SEAQ 系统为他们提供了解决方法。在众多做市商价格的上方有一条黄色色带，显示了出价和报价的最佳价格（也称触发价格）及其做市商的名称。假如投资者想要出售股票，做市商 NMRA、WINS、MLSB 和 UBSW 提供了最佳价格 37 便士。假如投资者想要买入股票，四个做市商提供的最佳价格为 42 便士。所以经纪人会向投资者反馈最佳价格为 37 便士（出价）—42 便士（报价）。如果投资者接受 42 便士的报价，就可指示经纪人买入 5 000 股该股票。

做市商价格被称为"稳固"价格。稳固的含义是如果有经纪人（投资者）被做市商发布的价格所吸引，愿意进行股票交易，伦敦证券交易所会要求做市商和经纪人按照先前已发布的价格进行交易。通常 EMS 显示在屏幕上方，在交易量低于 EMS（一般设定为日均交易量的 1%～2%）的情况下，做市商在经纪人联系他们之后不能更改价格。对于涉及数量超过 EMS 的交易，做市商可以为其更改价格，为经纪人反馈一个新的价格。在交易量超过 EMS 后，价格可以随时改变，这样做市商可以根据股票买入和卖出的资金压力，以及其他做市商的行情对价格进行及时调整。图中 EMS 设定为 75 000，因此上文提及的 5 000 股交易不需要另行报价，投资者可以按照屏幕中显示的价格进行交易（或者等到更好的价格出现再进行交易）。

下一步，经纪人（或网页）会询问投资者要订立什么类型的订单，通常有以下两种：

● 投资者可以要求经纪人以最佳价格执行订单（也称市价单）。该订单会按照市场上的最佳价格立即执行。如果经纪人无法按照之前向投资者说明的价格获得股票（因为在投资者、经纪人、做市商三者之间联系存在时间差，在联系过程中，做市商的报价可能会有变化），那么投资者最终支付的价格可能会远远高于（也可能低于）预期。此外，许多经纪人都会想办法将价格控制在特定价格区间内（即市场出价和报价的区间内），来体现经纪人的议价能力。

- 如果市价单的不确定性太大，投资者可以设立限价单。此种订单允许投资者设定一个买入订单可以接受的最高价格或卖出订单可以接受的最低价格。订单可以保存在系统中直到完成（最多保存90天）或直到取消（取消前有效订单）或者设置一个到期时间，到期时无论是否完成都将被系统取消。经常与我来往的一位经纪人，建议我把期限设置为一个星期。这样如果市场价格满足我设置的价格限制，经纪人就会自动完成订单，不需要再给我打电话确认或通过网络联系。如果市场一直不满足价格条件，那么订单到期时，经纪人就会从系统中撤回我的订单，而且这个流程没有手续费。

当然，还有一些很少用到的选项：

即时成交剩余撤销订单 投资者可以设置一个价格限制，一旦股价到达所设定的价格，立即被部分完成或全部完成。如果市场价格无法立即满足这个价格限制，则订单即刻失效。如果只有一部分交易满足，则未满足的部分即刻失效。

全额成交或撤销订单 投资者设置一定的价格限制（最高限价或最低限价），如果订单交易无法满足全部的价格限制条件，则整个订单失效。

止损单 投资者为指定股票设定一个最低限价，如果市场价格下跌并低于设定限价，投资者的经纪人就会卖出这只股票。该订单旨在保护投资组合免受因市场剧烈波动和大幅下跌带来的资金损失，从而保护投资者的大部分资金。但就我个人而言，我并不觉得此类订单能够实现这个目标。如果一个人的目的是"投资"而非"投机"，那他就会根据公司的战略地位、经理人质量、每股收益等指标对公司进行彻底分析，并在此基础上判断以当前价格买入该股票将带来的收益。如果公司股价下跌，应该更进一步买入该股票。如果公司的基本指标已经恶化，则可能引发市场抛售股票，但这并不一定代表股价会因此下跌。

经纪人已做好进入市场准备，随时买入股票。一位优秀的经纪人会向投资者重复一遍其订单：购买5 000股ABC股票，选择即时成交剩余撤销订单类型，设置股票的最高价格为36便士。经纪人会向投资者确认是否希望订单继续进行（电话会被录音）。此时，投资者做出法律承诺，允许经纪人执行交易。

当经纪人听到确认交易时，投资者可以在电话旁等待订单已完成的回复，也可以让经纪人随后回电说明情况。下一步，经纪人会联络提供最佳价格的做市商，通过电话或电脑达成交易①。如果使用在线交易，投资者可以在屏幕上看到一个约 20 秒的倒计时提醒。在倒计时归零前，投资者点击交易按钮，交易就会按照报价执行。

所有交易都会发送给 SEAQ 系统的中央服务器，并在几分钟内发给所有市场参与者。② 该模式保证了 SEAQ 系统交易的公开性和透明性，让每个人都可以看到最近交易的价格范围。流程如图 4-19 所示。

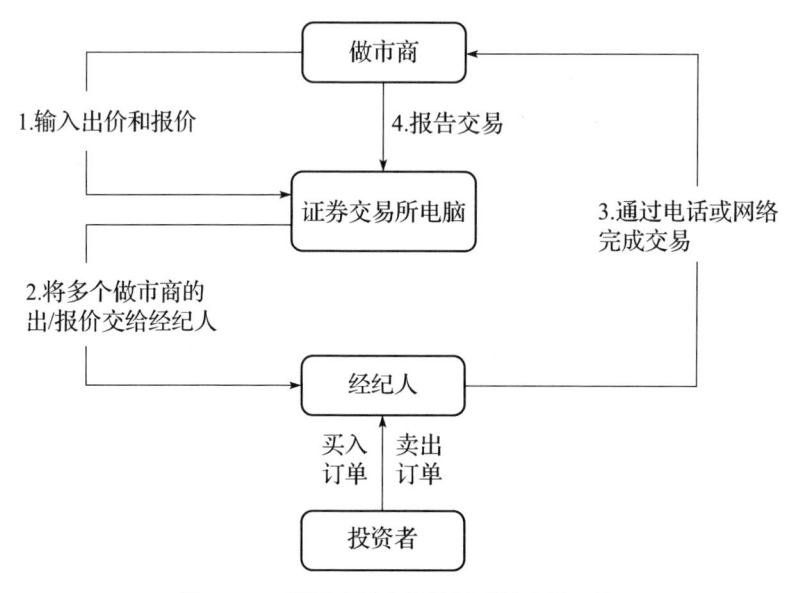

图 4-19　股票交易中报价驱动的交易系统

传统交易模式中，经纪人一般是通过电话联系做市商。而如今大部分私人投资者的交易则通过零售服务供应商（RSP）来完成。通过电话或互联网，仅提供交易服务的经纪人，针对单笔交易收取十分低廉的服务费。经纪人降低成本的诀窍之一是将小型订单（一般交易数目小于 EMS）通过 RSP 网络完成。经纪人一般和 5~10 个 RSP 有合作关系。RSP 能帮助做市商和经纪人分担小型订单（规模在几百股）带来的工作压力。电子系统会收集扮演 RSP 角色的做市商和来自伦敦证券交易所的电子订单（通常是伦敦证券交易所电子交易系

---

① 如果经纪人能和做市商提供一致的最佳价格，那么经纪人可以自行在内部完成交易。
② 做市商可以将大订单的交易情况推迟报告，从几个小时到几天不等，该规定允许做市商恢复原有的头寸。

统，简称 SETS，稍后会对该系统进行详细介绍）的出价和报价。投资者可以通过电脑（在线交易时）或电话知晓最具竞争力的 RSP 报价。通常双向报价的有效期为 15～30 秒。RSP 网络能够自动、即时以电子方式执行订单，从而降低时间和财务成本。此外，RSP 网络允许对金融网站上显示的价格稍加优化，比黄色色带里的价格更好（价格优化服务）。对于那些规模大于 EMS 的订单，投资者最好让经纪人直接与做市商联系。

如果使用在线交易，投资者会在电子邮箱或经纪人系统中收到带有合约说明的消息。如果使用电话交易，则这部分资料通常会在第二天发送到投资者的邮箱。资料中会说明股票价格、交易时间、股票数量、经纪人佣金以及在主板市场购买股票总价值 0.5% 的印花税（该税仅适用于在主板市场购买股票，不适用于 AIM 股票）。投资者需要再次核对信息是否有误，并将合约说明存档以便保存交易记录（在填写纳税申报表时会派上用场）。

如果投资者在经纪人那里注册了账户，经纪人将在交易后的两个工作日对账户进行借账（贷账）处理。

如果投资者选择接收股份证书（参见下文），这些证书将由其现持有股份的公司登记处负责寄送。

订单驱动交易系统

现在我们来谈谈伦敦证券交易所如何在主板市场和 AIM 上交易流动性较强的大公司股票。该方法于 20 世纪 90 年代引入英国股票市场，起因是投资者对原有基于做市商出价和报价的交易系统提出较多的批评意见。他们认为在报价驱动交易系统中，作为中间人的做市商通过剥削投资者来获取利润。如果买家能够和卖家以统一的价格进行交易，消除做市商报价与出价之间的价差，就可以为投资者省下一大笔费用。

世界上许多证券交易所都采用订单驱动交易系统。这些交易所允许通过其中央服务器进行订单买卖交易，投资者会根据价格自动匹配（此类系统又称为匹配交易系统或订单簿交易系统）。伦敦证券交易所采用的订单驱动交易系统被称为证券交易所电子交易系统（Stock Exchange Electronic Trading System，SETS）。该系统中现在流通着约 900 只高流动性、频繁交易的股票，包括主板市场规模最大的约 600 只股票，以及 AIM 和爱尔兰市场中流动性最高的证券。

SETS 系统采用大量计算机进行架设，交易人（通过经纪人）在系统中输入期望买入或卖出的价格和数量，而后等待市场价格变动至交易人设定的价格限制。或者，交易人可以指示经纪人立即以目前系统提供的最佳价格进行交易。如果买入订单价格和卖出订单价格相匹配，则系统将自动执行交易。这些订单的价格以匿名的方式面向整个市场公布。价格和数量的显示示例如图 4-20，该图是经纪人可以看到的 SETS 系统的页面截图。

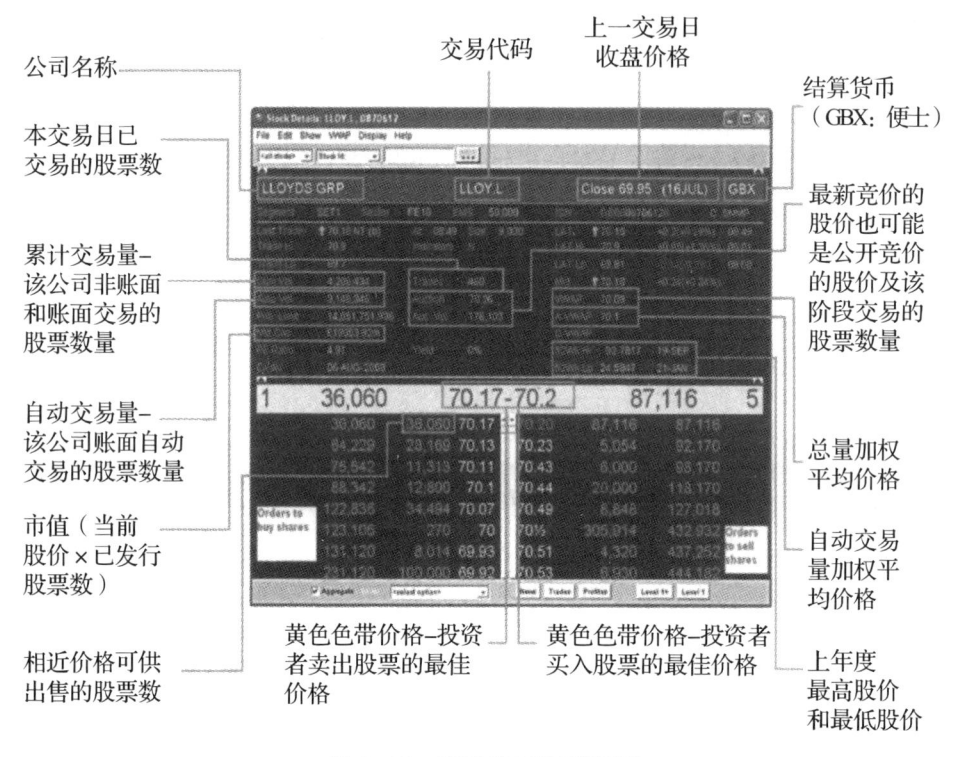

图 4-20 典型 SETS 系统界面

买入订单和卖出订单分别位于界面的左右两侧。从图中可以明显看到，对于劳埃德银行的股票，有一位投资者（或不止一位）愿意以不超过 69.92 便士的价格买入 10 万股（在屏幕的最后一行显示）。还有位投资者表示愿意以不低于 70.53 便士的价格卖出 6 930 股。显然，系统无法将这两个订单匹配成功，这两位投资者都无法交易。而为了实现交易，这两位投资者要么调整价格限制，要么就需要等待市场朝限价方向移动。

视线逐渐转到屏幕上方，我们可以看到买家出价与卖家报价之间的差距越来越小。倒数第八行显示，买家愿意以 70.17 便士的价格买入 36 060 股，而卖家愿意以 70.20 便士的价格出售 87 116 股，离此订单的匹配成功越来越近。当我们看到黄色色带价格时，可以发现买卖双方最后匹配的价格，即"最新交易价格"70.18 便士。

市场参与者可随时访问 SETS 系统的相关页面，并根据系统信息合理设置其订单的价格限制。例如，如果我是一个想要购入 5 000 股的买家，那么根据当前市场供需情况，我不会接受一个报价为 70.20 便士的卖家。但如果我是一个想卖出 5 000 股的卖家，我需要明白如果要想吸引买家，股价不必非要低于 70.17 便士。倘若情况稍复杂一些，我想要买入 11 万股，现在有两个选择：一是，设定 70.20 便士的最高价格，这样会立即交易 87 116 股，剩下的 22 884 股则等待股价下跌后再进行交易。二是，设定 70.44 便士的最高价格，从而可以和那些以 70.20、70.23、70.43、70.44 便士卖出的投资者进行交易。剩余报价 70.44 便士的卖家（118170－11000）则继续在 SETS 系统中等待买家。

为了提高 SETS 交易的流动性，交易所在 2007 年对系统进行了修改，允许做市商在系统中发布价格。现在，SETS 系统不仅能实现连续委托、登记和交易自动执行，同时支持做市商在系统中为股票提供连续的出价和报价（但是交易仍然通过系统自动执行）。

SETSqx

证交所电子交易服务——报价与交叉交易（SETSqx）专为流动性较低的证券（低于 SETS 系统中交易的证券）而设计，涉及 1 000 多家公司。SETSqx 结合了电子竞价簿（类似于 SETS 系统的交易模式）与报价驱动的交易制度。如果做市商希望对某只股票进行报价，SETSqx 系统可以展示单个做市商的报价。理想情况下，交易所希望有许多做市商参与股票报价，通过竞争来获得更好的价格。但由于这些股票的流动性较差，可能只有一两家做市商愿意承担持仓待交易的成本。

希望与做市商进行交易的投资者或经纪人可以在工作日交易时间内按照正常方式进行交易（和 SEAQ 系统一样），也可以连接到电子系统，通过系统屏幕输入股票订单，说明股票的买入或卖出价格（类似于 SETS 系统）。值得一提的是，在该股票没有做市商报价时，这个系统尤其有用。

订单簿的实际交易发生在每天五次的竞价期间（08：00、09：00、11：00、14：00、16：35）。在竞价期间，投资者出价后系统就会自动匹配买家和卖家。竞价的前几分钟，交易者可以为买卖订单设置价格限制。在竞价过程中，交易者可以看到其他人的价格限制，并随时撤回或修改自己的价格限制。然后，中央计算机会自动开始下一阶段，由计算机设置价格并自动完成可行交易。该价格取决于绝大多数交易者的报价，即能实现最多交易的价格。在竞价交易时段之外，经纪人可以和指定订单的对方进行电话联络，如果双方就相关条款达成一致，则在下一次竞价前完成该订单。

交易完成之后

当交易完成并将相关信息发送给交易所后，交易所需要对交易进行清算。即交易所需要对交易的所有报告文档进行核对，以确保各方就交易的股票数量和价格达成一致。同时，还需要检查买卖双方持有相应的现金和股票，以便完成交易。此外，公司登记处也会收到股票所有权变更通知。随后，股票的所有权将从卖方转移到买方，此操作被称为结算。

如今的结算不仅限于检查买卖双方是否同意交易条款，还扮演着"共同对手方"的角色，即充当每个买方的卖方，也扮演着每个卖方的买方。并通过保证股票在付款后按时交付，消除交易未能完成的风险，反之亦然。SETS 和 SETSqx 中交易的股票，通过伦敦证券交易所授权的共同对手方进行交易。伦敦证券交易所现在已经采用"两日滚动结算"制度（交易日＋2，或 T＋2），即投资者通常在交易日期的两个工作日后支付股票款项。

20 世纪 90 年代，股票的转让涉及投资者、经纪人、公司注册处和交易所四方之间烦琐的纸质交易。如今，现代结算系统（CREST）为各方提供了电子结算和登记手段。CREST 作为中央证券存管机构（CSD），通过保存股票的电子登记簿、市场上股票的交易记录以及提供电子结算和登记手段，实现交易的非实物化。

如今的系统比原先更加经济快捷，只需在键盘上操作几下即可变更股票的所有权。在 CREST 系统中，股票通常以代理人公司的名义而非实际购买者的名义持有。经纪人和投资经理建立并负责运营这些代理人账户。当投资者交易时，其经纪人在代理人账户中通过电子方式持有股票，并通过经纪人在 CREST 的会员身份加入系统中安排结算，提高交易速度。一家代理人公司可能代持着几十位乃至成百上千位投资人的股票。

对于公司的股票（例如森宝利或英国电信集团）而言，代理人公司看起来似乎就是股票的注册所有人。尽管如此，实际受益人，如你我等投资者仍会获得所有的股息和销售利润。

一些投资者对 CREST 系统持反对意见，因为他们无法自动收到公司年度报告和其他文件（如参加年度股东大会的邀请函），并且可能会因此失去投票权（毕竟公司不知道谁是股票的实际受益人）。当然，投资者可以坚持留在 CREST 系统外。在此类情况中，投资者可以收到股票证书，并被视为企业的真正所有人。但在股票交易或者在经纪人处保留交易账户时，在 CREST 系统之外的投资者成本会更高（年费会增加）。现有计划宣称，将在 2023 年取消新股发行的股票证书，在 2025 年取消现有股票的股票证书。

将股份放在代理人账户中，可以很大程度上减少投资者的管理负担。例如，若投资者希望卖出以证书形式持有的股票（一张纸），他需要填写股票转让表格，并将表格和证书发送给经纪人。经纪人检查表格填写无误后，将正确的表格发送给公司登记处。显然邮寄和结算过程无法在 T+2 的时间内完成，更不用说在这个过程中，经纪人的工作变繁复了。许多经纪人允许投资者交易结算的日期延迟超过两天，有些时候可以是 T+5、T+10 甚至 T+20。[①] 当然，延迟交易结算需要特殊安排，同时投资者需要支付额外的管理费用。因此，专门有一个可以使用代理人账户系统的交易市场，采用 T+2 结算模式，而对于那些偏好股票证书的私人投资者，结算模式更可能是 T+10。

代理人公司采用绝缘防范、保护资产安全，所以假设经纪人破产，代理人公司持有股票并不受影响。如果发生欺诈行为，根据投资者补偿计划，通过金

---

① 处理超过 T+2 的交易，投资者可能还需要向做市商支付额外的费用。

融行为监管局授权的经纪人进行交易的投资者会得到一笔高达 85 000 英镑的赔偿。

除了无法收到公司年度报告和其他相关文件（如参加年度股东大会的邀请函和投票邀请函）外，使用代理人账户的投资者还可能错过公司为股东发放的福利，例如 Moss Bros 的八折优惠券（更多股东福利请参考 www.hl.co.uk/shares/shareholder-perks）。这些福利不是自行发放，而是根据经纪人提供的代理人服务条款，投资者可以要求经纪人将年度报告、经营账目、股东福利和公司会议邀请函转发至本人。经纪人还会将投资者对公司事项的投票意见转达给年度股东大会。投资者可能为此支付额外费用，但在大多数情况下都是免费的。

如果我（通过电子邮件）提出诉求，Charles Stanley（经纪人）会迅速告知公司我将出席他们的年度股东大会。经纪人在会议前几天发给我一张表格，说明我将作为经纪人旗下代理人公司 Rock Holdings 的代表出席会议。我可以将该表格寄到公司去登记选票。或者，让经纪人通知公司我会到场，然后我就可以在股东大会上直接投票。Charles Stanley 免费提供这项服务。在线账户的操作流程和上文类似，在打开投票页面前，我会让经纪人事先通知公司为我开通投票权限。我很喜欢参加年度股东大会，在会议上我可以向董事们提问并获得回复，大多数董事也很欢迎股东提问。

投资者在通过代理人账户持有股份和通过证书持有股份之间还有一个折中的选项，即 CREST 的个人会员资格（也称为赞助会员资格）。拥有个人会员资格的投资者通过 CREST 成为股票的法定所有人，同时也是股票的实际受益人，可以享受到便宜快捷的电子结算服务。[①] 投资者可以收到所有公司文件，并保留投票权利。但是这种方式比经纪人运营的代理人 CREST 账户要昂贵一些。个人 CREST 账户的收费标准由经纪人拟定，从免费到每年 300 英镑（或更多）不等。一些经纪人还会对使用个人 CREST 账户进行的交易收取额外的手续费（约 10 英镑/笔）。如今很少有经纪人愿意提供个人 CREST 账户服务。

下边这篇报道中批评并指出代理人账户的另一缺点：投资者将自己持有的

---

① 即便账户的户头写的是投资者的名字，经纪人仍然扮演着赞助商的角色。

股票从代理人账户转到另一经纪人的代理人账户下时需要支付数百英镑的费用。

让公平回归证券交易
英国不民主的代理人制度需要彻底改革

约翰·休曼

我的电邮收件箱中经常收到投资者对英国代理人账户制度的控诉。我承认，在开始认真思考这个问题之前，我一直没有把这些信件放在心上。但随着更多带着怒气的电子邮件滚滚而来，我意识到英国的代理人制度是多么的不民主。事实上，我的结论是，对于一个自称是世界上最公平和金融业最发达的国家来说，这是一个站不住脚的尴尬问题。即便现在，我仍对此怒不可遏。

简言之，如果投资者想以较低成本购买股票，需要开通代理人账户。如果想以较快速度完成交易，或享受个人储蓄账户/养老金投资账户的税收减免，还是需要开通代理人账户。然而，当投资者将资金和交易交由代理人账户处理，根据英国公司法，投资者不会被视为公司的名义所有者。事实上，被投资公司对投资者的情况一无所知。

有人估计，私人股东可能持有英国上市公司约30％的股份。然而，确切数字无从考证，因为在股票登记簿上只有代理人服务商的名字，而这些代理人服务商汇集了成千上万位个人投资者的股份。

还有更糟的情况。投资者无法自动收取公司年度报告、出席年度股东大会和对公司重要事项（如高管薪酬）进行投票等相关信息。投资者能否收到这些信息取决于经纪人的心情，甚至有时经纪人还会对这项"特权"进行收费。

如果投资者想要更换经纪人，还需要为转移股票支付一笔不菲的费用。这样的规定能够有效打消投资者更换经纪人的想法，即便投资者接受的服务十分差劲。在这方面，受益最大的不是股东而是经纪人，投资者的所有股票归于一个经纪人，管理起来十分方便，然而投资者却仍要为这样简单的管理支付高昂的费用。

替代手段确实存在，但使用频率越来越低。根据欧洲法律中的非实物化计划，纸质股票证明将在几年内逐渐取消，而且到目前为止，尚未出现可替代纸质证明的电子记名式登记证。现有可替代纸质证书的电子等价物——个人CREST服务，正变得越来越稀缺。

一些经纪人把个人CREST服务价格提高到难以接受的水平，大抵是为了劝阻投资者使用该项服务，甚至有些经纪人则完全取消了个人CREST服务，就在本周，联盟信托储蓄公司在收购Singtrade之后宣布将取消个人CREST服务项目。投资者需要及时改用传统的纸质证书或注册代理人账户，然而这两种替代方案完全无法和个人CREST服务相提并论。

经纪人狡辩称代理人服务制度相当优秀，因为很少有股东想参加会议投票或收取公司年度报告。这其实是一个鸡和蛋的论证。主张变革现有代理人服务体系的人认为，现在股东对公司管理参与度低恰恰是由于代理人制度设置的障碍。优秀的经纪人（如Killik、Share Centre）为其代理人账户的开户人提供完整的信息和投票权。但这两个答案都未触及问题的核心，即尽管代理人服务制度在很多时候表现不错，但它的确有时会让股东失望。

以前，经纪人破产之后，股东们只有向监管部门寻求赔偿，然而赔偿的最高额度也不过才5万英镑，这远远低于美国提供的100万美元的赔偿额度。

多年来，英国股东协会和英国个人股东协会一直致力于为每家公司建立一个电子注册簿，注册簿中记录了所有个人股东的信息，所有经纪人都可访问该注册簿。

有人告诉我，在呼吁变革的过程中经常会遇到来自制度内当权者的阻力，或者听到反对变革的声音，他们认为引入新的制度代价十分高昂。

但变革并不意味着要引入前沿的信息技术。具有讽刺意味的是，在大多数发达市场，电子注册正是英国政府主张采用的，那些想建立股票文化的新兴市场听取了英国政府的建议。而当纸质证书被废止时，对于数百万英国股民而言，电子注册是唯一一个不需要强行取消全部股东权利的替代方案。政府经常谈及要鼓励市场各方更广泛地参与金融服务。但是，如果政府真的想建立一个深度融合金融服务的社会，那么至少应该从完善代理人服务制度开始，保证私人股东应得的全部权利。

资料来源：*Financial Times*，28 August 2015.

© The Financial Times Limited 2015. All Rights Reserved.

如果投资者正在考虑选用代理人服务，可能需要留心向经纪人咨询以下问题：

- 提供的服务种类以及相关的费用？
- 对于存放在代理人账户中的投资是否有充分的保护手段？
- 投资者能否收到公司的年度报告、账目、投票权、参加年度股东大会或特别股东大会的邀请函以及股东福利？

股票付款

为股票交易付款有多种方式：

- 在经纪人或银行开立存款账户，经纪人可以随时代表投资者从账户中取用资金进行交易。
- 通过邮政寄送支票。在支票兑现前，经纪人可能不愿意代表投资者买入股票，特别是投资者有2天的结算期限（T+2）。
- 前往经纪人公司现场办理业务，并使用信用卡付款。
- 通过电话交易，并使用借记卡付款。

网络交易

大多数仅办理交易的股票业务都在网络上进行。虽然网络交易成本低廉，但仍存在一些问题：

- 有些交易系统容易崩溃。计算机故障让人十分头疼，所以投资者需要准备好备用的交易方法，比如同时在两个（或更多）经纪人处开户。

- 尽管加密技术不断更新换代，但网络上的信息安全依然是许多人担心的问题。
- 网络交易通常要求使用代理人账户。
- 网络交易十分便捷且简单，可能促使投资者进行频繁交易却不考虑后果。因此，许多交易者会在交易费用上损失一大笔钱财。
- 键盘上的误操作可能会导致买入错误数量的股票。

直接市场准入

直接市场准入（DMA）系统允许私人投资者直接在股票市场进行交易，系统会将私人投资者发出的买卖订单与专业机构订单一起放入伦敦证券交易所的电子订单簿中。为此，投资者需要从 DMA 提供商（一些股票经纪人会提供此项服务）处下载必要的软件。尽管投资者已经直接进入市场，但在使用 DMA 时仍然要通过经纪人进行交易。

在使用 DMA 之前，投资者需要开通 Level 2 权限（参阅上文），以便查看其他投资者的买卖订单，并且能够看着自己的订单可以出现在 SETS 或 SETSqx 的交易屏幕上。

一般性的在线交易中，经纪人的系统会从多个零售服务供应商中寻找最佳价格，但找到的价格可能并不是理论上的最佳价格。而投资者可以自行通过系统输入买入和卖出价格，则有以下的优点：

更好的价格与更大的成交可能 假设投资者想卖出甲公司的股票，市场行情目前是 200~202 便士（卖家能够接受的最低卖价为 202 便士，买家能够接受的最高买价为 200 便士）。为了吸引买家交易，未使用 DMA 的卖家可能会将价格设置为 200 便士，而使用 DMA 的卖家会将价格设置为 201.5 便士。能够看到他人的买卖订单以及执行价格可以让投资者分析市场供求关系，有助于选定合适的价格限制。

速度 当投资者完成订单配置，点击键盘提交后，订单转瞬之间就能进入系统，而且可以立即完成。不仅如此，投资者还能根据市场上最新的消息及时调整交易。例如，在 SETS 系统中可能有其他交易者的大量卖出订单处于挂单状态。当一家公司发布利好消息（比如收到一笔大订单）时，这些挂单的投资者无法及时改变订单价格。但是如果拥有 DMA，并且及早注意到这家公司的消息提示，那投资者就可乘机低价买入这些股票，从而赚个盆满钵满。

测试并调整价格 通过 DMA，投资者可以看到其订单在伦敦证券交易所订单簿上的位置，以及距离订单完成需要做出的改动。如果期望迅速达成交易，投资者可以及时对订单价格进行调整。

DMA 服务的费用因经纪人的不同也会有很大的差别。此外，由于经纪人之间和访问渠道之间的激烈竞争，DMA 业务还在发展过程中。对于交易频率较低的投资者，DMA 交易软件和 Level 2 服务每年大概需要数百英镑。但对于每个月交易 15 次及以上的投资者而言，这些费用可能会被经纪人免除。费用主要取决于经纪人的质量和优惠程度。DMA 非常适合频繁交易的投资者（每周至少进行 5 次交易），这群人每天花好几个小时关注市场动态。

DMA 的另一个问题是容易因误触键盘而产生交易错误，即乌龙指失误。投资者在买入订单时有时会误输入为卖出（反之亦然），或者交易金额远超其本意，或者意外地输入了错误的买卖价格，乃至成交价格只有市场平均水平的几十分之一。

不是每个人都能获得 DMA，经纪人会对投资者进行审查，以确保操作者具备足够的知识使用 DMA 进行交易。

不通过经纪人转移股票

如果股票交易发生在投资者的熟人之间（如朋友或配偶），则无须经纪人介入即可完成场外转让。投资者需要填写一张股票转让表格，表格可以从公司登记处、经纪人、银行或者网络上免费获得，法律文具（如印章）则会花些费用。股票证书背面的转让表格适用于市场交易场景，不适合 DIY 股票出售或赠与。在无经纪人介入的情况下，投资者需要准备好一张股票证书来完成股票交易。如果股票由经纪人的代理人 CREST 账户持有，经纪人会对此次股票转移收费。配偶之间的转让或礼品互赠不收取印花税，而对于其他人之间的主板上市公司股票转让，投资者需要将填写好的转让表格邮寄至英国税务海关总署印花税办公室，随信一同附上面值为股票总值 0.5% 的支票以支付印花税。印花税办公室在表格上盖章后会将表格寄回。投资者将盖好章的表格寄送至公司登记处，等待公司签发新的股票证书。

参考网站

www.advfn.com

www.ii.co.uk

www.fca.org.uk

www.londonstockexchange.com

www.euroclear.com

www.pimfa.co.uk

PART 2

| 第 2 部分 |

投资类别

第 5 章

集合式投资

投资者不一定要单独购买，也可以将资金集中起来购买股票及其他资产。集合式投资有其固有的显著优势：

第一，创建多样化的投资组合。投资金额相对较小（比如 3 000 英镑）的投资者发现，在不产生高额交易成本的情况下，很难获得广泛的投资机会。然而，如果有 1 万人各自向一只基金投入 3 000 英镑，那么就有 3 000 万英镑可以投资于各种各样的证券。同时，投资者可以大量购买这种大型基金，比如一次购买 10 万英镑，从而减少每英镑投资的交易和管理成本。因此，多样化的投资组合可以降低风险，同时股票交易和管理（如管理投资组合所花费的时间）的规模经济可以降低成本。

第二，即使资金体量非常小的投资者也可以参与股票市场。投资者如果每个月只有 50 英镑可供投资，也有可能通过集合式基金来投资股市。例如，单位信托公司通常不愿意放过任何一笔小资金，与小资金客户签约，用汇集的资金在市场中进行投资。

第三，利用专业管理的优势。投资者可以将整个投资过程交给专业的基金经理，从而避免分析和选择股票债券、参与市场购买和收取股息等有门槛的任务。

第四，可以涉足原本无法参与的外国市场。也许投资者希望投资南美的公司、美国的高科技或其他种类的金融证券，但认为直接购买股票的风险和复杂性太大。由熟悉相关国家或行业的经理人管理的集合式基金则是替代单独投资的不错选择。

集合式基金的优势虽然显著，但也往往会被其基金管理的高成本、与市场指数相比表现不佳等劣势所抵消。此外，投资者还将失去与直接股份投资相关的所有权利，如参加公司年度股东大会、获得股东分红；也失去了在情绪高潮和低谷、成功和谦逊的教训中自主选择股票的乐趣。

单位信托基金

投资者以"单位"形式购买单位信托基金，每个单位的价值由基金所拥有的证券市场（投资标的）价值决定。举例来说，如果基金从数百个小投资者那里筹集了100万英镑，并发行100万个单位，那么每个单位价值1英镑。如果基金经理在接下来的一年投资中，其基金的总价值升值到150万英镑，那么每单位的价值也随之上升到1.5英镑。

单位信托基金是开放式基金，这意味着基金的规模和单位的数量随着投资者的购买或赎回而变动。如果一个100万单位的基金由于投资者资金流入（而非投资证券的价值上升）而翻倍，它通过创造和销售更多单位，将其变成一个200万单位的基金。

如果这只拥有100万单位的信托因为第一年的出色表现（比如标的股票上涨了50%）而吸引了大量投资者的兴趣，那么它可能会以每股1.5英镑的价格再卖出100万单位，从而成为一只总资产为300万英镑的基金。

如果单位持有者想变现所持单位，可以把单位先卖给单位信托的经理人。然后，基金经理要么将这些单位出售给其他投资者，要么由于投资者需求低而出售部分基础投资来筹集现金赎回这些单位。因此，单位的数量会每天或至少每隔几天改变一次。

定价

单位信托基金的定价并非上面描述的那么简单。事实上，每个单位通常有两种价格。基金基础投资的总价值通常每天按照金融市场行为监管局规定的方法计算一次。根据这一价值计算出新投资者购买基金的价格，这一价格以卖出价作为依据。卖出价是信托公司为购买投资标的所必须支付的最低价格，其中也包含交易成本、管理费用和其他费用。基金单位净值，是指当前的基金总净资产除以基金总份额。

买入价（如果你想出售，你可以得到的价格）通常比卖出价低 3%～6%（比如投资股票的基金）。买入价和卖出价之间的价差或手续费主要用于：其一，基金管理、行政管理与市场营销的费用；其二，基金在买卖股票（债券等）时应支付的做市商差价、印花税和经纪人佣金。①

大多数单位信托在远期基础上定价，这意味着单位的买家所支付的价格将在当天的特定时间内确定（通常是中午 12 点）。因此，当投资者发出购买指令时，并不知道价格，而这个价格是由基金中证券的价格从现价到定价之间的变化决定的。一些基金仍按历史价格收取费用，即从上一次估值中提取价值。②

在判断一个单位信托基金的表现时，必须牢记价差的影响。例如，如果一个单位的报价从 200～210 便士上升到 250～262.5 便士，那么回报（买卖价格之差）就是 250～210 便士，这仅仅是 19%，而不是 25%。显然，买卖价差意味着，你的基金必须努力，才能在短期内创造良好的回报。也可以这样理解，如果你签了一张 1 万英镑的支票，而价差为 5%，那么一天后基金里只剩下 9 500 英镑供你取出。

谁来照顾单位持有人的利益？

单位持有人受四方面的保护：

受托人和审计师 受托人通常是银行或保险公司，它们密切关注基金经理，以确保他们遵守信托契约的条款，例如坚持既定的投资目标（如投资日本股票）。重要的是，受托人以单位持有人的名义持有基金的所有资产，因此，如果基金经理发生任何不幸，那么基金会得到保护。受托人还监督单位价格的计算，并确保基金经理遵守金融市场行为监管局的规定。审计员则负责检查账目编制是否得当。

金融市场行为监管局（FCA） FCA 授权基金经理和受托人担任其相应角色。只有 FCA 授权的基金才被允许在英国销售，这些基金是授权单位信托基金（AUT）。未经授权的单位信托基金，大多数在海外建立（不在 FCA 的管辖范围内），虽然也可购得，但投资者应该知道，由于不受监管，它们也承

---

① 单位信托基金可选择单一定价，费用另行列示。大多数仍然存在买卖价差。
② 一些公司同时采用历史定价和远期定价。

担了更大的风险。

申诉专员　管理公司未能完满解决问题的申诉可提交至金融申诉服务处（见第 19 章），并强制要求赔偿。

金融服务赔偿计划　例如一只 FCA 授权的基金资不抵债或投资管理不善时（见第 19 章），有效索赔最高可达 8.5 万英镑。

费用

涉及多种费用：

申购费用（"销售"或"前端"费用）　申购费用包含在投标价和买入价之间的价差中。因此，如果基金的息差为 6%，可能会分配 5% 作为申购费用。一些单位信托基金已将申购费用降至零，尤其是那些投资有息证券（债券等）和跟踪基金（见后文）的单位信托基金。

年度管理费用（AMC）　典型的主动型管理基金的管理费在 0.65%~1%，也可能更高。通过平台投资（见后文），持有投资组合每年可能收取最高 0.45% 的费用。通过独立的财务顾问而非平台购买基金，可能需要预先支付几百英镑的咨询费。AMC 是每天从基金中扣除的，所以你可能没有注意到它，因为收取这部分费用时，基金的价格只是微妙地向下调整了。随着时间的推移，年费在降低投资价值方面的影响比初始费用更大。

运作费用　基金除 AMC 之外，还要扣除额外费用，当这些费用被添加到 AMC 时，就形成了持续费用。额外项目包括向受托人、持有标的证券的托管人、投资顾问（基金经理经常让基金单位持有者在 AMC 的基础上为研究付费。也就是说，"专家"雇佣其他人来分析，但自己不付钱）、基金评估机构、营销人员、会计师和审计师、监管机构、保险公司、律师、专业顾问等人员与机构的付费，以及在这些费用中产生的增值税。一般每年花费约 0.05%~0.5% 来支付这些法律、审计和其他行政费用，这也会由基金经理每天自动扣除。个别基金的持续运作费用（正式名称为总费用比率）可从以下市场获得：ft.com/data/funds/uk 和 www.bestinvest.co.uk。

未包括在公布的期间费用中的其他各种扣除额　包括与买卖证券相关的交易成本，如经纪人费用、股票或债券的买卖价差，以及交易税（如英国的印花税 0.5%）等。值得注意的是，如果投资者直接购买股票，而没有基金规模经济的优势，无论如何都会招来这些成本。然而，投资组合周转率高的基金（出售股票并以其他股票取而代之）每年会产生超过1％的额外成本，主动型基金的比例往往低于这个水平（大概在0.4％左右），被动型基金的比例甚至低至0.1％。

许多评论员认为高周转率基金价值不高，因为一些投资经理将交易成本分摊给所有投资者。当然，基金的高周转率也有很大一部分原因在于，投资者自身买入或卖出基金，而基金只是被迫完成相应交易。发生这种情况时，交易成本会由这些投资者承担。另外，基金经理也会出于相对市场部门的良好表现而收取一定的绩效费（约5％的基金经理收取绩效费）。如果你的基金在支付绩效费的同时下跌了10％，这似乎有些说不过去，但如果同期市场指数下跌了15％，这种情况很有可能发生。

赎回费用　有些基金会收取后端退出费用而非申购费用，比如投资者如果要在前五年将基金兑现，便需要支付这类费用。

1％的隐性费用是如何让10万英镑的投资少挣了10万英镑

阿特拉塔·穆尼

一位工程师和一位建筑师分别向不同基金投资了10万英镑，并且这些基金的运作费用相同，在30年内也具有相同的回报，但当投资者撤资时，建筑师的资金就少了10万英镑。

发生了什么事？这是消费者权益保护者和投资者多年来一直试图解开的谜。但随着欧洲新规的颁布，答案也随之明确。根据欧洲金融工具市场指令（MiFID Ⅱ），资产管理公司必须披露投资的所有成本数据。

这凸显了投资机构在运作费用数据（OCF）上收取的各种高额费用，大多数投资者通过OCF了解到他们向投资经理支付了哪些费用及费用额。

经《金融时报》和研究公司Lang Cat的分析发现，投资者在热门基金上支付的价格高达OCF的4倍，包括Vanguard、BlackRock和Janus Henderson运营的基金。

Lang Cat 董事迈克·巴雷特表示，尽管在 OCF 上的成本起初可能看起来很小，也许增加 30 个基点的额外费用，又或者每投资 100 英镑收取 30 便士，但它们会持续累积，时间越长累积的数额越大。

例如，根据 Lang Cat 的数据，一位投资者最初投资 10 万英镑，每年支付 1% 的费用。在之后的 30 年里，投资者每年将享有 6% 的回报率，最终获得 432 194 英镑。

然而，如果隐性成本每年再增加 1% 的费用，这笔钱将只有 324 340 英镑。

巴雷特表示："可能你所看到的'仅仅是几个基点的不同'，但多年后它们就会产生如此大的差异。随着时间的推移，这些结果可能会更令人吃惊。"

投资者对投资的真实成本远高于预期会感到惊讶，巴雷特表示："金融顾问等投资专业人士一直都知道存在这种已知的未知因素，OCF 并不是全部。但我认为，散户投资者做出这样的假设是合理的。如果某资产管理公司说，一只基金的 OCF 为 22 个基点，那么除此之外就不会再有 50 个基点了。"

根据 MiFID Ⅱ，资产管理公司必须提供交易费用（买卖股票的成本）以及其他附带费用的估算。在许多情况下，交易成本甚至远超过那些经验丰富的顾问的预期。

例如，极地资本的日本对冲基金的 OCF 为 1.35%，但交易成本是 1.81%，这使得持有基金的成本提高了 134%。

极地资本的全球分销总监伊恩·埃文斯表示，公司基金价格、收益费用和绩效指标一直都是在扣除所有费用（包括交易成本）后才进行披露和支付的。"虽然我们理解监管机构在成本透明度上试图达到的目的，但我们向投资者提供的净回报应该是衡量价值增加的最终标准"，他说。

"当然，这是个人投资者对产品成本和净收益偏好的问题，但我们仍然坚定地专注于向投资者提供差异化的投资产品和优越的风险调整收益，我们相信可以并且确定做到为金钱提供价值。"

摩根大通资产管理公司旗下的欧洲动态（ex-UK）基金规模为 9.08 亿欧元，其 OCF 为 93 个基点。据报告，该基金的交易成本估计为 1.68%，使其所有权成本提高了 180%。

英国骏利亨德森旗下的绝对回报基金，其 OCF 为 1.06%，交易成本为 79 个基点。如果算上平台费和业绩费，通过英国基金经销商 Hargreaves Lansdown 购买，该基金的年平均总成本将跃升至 3.82%。

数据供应商 FE Trustnet 列出了 100 只英国热门基金。该机构发现，这些银行的平均 OCF 为 88 个基点，但如果将交易成本包含在内，这一比例就跃升至 1.11%。

数据供应商晨星（Morningstar）表示，通过对欧洲基金的额外成本进行分析后发现，欧洲大型基金的交易成本增加了 25 个基点，亚洲（除日本外）股票基金的交易成本增加了 55 个基点。

晨星公司表示，投资于美国大盘股和全球大盘股的基金交易成本最低。但通常交易成本高的基金交易更多。此外，投资者可能还会支付其他费用，比如支付给财务顾问或在线经纪人的费用。

在线投资者服务机构切尔西金融服务的董事总经理达瑞斯·麦克德莫特表示，新规定表明，隐性费用可能达到"荒谬的数额"。

麦克德莫特说："资产管理公司显然缺乏透明度，其中一些收费之高令人惊讶，尤其是对于那些原本预计可通过规模经济获益的大规模基金而言。"他表示，隐性成本并不是投资者需要关注的唯一问题。麦克德莫特指出，投资者可以把他们的资金投入到一些成本低但业绩稍差的基金，也可以投资一些高成本、高绩效的基金，但结果会更好。

"在某些情况下，费用超出了我们和公众的预期。但如果能在收费后有好的业绩，那就另当别论了。"他说。

"只关注费用是有害的，最便宜的并不意味着它是最好的。"巴雷特也认为，高额的额外费用"不一定是坏事"。

按基金策略计算的平均费用

基金策略	交易成本		持续费用	
晨星资本种类	平均值	中位数	平均值	中位数
全球大盘股混合股票	0.16%	0.12%	1.36%	1.25%
欧洲大盘股混合股票	0.25%	0.19%	1.41%	1.36%
全球新兴市场股票	0.30%	0.23%	1.42%	1.26%
美国大盘股混合股票	0.14%	0.09%	1.15%	1.00%
欧元区大盘股股票	0.26%	0.18%	1.38%	1.30%
日本大盘股股票	0.21%	0.11%	1.22%	1.08%
英国大盘股股票	0.21%	0.15%	0.96%	0.92%
全球大盘股成长型股票	0.21%	0.15%	1.40%	1.28%
亚洲（不包括日本）股票	0.55%	0.36%	1.58%	1.59%
全球大盘股价值股票	0.16%	0.11%	1.34%	1.25%

资料来源：晨星公司，基于其欧洲基金。

资料来源：*Financial Times*，10 February 2018.

© The Financial Times Limited 2018. All Rights Reserved.

如何买卖单位信托基金？

可以直接从单位信托管理公司购买，或者通过金融顾问、经纪人或基金超市（平台）购买。如果担心价格被设定在远期基础上，可以告诉财务顾问或平台，让他们不要在价格超过某个限制时买入。

当出售时，可以通过一个在线经纪人账户把其卖给管理公司，管理公司有义务购买。然而，一些基金只允许每月、每季度或每年两次出售，因为这些钱投资于非流动性资产（如房地产），其中一些资产可能需要出售来偿还，这需要时间。而对于投资于股票和债券的基金而言，投资者卖出后应该可以在5天内收到付款，但如果基金在短时间内有很多赎回请求，可能需要一段时间来出售证券，再偿还单位基金卖家。投资者不必卖掉所有的持股，可以随意决定出售份额。

回报

单位信托基金的回报包括两个部分：其一，收益通常以利息或股息的形式通过基础投资获得；其二，所持证券的价格可能会随着时间的推移而上涨。有些基金会在规定日期（通常一年两次[①]）扣除管理费等费用后，以现金形式支付全部收益。另一方面，复利单位代表基金单位持有者对收入进行再投资，其积累单位的价格往往比收益单位上涨得更快。金融网站上列出了收益单位（Inc）（也称为股息单位）和复利单位（Acc）的价格。

复利单位可以避免再投资成本和购买新单位的麻烦。与发行复利单位和股息单位一样，信托基金也可以向机构投资者和散户发行不同的单位，且前者支付的管理费用因大量购买而低得多。令人困惑的是，这些不同的类别被称为不同的股票类，而不是基金单位类。

在英国公司纳税方面，单位信托基金和开放式投资公司（OEIC）支付的股息与英国公司普通股股息的处理方式相同。在第一个2 000英镑利润的免税津贴用完后，基本税率纳税人要缴纳7.5%的税，当然税率更高的纳税人需要缴纳更多的税（见第17章[②]）。英国单位信托基金和OEIC支付的总利息与银行、建房合作社和地方政府储蓄的利息处理方式完全相同（见第17章）。此外，税率较高的纳税人，如果因收到股利和利息而导致复利单位增加（即使股利和利息还没有到手），那么他必须对此发布公告，并支付额外的税收（见第17章）。但在卖出基金单位后，这些付款是可以从资本利得税计算中扣除的。

可获得的信托类型

有200多家基金管理公司一起提供3 000多种单位信托基金或类似的基金，OEIC－www.trustnet.com可以通过列表搜索。英国所有的公司基金，将至少80%的资产投资于英国股票（投资协会官网上有30种基金定义，www.theia.org）。除了这种典型的单位信托基金之外，还增加了范围非常广泛、目标极为多样化的信托基金。有些基金重点投资支付高额股息的股票（英国股票收益），有些将基金分为股票型基金和债券型基金（英国股票和债券收益），而另一些则主要投资金边债券或公司债券。有些基金将大部分资金投资于小公司，而有些基金则投资远东地区的股票，也有一些信托公司投资房地

[①] 有些信托公司按季度或每月支付。
[②] 英国不对投资外国证券的股息征税。

产。基金投资有种种可能，主要类别如下：

收益基金　旨在从基础投资中产生定期收益，这些收益可能会分配给投资者，也可能会再投资回基金。

成长型基金　旨在使资本长期增长，因此在很多类型的投资中，当前的利息可能很低甚至没有，日后却有很高的资本收益潜力。产生收入的基金作为总回报的一部分，投资者通常会将它再投资于基金。

专业基金　包括房地产基金以及科技等专注于专业和狭窄投资领域的基金。专业的绝对回报基金并非想试图跑赢欧洲股指等基准指数，而是投资于在共识上可能会上涨的板块，以求在特定的股票或债券市场下跌时获得正向回报。因此，基金经理必须能够自由地将资金从一套股票或债券市场中迅速转移到其他市场。

保本基金　这些基金旨在保护投资者的投入资本。投资回报是有可能的，但投资安全是重点。基础资产主要是向信誉良好的政府和企业提供的短期贷款。

最小的投资

一些信托要求起始最低投资额仅为 250 英镑左右，而另一些则要求至少 1 500 英镑。根据储蓄计划，一个人通常可以存 50 英镑。通过股票交换计划，一般可以用股票而不是现金来购买基金单位。

主要投资者信息文件

主要投资者信息文件（KIID）由基金提供，以一种标准化的、无术语的方式为投资者提供最重要的事实，比较基金之间的差异，并帮助投资者评估基金是否能以合理的成本满足需求。它涵盖以下几点：

- 基金目标和投资策略（股票/债券、地域关注、商业领域、只针对绿色能源公司）。
- 风险和回报概况。估计基金赔钱的可能性，等级分为 1—7。当然，风险和回报通常是负相关的。
- 收费。
- 过往表现和波动程度。

- 其他要素，比如招股说明书、年度和半年度报告的获取途径。
- 受托人姓名。

跟踪基金的进展

基金经理每六个月会向投资者发送一份经理报告，详细介绍基金在半年或一年中的表现以及基金所投资市场中发生的事件，并解释其投资策略。经理报告还将评价基金的未来前景，列出基金持有的证券，并列示基金的财务账目。

投资者每年都至少会收到一份报表，显示其持有的单位数量和最新价格。这份报表还会列出自上一份报表以来投资者所做的任何额外投资、再投资或兑现。

在收到报告和报表之间，投资者也可以通过电话联系基金管理公司。基金管理公司可能会准备好讨论基金的投资表现和前景，同时一定愿意处理这类一般性的行政问题，当然，他们也可能会向投资者推销其他产品。

许多网站都有基金单位的详细信息，如基金超市网站。投资者可以访问基金经理的网站，或者是一般的网站。

参考网站

www. citywire. co. uk
www. markets. ft. com/data/funds/uk
http：//www. fundlistings. com
www. ii. co. uk
www. theia. org
www. morningstar. co. uk
www. refinitiv. com
www. standardandpoors. com
www. trustnet. com

转换基金

许多基金管理公司允许投资者在其稳定范围内将一个信托基金转换为另一个，并且收取的费用比通常的初始费用低很多。因此，如果投资者认为美国高科技已经达到顶峰，可以要求经理将其所持基金转移到一家英国较小公司的基金。

主动还是被动？

基金经理通过研究分析选择股票的主动型基金要比简单的市场指数（例如富时100指数）跟踪基金（也叫被动型指数基金），花费更多的时间和精力。然而，多项研究表明，总体来看，主动管理基金通常未能跑赢市场。虽然有一些主动型基金经理会跑赢大盘，但很大程度上随机因素居多，其结果多大程度上是来自基金经理的卓越能力还有待论证。毕竟，即使是将100个傻瓜放在轮盘赌轮上，也会有些人带着满满的财富回家（从其他参与者那里赢得），但这并不能说明他们聪明。当然，基金管理行业不是由白痴组成的，甚至有一些非常聪明的基金经理，他们能运用合理的投资原则来赢得一些超额收益。然而，在投资活动之前，人们很难识别出真正的投资技巧，很多在三四年时间内表现优异的投资者也只是运气好。

指数基金的表现也不及基准指数，但至少该基金的运作成本远低于大多数主动管理型基金。一般情况下，指数基金的运作成本在0.2%~0.3%，如果加上投资顾问或平台所收取的托管、管理费用等，主动管理型基金的运作成本约为1.5%~1.8%。投资者必须确信所选择的经理拥有卓越的证券选择技能，才值得付出1.8%的费用。这个听起来很小的金额在10年左右的时间里可能会占到其基金的25%或更多。

在不收取任何费用的情况下，投资者向一只基金投资20 000英镑，并且该基金在20年内每年增长6%，投资者将得到64 143英镑，增幅略高于44 000英镑。如果投资者投资的是一只主动型基金，其通常的运作费用为1.67%，投资者的基金将减少到46 689英镑，这意味着基金的增长中有17 454英镑用于支付费用了。如果运作费用为2.5%，投资者则将因此损失约24 000英镑。这甚至还没有考虑其他成本，比如证券交易成本。

《金融时报》投资事务评论员约翰·奥瑟斯明确提出：主动型基金所提供的服务成本通常过高，参见下面文章。但需要注意，高额的收费通常针对那些只投入几千英镑的投资者，因为他们需要应对的业务较为烦琐。资金规模较大的投资者，如购买单位信托基金的养老基金，受益于规模，其费用低得多。鉴于低成本对整体回报至关重要，在投资者坚持要求的压力下，美国基金的投资者收费已降至平均 0.55%，约为 20 年前的一半。

美国投资者比欧洲投资者更青睐廉价基金。不过太多的被动投资存在一个主要问题，即如果没有大量的投资者和基金经理积极寻找定价过低的证券，市场就会转向低效率的价格。因此，不考虑标的股票的价值，应该限制被动持有股份的比例。

重视主动管理型基金的成本

约翰·奥瑟斯

为什么要为站不住脚的人辩护？传统的主动管理型共同基金（如单位信托基金）已经过时了，没有什么值得推荐的。然而，试图指出新的被动投资产品的明显优势，却引发了券商们的激烈争辩。

券商们的陈腐论点，被指责为他们只想赚取更多佣金的动机。毫无疑问，这是变革的巨大障碍。

我们必须明确指出取代的模式。基金经理试图通过大约 100 只股票的投资组合跑赢市场指数，这样分散投资很难击败市场，同时当股市陷入暴跌时风险却丝毫未减。尽管许多基金经理足够聪明，能够跑赢市场，但他们不可能在做到这一点的同时也给自己一份体面的薪酬。

伦敦投资咨询公司 Style Research 对去年的 425 只以摩根士丹利资本国际（MSCI）全球指数为基准的全球股票基金的表现进行了调查，从中可以清楚地看出这一点。从基金所持资产的表现方面来衡量（不包括成本），有 59% 的基金表现优于指数。如果把投资者的成本计算在内，只有 31% 的涨幅超过大盘。因此，有 28% 的跑赢指数的基金经理，客户因他们收取过高的费用而未跑赢指数。

卡尔斯鲁厄长期投资研究中心的卡尔·海因茨·蒂尔曼在研究欧洲股票共同基金时，发现它们的平均总成本（包括买卖差价、市场影响（如对交易者而言，买卖指令会对市场上的股票价格产生不利影响）、管理客户资金流入和流出的成本）是 4 个百分点左右（美国为 3 个百分点）。不考虑成本因素，它们的优势约为 2 个百分点。

那么，如何降低成本呢？目前最好的解决方案是提供指数型基金，它只是复制指数而已，用电脑可以低成本地完成。但指数型基金往往不会支付太多佣金，而这会激起经纪人的愤怒。

第一，他们认为，在市场跳水时，主动型基金经理可以采取规避行动，而指数型基金则盲目跟随市场下跌。这在几个层面上都似是而非。在牛市和熊市中，主动型基金经理的表现始终逊于大盘。根据晨星公司的数据，过去5年，61%的平衡型基金和67%的美国股票型基金都未能与其指数匹配。

此外，他们受雇挑选股票，而不是操纵市场。大举转向债券或现金并不是股票基金经理的责任。支持指数型基金的理由并不是它们的风险较低，而是因为它们的成本较低，同时它们在任何风险水平上的回报都可能高于同等的主动型基金。

第二，由于成本的原因，指数型基金肯定会输给跟踪的指数。这是事实，但也并非绝对。指数型基金的表现很可能会好于主动型基金，并且有规模经济的优势。例如，据彭博社报道，跟踪标准普尔500指数（S&P 500）的 SPDR（标准普尔存托凭证）在2012年的回报率仅比标准普尔指数低0.01个百分点。

第三，选择指数型基金需要忽略始终跑赢大盘的主动型基金经理。但也或许这一小群基金经理正是应该规避的。历史表明，持续的优异表现会吸引资金流入，这会增加基金的成本，加大跑赢大盘的难度。最终，跌回谷底。

指数型基金的批评者有一个不错的理由，他们认为指数型基金是愚蠢的，这些基金以市场提供的任一估值买入。那么如果所有人都通过指数型基金投资，市场将停止运转。没有人会去寻求低效率的基金。

如何处理这种情况？一种方法是在不考虑市场估值的情况下，找到低成本的方式来管理基金。例如，基金只能购买按特定指标衡量的显得便宜的股票。另一种方法是放弃分散投资，努力跑赢市场，但这是有风险的。晨星公司的数据显示，大多数只投资一小部分股票的行业基金经理的确跑赢了大盘。如果将这些基金与养老基金中的指数型基金结合在一起，它们就很有意义。

在退休人员得到他们应得的待遇之前，基金行业还有很长的路要走。但这个行业目前的做法让投资者负担了太多成本，因此必须改变。当经纪人吹嘘主动型共同基金 5 年的丰厚回报时，他们的辩护都是站不住脚的。

资料来源：*Financial Times*，5 April 2013.
© The Financial Times Limited 2013. All Rights Reserved.

接下来的文章将讨论欧洲基金经理的表现不佳之处。

扣除费用后，卖给散户投资者的基金很少能跑赢大盘

克里斯·弗拉德

Prometeia（意大利行业经济研究所）的研究显示，若将费用因素考虑在内，在过去 3 年出售给欧洲散户投资者的基金中，表现优于基准的不到 1/5。

这家意大利咨询公司考察了 2 500 只股票、债券和货币市场基金（总资产达 1.8 万亿欧元）的 3 年记录，发现只有 18% 的基金表现优于基准。

Prometeia 资产管理咨询团队主管克劳迪奥·博奇表示："许多基金经理无法补偿费用，因为他们没有承担足够的积极风险，因此他们很可能无法超过基准。这是一个结构性问题。"

业绩记录表明，许多基金经理很难实现持续的成功。以 3 年的回报率来衡量，欧洲和全球股票、全球债券及灵活平衡基金的顶级基金经理中，有一半在接下来的 12 个月里跌出了表现最好的 1/10。

在所有基金类型中，最好的和最差的基金经理之间也有着巨大的差距，这使得散户投资者面临的决策更加复杂。

博奇表示，许多出售给欧洲散户投资者的基金费用结构与预期回报之间存在普遍的落差。Prometeia 估计，出售给散户投资者的基金（主要是债券和货币市场产品）中，有多达 1/4 面临近乎不可能实现的挑战，即在扣除费用后实现高于基准的回报率。

博奇表示："由于成本原因，一些保守型基金的回报无法超过基准的可能性接近 100%。这种情况是不可持续的。"

> Prometeia 的调查结果回应了欧盟委员会的批评，委员会上月强调，投资产品的成本和向欧洲各地散户投资者提供建议的质量存在很大差异，并且表示："如今，普通消费者被与投资产品相关的复杂性和不确定性搞得不知所措。大多数家庭根本不向资本市场投资，或者一生中很少这样做。"
>
> 博奇表示，他预计基金选择机构的目录将进一步合理化，因为 MiFID II 将鼓励它们使用更高质量的产品。他补充称，根据 Prometeia 对不同时间跨度的回报、风险和业绩持续性的评估，在出售给欧洲散户投资者的 3 700 种基金份额中，只有 1/5 可以被判定为高质量。
>
> 资料来源：*Financial Times*，13 May 2018
> © The Financial Times Limited 2018. All Rights Reserved.

尽管许多主动型基金经理假装在积极筛选公司，只挑选价格偏低的公司，但实际上，他们创建的投资组合与市场的典型投资组合非常相似，如"指数追踪"、"秘柜式追踪"或"秘柜指数"。然而，主动型基金经理却收取着高额的费用。

把秘柜式指数投资从柜中拉出来

约翰·奥瑟斯

在英国，人们正试图把秘柜式指数投资从柜中拉出来。这是一场可能影响全球的战斗。

这是一个没有必要骑墙观望的问题。试图超越基准的主动型基金经理和只是跟踪基准的被动型基金经理之间的争论将会持续下去。但所有人都同意，没有理由推出秘柜式指数投资。主动管理型指数投资指的是运营一只"积极"基金，收取主动管理费，但实际上提供的投资只是与指数挂钩。

实际上，这是对数百万投资者征收的一种税，没有任何经济效益，反而助长了资产泡沫。它阻碍了资本主义和资本的有效配置。

总部位于伦敦的投资顾问公司 SCM Private 上月发布的一份报告，将秘柜指数化描述为"英国的一种流行病"。该机构在对 1 200

亿英镑的英国基金进行分析后称，如果投资者从表现不佳的英国股票基金转向成本更低的另类指数基金，可以节省18.6亿英镑的费用。

SCM Private 强烈指责英国基金行业"系统性地滥用公众利益"，并称该行业做事没有诚信。其言论过于激烈，我们可以看看收费的具体细节。

学术界对主动管理型指数投资进行了很好的探索。它可以采用由耶鲁大学学者安提·佩塔吉斯托和马丁·克里默斯提出的"积极投资率"概念来衡量。以标普500为基准的美国基金来说，该指标衡量的是基金所持资产与标普500不同的部分。例如，如果一只基金持有的苹果股票与该指数相同，未持有苹果股票的部分（占该指数的5%）投资于其他地方，那么它的积极投资率将为5%。

被动指数型基金没有积极投资率。只投资不属于基准指数的不知名股票的基金，其积极投资率为100%。这两位学者表示，一旦积极投资率跌破60%，一只基金就可能成为"秘柜式指数投资机构"。

SCM Private 发现，在以富时全股指数（FTSE-All Share Index）为基准的127只英国基金中，仅有24%的基金积极投资率超过70%。同样的积极投资率，美国基金样本中，这一比例为65%。

总体而言，英国基金的积极投资率临界值为60%，美国为75%。

仅对指数进行几次微调就希望抵消主动型基金经理收取的额外费用，这种可能性很小。主动型基金经理收取的额外费用平均是指数型基金经理收取的额外费用的三倍。实际上，在积极投资率低于50%的基金中，有88%的基金与其指数不匹配。

为什么会发生这种情况？问题根源于基金经理的动机，他们获得报酬不是为了跑赢市场，而是为了积累资产。这是因为他们对所管理的资产收取一定百分比的费用，并通过与基准指数和同行的对比进行评判。因而要保住资产，关键是不要有逊于同行的表现。反之，做一个大的反向押注，你可能会脱离羊群。因此所有人都买入相同的股票。

随着通过指数追踪器进行被动投资的流行，主动型基金经理对其基准指数的关注程度有所提高。这一点从他们使用的语言中可以清楚地看出。二十年前，一位投资组合经理会说他"拥有"股票。而现在，更可能说自己"增持"了，他们总是会含蓄地与指数进行比较。

这种现象助长了投资泡沫的产生，因为当每个人的投资都趋同时，自然会估值过高。

那些有勇气寻找机会的人，也获得了新机会。SCM Private 发现，在高积极投资率的英国基金中，有 72% 的基金成功地跑赢了指数。这与国际研究一致。佩塔吉斯托和克里默斯的研究发现，在美国，即使剔除费用，积极投资率最高的基金每年的表现也比该指数高出 1%。

不仅仅是英国存在这种现象。克里默斯领导的研究考察了 30 个国家的 21 684 只基金，截至 2007 年 12 月，这些基金管理着约 10 万亿美元的资产。主动管理型指数基金在一些国家占主导地位，如在加拿大占 40%，在波兰占 81%。

研究还发现，指数化投资占比很高的国家也可能有较少的主动管理型指数基金，而在这些国家主动型基金会收取更低的费用。被动型指数基金为该行业的其他基金提供了严格的纪律约束。该研究还发现，大多数主动型基金都未能超过基准，但基金越是真正"积极"，其表现优于基准的可能性就越大。

要解决这个问题，就需要对基金经理的薪酬方式进行彻底改革。目前，必须迫使基金公布它们的积极投资率。在被冲下马桶之前，秘柜式指数投资必须被拉出衣柜。

资料来源：*Financial Times*，4 October 2013.

© The Financial Times Limited 2013. All Rights Reserved.

选择单位信托基金时需记住的要点

单位信托基金应被视为中长期投资，因为预付费用如此之高。频繁买进卖出是不合适的。

展示基金经理业绩的广告应该打折扣。为了给投资者留下深刻印象，基金经理会对开始的日期非常挑剔（选择一个低点）。此外，有大量证据表明，过去的表现并不能很好地指导基金未来的表现。一只基金如果在中长期的表现持续出色，那是很不寻常的。令人惊讶的是，通常在 1 年或 5 年期间表现最好的基金，在下一个时期就会跌到排行榜的底部。新手投资者往往会被引诱买入近期表现最好的基金，结果却发现该基金关注的行业存在泡沫，那么未来的回报只会令人失望。即使找到了一只表现持续强劲的基金，也可能会发现，在一个经济时期它的表现很出色，而在下一个经济时期就不那么管用了。此外，业绩突出可能是因为基金承担了更多风险。

当一位基金经理离开一家基金管理公司时，投资者也进退两难。你应该坚持这只信托基金还是跟着那位基金经理走？这是一个严重的问题，因为只有不到 2/3 的基金经理管理他们的基金长达 3 年。追随一位"明星"基金经理到一家新公司并不总是可行的，而且这样做的成本也很高。一些基金只有一位明星经理人，而另一些基金则拥有一支才华横溢的团队。追随一个团队可能会让你不那么容易受到某个经理离开的影响。城市线路（www.citywire.co.uk）跟踪的是单个基金经理的业绩，而不是基金的业绩。

投资者的资金有可能被困在单位信托基金中。2008 年，当房地产价格暴跌，房地产销售变得困难时，许多房地产单位信托基金公司宣布，在没有提前通知的情况下，单位持有者不能赎回单位，因为担心基金经理会被迫低价出售资产。2019 年，尼尔·伍德福德阻止了他的股票收益基金的赎回（一个赎回门），原因是该基金连续表现不佳导致投资者撤资。他这样做是为了有更多的时间来获得比跳楼价更好的价格以便于出售那些未上市和非流动性的股票。

伍德福德揭露基金管理市场的利益冲突
投资者决定经营一只适合所有人（除了投资者）的开放式基金，这值得庆祝！

乔纳森·福特

自从尼尔·伍德福德因赎回而关闭他的股票收益基金以来，许多人质疑这位著名的资产管理经理为何会给这笔一次性的 100 亿英镑巨款制定一个开放式投资计划。

这类基金的主要预期收益类似于 ATM 机的即时流动性承诺。这意味着基金经理必须随时准备变现以满足赎回的投资者。然而，伍德福德的长处在于长期投资，而不是紧盯基准。他把基金投入到一些非流动性的、未上市的投资，伍德福德认为，从长期来看，这些公司的业绩会更好，他甚至停止向员工支付短期激励。他更喜欢直接给他们发工资，让他们专注于更长远的目标。

将长期策略与ATM承诺混在一起，就产生了一个漏洞，如果伍德福德建立了一只不存在机会主义清算风险的封闭式基金，这个漏洞本可以避免。事实上，这种开放式的结构导致了伍德福德和他的投资者现在所遇到的困境。

那么，为什么要这样做呢？那些寻求答案的人可能会比跟随投资者资金的人做得更糟糕。哈格里夫斯·兰斯顿和圣·詹姆斯·普莱斯等独立财务顾问是散户投资者的关键看门人。对于国际金融机构（IFA）来说，兜售开放式结构具有财务上的优势。尽管从收费角度看，它们可能不如私募股权等更专业的资产类别那么有利可图，但它们在最广泛的散户群体方面是有市场的。

这并不是他们唯一的优点。开放式基金的规模也很容易扩大，这取决于需求或基金经理的判断。在这一点上，它们不同于封闭式基金，如投资信托基金，后者持有固定的资金。国际金融机构可以将此类产品放在其平台所谓的"百思买"（best buy）名单上，进行稳定销售，与基金经理协商折扣，并将自己的费用温和地加入薪酬。

对哈格里夫斯·兰斯顿来说，为伍德福德的基金做营销是有利可图的。当这位基金经理削减他的费用时，他们能够将自己每年收取的0.45%的费用硬塞进去。在该基金下跌后很长一段时间里，该公司仍然继续对其进行抛售。至于伍德福德，答案可能就在经理和这些营销机器之间的共生关系中。作为一名自立门户的明星经理人，他有强烈的动机按照最大的零售看门人制定的规则行事。

不管基金管理业怎么说，其最大的愿望仍然是尽可能多地聚集资产。这是因为基金经理在顶峰的成功可能是短暂的。当你还在顶峰时，你就会有一种本能的愿望，想把可以兑现的钱全都兑现。审视这些零零碎碎的不良激励措施，难免讽刺。伍德福德过快地积累太多的资金，实际上是在让自己走向失败。他用积攒的大量现金去哄抬他所选的股票，这使得它们随后的表现持续不佳。至于他购买的那些未上市股票，它们似乎是一种分散投资的方式，使其不再持有估值过高的股票——尽管这种做法非常失败。当然，在这所有的一切中，没有得到照顾的一方是最终投资者。尽管中介机构都是按照自己的利益理性行事，但其得到的结果以及社会的结果显然是三流的。

资料来源：*Financial Times*，9 June 2019.

© The Financial Times Limited 2019. All Rights Reserved.

有些基金可能发展的规模太大。例如，一家管理着 10 亿欧元且关注法国小公司的基金可能不会把自己局限于真正的便宜货，甚至是小公司，因为经理必须在某个地方投资。

有些基金可能规模太小。运营一只基金的许多成本是固定的，比如基金经理的研究时间，因此，如果只有几百万英镑可供投资，单位平均成本可能会上升。基金管理公司也许会承担一段时间的额外成本，但如果没有改善，最终它将关闭。

很少有基金经理会将自己大部分的财富投资于自己的基金。

推动基金经理投资自有基金

鲁斯·沙利文

把自己的钱投入自己运营基金的基金经理，不太可能承担过度风险以及让投资者蒙受巨大损失。无论如何，这只是理论，而现在人们对实践的兴趣越来越大。

咨询公司 Create Research 首席执行官阿明·拉詹表示："这场游戏的吸引力正在增强，尤其在美国和英国比在欧洲大陆更为普遍。"然而，这一增长是缓慢的。

根据花旗和 Create Research 对全球经理人进行的一项调查，只有 8% 的人将自己的奖金投入到自己管理的基金中，另有 13% 的人计划在未来 12 个月里也这么做。普华永道（PwC）的帕尔斯·普雷瓦尔表示，一些资产管理公司要求其基金经理将高达一半的奖金推迟发放，并在3~4年内将其投资于自己的基金，这可能是"对基金经理的一大激励"。他补充称，由于需要协调基金经理与客户之间的利益，并"防止基金经理承担不必要的风险"，在英国，这一要求的呼声越来越高。

这在很大程度上取决于资产管理公司的文化。一些人认为，这是商业精神的重要组成部分，能让投资者信心十足。英国投资公司Henderson Global Investors就是其中之一。"多数基金经理（在这里）对自己的基金进行了可观的投资。这表明他们的利益与投资者一致，"Henderson的杰米·莱格表示。

"这是对他们所运营股票的一种真诚的信念。他们为什么不呢？"莱格说。

美国资产管理公司先锋集团则更进一步，英国先锋投资的汤姆·兰普拉表示，"有客户承诺将把自己的钱与投资者一起投资"。

然而，并非所有投资机构都认为，只做长期投资的基金经理有必要投资于自有基金。大多数基金的设计目的是跟踪并跑赢指数，其大部分回报将受到基准指数的驱动。

在美国，自2006年以来，基金经理必须披露投资自有基金的金额。有证据表明，共同投资的趋势日益显著。

资料来源：*Financial Times*，9 January 2011.

© The Financial Times Limited 2011. All Rights Reserved.

几个专业术语

可转让证券集合投资计划（UCITS）是受欧洲法律监管的开放式基金，可在欧盟成员国自由销售。

非UCITS零售计划（NURS）是授权在英国向公众出售的基金，不受UCITS指令下的欧洲基金管理条例的约束，因为它们投资于该指令不允许或遵守不同集中限制的资产（如黄金基金）。相反，它们被要求达到英国金融服务监管机构设定的标准。

开放式投资公司

开放式投资公司（OEIC）自 20 世纪 90 年代末开始涌现出来，许多单位信托变成了 OEIC。OEIC 与单位信托非常相似，前文所述的大部分都适用于 OEIC。一个关键的区别是 OEIC 是发行股票的公司，而不是发行单位信托。它们的相似之处是可以根据需求扩大或缩小已发行股票的规模，且都是"开放式的"。此外，OEIC 受到金融市场行为监管局的监管，方式与单位信托类似，因此投资者保护也基本相同。对 OEIC 的投资也可以定期进行，比如每月 50 英镑，或者一次性投资。

OEIC 由一名获授权的公司董事（ACD）管理基金。它还有一个存托机构（通常是一家大型银行），类似于单位信托的受托人，确保资产的安全保管（托管）、收入的收取、基础证券的交付和接收以及税收的支付。注意职责部分的监督由 OEIC 董事会承担。ACD 的职责是根据 OEIC 的目标，在董事会的监督下投资股东的资金。与单位信托相比，OEIC 的定价系统更简单，因为买卖双方都只有一个价格。费用和交易佣金是分开显示的，比单位信托更透明。当 OEIC 被买卖时，其价格直接与相关资产的价值相连，而不是基于其股票的供求（就像投资信托一样——见后文）。价格是每天计算的，在伦敦通常是中午 12 点。有些 OEIC 要收赎回费。

OEIC（和单位信托）可以是一个独立的基金，也可以是在一个伞形结构下创建的基金，这意味着有许多子基金，每个子基金都有不同的投资目标（一个子基金可能关注美国股票，另一个可能关注英国股票，等等）。每个子基金可以有不同的投资者和资产池。伞形结构对投资者的好处是，资金从一个基金管理集团重新分配到不同的投资类别将会变得更容易、更便宜。

当 OEIC 股份有大量的新买家（或卖家）时，该基金在购买（出售）基础证券时可能会产生很高的成本，例如经纪人费用和股票买卖价差。这损害了 OEIC 股份的老股东的利益。为了平衡新老股东的利益，新成员可能会被征收稀释或调整税（通常为 0.5%～2%），其收益将在基金中持有，而不是由基金经理提取。另一种选择是采用浮动单一价格，调整买卖价格以包含股东进行交易的交易成本。

◦ 交易所交易基金

交易所交易基金（ETF）采纳了进一步跟踪股市指数或行业的方法。ETF是由发行股票的公司设立的。筹得的资金用于购买一系列证券，如某一特定股票市场指数或行业的股票集合（如富时 100 指数或制药股）。它们是开放式基金——随着投资者需求的上升或下降，ETF 股票会被创建和注销。不过，它们与单位信托和 OEIC 的不同之处在于，ETF 股票的定价由市场决定。ETF是一种上市公司，投资者可以在一天内以随时变化的价格来买卖它们的股票（不像单位信托和 OEIC，它们的价格每天按公式确定一次）。

尽管 ETF 的价格是由股票市场交易决定的，但它们的交易价格往往是标的资产净值（NAV）——例如，富时 100 指数成分股的价值。这与投资信托不同，后者的交易常常大大低于或高于资产净值。

新创建的 ETF 股票被交付给做市商（或其他"授权参与者"），以换取与指数匹配的整个股票投资组合（而不是现金）。标的股票由 ETF 基金经理（ETF 保荐人）持有，而新的 ETF 股票则由做市商在二级市场进行交易。为了赎回 ETF 股票，ETF 经理向做市商交付标的股票/证券以换取 ETF 股票。ETF 经理只会为至少有 100 万英镑可投资的做市商创建新的 ETF 股票，因此私人投资者被排除在这一级别之外。不过，私人投资者可以在二级市场交易现有的 ETF 股票。

如果 ETF 股票的价格高于标的股票的价格，做市商就会有套利机会。套利指的是在两个市场同时买卖相同或类似证券并获得无风险收益的可能性，如在一个市场以 1 英镑购买香蕉，在另一个市场以 1.05 英镑出售香蕉。在这种情况下，代表前 100 股英国股票的 ETF 股票的交易价格高于单独出售的 100 股股票的价格。做市商抓住这个机会，将标的一篮子股票换成一个 ETF 股票单位，之后通过在市场上出售 ETF 股票来实现盈利。然后，新的 ETF 股票供应将会满足过剩的需求，ETF 价格将会下跌，直到与标的资产净值一致。

如果 ETF 股价跌破标的股票的价值，做市商就会利用这一点，让 ETF 经理赎回 ETF 股票。做市商最终得到的是更有价值的标的股票，而市场上的

ETF 供应下降，将价格拉回到标的资产净值。①

虽然创建 ETF 的过程以及做市商和 ETF 经理之间关系的本质如上所述，但实际比这稍微复杂一些。若想知道更多的技术细节，请阅读下文。

专栏 5.1

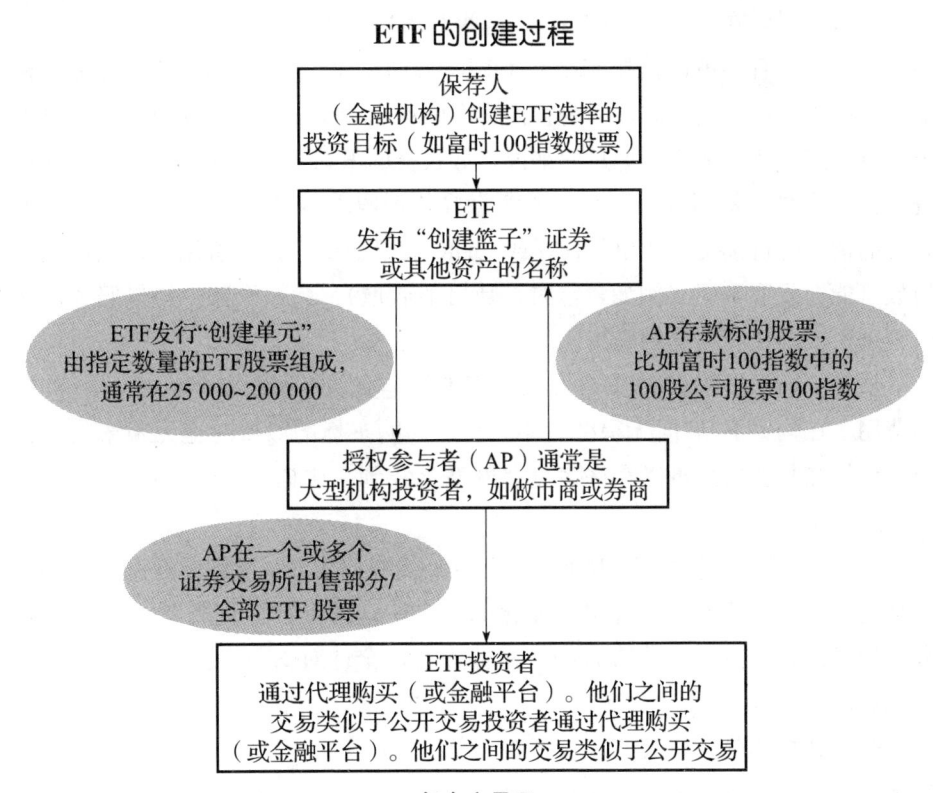

ETF 的创建过程

```
            保荐人
    （金融机构）创建ETF选择的
    投资目标（如富时100指数股票）
              ↓
             ETF
       发布"创建篮子"证券
         或其他资产的名称
              ↓
   ┌──────────────────────────┐
 ETF发行"创建单元"        AP存款标的股票，
 由指定数量的ETF股票组成，  比如富时100指数中的
 通常在25 000~200 000     100股公司股票100指数
              ↓
        授权参与者（AP）通常是
       大型机构投资者，如做市商或券商
              ↓
    AP在一个或多个
   证券交易所出售部分/
     全部 ETF 股票
              ↓
           ETF投资者
    通过代理购买（或金融平台）。他们之间的
    交易类似于公开交易投资者通过代理购买
    （或金融平台）。他们之间的交易类似于公开交易
```

每个交易日

1. ETF 发布投资组合。

2. 可能会按净资产价值创建或赎回 ETF 股票。在清算时，授权参与者须交回创建单元中指定数量的 ETF 股票（例如 50 000 只 ETF 股票）。作为回报，AP 将收到每日"赎回篮子"，即 ETF 投资组合中包含的特定证券/资产的集合。

3. 虽然 AP 可能是做市商，他们在标的证券和 ETF 股价之间进行微小的套利（一种特权地位），但也有其他做市商以第 3 章中讨论的交易普通公司股票的方式交易 ETF 股票。

---

① 当然，也会有普通投资者在市场上的交易，使 ETF 的价格接近标的股票的价值。如果 ETF 相对于其基础资产的价格较高，投资者就会试图出售它，以压低其价格。

做市商和 ETF 经理不交出现金，而是交换 ETF 股票和标的股票，这样做的一个好处是，买卖股票没有经纪费用，使得交易成本降低。

对投资者来说，股市上 ETF 的买卖价差一般在 0.1% 左右，不过在极端波动时期如 2001 年 9 月 11 日之后，价差可能扩大至 10% 或更高。虽然 ETF 不收取初始费用，但年度管理费加上其他成本（总费用比率）在 0.09%～0.75%（但通常在 0.3%～0.5%），这些费用都从股息中扣除。

与特别便宜的单位信托基金和 OEIC 被动型基金相比，ETF 有时是一种更昂贵的跟踪指数的方式，因为它们会在确保全天交易能力和支付股票市场上市费方面产生额外成本。但总的来说，低收费的 ETF、单位信托、OEIC 和投资信托的收费都差不多，不过也要注意寻找低收费的基金。典型的 ETF（如果有的话）的持续费用比单位信托或 OEIC 要低。除了持续费用外，利用某一指数可能会收取费用（例如，富时指数可能收取），为一个账户提供服务，并向管理资产的托管人支付费用。

从经纪商那里购买 ETF 的私人投资者每笔交易将被收取至少 10～40 英镑的费用。在购买 ETF 时无须缴纳印花税，在购买标的股票时也无须缴纳印花税。价格和其他信息可以在许多免费网站上找到，比如 www.londonstockexchange.com。

从跟踪美国市场（标准普尔 500 指数）或欧洲股票（欧洲斯托克 50 指数）的基金，到信息技术公司等更专业化的基金，全球有数千只股票 ETF，还有数百种以债券为标的证券的 ETF。总体而言，全球对 ETF 的投资总共超过 4 万亿英镑。

ETF 按标的股票或其他收入（如债券利息）支付股息，每季度、每半年或每年一次。iShares（www.ishares.com）、Deutsche（etf.dws.com）和 Trustnet（www2.trustnet.com/exchange-traded funds）等金融网站的"收益率"就反映了这一点。确保投资者所看到的报价收益率是 ETF 过去 12 个月的分配支付除以 ETF 价格扣除账户费用后的总和，以便在各供应商之间进行比较。有些收益是标的资产支付的，而不是 ETF 支付的。晨星公司（www.morningstar.co.uk/uk/etfs）在比较 ETF 时纠正了这一点。

最近的创新

与 20 世纪 90 年代发展起来的简单的传统股票 ETF 相比，我们已经取得了长足的进步。如今，ETF可能不会购买指数中的所有股票，而只是购买一个样本。这对投资于中国或越南股票的ETF很有用，因为政府的限制可能使它们无法购买该指数中的所有股票。此外，交易所交易的概念已从股票和债券扩展到外汇、房地产、大宗商品和大宗商品指数（交易所交易大宗商品，ETC）。①

与供应商持有标的工具或商品不同，这些投资是以掉期或其他衍生工具的形式进行的（长时间持有一吨五花肉可能是一种消耗性资产）。衍生品还被用于数百种股票和债券ETF。②

基于衍生品的ETF的问题在于，提供衍生品的对价证券可能无法履行其义务，从而导致ETF的持有者可能没有任何有形资产支持ETF股票。此外，如果ETF不购买基础证券，而是依赖于衍生品，然后破产，投资者收回投资的过程可能会更加复杂。也就是说，许多市场无法通过传统途径进入，而衍生品价值的变动是跟踪市场的唯一选择。此外，以互换为基础的交易可能比购买100家公司的股票更便宜。

许多ETF使用衍生品——指数的"合成复制"——引发了ETF界的辩论，即仅仅由衍生品组成的ETF是否真的是ETF。不过，尽管存在一些疑虑，合成ETF的交易量似乎将超过传统的实物ETF（"实物复制"）。然后，2008年爆发了金融危机。当时，为掉期交易和其他衍生品提供担保的金融机构自身也濒临破产，合成ETF看上去也是摇摇欲坠。合成需求见顶，自2012年以来开始下降，而对完全支持的实物ETF的需求增加了两倍。如今，超过3/4的ETF资产以实物形式持有。贵金属ETF必须得到实物资产的支持，但价格较低的大宗商品ETF通常是合成ETF。美国人一直不喜欢合成ETF。

该领域的另一项"创新"是创建主动管理型ETF，这一点可能会让人感

---

① 与ETF不同，ETC可能有也可能没有UCIT保障。
② 掉期交易允许你交换一系列未来的现金支付义务。例如，一只ETF同意从交易对手（通常是一家投资银行）那里获得股票市场指数（如富时100指数）的百分比回报。作为回报，交易所交易基金向掉期交易商支付另一个标的回报，比如一组债券。ETF出售股票时筹集的资金投资于这些债券，从而得到债券回报。然后，这笔资金可以被转移到掉期交易的对手方，它从债券中获得的收益会被转移，使交易的这一方保持中立。因此，在每个时期（即每个交易日），它对富时100指数（FTSE 100）的回报率都有净敞口。当然，如果富时100指数在一段时间内的回报率低于债券回报率，ETF就会向交易对手支付一笔净收益，而每只ETF股票的价值就会下降。

到困惑。应用这些工具的经理不是被动地跟踪一个指数，而是试图通过挑选赢家来超越它。当然，他们的脑力工作需要得到补偿，这意味着费用会更高，同时否定了 ETF 关键卖点。

ETF 的进一步行动是"做空"市场，这样当市场下跌时（通过衍生品），它们的价值就会上升。再进一步，可以产生双倍的市场下跌的影响。不仅这些类型的 ETF 持有成本更高，而且如果猜对了，收益就会翻倍，如果猜错了，损失也会翻倍。除了这些"反向 ETF"之外，还有其他"杠杆 ETF"，它们的价格会上涨到标的市场价格的几倍。

优点和缺点

ETF 的优点如下：

- ETF 是在二级市场活跃的证券交易所上市的公司。由于开放式投资，不会出现股票供应过剩的危险，因为 ETF 经理总是随时准备买入。
- ETF 的交易价格与资产净值相当，或非常接近，并密切跟踪指数（尽管有些公司与其他公司比较接近）——"跟踪差异"较小。
- ETF 可以全天实时交易。
- ETF 的管理和其他方面的成本低且透明。
- 无须缴纳印花税。
- 许多人都可以通过 ISA 或自我投资的个人养老金来避税。非英国注册的 ETF 可能没有这些税收优惠——购买前请检查。
- 可以通过购买 ETF 以廉价获得外国市场敞口。
- 与单位信托基金相比，ETF 提供了更广泛的市场跟踪选择：从巴西股票到商业地产和对冲基金。
- 通过实物 ETF，投资者的资金不管投资到哪个领域都是透明的。

然而，它也有缺点：

- 股票经纪人的费用会因频繁的交易侵蚀利润。
- 如果 ETF 供应商不购买标的证券，而是依赖于衍生品，就会拥有额外的风险。
- 如果想每月一点点地把钱投入到基金中，ETF 可能会比单位信托基金或 OEIC 更昂贵，因为 ETF 会有与买卖相关的费用。

- 实物 ETF 可能会向其他金融机构收取费用，将投资组合中的股票借出去（例如，这些金融机构可能会出售这些股票，期望日后再买回来获利）。如果他们不归还，ETF 的投资者就会陷入损失风险中（尽管从借款人手中持有了一些抵押品）。虽然这种失败的风险非常小，但并非没有。投资者应当查看 ETF 供应商是否出借其证券，以及其收取的费用是否与之分摊。

- 如果该基金破产，不会有金融服务补偿计划（Financial Services Compensation Scheme，FSCS）保护（见第 19 章）。

- ETF 已经变得如此庞大，以至于它们的买卖行为会影响市场。试想一下一只为垃圾债券投资 20 亿英镑的 ETF（见第 6 章），对经济信心的普遍丧失将导致该 ETF 的卖出订单大量涌现。ETF 的保荐人将不得不在市场恐慌、几乎没有买家的情况下，通过出售基础垃圾债券来赎回这些债券。

在市场低迷时期，ETF 表现如何？
交易所交易基金可能很便宜，但风险很大，而且基本上未经检验

伊恩·史密斯

这个快速增长的投资工具正在重塑投资者与公开市场的互动关系，但随着它的发展，人们也开始担心，它是否正在扭曲市场估值，加剧市场波动。

鉴于过去 10 年不断涌入 ETF 的资金，没有人确切知道当前的牛市结束时会发生什么。散户投资者是否会意识到他们所面临的风险？在市场压力下，这些投资背后的复杂基础设施将如何发挥作用？

欧洲的大多数 ETF 都是所谓的"Ucits"产品，与它们的基金同类产品一样，受到同样的监管规则，从而在分离标的资产方面提供了一定的安全性。目前牛市的结束部分将通过 ETF 来实现，而 ETF 还不确定将如何抵御这突然的冲击。

ETF 是如何崩掉的？

如果说 ETF 作为一种投资工具的稳健性尚未受到持续的市场抛售的考验，那么还有其他迹象令投资者不安。ETF 在 2010 年 5 月和 2015 年 8 月的闪电式崩盘中发挥了作用，因为即便是最直接的基金背后的造市活动也崩溃了。

美国证监会（SEC）对2015年事件的评估做出了清醒的解读。根据SEC的说法，与标准股票相比，交易所交易产品（包括ETF等）"经历了更大幅度的交易量增长和更严重的波动"。

ETF背后的造市活动旨在确保该基金很少以低于或高于其资产净值的价格交易。换句话说，它反映了该基金所持有的股票或债券的价值。

但这依赖于做市商，即所谓的"授权参与者"——通常是投行——在单位资产较标的资产折价时买入，然后溢价卖出。

令人怀疑的是，这些参与者乐于通过在平静的市场中提供流动性来赚取利润，但如果形势变得动荡，他们就会消失。

尽管如此，我们仍有理由保持乐观。先锋集团的研究显示，在规模最大的产品中，约有90%的交易发生在二级市场。大部分资金都集中在这些产品上。这意味着ETF的投资者可以在他们自己之间传递投资，而不必与基金经理进行交易。

那些为ETF辩护的人认为，存在一系列不同时间跨度的投资者，包括将在整个周期中持有该基金的较长期投资者。如果在二级市场找不到买家，做市商将向基金经理或保荐人寻求单位买家。

在最坏的情况下——基金经理难以出售标的证券——ETF投资者可能会拿到标的证券，而不是现金。因此，在购买ETF时，投资者应该考虑，在极端情况下，他们是否愿意最终持有这些基础投资。你愿意出售一些高收益的债券吗？

资料来源：*Financial Times*，13 October 2017.

© The Financial Times Limited 2017. All Rights Reserved.

投资信托（投资公司）

投资信托（公司）将他们筹集到的资金投入到诸如股票、金边债券、公司债券和房地产等资产中。与单位信托不同的是，它们以公司的形式成立（它们根本不是信托），并受公司法约束。[①] 如果投资者想把钱投到投资信托上，可

---

① 除此之外，还有在英国注册和管理的"投资信托"、不受英国一些限制的"离岸投资公司"。

以买它的股票。投资信托在伦敦证券交易所上市，那里有活跃的二级市场。它们被称为封闭式基金，因为它们不根据需求的增减而每天创造或赎回它们的股票（与单位信托、OEIC 和 ETF 形成对比）。与其他发行股票的公司一样，其股票数量在很长一段时间内是固定的。

信托的章程[①]将明确规定其目的是投资于特定类型的资产，它不能偏离这一点。因此，该公司成立的目的可能是投资日本大公司股票、美国生物技术股票或者其他股票，而且该公司被禁止转向其他类别的投资。这让投资者放心，他们准备用于投资（比如说）英国大公司的资金，最终不会投到俄罗斯石油股票上。当然，如果想承担投资俄罗斯石油股票的风险（以及可能的回报），或许可以找到一家专门从事这类投资的信托基金。毕竟，在伦敦上市的投资信托公司大约有 380 家，总资产超过 1 600 亿英镑，这些都可供选择。

作为一个公司，投资信托都有董事会，对股东的行为和业绩负责。由于投资信托是封闭式基金，董事控制的资金数额是固定的，这使他们能够满怀信心地提前计划，而不必担心投资者明天可能会从基金中撤资。如果投资者想出售股票，他们不能强迫信托公司购买（与单位信托和 OEIC 形成对比）。他们必须以由二级市场的供需力量决定的价格卖给另一个投资者。买卖通过股票经纪人进行，其方式与其他公司股份相同。

信托的投资选择和基金的一般管理可以由信托（"自我管理"信托）的雇员内部的投资经理团队来承担，或者投资管理任务也可以交给外部经理。大多数信托都是外部管理的。除了 380 家左右的投资信托外，还有大约 100 家投资公司是风险投资信托基金（VCT）。英国政府为鼓励大众对未上市的小企业投资，给予了风险投资信托基金税收减免优惠（有关 VCT 的更多信息，请参阅第 17 章）。

折扣和保险费

有两个因素影响投资信托的股价。第一，信托所拥有的基础资产的价值，其以每股资产净值（NAV）表示。理论上，信托的股价应该非常接近所持有的资产价值。但在实践中，它们经常以较资产净值大幅折让的价格出售，只有少数公司溢价出售。折价 10%～20% 的情况并不少见，甚至已达到 68%。将

[①] 包括章程大纲、章程细则和上市招股说明书。

该股价格拉低至资产净值以下的主要因素是市场对该股缺乏需求。下面是一个典型的场景。

■ 案例

资产净值

在某年，人们对东欧的小公司产生了很大的兴趣，于是成立了一个投资信托基金，以每股1英镑的价格出售其股份（比如5 000万股）。随着资金的不断筹集，东欧公司价值5 000万英镑的股票被信托公司购买。在接下来的一年里，这些基础资产（所有这些波兰公司的股票等）只不过保持了每投资信托股1英镑的价值，因此NAV是恒定的。基本面没有任何变化。然而，在英国的投资公众中，投资这些新兴国家的热情正在增长。想要出售投资信托股的持有者发现，他们可以在伦敦证券交易所二级市场以高于NAV的价格出售。新买家愿意支付每股1.08英镑的价格，较NAV有8%的溢价。

然而，在接下来的一年里，一场全球性的经济衰退迅猛袭来，投资者纷纷涌向安全的避风港，涌入国内的债券和熟悉的股票市场。随着东欧股市价格的暴跌，该信托的股票NAV跌至每股60便士。对投资信托的股东来说，更糟糕的是，对于那些东欧公司，投资者的心态变得很悲观，以至于他们只能以每股50便士的价格出售股票。其股价较NAV的折让为16.67%（10便士/60便士）。

折扣似乎提供了一个绝佳的机会：你可以用50便士买到价值60便士的资产。但是，如果折扣在你持有股票的时候增加，那就不好了。从专栏5.2的最后一列可以看到，折扣可能相当大。《金融时报》每天在"股票服务"页面上公布投资信托（公司）的股价和NAV。有关个人投资信托基金的更多信息，请访问www.ft.com。

虽然典型的投资信托的折价主要是由于负面情绪，但股价低于NAV也有一些合理的原因：

- 投资者可能认为信托经理不称职，可能未来会损失更多价值。
- NAV是在减去债务和优先股的名义价值（声明的账面价值）后计算的。实际上，信托公司需要偿还的债务和优先股股利可能比这要多。
- 清算该基金会产生成本（合约取消、顾问费用、股票经纪人费用），因此无法实现 NAV。

- NAV 是周期性计算的，因此可能已经过时数月。比如，目前的投资者可能考虑到了房地产市场自上次估值以来的下跌。

尽管多数投资信托投资于股票市场上的那些上市公司，但也有一些私募股权投资信托投资于未在股票交易所上市的公司，它们要么直接购买这些公司的股票，要么将资金投向其他投资于私人公司的基金组织。

专栏 5.2

出现在《金融时报》上的投资信托

价格变化与最后一个交易日

过去52周的最高和最低价格

投资效益。过去12个月的股息占当前股价的百分比。股息通常每年支付两次

Investment Companies

Conventional (Ex Private Equity)	Price	+/-Chg	52 Week High	52 Week Low	Yld	NAV	Dis(-) or Pm
3i Infra	282.00	-1.50	291.00	219.10	2.93	234.7	20.2
AbnAsianIn	205.50	2.50	219.00	182.00	4.38	225.0	-8.7
Abrdn Div I&G	108.00	-0.50	126.00	106.00	4.85	116.5	-7.3
AbnEmgMkts♦	564.00	-4.00	613.22	498.06	3.68	651.4	-13.4
AbnJapInv	537.50	2.50	630.00	496.19	0.97	624.4	-13.9
AbnLatAmIn	69.60	-0.60	72.80	58.59	5.03	80.1	-13.1
AbnNewDn	241.00	2.50	257.00	195.00	1.78	274.3	-12.1
AbnNewIndia	509.00	-5.00	518.00	383.00	-	570.1	-10.7
AbnNewThai♦	572.50	5.00	596.50	516.00	3.16	657.2	-12.9
AbnSmlInCo	287.00	0.50	302.00	216.78	2.56	332.7	-13.7
AbnStdAsia	1055	-	1080	914.00	1.23	1213.8	-13.1
AStd Eqt Inc	400.00	1.50	499.00	388.00	4.93	420.8	-4.9
Abf Sml	1256	16.00	1444	1106	2.33	1391.1	-9.7
Abf Spl Inc	84.75	-1.75	106.50	72.00	-	106.4	-20.3

资产净值（NAV）每股便士如立即清算，标的证券的理论价值

折扣（-）或溢价。资产净值的股价折扣或溢价，以占资产净值的百分比表示

资料来源：*Financial Times*，6 June 2019.

© The Financial Times Limited 2019. All Rights Reserved.

投资者的成本

当投资者买入（或卖出）投资信托股份时，佣金将会像往常一样支付给其股票经纪人[①]（见第 4 章）。买卖价格之间还会有做市商的差价。这个比例一般为 1%～2%，但对于交易不那么频繁的信托基金，可能为 5%～10%。

基金经理管理投资和行政的费用由基金支付，或从年收入中扣除，或从资本中扣除。典型的持续收费数据 OCF（或 TER），包括投资管理和行政成本、董事费用、审计费用和共同注册费用，约为 1.3%～2.0%[②]，但这不包括基金经理有时收取的业绩费。一些成本特别低的股票投资基金的持续收费可能低至 0.44%，但大多数专注于房地产的投资信托基金和私募股权投资信托的收费往往超过 2.5%。参见 www.theaic.co.uk 了解运作收费比和业绩提成率。

加杠杆

投资信托有借贷的自由（不像单位信托或 OEIC）。如果随着时间的推移，资产的回报率超过了所收取的利息，那么加杠杆购买资产是可以的。然而，这是一把双刃剑。当资产价值下跌时，与提高回报相关的风险就变得非常明显。

以我们在东欧的信托投资为例。如果它以每股 1 英镑的价格出售 5 000 万股股票，并借了 5 000 万英镑购买 1 亿英镑的东欧股票，资产净值仍将以每股 1 英镑（1 亿英镑的资产减去 5 000 万英镑的债务，除以 5 000 万股）起价。当标的资产价值在华沙证券交易所下降 40% 时，每股资产净值将下降 80%，即从 1 英镑显著下降到 20 便士，因为资产下降到 6 000 万英镑时，债务还是 5 000 万英镑：

东欧股票价值 6 000 万英镑：	6 000 万英镑
减去债务	5 000 万英镑
	1 000 万英镑

每股资产净值：1 000 万英镑/5 000 万股＝20 便士

[①] 投资信托也通过金融顾问、基金平台或基金超市出售。该信托可能有储蓄计划，允许投资者每月购买少量股票（最低每月 20 英镑）或一次性购买 250 英镑，具体情况可以阅览相关网站。

[②] 基金经理所强调的"年度管理费用"常常远低于上述百分比，因为并未包括其他许多成本。

从中可以看到为什么大量借贷的信托公司风险更不确定。

税

资本利得税不是由信托收益支付的。信托的收入要纳税，但随后股东会得到税收抵免，以反映已经纳税的事实。股东在出售其 IT 股份时按正常方式缴纳资本利得税（见第 17 章）。ISA 或个人退休金可用于持有信托股份。购买 IT 股份须缴纳 0.5% 的印花税。

分股信托（"双重目"信托）

在 2000 年世纪之交，许多困惑的信托股东在分股信托上损失了很多钱，这主要是因为他们不理解自己所购买的金融工具的性质。在 20 世纪 90 年代末，他们经常被告知，"拆分"股票是安全形式之一。但现实情况是，这些股票中有许多都是高风险的。

分股信托同时发行不同类型的股票，这些股票被"拆分"成不同的形式。一般来说，他们提供收益股，使持有者有权从投资组合中获得全部（或大部分）收益，比如基础股票的分红；资本股，使所有者有权在投资组合有效期内获得投资组合资本价值的全部（或大部分）增长额，但没有股息。拆分有特定的年限（通常少于 10 年），这样股东可以知晓这些股票什么时候开始有回报（和什么时候停止）。

收益股提供相对较高的收入，以补偿在信托到期赎回股票时支付的较低的预定金额（有些人支付初始金额，也有些可能只在结束时支付 1 便士）。这些股票的高收益似乎对一些人（退休人士）非常有吸引力，但这些投资者必须考虑股票资本价值的潜在损失。例如，每股 1 英镑、年收益为 15 便士的股票可能看起来价值不错，但如果资本价值以每年 12% 的速度下降，就不是这样了。此外，收入也没有保障，而且可能每年都在波动。

资本股吸引了那些希望在股市上涨中有较高风险敞口的投资者。其缺点是，在所有其他类别的股东都获得了应得权益之后才能轮到他们。因此，如果信托进行清算，他们不太可能有任何回报。

当这两类股票开始分裂的时候，其他类型的股票也出现了。例如，一些信托公司发行收益股、资本股和第三类股票（称为零息优先股）。零息优先股在信托期间不支付收益，但在信托结束时，它们会提供预先确定的回报。因此，它们比收益股或资本股的风险更小。

2000—2002年期间出现的问题是，许多分股投资信托公司借入了大量负债。在年度计算或清算中，债务利息和对债务的资本偿还优先于对零息优先股或资本股、收益股的支付。当股市下跌时，这种杠杆效应会夸大信托公司基础股票价值的下跌速度。对拆分股股东来说，真正糟糕的是许多信托公司偷偷地将大量资金投资于其他高负债的拆分项目（在某些情况下，该基金逾70%的资金投资于其他拆分股）。后来，作为信托经理之间钩心斗角的一种形式，他们被指控人为地持有其他拆分股。当投资者意识到自己所面临的危险时，恐慌也随之而来，尤其是科技行业的投资者。一些公司的股价下跌了90%甚至更多。

零息优先股被认为是非常安全的，因为它可以保证最后的回报，以及在任何回报上优于其他股票。然而，在一个不断下滑的市场中，杠杆化和交叉持股意味着，在许多情况下，它们无法兑现承诺的金额，其中一些零息优先股因此变得毫无价值。

从这个故事中我们可以学到两点：密切关注其他信托公司的借贷和交叉持股。如今，FCA通过取消交叉持股的范围，解决了后一个问题。但请注意，投资信托对投资者的保护程度低于单位信托或OEIC，它们受到《公司法》和FCA上市规则的监管，但通过顾问以外的渠道购买投资信托股票的人，不在金融服务监察专员计划的保护范围之内。此外请注意，被委任为基金经理的人士必须由FCA授权才能被承认为有资格人士。

股息和收益率

与单位信托相比，投资信托的优势在于，即使基金中的标的股票削减了股息或利息，它们仍能派发股息。他们可以从"盈余公积"（过去获得但没有支付给股东的收入）中支付这些款项。这种权力的使用意味着，基于投资信托支付的股息所公布的收益率与基于其收入所获得的收益率之间可能存在差异。下面文章中的研究表明投资信托优于开放式基金，如单位信托和OEIC。

什么让投资信托模式成为赢家？
封闭式基金过去的表现优于大盘，但并不预示着未来也如此

梅里恩·萨默塞特·韦伯

如果我告诉你，18 年前可以买一种投资工具，此后每年的回报率都比你手中持有的大多数投资工具高出约 1.4%，你会怎么想？我想你会快速计算总收益（即 18 年的复利加起来）。计算结果出来，我猜你一定想拥有它。告诉你个好消息！你可以拥有它。

根据卡斯商学院（Cass Business School）安德鲁·克莱尔教授和西蒙·海利博士的研究，这就是投资信托基金（也称封闭式基金）。上市公司的业务是投资，在上市时，它们会发行一定数量的股票，这些股票可以同其他股票一样交易和买卖。与在英国更受欢迎的开放式基金（OEF）不同，投资信托基金有一个固定的长期资金池可供投资，而开放式基金经常根据投资者的需求发行或取消发行单位。

长期以来，人们一直猜想封闭式基金的表现优于开放式基金，他们的研究数据却尤其引人注目。部分原因在于这是第一次由中立学者而非行业支持者进行的研究，但主要原因是这一差异远远大于以往研究所显示出的（通常为 1% 左右）结果。

卡斯商学院做了一些工作，试图解释这种差异。他们认为部分原因在于行业偏好——投资信托基金会更倾向于投资规模较小的公司，并且规模较小的公司往往表现更好。杠杆（投资信托公司可以借钱进行投资，这对收益有积极影响）和股票回购（减少发行的股票数量，提高剩余股票的价值）也会产生一些微小的影响。

此外，"生存偏差"（survivorship bias）也有一个小影响（糟糕的基金很快就会消失）。但克莱尔教授和海利博士表示，即使把所有这些影响加起来，每年仍有 0.84% 的业绩没有计入。正如所有痴迷复利的人都知道的那样，这个能带来金钱真正的差异。

接下来的问题是，卡斯商学院没有考虑哪些可以解释余下差异的因素？其中一个因素是治理。投资信托公司拥有代表股东利益的董事会。

需要披露的是，我在两个投资信托董事会担任非执行董事：Baillie Gifford Shin Nippon 和 Montanaro European Smaller Companies……

好的董事会使得管理成本一直保持在低水平。他们让基金经理保持警觉（基金经理很容易忘记，他们只是为自己负责管理资产的投资公司提供服务，而不是这些资产的所有者），并且可以为投资过程带来宝贵的经验。

除此之外，还有费用因素。卡斯商学院在其研究中使用的是净费用，而投资信托的费用历来低于信托公司的费用。我估计这可能占差额的（大约）0.3%。但真正有趣同时也是完全无法衡量的是管理者的心态。知道他们与永久资本合作是否有助于投资信托基金经理做出更好的长期决策？作为学者，该报告的作者对此不能太过热情，但他们确实以"投资信托结构可能更有利于主动管理"这句话作为自己研究的标题。

那么有什么问题吗？当你有大量的数据时，你也会有大量的警告，这是关键的一点。这些数字能告诉我们很多关于过去的事情，但很少告知我们未来。

正如作者明确指出的那样，你不能说投资信托的表现优于其他基金。只能说，他们过去的表现比别人好。这是不同的，而且很尴尬，因为你只想知道未来会发生什么。

我分析的不比任何人更准确（正如经常分析的人所知道的），但有几个因素值得考虑。第一，投资信托费用不再那么低，这些费用顶多相当于 OEF 的费用，而且往往更贵。第二，发行量。上一年，投资信托业的发行量达到了 10 年来的最高水平（比 2016 年增长 77%），然而并非所有这些基金都能存活下来。第三，举债经营。现金很便宜，董事会已经开始借入长期贷款（苏格兰抵押信托刚刚申请了一笔 30 年的贷款）。如果市场继续上涨，所有这些借来的钱将可以很快偿还掉。但有时并非如此，可能会适得其反。不要忘记，投资信托的优异表现是在市场普遍上涨的背景下出现的。第四，折扣。卡斯商学院的这篇论文没有讨论这一问题（这是可以理解的，因为作者大多是在试图衡量管理技能，并进行同类比较）。这意味着我们应当只关注投资信托的资产净值，而不是它们的股价，而股价可能与每股所代表的基础资产价值相去甚远。

但在现实世界中，对于真正的投资者来说，资产净值折价（或溢价）的变化会有重大影响。假设投资者以 5% 的溢价购买了每股资产净值 100 便士的股票（即 105 便士）。股市下跌，资产净值也下跌至 80 便士。与此同时，溢价消失，股价开始以 10% 的折让交易，即每股 72 便士。这样投资者不仅是损失了 20 便士的净资产价值，还损失了 33 便士。

这种风险值得关注。根据 Winterflood 的数据，自 1989 年以来，投资信托行业平均折让 9.4%，现在 4.2%，对于投资者而言，暗示着未来将出现转机。如果投资者想尝试的话，可以提出一个永久性的更低折扣的理由。例如，越来越多的董事会实施了折价控制机制和激进的回购政策，但总体而言，忽视这类公司的市场信息可能是错误的。那么，投资者应该在其投资组合中持有更多的信托投资吗？尽管人们担心折扣、费用和杠杆，我的回答仍然是肯定的。若非不断地回到"投资信托机构中的某些东西让基金经理变得更好这一观点"，我们就无法解释投资信托机构过去的全部优异表现。这并不能让投资信托公司产生魔力，但这可能会让它们与众不同。

梅里恩·萨默塞特·韦伯是《理财周报》的主编，以上观点纯属个人观点。作者联系方式：merryn@ft.com；Twitter：@MerrynSW

资料来源：*Financial Times*，22 June 2018.

© The Financial Times Limited 2018. All Rights Reserved.

◉ 投资信托相关网站

www. theaic. co. uk

www. uk. advfn. com

www. bestinvest. co. uk

www. citywire. co. uk

www. ii. co. uk

www. investegate. co. uk

http://www.morningstar.co.uk/uk/investmenttrusts
www.theitlist.co.uk
www.trustnet.com
www.whichinvestmenttrust.com

投资平台或投资超市

投资平台（也称为基金平台或投资超市），在线或离线为投资者提供单位信托、投资信托、ETF、OEIC、股票、公司债券和金边债券等。投资者可以从一个或多个不同的管理公司中任意选择一个、两个或一打基金和其他投资。此外，投资者也可以在个人储蓄账户（ISA）或自有投资个人养老金（SIPP）中持有资金，以获得税收优惠（见第17章）。

投资平台为投资者提供的额外服务包括每年两份投资报告（列示投资者所有不同基金和其他组合投资的估值和业绩记录）以及在投资组合、ISA或SIPP中以较低（或不）收费转换到另类基金的功能服务。此外，还有一份合并的年度税务报告和税务证明也会发给投资者（通常在5月），其中会详细列出截止到4月5日这一纳税年度到其账户的所有收入，使投资者的纳税申报单更容易完成。这些平台通常会聘请专家为客户提供可使用的基金和股票分析报告（通常在网站上提供）。

投资者可以用借记卡（或寄支票）开一个网上账户，开始一次性用500英镑购买基金，或者用常规储蓄计划每月在账户上增加50英镑。当投资者决定在哪里投资或者只是想远离市场时，可以简单地在平台的现金账户中持有现金。在购买股票或债券时，平台通常提供廉价的股票交易，频繁交易的投资者每笔交易最低为5英镑（不频繁交易的则通常为10~15英镑）。

投资超市使得市场降低了对独立金融顾问（IFA）的需求，因为投资者可以从广泛的投资中进行选择，而不需要支付咨询费用。平台强调不提供建议或推荐，但提供信息和指导，它们试图让投资者意识到可供他们选择的各种投资和账户类型。有些人通过在线问卷调查来达到这一目的，问卷会引出投资者的回答，让其关注一些问题，比如考虑到家庭经济状况以及他们的风险承受能力。简而言之，平台只适合那些愿意自己做投资决定的人。在绕过IFA之前，投资者可能会考虑以下几点：

● 投资者可能需要更多量身定制的建议，尤其是考虑到令人眼花缭乱的选择（至少有 4 000 只基金）。他们也将被要求为该建议付费，这是独立于任何投资之外的。

● 有些投资超市并非真正的允许投资者在非常广泛的范围内进行选择，而只是作为销售特定基金的门户。而其他投资超市则拥有来自各种基金管理公司的数千只基金。

鉴于受金融市场行为监管局监管，投资者通过平台持有投资应该是相对安全的。投资者的投资将被存放在一个"指定"账户中，这意味着他们不是该账户的合法所有者，但有权收取其所欠的款项。如果一个平台破产或者卷钱跑了，投资者只能得到金融服务补偿计划最高 85 000 英镑的赔偿（见第19 章）。

平台如何受益于所提供的服务？

这些平台的收入来自为投资者买卖股票、投资信托、ETF、金边债券和其他各类债券收取的经纪费用，以及运营 ISA 或 SIPP 的费用（比如每年持有价值的 0.5%）。平台还会把投资者的现金存放在其他地方（通常是银行），以获得比投资者更高的回报。此外，该平台可能会向投资者收取股息再投资以及转移投资到另一个平台或经纪人的费用（"赎回费"）。一些平台已转向收取固定费用（比如每季度 30 英镑），而不是按基金组合价值的百分比收取。还有一些平台收取投资组合中基金价值的一定比例的费用，比如每年 0.35% 或 0.45% 的"平台费"。

对基金经理而言，向投资者降低收费的压力主要来自投资平台。Hargreaves Lansdown 的客户向平台支付 0.45% 的费用（如果投资组合在25 万~100 万英镑，这个比例会降至 0.25%）。如果资金不足 7 500 英镑，其竞争对手富达（Fidelity）的年费为 45 英镑，但其标准费用为 0.35%（如果投资的资金超过 20 万英镑，费率为 0.2%）。在 25 万英镑以内的投资中，AJ Bell 收取 0.25% 的保管费。其他竞争对手对每笔交易或收取固定的费用，或收取更高或更低的费用，所以要货比三家。接下来是一篇关于平台收费的批判性文章。

对投资平台转向盈利的批评
FCA 需要让资金转移变得更容易、更快

梅里恩·萨默塞特·韦伯

几周前，在我主持的一个小组会议上，一家知名投资平台的代表批评一家知名基金管理公司的首席执行官，原因是其所在行业收取了高额费用。

现场观众认为这是公平的评论。毕竟，平台行业的鼻祖哈格里夫斯·兰斯顿报告给股东的利润率在40%以上，这数据股东们很满意。据我所知，其他公司都没有达到这样令人兴奋的利润水平，而他们在这方面做得相当不错，任何一个试图弄清楚他们的投资平台每年向他们收取多少费用的人都会知道这一点。

有管理费用、交易费用、定期投资费用、股息再投资费用、持有现金费用、提取现金费用，当然还有试图撤离时的赎回费用。但不同的平台提供的结构不同，这让一切变得更加复杂。

有些平台有最低月费，有些有上限。有些每年提供一些"免费"交易，或者在指定的月份交易免除管理费用。有些平台收取固定费用，而有些则收取百分比费用。它们的费用没有统一的标准。这一切都让人非常困惑。

不管从哪里着手，必须要把自己的行为考虑进去。不能仅仅通过观察基本的平台费，就误以为收获足够多的信号了，价格会因你的投资行为而有所不同，如交易的频率，或是买卖的产品——股票、交易所交易基金、基金或零售债券。

在十年间，50万英镑的SIPP以6%的速度增长，只要费用相差0.5个百分点，退休财富会相差4万英镑。但这也不仅是成本问题，同时也会涉及自身对产品价值构成的思考。

你是需要纯粹些的顶级服务吗？还是研究和投资的组合工具？还是平台有较强的偿付能力？没有人想要一个破产的SIPP供应商的地狱般管理。或者，对我来说，行使作为股东应有的权利的能力这一价值更重要（例如，让投资者在年度股东大会上行使投票权方面，有些

平台比其他平台做得更好)?

FCA本周发布的投资平台中期报告，对市场进行了考察，并得出一些初步结论，同时提出一些初步的建议，其准确地聚焦于金钱的价值。FCA对收费的复杂性以及缺乏透明度感到非常困扰。报告指出，一些平台的收费是其他平台的两倍（从0.22%提高到0.54%），而外行可能很难弄清楚这是怎么发生的。

这些担忧是合理的，FCA发现，29%的用户不知道他们是否支付平台费用，或者认为他们没有支付任何费用。

不过，我不确定是否需要采取任何监管行动。当然，也没有理由让每个人都享受同样的收费制度。但是，鼓励供应商的费用透明、可理解和可比较，这是好的建议。

并不是说他们不应该因为费用而被投资者无休止地抱怨，这当然是应该的。例如，鼓励他们对交易和持有所有资产类别收取同样的费用，停止向持有现金的人们收费（这是完全错误的），或是在网站上更清晰地展现所有内容。

然而，值得注意的是，这种抱怨正在进行，而且已经出现辅助计算总费用的服务。

Comparefundplatforms.com可提供投资特定基金股票组合的年度总成本。Yourbroker.info也做类似的事情。也可以去AJ Bell的youinvest.co.uk，试一试可以持有什么样的资产，交易不同金额时的收费情况与那些"市场领军企业"（哈格里夫斯·兰斯顿总是更贵）相差多少。

因此，真正重要的不是每个平台如何运作，而是如果我们不喜欢它的运作方式，可以快速、简单且廉价地完成转换。金融科技市场的竞争，可能会突然出现一个比旧平台更好的新平台。我们可能会决定使用在其他地方更便宜的投资组合管理工具，可能需要更好的服务，也可能会从股票投资者转变为基金投资者。但无论怎样，我们都必须能够做出这些决定并结账离开。

成功诚实的竞争依赖于客户能够随时更换他们喜欢的产品，但现在这种情况并未实现。相反，FCA报告告诉我们，更换过程是"复杂且耗时"的，几周内完成更换都是有可能的，这种现象确实存在。但也有人告诉我，更换投资产品通常需要两个月，最糟糕的情况下，有时甚至需要五个月。想象一下，（当所有的供应商不断地告诉你，风险很大时）要么退出市场，要么让资产长期处于不稳定状态。这种压力会有多大，我不敢想象。

转换成本也可能高得令人匪夷所思，将一个50万英镑的SIPP组合从一个平台转移到另一个平台的成本可能高达1 300英镑。

梅里恩·萨默塞特·韦伯是《理财周报》的主编，以上观点纯属个人观点。作者联系方式：merryn@ft.com；Twitter：@MerrynSW

资料来源：*Financial Times*. 20 July 2018.

© The Financial Times Limited 2018. All Rights Reserved.

参考网站

www.alliancetrustsavings.co.uk

www.barclays.co.uk/smart-investor

www.bestinvest.co.uk

www.cavendishonline.co.uk

www.charles-stanley-direct.co.uk

www.chelseafs.co.uk Chelsea

www.cofunds.co.uk

www.comparefundplatforms.co.uk

www.fundsdirect.co.uk

www.fidelity.co.uk

www.hl.co.uk

www.ii.co.uk

www.selftrade.co.uk

www.share.com

分红保单

如今，几乎没有人购买分红保单。读完下文这些缺点，便会明白其中的原因。由于数以百万计的英国公民仍有数千亿英镑储蓄在旧的盈利基金中，下文也将描述这些"投资"的性质。

分红保单可以是储蓄保险（通常与抵押贷款相关）、个人养老金或分红债券的长期投资。许多公司的养老金计划也投资于分红基金。从技术上和合同上来讲，分红保单是人寿保险的一种形式（死亡后给付）。实际上，大多数保单本质上是储蓄产品，只是名义上有保险内容。

分红保单的工作原理如下。人寿保险公司设立了一项基金，邀请人们将自己的存款存入该基金，可以一次性存入，也可以通过定期储蓄计划（比如每月20英镑）存入。然后，该基金投资于一系列国际和英国的股票、债券、房地产等。人寿保险公司保证在保单到期时（可以是5年、10年甚至25年）支付最低回报，也称为基本保险金额。为了便于讨论，假设这笔金额10年后是1万英镑。当基金的基础投资产生回报时，保险公司将从投资所得利润中分一杯羹，同时向投保人发放红利。保单持有人每年都会收到一笔复归红利（也称为定期、年度或中期红利），同时也被添加到保单的保证金额中。

然而，如果今年的回报特别好（比如股市飙升），投保人将无法获得同等规模的复归红利，因为保险公司试图在一段时间内保持平稳的复归红利率，避免每年的大幅变化。它们在投资业绩好的年份保留利润，以便在投资业绩不佳的年份仍保持不错的复归红利，即平滑。

一旦将复归红利加入基金中，就不能再将其拿走。因此，如果基本保额从1万英镑起，在第一年年底，保险公司将宣布发放4%的复归红利，那么新的保额将变为1.04万英镑。保证金额于投保人死亡或保单到期时支付。

因此，当投保人从基础投资中获得利润时，保险公司会提前锁定投保人的确定回报。这样，即使未来几年股票、债券和房地产市场崩溃，投保人也能得到最低额度的担保。这是在这家保险公司能够在如此糟糕的情况下以及避免清算的前提下做出的假设（这也并不总是一个安全的假设）。保险人在保单结束时（或在保单结束前投保人死亡时）支付期末（最终）红利以及复归红利。

分红保单的一个变体为组合分红保单。在这种情况下，个人支付的保费以类似于投资单位信托的方式来购买基金单位。与传统的分红基金不同，该基金没有基本保险金额，但分红是平滑的。

谨慎对待相关方案

有关分红保单的批评不绝于耳。

保险公司对红利有太多的自由裁量权。分红保单持有人不能完全确定从他们的钱产生的回报中得到了全部的收益。以下四个方面缺乏透明度：

- 基础投资回报；
- 回报的平滑性；
- 费用收取；
- 分红基金与保险公司其他业务之间的联系。

保险公司利用广泛的自由裁量权来建立孤儿资产（继承遗产）。这些准备金是保险公司为投保人保留的，在市场下滑时用于缓冲。有许多年基金的回报远高于保单分红。保险公司似乎过于谨慎了，换句话说，投保人的回报太低了。

提前兑现可能会被扣除高额罚款。25年期保单中，只有约1/3被持有到期。在很多情况下，投保人得到的钱比他们投入的钱要少（也比保证价值要少），特别是如果他们选择在前3~5年内放弃保单的话。

分红保单被当作低风险产品来推销，但这并不总是正确的。例如，公平人寿保险公司（Equitable Life）被迫大幅削减了部分投保人的红利，因为该公司曾向其他储户承诺高额回报，法院强制它支付有保障的年金，以便给其他人支付一笔资金，但这笔资金比承诺的缩减了。公平人寿保险公司缺乏透明度意味着投保人无法察觉他们储蓄的风险，待察觉时为时已晚。

保险公司有时也被指责过于乐观。例如，养老保险的大量出售与房屋抵押贷款有关。这些保单的月供被设定为，可以在（例如）25年内还清抵押贷款。当市场下行时，许多投保人会收到通知，这时他们会震惊地发现，期末时他们没有足够的保单积蓄来偿还抵押贷款，除非他们将更多的钱交给保险公司增加保险规模。

这么看来，收费水平与基金业绩之间似乎没有相关性。

债券保险公司

投资债券的保险公司，你将向保险公司一次性投资一笔钱（通常是5 000

英镑或更多），期限固定（比如 5 年），那么作为回报，你可以获得固定利率和一小部分人寿保险。担保收益债券（GIB）将筹集到的资金投资于低风险债券组合，如金边债券，然后每年（或每月）向持有者支付扣除所得税后的固定收入。成长型债券的利息一直累积到到期日。

保险公司债券如果持有至到期日，是相对安全的投资，但回报较低。如果未持有至到期日，选择提前兑现（如果保险公司允许的话），则可能会受到罚款。分红债券提供一种不能提取的确保红利，以及一种不能确保的期末红利。投资者需要阅读担保收益债券的细则，原因可能是担保收益（比如每年 10%）是以资本价值损失为代价的，即 5 年开始时的 1 万英镑仅相当于 5 年结束时的 8 000 英镑。

分散债券（也由保险公司销售）投资于股票、固定收益证券（金边债券、公司债券）和房地产，更倾向于作为一种收益工具。与分红基金不同的是，分散债券不会将一年的收入平复到下一年，也不提供复归红利的保护，所以收益是波动的。如果投保者在前 5 年里提前兑现，退出罚款可能会很高。它们比分红保单更直接，因为收益不会被平滑所掩盖。

与市场挂钩的股票债券

由保险公司、银行、建房互助会和其他投资公司提供的股市挂钩债券，其回报率会随着股票市场指数的上升而上升。具有类似特点的产品有多种名称，包括结构性投资产品、确定回报债券、担保股权债券和保护债券。投资者可以一次性支付一笔钱，比如说 5 年。通常，债券买卖平台会在最后返还资金，再加上 5 年内（例如）富时 100 指数的全部涨幅（最高 65%），如果指数翻倍，收益不会超过 65% 的上限。

债券交易平台实际上并不购买股票，而是用这笔钱购买一种混合的有息证券（或零息债券）和衍生品，这些衍生品的价值会随着富时 100 指数的上升而上升。所以，1 万英镑的投资中有 8 500 英镑可以用来买债券，5 年后，回报将是 1 万英镑。另外 1 000 英镑用于购买股票市场指数的看涨期权，如果市场上涨，看涨期权的价值就会上升（见第 8 章），剩下的 500 英镑是支付给金融机构的费用。

这些工具可以保证至少收回最初的总投资，如果股市指数大幅上涨（假设金融机构在 5 年内没有破产），这些工具就提供了一种稳固的收益方式。不过要记住，回报只与股市指数挂钩。这与持有（比如）前 100 股股票获得回报是不同的。首先，漏掉了回报中的一个重要因素，股息收入。其次，投保人通常只能获得 5 年资本收益的一部分，而不是全部。此外，股票债券不提供下跌保护。如果指数下跌超出一个规定的百分比，担保金额将低于初始资本。一些交易平台为投资者提供选择，比如 100% 的资金返还担保与富时 100 指数 55% 的涨幅，或者 95% 的担保与富时 100 指数 110% 的涨幅。

许多金融产品交易平台因向误认为购买的是安全投资的投资者销售所谓的悬崖债券（precipice bonds）而受到抨击。悬崖债券只有在特定的情况下才会提供初始资本的回报。如果市场指数低于预定的水平，担保将不再适用。因此，典型的悬崖债券未来 3 年的年收益可能达到 7%。如果市场指数较初始水平的跌幅不超过（比如说）20%，该基金会在 3 年后提供初始资本回报。然而，这正是危险所在，在突破 20% 关口后，富时 100 指数每下跌 1%，投资者的资本价值就会损失 2%。因此才有了"悬崖债券"的称号，而投资者储蓄的价值可能会急剧下降。投资者应注意"高收入"或"额外收入"债券或"计划"之类的名词。只有在了解并能够承受下行风险的情况下，投资者才可以投资这些产品。

退出计划（kick-out plans）可为投资者提供初始资本回报及票面利率，比如 12 个月后可达到 10%，但前提是富时 100 指数等于或高于其初始水平。如果指数较低，该计划就不兑现，然后再延续 12 个月，再延续到下一个 12 个月，以此类推，直至回到初始指数水平。当周年到来，富时 100 指数回升至起点水平，可以兑付累积的息票。如果票面利率 10%，触发发生在第三个周年，投资者的资本会增长到 30%。这类计划中的一些会在股指下跌超过 50% 时，指数每下跌 1%，投资者随之损失 1%。一定要当心其中风险。雷曼兄弟（Lehman Brothers）在破产前就做了其中一些担保。

关于股票债券的最后两点：
- 所有这些债券的支付条件都很复杂，这意味着投资者需要有足够的自律，才能读懂其中的细则。
- 如果提前兑现，要搞清楚兑付规则，这是有保证的还是取决于市场价值？

⊙ 货币市场

私人投资者可以将资金投入货币市场基金。货币市场是批发金融市场（处理大量交易的市场），机构之间进行短期借贷（少于一年）。在这个市场上购买工具或存钱的最低金额约为 50 万英镑，但私人投资者可以通过货币市场基金获得这些资金。货币市场基金将数百或数千名投资者的小额资金集中起来，然后投资于一系列短期证券。其中一些货币市场基金要求投资者存入最低 1 000 英镑的存款，而另一些基金要求最低为 2.5 万英镑。

集中资金购买批发证券的好处是可以获得更好的回报率。此外，由于基金在借贷公司、政府和其他机构的投资非常多样化，货币市场基金经理可以为私人投资者提供相对安全的回报。一般来说，货币市场基金不会收取初始费用。如果包括每年的所有成本，运作费用通常在 0.15%～0.6%。以下是货币市场基金持有的一些典型工具[①]：

- 短期国库券（向政府提供短期贷款）；
- 商业票据（向公司和其他组织提供几天的贷款）；
- 存款证明（贷款给银行）。

货币市场账户通常由高街银行（high street bank）提供，其利率随货币市场利率的变化而变化。因此，汇率经常波动，有时每天都有波动。这些账户可能是即时存取的，也可能是需要提前一个月通知才能取款的。投资货币市场基金的风险较低，但也存在：

- 运营该基金的银行或机构可能会破产。
- 基金经理可能会倾向于在货币市场的定义范围内风险较高的投资，例如管理不善的公司发行的证券。调查经理实际投资的领域。
- 当短期利率非常低时，这些基金可能几乎没有回报。

⊙ 对冲基金

对冲基金是一种集体性投资工具，只接纳少量富有的个人或机构。它们不

[①] 想了解更多关于货币市场的信息，请查阅笔者的指南 *The Financial Times Guide to Bond and Money Markets*。

受旨在保护投资者的许多类型的监管，这些监管要么是离岸设立的（如在开曼群岛），要么是在国内设立的私人投资伙伴关系。要把钱投到对冲基金，通常需要拥有至少 60 万英镑的净资产（不包括投资者的主要居所），并准备向该基金投入数十万英镑。

最初，"对冲"一词用于这些基金时还是有一定意义的。它们会通过投资组合（包括衍生品），试图在寻求高绝对回报（而不是相对于指数的回报）的同时对冲风险。如今，"对冲"一词大多数被误用于这类基金中，因为它们通常会大肆押注全球货币、股票、股市、利率和债券的走势。它们借入的资金往往是富人或金融机构投入资金的数倍，或者利用衍生品来杠杆化回报和风险，从而增加了风险。

不受监管是对冲基金的一个主要卖点，因为这意味着它们不局限于投资特定类别的证券或特定的投资方法。例如，它们可以自由做空（卖出不持有的股票，期望以后能以更低的价格买回），而在受到许多监管的环境中，是做不到这一点的。它们可以借入 10 倍于基金规模的资金，押注在汇率的小幅波动上。一些基金在衍生品和其他一系列高度专业化的市场上表现活跃，而传统的国内投资基金对进入这些市场非常谨慎。

如果市场下跌 16％，而传统基金经理的回报率为负 15％，这时做对冲的往往会自我吹捧一番。人们认为，对冲基金与众不同，因为它们不满足于负面的表现。另一个所谓的吸引力是，它们所进入的投资和市场应该与国内股市呈负相关，也就是说在股市环境不断下滑的情况下，这是一个有吸引力的主张。但证据显示，对冲基金的回报率往往会随着股市的下跌而下降。

如果对冲基金表现良好，基金经理会得到特别的奖励。而无论对冲基金表现如何，典型的收费结构可能是基金价值的 1％～2％。除此之外，基金经理将获得所有利润的 20％。

很难说对冲基金作为一个整体在风险报酬范围中的位置。一些基金设法做到了相对安全，而另一些基金则致力于在金融世界的隐秘角落采取极端行动。一些公司的表现优于富时 100 指数，而一些公司则彻底失败（5 年前的企业只有一小部分仍在运营）。业绩统计数据并不全面，下面这篇报道显示，对冲基金的平均表现并不好，考虑到所有这些费用，这也不足为奇。投资者基本上忽略的一个主要风险是，他们资金的用途缺乏透明度，这使得很难评估该基金在极端且不可预测的市场中如何生存。与此同时，由于资金的不透明和缺乏监管，更容易出现欺诈行为。

此外，现在有成千上万的对冲基金可供选择，人们担心有才华（和诚实）的经理根本不够分配。

对冲基金遭遇了自 2011 年以来最糟糕的一年

林赛·福尔塔多，劳伦斯·弗莱彻

2018 年第四季度，金融市场的动荡让许多人措手不及，对冲基金经历了七年来最糟糕的一年。

对冲基金研究（Hedge Fund Research）的主要指数在 2017 年下跌了 4.07%，而标准普尔指数的跌幅为 4.38%，该指数监测各种策略的基金。上次发生这种情况是在 2008 年的金融危机，当时对冲基金下跌 19.03%，标准普尔指数下跌 37%。

投资者变得紧张不安，资金也开始离开对冲基金，但赎回规模迄今为止还很小。

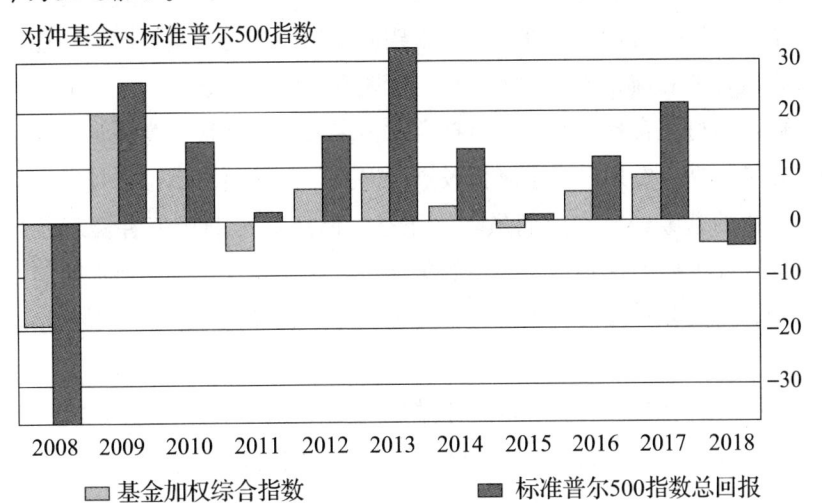

对冲基金vs.标准普尔500指数

资料来源：*Financial Times*，9 January 2019.

© The Financial Times Limited 2019. All Rights Reserved.

要高度重视高额费用

当基金经理或财务顾问告诉投资者，年费或应扣除的金额为投资额的1.5%或2%时，投资者一般很容易忽略该数字对其未来收益的影响。这看似是一笔微不足道的钱，大脑甚至会很快把它忘掉。

为了探究费用如何影响投资者储蓄基金的累计金额，表5-1列出了一笔20 000英镑的初始资金10年之后的投资回报额。

第一种方式，自主投资于年均回报率为8%的股票。这一情况下（其他情况也是），假设排除了与在市场上买卖股票相关的买卖价差成本。理性投资者（相对于短期投机者）的交易不频繁，其成本保持在最低水平。10年后资产达到39 147英镑，投资基金几乎翻了一番。

然而，并非所有的投资者都有时间、倾向或自信自主投资于广泛的股票，通过分散投资来降低风险。为了减轻投资股票市场的负担，他们可以找专业的基金经理。通过集合基金进行投资的另外一个好理由是，投资者在将少量资金投入股票投资组合时，将面临高得令人望而却步的交易成本。此外，还有管理个人投资组合的麻烦，比如处理股息、配股和收购报价。

因此，通过集合投资基金进行投资对很多人来说都很有意义。而经常被忽视的一点是，高额费用最终会降低投资者回报，而非使得回报卓越。确实存在一些高质量的基金经理，他们虽然费用高，但能够帮助投资者实现较高的回报，因此有理由提高这些基金经理的奖金。然而，问题是要如何提前确定这些专业人士。对大多数投资者来说，更安全的选择是寻找一只低成本的基金，以实现广泛投资。

5%的初始费用或顾问费和1.5%的年费由基金经理和平台分成的单位信托公司（表5-1中的Case 2），与自主投资方式相比，10年后投资者的财富将大幅缩水，金额从39 147英镑跌至31 973英镑。为了实现与市场回报相等的回报（这将使它们成为表现较好的基金之一），将7 000多英镑交给基金经理似乎有点过分。通过购买低成本基金，最终可以获得更多资金，正如Case 3，最终资产结果为34 873英镑。

第 5 章 集合式投资

表 5-1 在各种费用扣除方案下的自主投资及基金投资的投资回报

时间(年)	回报率 %	Case 1 自主投资 费用(英镑)	Case 1 自主投资 资产	Case 2 平台交易的单位信托（初始费用5%；年费1.5%） 费用(英镑)	Case 2 资产	Case 3 减少初始和年度费用的单位信托（初始费用1.5%；年费1%） 费用(英镑)	Case 3 资产	Case 4 交易所交易基金（初始费用0；年费0.3%） 费用(英镑)	Case 4 资产	Case 5 对冲基金（初始费用0；年费2%加上基金任何正回报的20%） 费用(英镑)	Case 5 资产
开始		0	20 000	1 000	19 000	300	19 700		20 000		20 000
1	8	0	21 600	285	20 212	197	21 063	60	21 535	720	20 880
2	16	0	25 056	303	23 094	211	24 189	65	24 906	1 086	23 135
3	0	0	25 056	346	22 748	242	23 947	75	24 831	463	22 672
4	−24	0	19 043	341	17 029	239	18 018	74	18 815	453	16 778
5	16	0	22 089	255	19 458	180	20 692	56	21 760	873	18 589
6	8	0	23 857	292	20 699	207	22 124	65	23 430	669	19 407
7	16	0	27 674	310	23 651	221	25 407	70	27 098	1 009	25 201
8	24	0	34 315	355	28 887	254	31 189	81	33 500	1 462	25 201
9	−8	0	31 570	433	26 177	312	28 407	101	30 728	504	22 681
10	24	0	39 147	393	31 973	284	34 873	92	37 988	1 542	26 582

· 149 ·

如果对找到一位足以跑赢市场、值得支付高额费用的主动型基金经理持怀疑态度的话，那么投资者也许会选择把钱投入到购买广泛市场指数中所有股票的交易所以便于交易基金（或廉价市场跟踪单位信托，OEIC 或投资信托），成本每年仅有 0.3%（Case 4）。这种方案会产生 37 988 英镑，比标准主动管理型单位信托基金还要高出 6 000 多英镑。

对冲基金出售基金的理由是，不管金融市场是繁荣还是崩溃，它们都能在任何市场上做得很好。我们一次又一次地发现，对冲基金和其他基金一样下跌（只有少数例外），而许多专注于股票的基金都是隐蔽的市场跟踪者。同样，如果你足够聪明，能够分析或猜测哪种股票的表现会更好，或许它们 2% 的佣金加上正回报的 20% 是合理的。

然而，如 Case 5 所示，如果基金的表现仅仅与市场一致，对冲基金经理则在基金表现良好的年份拿走如此多的回报，以至于投资者只剩下比他们开始时多一点点的钱。当然，也有些经理收取的费用低于这些百分比。有些公司设置"高水位线"，其作用是在收取绩效奖金之前，必须确保其在前几年拥有出色的负回报（或者可能是最低的正回报）。这将缓解该问题，但仍然很难确定经理是否能通过自己的出色表现来证明投资者支付高额年费加奖金的合理性。

沃伦·巴菲特在 *Gotrocks and Helpers* 一书中精彩地描述了基金经理和金融业其他人士如何从普通投资者的无知中获益。

专栏 5.3

Gotrocks and Helpers

沃伦·巴菲特

投资人由于受到了一系列伤害，在相当大的程度上减少了他们本来能从投资中实现的收益。要解释这一切的来龙去脉，我们得从一个最基本的事实开始：除了一些无足轻重的情况外（比如企业破产时企业的损失由债权人负担），在大多数情况下，从现在开始到世界末日（Judgement Day），所有者能获得的收益与他们所拥有的公司的收益大致相等。当然，通过聪明地买入和卖出，投资者 A 能够比投资者 B 获得更多的收益，但总体而言，A 赚的正好相当于 B 赔的，总的收益还是那么多。当股市上涨时，所有的投资者都会感觉更有钱了，但一个股东要退出，前提必须是有新的股东加入接替他的位置。所有的股东作为一个整体而言，如果没有从天而降的金钱暴雨神话发生的话，根本不可能从公司那里得到比公司所创造的收益更多的财富。

实际上，由于"摩擦"成本（'frictional' costs）的存在，股东获得的收益肯定少于公司的收益。我个人的看法是：这些成本如今正越来越高，将会导致股东未来的收益水平要远远低于他们的历史收益水平。

为了弄清楚这些费用是如何飞涨起来的，你可以这样想象一下。美国所有的上市公司被一个美国家庭所拥有，而且将永远如此。我们称其为Gotrocks。对所得分红纳税之后，这个家庭的一代接一代依靠他们拥有的公司所获得的利润将变得更加富有。目前美国所有上市公司一年的收益约为7 000亿美元，这个家庭自然还得花费掉一些钱用于生活，但这个家庭所积蓄的那部分财富将会稳定地以复利形式不断地累积财富。在这个Gotrocks大家庭里，所有人的财富都以同样的速度持续增长，一切都十分协调。

但让我们设想一下，有几个伶牙俐齿的顾问（Helpers）接近这个家庭，劝说每个家庭成员通过买入一只股票和卖出另外一只股票来取得比其他家庭成员更好的投资业绩。这些顾问十分热心地答应来处理这些交易，当然他们要收取一定的佣金。Gotrocks这个大家庭仍然包括美国所有的上市公司，这些交易只不过是重新安排哪些人持有哪些公司而已，因此，这个家庭每年的总体财富收益在减少。这些家庭成员交易的次数越多，他们从企业收益这个大饼中所分到的份额就越少，而那些作为经纪人的顾问分到的份额却变得越多。那些作为经纪人的顾问始终牢记的事实是：交易的活跃性是他们的朋友，因此他们总是想方设法提高客户交易的活跃性。

不久之后，大多数家庭成员意识到在这种新的"打败我兄弟"（"beat-my-brother"）的游戏中，这些经纪人做得并不好，于是又来了另一批顾问。第二批顾问对每个家庭成员解释说，只靠成员自己的努力是很难胜过其他家庭成员的，他们给出的解决办法是："聘用一个经理人，就是我们，我们会做得非常专业。"第二批顾问兼经理人继续使用第一批顾问兼经纪人进行交易，这些经理人甚至提高了交易的活跃性以致那些经纪人业务更加兴隆。总之，企业收益这张大饼的更大一块儿落入了这两批顾问的私囊。

这个大家庭的失望与日俱增。每个家庭成员都聘用了专业人士，这个家庭整体的财务状况却每况愈下，怎么办？答案是显而易见的，要寻求更多的帮助。

第三批顾问的身份是财务规划专家和机构咨询专家，他们正在仔细斟酌向Gotrocks这个大家庭提供关于选择经理人的建议，已经被折磨得晕头晕脑的家庭对他们的协助自然非常欢迎。事到如今，这些家庭成员才明白，他们自己既不能选择合适的股票，也不能选择合适的选股人。有人就会产生疑问，为什么他们还想成功地选择合适的顾问呢？遗憾的是，Gotrocks这个大家庭并没有产生类似的疑问，第三批顾问当然肯定不会向他们说明这个问题。Gotrocks这个大家庭现在要为这三批顾问支付昂贵的费用，但他们发现情况更加不妙，他们陷入了绝望之中。但就在最后的希望即将破灭之时，第四批顾问——我们称其为超级顾问（the hyper-Helpers）出现了。他们态度十分友好地向这个大家庭解释，他们至今无法得到理想结果的原因在于现有的三批顾问（经纪人、经理人、顾问）的积极性没有充分调动起来，他们只不过是走过场而已。第四批顾问说："你们能指望这些行尸走肉做什么呢？"新来的第四批顾问提出了一个惊人的简单解决之道——支付更多的报酬。超级顾问充满自信地断言：舍不得孩子套不着狼，为了真正做到超越其他家庭成员的投资业务，每个家庭成员必须付出更多的代价，即在固定的佣金之外，因事而定支付巨额的临时性报酬。

这个家庭中比较敏锐的成员发现，第四批超级顾问其实就是第二批顾问兼经理人，只不过是穿上新的工作服、上面绣着吸引人的对冲基金或私募股权投资公司而已。可是第四批顾问向这个大家庭信誓旦旦地说，工作服的变化非常重要，会赐予穿着者一种魔力，就像本来性格温和的克拉克·肯特换上超人衣服之后就威力无比一样。这个家庭听信了他们的解释，决定付他们报酬。

这正是我们投资人今天的处境：如果投资人只是老老实实地躺在摇椅上休息的话，所有上市公司收益中最高的比例本来会全部装进他们的口袋里，而如今却落到了队伍日益庞大的顾问的口袋里。最近广为流行的盈利分配机制使这个家庭付出的代价更加昂贵，根据这种分配机制，由于顾问的聪明或运气所取得的盈利，大部分归顾问所有，而由于顾问的无能或运气不好所产生的损失则全部由家庭成员承担，同时还得支付大笔的固定佣金。大量的盈利分配安排与此类似，都是顾问拿大头，而Gotrocks家庭承担损失，同时还要为如此安排而享有的特权支付昂贵的费用，因此，我们也许将Gotrocks这个家庭的名字改为Hadrocks更为恰当。如今事实上，这个家庭所有的摩擦成本大约要占到所有美国上市公司盈利的20%,也就是说,支付给顾问的费用,使美国股票投资者总体上只能得到所有上市公司收益的80%,而如果他们静静地坐在家里休息而不听任何人的建议的话,就能稳稳得到100%。

很久以前,牛顿发现了三大运动定律,这的确是天才的伟大发现。但牛顿的天才并没有延伸到投资中。牛顿在南海泡沫中损失惨重,后来他对此解释说:"我能够计算星球的运动,却无法计算人类的疯狂。"如果不是这次投资损失造成的巨大创伤,也许牛顿就会发现第四大运动定律——对于投资者整体而言,运动的增加导致了收益的减少。

资料来源:Warren Buffett, Chairman's letter to shareholders accompanying the 2005 Annual Report of Berkshire Hathaway. Reproduced with kind permission of the author. © Warren Buffett.

接下来的文章展示了一位受人尊敬的经济学家关于支付高额费用的危险之处的观点。

对我们的收费

约翰·凯

在沃伦·巴菲特执掌伯克希尔·哈撒韦公司(Berkshire Hathaway)的42年里,该公司的年均复合回报率为20%。为自己,也是为了他的投资者。那些一直是他的股东伙伴的幸运儿,享受着和他一样的回报率。他所积累的财富是他在集体中所占股份价值上升的结果。

但假设巴菲特从他自己的投资回报中扣除了一笔名义投资管理费,这是基于对冲基金和私募股权2%的标准年费和20%的收益公式计算的股票业务。这样就会有两种投资模式:一种是将巴菲特向自己收取的费用进行再投资;一种是由巴菲特自己的初始投资价值的增长所创造的。第一笔钱叫作巴菲特投资管理公司(Buffett Investment Management)的财富,第二笔钱叫作巴菲特基金会(Buffett Foundation)的财富。

在巴菲特的620亿美元资产中,有多少属于巴菲特投资管理公司,又有多少属于巴菲特基金会？令人震惊的答案是，巴菲特投资管理公司拥有 570 亿美元，巴菲特基金会则拥有 50 亿美元。"2 和 20"（"two and twenty"）在 42 年的累积效应是如此之大，以至于投资经理的收益完全超过了投资者的收益。这个数字揭示了为什么拥有游艇的是金融服务行业的巨头，而不是客户。

因此，风险最小的提高投资回报的方法是将代理成本降至最低——确保基础投资的回报进入自己的口袋，而不是别人的口袋。

这些成本对回报的影响取决于交易的频率。网上交易是如此便宜和容易，投资者可能会被诱惑经常交易。但是只有一件事比手续费和佣金更能吞噬投资回报，那就是频繁的交易。不要屈服，也不要接受订阅二级平台或直接进入市场的邀请。经营自己的投资组合的总成本每年应低于 1%。

投资于主动管理型基金会让你花费更多。无论是开放式基金还是封闭式基金，可供选择的范围都大得令人难以置信。投资于股票的基金比可供投资的股票要多。这种情况是没有道理的，既是高收费的原因也是结果。成本需要很高才能收回运营这么多不同的主要是规模较小的基金（它们做的事情几乎是一样的）的费用。与此同时，高额收费鼓励金融服务公司设立更多的基金……

……如果所有的基金、经理和顾问都是优秀的，过多的选择就不会那么令人困惑了，但大多数并非如此。

潜在的问题是信息不对称。金融服务的营销强调质量而不是价格，并且提供的理由极为充分。花更多的钱——多得多的钱——去找一个好的基金经理是值得的。但投资者很难辨别出好的基金经理不管是好的基金经理还是坏的基金经理都会收取高额费用，其后果如上所述……

……对于小投资者来说，最具吸引力的股票型基金通常是指数化基金、交易所交易基金和投资信托（封闭式基金），它们的收费较低，且相对于基础资产有很大折扣。这些基金为投资者提供了足够多的选择，并且所有的这些信息都可以通过网上股票交易账户获取。

资料来源：*Financial Times*，31 January/1 February 2009.

© The Financial Times Limited 2009. All Rights Reserved.

第 6 章

债　券

对于个人投资者来说，债券是个很好的投资选择。债券能提供比建房互助协会存款账户更高的收入，有资本增长的可能性。而且债券通常比股票的风险低，但回报低的事实也刚好与这一点抵消了。

债券是债券持有者借钱给公司、政府或其他组织的长期合同。作为回报，公司或政府通常承诺在债券到期时支付预定的利息和本金。从根本上说，债券可被看作仅附有数页法律条款以明示其承诺的借据。它是当今世界上最重要的金融工具，已发行数万亿英镑和美元。从英国政府债券到中国公司债券，这些债券的形式和规模各不相同。

通过债券将资金投资于一家机构的好处是，可以得到回报的承诺。与股票投资者相比，债券投资者面临的风险更小，因为这种承诺背后有一系列法律权利的支持，其中包括在股票持有者获得股利之前获得年息的权利。因此，在糟糕的年份（比如说，没有利润），债券投资者会比股东更有可能获得报酬。如果公司违背承诺，通常还会获得没收公司资产的权利。如果公司的情况非常糟糕，投资者持有公司的债券而非股票，就有更大的机会节省一些投资，因为在清算时，出售资产所筹集的资金首先用于支付债务型金融证券的持有人，然后才轮到股东。

抵消这些好处的是，债券持有者（通常）不能分享一家非常成功的企业创造的价值，而且对公司管理层没有任何投票权。

令人困惑的是，许多投资产品被称为"债券"，但从贷款的意义上说，它们并不是真正的债券。例如，由保险公司发行的有担保股票债券、分红债券、分配债券和单一保费债券（见第 5 章），以及由建房互助协会发行的"债券"。

我们在本章中要讨论的债券是长期贷款。

债券通常被统称为固定利率证券。虽然这是对许多债券的准确描述，但也有一些债券不提供固定金额的定期利息。然而，它们都被归为固定利率，以便将这些类型的贷款工具与没有回报承诺的股票区分开。

金边债券

在大多数年份里，英国政府的税收不足以支付其开支。差额的很大一部分是通过出售债券来弥补的。这些债券称为"金边债券"，因为在过去，你可以收到一份非常有吸引力的带有金箔边的证书（金边证券）。购买英国国债是世界上最安全的贷款形式之一。英国政府无法支付的风险微乎其微。[①]

如果购买并持有金边债券至到期日，收不到利息和本金的风险是很小的，在它们到期之前，你可以在二级市场年复一年（或月复一月）地买卖金边债券（见第 2 章）。在很多情况下，你如果在年初买入，并于年底在二级市场上卖给另一个投资者，即便获得了利息，你也会损失 5% 甚至更多。另一方面，有好多年本来会获得巨大的收益。

政府通过英国债务管理办公室（DMO）（www.dmo.gov.uk）发行国债。这些金边债券的名义价值（或票面价值）为 100 英镑。这并不一定是需要支付的价格。票面价值表示政府将在 5 年、10 年或 25 年后支付的钱，是金边债券在赎回日要赎回的金额。投资者可能需要支付 100 英镑、99 英镑、100.50 英镑或其他金额，这取决于票面利率和市场利率的总体水平。

票息（有时称为票面利率）是根据债券的名义价值确定的年回报率，是一个紧跟在金边债券名字后的百分比数字。例如，财政部每年为每只票面价值 100 英镑的金边债券支付 4.25 英镑。然后在 2032 年赎回金边债券时支付 100 英镑的票面价值。票息每年分两次付款。

金边债券是根据当前剩余期限（从现在起而不是从首次发行时）分类的。超短期金边债券指 3 年内赎回的，短期金边债券是 3~7 年，中期金边债券是 7~15 年，长期金边债券是至少 15 年，超长期金边债券则是超过 50 年。

---

① 政府发行的债券称为国家债券。

价格和收益

不同国债的票面利率可能有很大的不同,从 0.5%到 8%不等。这些(大致)是政府在发行时必须提供的利率,有些是在几十年前就发行的。然而,自发行以来,情况已经发生了变化,这些百分比并不是目前二级市场上向买家提供的收益率。

收益率

实际上,金边债券与其他有固定赎回日期的债券有两种类型的收益率。在二级市场上以 110 英镑的价格出售的 5 年期国债可以说明这两种情况。根据金边债券的名字信息,我们了解到它每年会支付 5 英镑(100 英镑票面价值的 5%)。以 110 英镑的价格,投资者可以在二级市场上从其他投资者手中购买这种金边债券,获得 4.55%的所得收益率(也称为现时收益率、固定收益率、利息收益率、简单收益率和运行收益率):

$$所得收益率 = 毛利率(税前) \div 市场价$$

$$所得收益率 = \frac{5 英镑}{110 英镑} \times 100\% = 4.55\%$$

这不是投资者可以得到的真实回报率,因为我们没有考虑未来 5 年的资本损失。投资者支付 110 英镑,但最终只得到面值 100 英镑的回报。如果这 10 英镑的损失分摊到 5 年,显然是每年 2 英镑。资本损失占投资者支付金额(110 英镑)的比例为每年(2 英镑/110 英镑)×100%=1.82%。

赎回的损失必须从年利率中扣除,以便给出赎回收益率的近似值(也称为到期收益率,YTM):4.55%-1.82%=2.73%。这有时被称为总赎回收益率,它不考虑收入征税。虽然这个例子试图表达计算赎回收益率的本质,但它过于简化了,因为需要通过复合利息类型的计算来获得一个精确的数字。[①]

一般规则如下:

- 如果到期的金边债券(或其他债券)交易价格低于 100 英镑,买方将在

[①] 更多细节参见笔者与刘易斯合著的《企业财务管理》一书的第 11 章或笔者的指南《〈金融时报〉债券和货币市场指南》。

购买和赎回之间获得资本收益,因此赎回收益大于利息收益。

- 如果到期的金边债券交易价格超过 100 英镑,持有至到期日会出现资本损失,因此赎回收益率低于利息收益率。

当然,这些资本利得和损失是基于投资者购买金边债券并持有至到期日的假设。在现实中,许多投资者在购买后几天或几个月便出售了,在这种情况下,他们的资本利得或损失可能并不取决于政府到期时支付的金额,而是取决于另一个投资者准备支付的金额。反过来,这又取决于一般的经济状况,特别是在金边债券有效期内预计的一般通货膨胀。如果未来 5 年的通货膨胀率为 7%,投资者将不会购买赎回收益率为 5% 的金边债券。因此,利率(尤其对于长期金边债券而言)受到市场对未来通货膨胀看法的强烈影响,在一年左右的时间内,未来通货膨胀可能会发生显著变化,二级金边债券市场每年都会出现较高的收益或亏损(见第 2 章)。

债券价格和赎回收益率朝相反方向变动。以 5 年期金边债券为例,票面利率为 5%,赎回收益率为 2.73%。如果一般利率上升到 4%,通货膨胀预期增加,投资者将不再有兴趣以每只 110 英镑的价格购买金边债券,因为此时收益率只有 2.73%。投资者的需求下降,将会导致价格下降,直到债券收益率为 4%。收益率的增加与价格的下降密切相关。

在 www.reports.tradeweb.com、www.ft.com 每日线上都有金边债券的赎回收益率报价,以及其他许多金融网站,如 www.bloomberg、www.fixedincomeinvestor.co.uk、www.hl.co.uk、www.londonstockexchange、www.selftrade.co.uk 和 www.ii.co.uk。

报价

金边债券市场主要集中在向投资者买入或卖出的金边做市商(GEMM)。他们给出两种价格:买入价是购买时的价格,卖出价是售价。《金融时报》每日展示的英国金边债券价格图表显示了买入价与卖出价之间的中间价。

请注意,如果你是某一天按所示价格支付的投资者,这与《金融时报》所显示的赎回收益率是相关的。然而,如果你几年前购买了金边债券,并期望持有至到期日,你将得到买入时可获得的收益。

专栏 6.1

2019 年 6 月 12 日英国金边债券

金边债券和票面利率（国债，4.25%，2032 年赎回，届时借款将得到偿还）

价格：一张面值为 100 英镑的债券在做市商买入价和卖出价之间的中间价

	价格（英镑）	赎回收益率
国债 1.75% 2019（Tr 1.75pc' 19）	100.11	0.75
国债 4.75% 2020（Tr 4.75pc' 20）	102.96	0.69
国债 5% 2025（Tr 5pc' 25）	124.38	0.66
国债 4.25% 2032（Tr 4.25pc' 32）	138.29	1.08
国债 3.75% 2052（Tr 3.75pc' 52）	161.47	1.42
国债 4% 2060（Tr 4pc' 60）	181.31	1.38

买卖金边债券

可以通过经纪人或投资平台购买或出售金边债券，就像股票一样（见第 4 章和第 5 章）。许多经纪人会提供电话或在线交易。投资者需要说明交易的金边债券的预期面值，以及预期的"最佳"交易（目前市场上的最佳价格），或是在准备支付（或出售）的价格上设置一个界限。

商业银行、一些建房互助会、独立财务顾问，甚至一些律师和会计师，都会为投资者买卖金边债券。

通过英国债务管理办公室金边债券的购销服务（DMO's Gilt Purchase and Sales Service）使用 Computershare（www-uk.computershare.com），可以在一级和二级市场购买和销售金边债券。投资者必须先填写投资资格审核表格，再把填好的表格和支票一起寄出去——见 www.dmo.gov.uk。投资者不能指定购买或出售金边债券的价格。

与购买股票不同，债券不需要支付 0.5% 的印花税。

另一种投资金边债券（或公司债券）的方式，是购买专门投资于你所感兴趣的债券类型的单位信托基金或投资信托基金。这样可以得到多样化和专业的管理，但需要支付费用（有时年利率会超过 1%，这与金边债券 2% 或 3% 的年利率相比是一个很大的比例）。当然，交易所交易基金（见第 5 章）是另一种选择。

带息和除息

金边债券通常一年支付两次票息。两次支付之间的利息按日累积。如果买了一只金边债券，投资者就有权获得上次票息以来的累计利息，并将在下一次付息时收到这些利息。也就是说，买的是附有利息的金边债券。金边债券（和其他债券）的报价是除息价，即没有考虑应计利息。然而，买方将支付除息价加上应计利息值（称为含息价或全价，发票价格或全额应计价格），并收到接下来所有的票息。因此，如果在下次票息到期前4个月购买金边债券，将需要支付除息价，比如98英镑加上60天的累计利息。

如果刚好在支付票息前购买，情况就不同了。也就是说没有足够的时间去调整收银机，确保票息付给新的所有者。考虑到这一问题，金边债券在支付票息前几天（通常是7天）从报价带息转换为除息。如果在除息期购买，卖方将从发行者那里获得应计利息。这会反映在买入价上。

指数挂钩金边债券

假设你和其他购买金边债券的人都认为，未来10年的平均通胀率将为2.5%。你买入赎回收益率为4.8%的10年期金边债券，并期待在生活成本上升的基础上能带来可观的实际收入。然而，两年后，通货膨胀开始飙升（油价翻了四倍或政府开始疯狂促进消费）。现在投资者估计，未来8年的平均通胀率将达到6%。因此，你的金边债券收益率将无法维持你的实际资本。

政府推出了一种债券，确保你在债券的整个生命周期内都能获得高于通货膨胀率的回报。这些被称为指数追踪股票（金边债券），其票面利率和票面价值根据零售价格指数（RPI）进行调整。金边债券最初在期限结束时支付100英镑，比如10年后。它还提供较低的票面利率，比如0.25%。有关指数挂钩债券的关键问题在于，除非未来10年通货膨胀率为零，否则到期资本总额和票面利率都不会保持在这个水平。

假设在该债券发行的头一年，通货膨胀率为4%。到期支付将升至104英镑。这种与通货膨胀挂钩的上涨每年都会发生（更确切地说，每六个月发生一次）。因此，如果通货膨胀指标在10年内上升了60%，那么这只债券的利息为160英镑。这意味着，在债券到期后，投资者可以用本金购买与债券开始时价值相等的商品和服务（前提是支付了 100 英镑）。此外，如果出现通货膨胀，票面利率也会逐年上升。因此，在经历了第一年的通货膨胀后，第二年前六个月的票息上涨了 4%，高达 10.25 英镑，即（0.25÷2）×1.04＝0.13 英镑。（现实情况比这稍微复杂一些，因为使用的通货膨胀数据是相关票息日期前三个月的数据，但这个例子说明了原理。）

由于大多数投资者将债券持有至到期，二级市场交易冷淡，交易价差比传统金边债券更大。

虽然这些债券实际上是无风险的投资，但如果持有至到期，其在二级市场的价格每天都会波动。因此，可以以 130 英镑的价格买入，一年后再以 110 英镑的价格卖出，结果是负回报。一个可行的替代方案是在邮局可以买到的与指数挂钩的国民储蓄券。

公司债券

公司债券的回报率高于金边债券，但正如你可能预期的那样，这将会有更大的风险。众所周知，公司若无法支付所发行债券的利息和本金，债券持有人在清算完成后将一无所有。我们不应过分强调这一下行趋势，因为绝大多数公司债券都兑现了承诺的全部金额。公司债券肯定比投资股票安全得多。

公司债券一般是可转让的（也就是说，可在二级市场上交易）。它们有各种各样的形式。最常见的是定期（通常是一年或半年）固定票面利率和特定赎回日期的债券，这些被称为普通债券、纯债券或子弹型债券。其他债券都是这种债券的变体。有些债券每三个月支付一次票息，有些债券则不支付固定票息，而是随短期利率水平（浮动利率或浮动利率债券）变动，还有一些债券的利率与通货膨胀率挂钩。事实上，多样化和创新的潜力几乎是无限的。

过去几年发行债券的利率或本金支付与各种各样的经济事件相关，如银的价格上升、汇率波动、股票市场指数、石油价格、黄金或铜甚至地震事件等。这些债券一般是为了让公司在受到某些经济变量的不利影响时，将其利息支付调整到可控制的水平。例如，如果铜价下跌，铜矿为其融资支付的利息就会降低。意大利足球俱乐部桑普多利亚发行了一笔 350 万欧元的债券，如果俱乐部升入"意大利足球甲级联赛"，该债券的回报率会更高；如果俱乐部升到"意甲"前四，利息将上升到14%。

想研究公司债券，发行公司的网站是比较好的出发点。如果知道问题发生的年份，可以下载相关的年度报告，了解有关问题。也可以在公司网站上阅读债券发行说明书。

信用债券和借贷股票

在英国和其他一些国家，最安全的债券是公司债券。它们通常以公司资产的固定或浮动抵押作为担保。固定抵押指的是特定资产被用作证券，在发生违约时，在债券持有人的坚持下，可以出售债券，所得收益用于偿还债务。以财产为担保的信用债券可以称为抵押债券。浮动抵押是指贷款由公司所有资产（或一类资产，如存货或应收账款）的一般抵押担保。在这种情况下，该公司可以在很大程度上按照自己的意愿使用资产，比如出售或出租资产，直到出现违约，从而将浮动抵押"具体化"。如果发生这种情况，将任命一名有权处置资产并将收益分配给债权人的接管人。虽然浮动抵押债券持有人可以强制清算，但固定抵押债券持有人在破产清偿中优先于浮动抵押债券持有人。

"债券""信用债券""借贷股票"这三个术语经常互换使用，信用债券和借贷股票的界限也很模糊。一般来说，债券是有担保的（有担保品的支持），而贷款是无担保的，但也有一些例子不符合这一分类。当清算发生时，无担保贷款股东排在债券持有人和税务机关等其他债权人之后。[1]

信托契约及契约

债券投资者愿意降低他们的利息要求，如果可以保证他们的钱不会暴露在高风险之下。这种保证通过对公司设置降低风险的限制来传达。信托契约（或债券信托契约）列出债券持有人和公司之间的合同条款。受托人代表债券持有人确保在整个债券期间遵守合同，并有权指定接管人（清算公司资产）。如果没有委任受托人，通常的做法是给予每一位持有人独立行使的权利，对拖欠债务的借款人采取法律行动。贷款协议将包含一些肯定契约，通常包括提供定期

---

[1] 在美国和其他市场，债券是一种无担保债券，因此持有者成了一般债权人，只能索求没有抵押给债权人的资产。有担保的债券称为抵押债券，无担保的期限较短（少于十年）的债券称为票据。

财务报表、利息和本金支付的要求。契据还可说明应向贷款人支付的费用，以及在发生违约（如未支付利息）时应遵循的程序的细节。

除了这些基本契约之外，还有消极（限制性）契约。消极契约限制了借款人的行为和权利，直到债务已全部偿还。一些例子如下：

对进一步发债的限制　如果贷款机构向一家公司提供融资，他们是基于资本结构风险的某些假设进行投资的。他们希望确保贷款不会因为公司承担了相对于其股本基数更大的债务负担而变得更有风险，所以他们限制了进一步发债的数量和类型，特别是在支付利息和清偿款项方面排名较高的债务（优先债）。次级债——（清算等级较低）更有可能被接受。

股利水平　债权人反对一边借钱进入公司，一边让股东拿走钱。股东资金的过度抽回可能会导致财务结构失衡，削弱未来的现金流。

对资产处置的限制　保留某些资产，如房产和土地，这可能对降低出借方的风险至关重要。

财务比率　这里典型的契约涉及利息保障。例如，年利润仍是整体年利息费用的四倍（参阅第 12 章"收入扣除"有关利息的更多资料）。对营运资本比率水平和负债与净资产比率可能设置其他限制。

虽然消极契约不能确保贷款完全无风险，但它们可以影响管理团队的行为，降低违约风险。贷款人的风险可以通过获得第三方的担保而进一步降低，例如贷款担保股票。担保人通常是发行人的母公司。

还款

许多债券的本金在到期时全部支付。但是，有些债券可以在最终赎回日期之前偿还。他们在债券协议中有一个提前赎回条款，允许公司以预先确定的价格从持有人手中回购债券。一种常见的做法是，公司发行一系列赎回日期的债券，因此，期限为 2030—2034 年的债券将允许公司灵活地在 4 年内每年偿还部分本金。赎回债券的另一种方式是发行公司向持有人提供高于或等于最初支付额的金额来购买未偿还的债券。公司还可以在公开市场上回购债券。

有些债券是"不可赎回的"（永不还本的），因为它们没有固定的赎回日期。从投资者的观点来看，这些债券也许是不可赎回的，但公司拥有回购的选择权，能够有效地赎回债券。

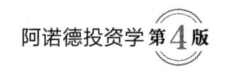

债券的变体

远低于票面价值出售的债券称为深度折价债券，最极端的形式是零息债券。这些以票面价值的很大折扣出售。投资者通过持有债券而不是获得票息来获得资本收益。例如，一家公司可能以60英镑的价格发行债券，8年后以100英镑的价格赎回。这些债券对短期内现金流较低的公司很有用——例如，从事多年内都不会成熟的大型房地产开发的公司。

浮动利率票据（也称为可变利率票据）是一种支付利率与基准利率挂钩的工具，如伦敦同业拆借利率（LIBOR）。LIBOR是银行间拆借资金的利率。发行者将支付比LIBOR高70个基点（0.7个百分点）的利率。票息设定在发行时的前六个月，之后每六个月调整一次。因此，如果LIBOR为4%，那么在这六个月的特定期限内，浮动利率票据的收益率为4.7%。

公司债券交易市场

金边债券二级市场流动性非常好，单只政府债券的发行就筹集了数十亿英镑资金，成千上万的投资者在市场上交易。相比之下，公司债券市场的活跃程度就非常低了。公司发行债券可能只筹集到数千万或数亿英镑，并且大多数投资者会购买并持有至到期。一些公司定期发行债券，每隔几个月或几年，每一种债券都有自己的票息和期限。因此，一家公司也许有12只债券，而在二级市场上就可能有数千种不同的公司债券。公司债券的范围十分宽广，这降低了所有公司债券的市场深度。

一些公司债券具有足够的流动性，可以在伦敦证券交易所、其他欧洲交易所或电子通信网络（为交易所以外的交易提供了便利）进行交易，但绝大多数交易都是在场外交易市场（OTC）进行的，直接由投资者和债券交易商进行交易。债券交易商随时准备报出买入价和卖出价，这取决于投资者是想买还是想卖。你的经纪人将会通过电话联系许多这样的交易商以获得报价。买卖价差通常高于股票——大型公司债券的价差可能达到15%，但多数债券低于这个水平。虽然已经出现电子交易的趋势，但到目前为止，这些交易平台还没有占据很大的市场份额。

因为大多数公司债券市场的交易是场外交易市场的交易商和客户之间的私

人事务，所以很难获得最近的交易价格。例如，《金融时报》就没有提到它们。一些网站提供了几十种公司债券的价格和其他细节：www.fixedincomeinvestor.co.uk，www.hl.co.uk，www.selftrade.co.uk，markets.ft.com/data/bonds 和 www.finra.org/investors/bonds。通过购买专门的交易所交易基金、单位信托或投资信托，可以投资多种债券。

企业债券通常是养老和保险基金等投资机构的投资领域。私人投资者往往不会持有这些债券，主要原因是需要大量现金——有的至少是 1 000 英镑，更多时候是 10 万英镑。这类情况下，一只债券的票面价值，最小金额为 100 000 英镑、100 000 欧元或 100 000 美元。2010 年，伦敦证券交易所为小型投资者开设了一个电子二级市场交易工具，其中很多债券仅为 100 英镑、1 000 英镑或类似价格，初始最低投资通常为 2 000 英镑，而且交易成本也相对较低。零售债券订单（www.londonstockexchange.com）为零售债券提供了交易大量金边债券、公司债券和国际债券的机会（见下文）。

还有另一种针对散户投资者的债券，但这些债券没有二级市场。这些债券被称为迷你债券，由小公司以非常小的金额发行，比如墨西哥快餐集团 Chilango 2018 年发行了 300 万英镑的"玉米煎饼债券"，票面利率为 8%，最低投资额为 500 英镑。债券持有人每年都能享受很多免费餐食。但本金将被冻结 4 年。通过迷你债券，将本金整个期限的（通常为 3～5 年）贷款给一家小型的、通常没有上市的公司，它们的会计信息比上市公司少。与 ORB 债券不同，这些营销和信息材料没有经过金融市场行为监管局的审查。迷你债券与 ORB 债券共同被排除在金融服务补偿计划之外（见第 19 章）。

信用评级

公司经常雇佣专业信用评级机构对其债券进行评级。建议投资者密切关注这些评级结果。债务评级取决于未支付利息和本金违约的可能性，以及贷款人在贷款合同违约时受到的保护程度（债务的可收回性）[①]。英国金边债券的违约风

[①] 评级机构表示，它们严格意义上并不就违约的可能性发表意见，而只是评估相对信誉度或违约的可能性，由于评级尺度是相对的，违约率会随时间波动。因此，一组中等评级债券的违约率预计会始终低于一组较低评级债券，但它们不会年复一年地违约率达到 2.5%。

险很小，而无担保的次级公司贷款股票的风险要比金边债券高得多。

我们预计，处于稳定行业、会计和融资政策保守、采取规避风险商业策略的公司，违约风险较低，因此信用评级较高。总债务负担高、现金流状况不佳、市场环境恶化导致收益下降且波动性更大的企业，会有较高的违约风险和较低的信用评级。

提供信用评级的主要机构有穆迪、标准普尔（S&P）和惠誉。最高评级为AAA（标准普尔）、AAA（穆迪）或AAA（惠誉）。这样的评级表示债券的质量高，具有极强的还本付息能力。一个A表示债券有较强的支付利息和资本的能力，但随着经济事件的发生，债券在一定程度上容易遭受损失。BBB表示债券有足够的偿债能力，但易受不利经济条件或不断变化的环境影响。B级或C级债券主要具有投机性特征。最低的是D，表示该公司处于违约状态。BBB（标准普尔和惠誉）或Baa3（穆迪）或以上的评级被视为"投资级债券"。这一点很重要，因为许多机构投资者只被允许投资投资级债券（见图6-1）。评级低于此的债券被称为高收益（或垃圾）债券。

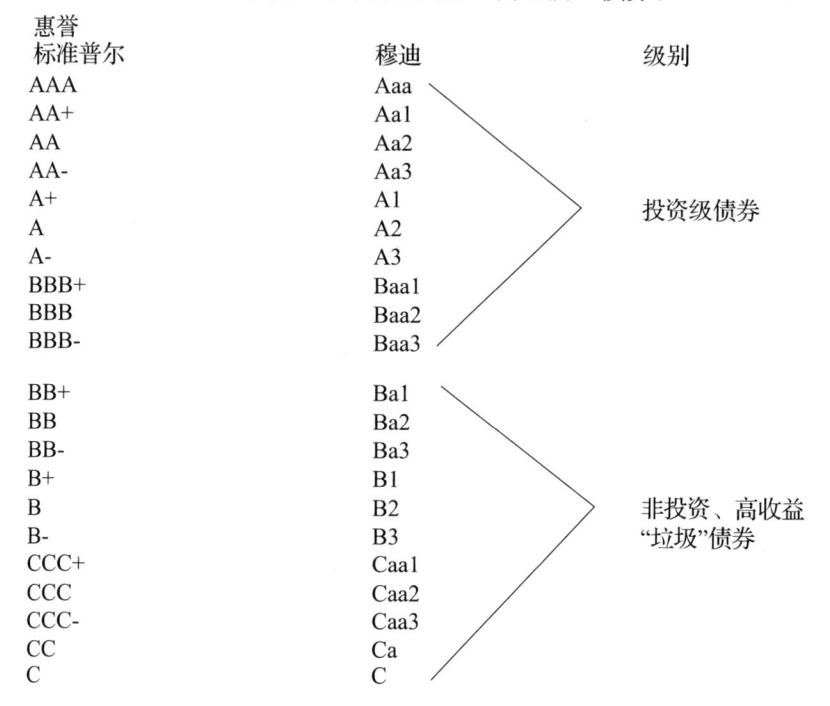

惠誉 标准普尔	穆迪	级别
AAA	Aaa	
AA+	Aa1	
AA	Aa2	
AA-	Aa3	
A+	A1	
A	A2	投资级债券
A-	A3	
BBB+	Baa1	
BBB	Baa2	
BBB-	Baa3	
BB+	Ba1	
BB	Ba2	
BB-	Ba3	
B+	B1	
B	B2	非投资、高收益
B-	B3	"垃圾"债券
CCC+	Caa1	
CCC	Caa2	
CCC-	Caa3	
CC	Ca	
C	C	

图6-1 穆迪、标准普尔、惠誉的评级标准

参考网站

债券信用评级可登录 www.standardandpoors.com，www.moodys.com 和 www.fitchratings.com 查询。

请注意，是对特定贷款进行评级，而不是对借款人进行评级。如果贷款没有评级，可能是借款人没有付钱评级，而不是暗示债券有什么负面的东西。

高收益（垃圾）债券

高收益债券（垃圾债券）是一种高风险高回报的债务工具。它们可能是无担保的，也可能是有担保的，但排名在优先级贷款之后。这种类型的债务通常提供的利率比优先债务高出 2~9 个百分点，而且如果公司表现良好，贷方通常有权获得一部分股权。它是一种混合融资评级，支付级别低于直接债务，但高于股本，所以我们可以将其分为次级、中级或低级。对于投资者来说，这种融资形式的主要吸引力之一是它通常附带可获得公司股份的股权认股权证或股票期权（见第 8 章和第 10 章）——这被称为"股权附带"。这些可能是由某一事件的发生而引起的，例如公司上市。

高收益债券融资倾向于在达到银行借款限额且公司不能或不愿发行更多股票时使用。它提供的融资（按要求的回报计算）比股票市场上的融资要便宜，而且它允许企业所有者在不牺牲控制权的情况下筹集大量资金。它是一种允许公司超越通常认为可接受的债务权益比率（举债经营或杠杆水平）的融资形式。

具有高风险和高回报特征的债券可能一开始看起来是安全的投资，但现在风险更大（"堕落天使"），或者它们可能是专门为向投资者提供风险更高的金融工具而发行的债券。

注意"堕落天使风险"。债券基金经理、养老基金和其他机构不愿（或禁止）持有任何低于投资级别的债券，因此，当主要投资者退出时，垃圾的评级可能会大幅度降低债券的价格。

投资级债券的价格和回报往往与金边债券的利率保持一致，而利率的变动又受未来通货膨胀预期而非违约风险的影响（尽管违约风险也发挥了一定作用）。另一方面，高收益债券的价格（及其收益率）与公司的前景更为相关，因为如果公司要应对高负债水平和高利息，并使股权附带具有一定价值，那么公司就需要蓬勃发展。许多影响股票估值的因素（见第 3 部分）也会对垃圾债券估值产生影响。因此，高收益债券往往比投资级债券的波动性更大，它会根据公司生存、实力和盈利能力的预期上下波动。

私人投资者不太可能直接投资高收益债券市场，因为这是一个专业人士的市场，但他们可能会通过公司债券基金（单位信托基金或 EFT）进行投资。这些基金具备研究和交易的规模经济及多样化的优势。然而，这是要付出代价的：管理费用可能很高，而且有可能每个人都想在同一时间抛售，迫使基金以跳楼价抛售其持有的资产（见第 5 章）。

可转换债券

可转换债券的利率与普通债券相同，但持有者有权在未来的某个阶段按照某种预先安排的公式将债券转换为普通股。[①] 这些债券的持有人没有义务行使转换的权利，因此债券可以继续作为一种生息工具，直到赎回为止。通常，转换价格会比现有股价高出 10%～30%。因此，如果一只 100 英镑的债券有权利转换为 40 股普通股，转换价格将为 2.50 英镑（100/40）。考虑到该股的市场价格，例如 2.20 英镑，转换溢价将为：

$$\frac{2.50-2.20}{2.20} \times 100 = 13.6\%$$

转换权可以说明一个或几个特定的日期，例如四年期，或任何两个日期之间的时间。在一个不断上涨的股市中，人们有理由认为，大多数发行的少量转换溢价的可转换债券将转换为股票。但情况并非总是如此。

可转换债券（一种"股票联结债券"）的价值可以分为取决于票息贴现价值的"债务部分"，以及转换权为股权期权（见第 8 章）的"股权部分"。一般情况下，可转换债券的价值受股票期权价值的影响较大，股票期权价值随着市

[①] 或者，它们可以转换为优先股或无投票权的股票。

场价值或普通股价值而变动，只不过幅度较低。因此，可转换债券可能非常不稳定。但大额转换溢价的可转换债券的交易与普通债券非常相似，因为可转换期权在其定价中并不是一个重要特征。因此，它们的波动性更小，收益率更高。

如果股价高于转换价格，投资者可以选择行使期权转换，如果他们预期股价保持不变，那么股利收益率高于可转换债券收益率。如果股价上涨被认为是暂时的，投资者可能希望继续持有债券。

可转换债券对投资者的好处是：

- 在投资股权之前，他们可以等待并观察股价的波动情况。
- 在短期内，他们的本金比股权投资有更大的安全性，年票面利率通常高于股利收益率。
- 对于不支付股息的公司，投资者可以通过可转换股票获得固定的收入流，然后（可能）通过转换获得资本收益。

发行的债券，不得转换为发行公司的股票，但可以转换为发行人所持有的其他公司的股票。在这些情况下，"可交换债券"一词可能更合适。

外国债券

外国债券是以发行国货币计价的债券，发行方为非本地居民。[①] 例如，在日本，非日本公司发行的以日元计价的债券是外国债券（利息和本金将以日元支付）。在东京发行的外国债券称为武士债券，在纽约和伦敦发行的外国债券分别称为扬基债券和猛犬债券。在荷兰你会发现伦勃朗债券，在西班牙你会发现斗牛士债券。

外国债券由债券发行地管理。这些规则要求十分苛刻，并会拖累那些需要迅速采取低成本运行的公司。监管当局也因抑制金融市场创新而受到批评。限制较少的欧洲债券市场的扩大使一度占据主导地位的外国债券市场黯然失色。

---

① 以发行者本国货币计价并提供给当地居民的债券就是国内债券。

欧洲债券

让我们澄清一个误解：欧洲债券与欧元区国家的货币无关。早在欧洲想要创建欧元区的几十年前，它们就已经存在了。欧洲债券中的"euro"一词甚至都不是欧洲的意思，那么它们是什么呢？

欧洲债券是指在债券所计价货币的国家管辖范围之外发行的债券。举例来说，英国金融监管机构对在卢森堡发行的以英镑计价的欧洲债券几乎没有影响力，尽管支付利息和本金等交易都是以英镑进行的。同理，在巴黎发行的美元债券也不在美国当局的管辖范围之内。

欧洲债券是中长期投资工具（三年或三年以上），不受强加于外国债券的规则和规定的约束，例如要求发行详细的招股说明书。[①] 更重要的是，它们不需要缴纳预扣利息税。在英国，大多数国内债券都需缴纳预扣税，即投资者在获得利息前扣除所得税。那些热衷于拖延、逃避或回避税收的投资者被这些只支付利息而不扣除任何税收的债券所吸引。

此外，欧洲债券通常是不记名债券，这意味着持有人不必披露他们的身份。持有人只要拥有债券就能获得利息和本金。最初，这指的是实际持有的债券，但如今许多不记名债券都由中央存托持有，这样在交易过程中和交易后的结算都可以通过电子方式进行。这些债券是由受信任的存托机构以电子方式预先发送的，用于支付票息。相比之下，英国国内债券是注册的，这就意味着公司和政府能够识别债券所有者。

尽管缺乏官方监管，国际资本市场协会（ICMA，一个自我监管机构），对欧洲债券的发行和交易施加了一些限制、规则和标准化程序。

英国《金融时报》发布了一张表，列出了国际和新兴市场债券的二级市场价格。这让读者对当前的市场状况以及不同期限、不同货币和不同风险的债券所要求的回报率有了一些了解。

---

① 尽管欧盟规定，如果债券面向散户（非专业）投资者销售，则需要一份招股说明书。

专栏6.2

《金融时报》，2019年6月12日，国际债券价格

债券：全球投资级

发行人	发行货币	偿还前	票面利率	标准普尔评级	穆迪评级	惠誉评级	当前买入价	扣税前到期总收益率（赎回收益率）
巴克莱	美元	2028.2	4.34	BBB	Baa3	A	101.27	4.14
摩根	美元	2028.1	4.00	BBB+	A3	A	99.38	4.09
斯坦利高盛	美元	2028.2	5.00	BBB+	A3	A	107.03	4.04
花旗集团	欧元	2030.2	4.25	BBB	Baa2	A—	116.15	1.19
高盛	欧元	2031.2	3.00	BBB+	A3	A	115.98	1.50
墨西哥	日元	2026.6	1.09	BBB+	A3	BBB	102.00	0.80
Innogy Fin	英镑	2030.6	6.25	BBB	Baa2	A—	134.94	2.56

债券：高收益和新兴市场

发行人	发行货币	偿还前	票面利率	标准普尔评级	穆迪评级	惠誉评级	当前买入价	扣税前到期总收益率（赎回收益率）
高收益：奎斯特	美元	2021.8	7.63	B+	—	BB	102.50	6.35
高收益：Aldesa	欧元	2021.4	7.25	—	—	B	71.10	28.23
秘鲁	美元	2019.3	7.13	BBB+	A3	BBB+	104.40	2.60
土耳其	美元	2023.3	3.25	—	Ba3	BB	88.50	6.59
巴西	美元	2047.2	5.63	BB—	Ba2	BB—	103.55	5.38
巴西	欧元	2021.4	2.88	BB—	Ba2	BB—	104.35	0.44
保加利亚	欧元	2028.3	3.00	BBB—	Baa2	BBB	117.04	1.00

资料来源：2019年6月12日《金融时报》的原始数据。

P2P 借贷

互联网的发展，带来了新的借款方式。例如，Funding Circle 是一个个人投资者和金融机构向中小企业放贷的平台，Zopa 将个人投资者和机构的资金贷给个人，RateSetter 可以提供房贷和企业贷款。这些公司将把投资者的钱分配给一些借款人，或者让其选择特定的接受者。

贷方可以获得 3%~8% 的收益（违约后平均为 4%），但也存在一些风险，这远不如受到高度监管的银行存款和储蓄账户安全。最重要的一点是借款人可能会违约。在这种情况下，与银行存款不同，你不能根据金融服务补偿计划要求赔偿。当经济出现衰退时，借款人违约会成为一个真正的问题。而且贷方的钱通常会固定一段时间（通常是很多年）。

P2P 贷款现在可以通过 ISA 进行（见第 17 章），称为"创新金融 ISA"，允许免税赚取利息。

第7章

非寻常的股票投资

购买伦敦证券交易所主板市场或另类投资市场的股票,仍是多数人的主要投资渠道。然而,有一些方法可以让你的投资组合更加丰富。例如,可以投资那些刚刚起步的公司,或者那些正在寻找扩张资金的年轻公司。这些公司的股票还要好几年才能在二级市场报价,因此作为一名"天使投资"投资者,你需要明白这样一个事实:即使公司进展顺利,也可能很难出售其股票。你开始渐渐接受相对较高的完全损失的风险。但如果一切顺利,收益是丰厚的。投资者只要在一家小公司投入几千英镑,就可以在该公司上市或出售给另一家公司后一下子变得非常富有。例如,美体小铺(Body Shop)投资者伊恩·麦格林是一位车库老板,他在1976年为美体小铺投资了4 000英镑,其23%的股份后来以近1.5亿英镑的价格卖给了欧莱雅。

风险投资和其他私募股权投资通常比天使投资的规模大,一般通过基金进行,如3i或依勒克拉(Electra),这些投资公司能够从众多投资者那里筹集资金,并投入需要数百万英镑建立或成长的非上市公司。投资这些基金的优势在于可以分散投资许多快速增长和充满活力的公司,还可以从专业风险投资经理的经验中受益,甄别那些糟糕的投资。

第三种投资方式,可以是海外股票投资。不要把所有鸡蛋放在一个经济篮子里(英国经济),把投资组合分散到多个国家,这是有一定逻辑的。一方面,许多新兴经济体提供了快速发展和高股票回报的前景;另一方面,在监管不善和不熟悉的领域经营也有风险。

另外,优先股提供了一种比普通股风险小但比债券回报高的投资途径。

天使投资人

天使投资人（非正式风险投资者）是富有的个人投资者，拥有丰富的商业和创业经验，他们通常投资 1 万～25 万英镑，主要用于初创、早期或扩张中的公司。大约 3/4 的天使投资金额在 10 万英镑以下，平均投资额在 2.5 万～3 万英镑之间。大多数投资是以股权融资的形式进行的，但天使投资人确实也购买债务工具和优先股。他们通常没有控股股权，但愿意比大多数正式风险投资人更早地进行投资。（他们一般不喜欢"天使投资人"这个词，而喜欢"非正式风险投资者"这个称呼。）

天使投资人通常寻找有抱负和成长潜力的创业公司。典型的天使投资人在三年时间里会进行一到两次投资，常常处于一个由"天使长"领导的投资财团中。天使长是一位经验丰富的投资者，负责协调整个集团。他们通常投资于离家距离合理的公司，因为他们大多数人都是亲力亲为的投资者，在企业战略和管理方面发挥重要作用。天使投资人平均每周会在投资上花 10 个小时。他们当中大多数都在董事会占有一席之地。天使投资人是拥有耐心的投资者，他们愿意持有投资至少五年。

虽然有一些正式的关系网，但公司和天使投资人找到彼此的主要途径是通过朋友和商业伙伴。

参考网站

www. advantagebusinessangels. com
www. angelcofund. co. uk/
www. angelsden. com
www. angelinvestmentnetwork. co. uk
www. dcxworld. com
www. em-ba. co. uk/www. eban. org/
www. lbangels. co. uk
www. businessgrowthhub. com/partners/northwest-business-angels

www. angelinvestmentnetwork. co. uk/
www. ukbaa. org. uk
www. yaba. org. uk

在天使网络活动中，创业者可以向潜在的投资者推销自己，如果潜在投资者满意创业者对相关问题的答复，可能就会投入数万英镑。在活动之前，天使网络组织者（或会员）通常会筛选出商业机会，以避免在没有希望的人身上浪费时间。而要想成为一个天使网络的成员，投资者需要每年至少赚 10 万英镑，或者至少拥有 25 万英镑的净资产（不包括主要住所）。如果有专业技能（比如是一个有经验的公司董事或注册会计师），也可能会被允许成为会员，尽管其收入或净资产比较低。

天使投资的回报通常是负的，不过也有可能很壮观。当 Skype 以 21 亿欧元的价格被卖给 eBay 时，当初那些以 200 万欧元投资 Skype 的天使投资人的资产翻了 350 倍。

许多天使投资交易的结构是利用税收优惠，例如企业投资计划（EIS）提供所得税减免和资本利得税延期。更多关于税收的信息，见第 17 章。

众筹

目前有很多网站将股权或债务资本的创业公司与众筹领域的投资者们联系起来。可以看到一些公司通过在线视频从数百名投资者那里募集几十万英镑或数百万英镑，这些投资者的投资额从几百英镑到更多资金不等。

参考网站

www. crowdcube. com
www. crowdfunduk. org
www. kickstarter. com
www. seedrs. com
www. syndicateroom. com

公司的上市申请通常由在线平台审查，其中许多公司从未盈利过。投资者必须接受高风险（也许 70% 的投资会失败），但也有一些额外的好处，如 BrewDog 通过 9 万名股权投资者筹集了 2 500 万英镑，投资者可以享受啤酒折扣，生日那天免费（只有一人）。

众筹股票的流动性可能很差，因为投资者很难把股票卖给另一个投资者来兑现，可能要等很多年后公司被收购或者在股票市场上市。Seedrs 拥有一个每月开放一周的二级交易平台，设定交易价格并收取交易费用，因为有些投资者有出售需求，而其他投资者有购买需求。

然而，这些小型场外交易公司的另一个问题是，它们可以在未来发行更多的股票，稀释之前投资者的持股份额。许多众筹的公司都有资格参加企业投资计划或种子企业投资计划（SEIS），后者能提供税收优惠（见第 17 章）。

风险投资和其他私募股权

风险投资（VC）和私募股权（PE）的区别是模糊的。一些公司使用私募股权来定义所有非上市公司的股权投资，一些公司将"私募股权"限制在管理层收购和类似成熟公司的范围内，而将"风险投资"指向那些投资处于发展初期、具有高增长潜力的公司。这两种类型都是中长期投资，可以包括一揽子债务和股权融资。

风险投资人投资年轻公司的股票并承担高风险，这些公司的股票通常业绩有限（或者没有）。很多这类投资都只是投给一个有好点子的管理团队——这个团队可能还没有开始销售产品，甚至没有开发出商品原型。根据 VC 行业的经验法则，在十项投资中，有两项会彻底失败，两项会表现出色，其余六项则是从差到很好。

高风险伴随高回报。风险投资人希望在 5~7 年的时间里获得比他们初始股权投资高出 5~10 倍的回报。这意味着，接受股权融资的公司预计能为投资者带来至少 26% 的年回报率，但能实现这一目标的公司寥寥无几。从投资者的角度来看，除了权益资本存在的一般缺陷（收入、清算排在最后等），一些小型非上市公司的投资者还面临流动性不足的问题，因为这些公司的股票没有在公开交易所上市。有许多不同类型的非上市股权资本（尽管之后五种通常会从 VC 中分离出来，归入私募股权）：

种子期　这是一种允许商业概念发展的融资。开发还可能涉及生产原型和其他研究的支出。公司一般通过天使投资来融资，而非风险基金。

初创期　进一步开发产品或创意，并且/或者进行初步营销。这些公司都很年轻，他们的产品还没有上市。一般通过天使投资来融资，而非风险基金。

其他早期或第一轮融资　这些资金用于最初的商业制造和销售。许多公司在这个阶段仍将无利可图。他们一般通过天使投资来融资，而非风险基金。

扩张期（发展或成长资本，或"第二轮"融资，可能是进一步的风险投资）　这个阶段的公司处于快速增长的轨道上，需要资金来增加生产能力、营运资本和进一步开发产品或市场。

管理层收购（MBO）　管理层向雇主提出收购整个企业、子公司或部分业务的报价，这样他们就可以拥有并独立运营该企业。大公司通常愿意将业务出售给这些团队，尤其是当他们业务表现不佳且不符合战略核心业务时。通常，管理团队的资金有限，所以他们要求风险投资人提供大部分的资金。

买下管理权（MBI）　由现有企业外部的新管理团队购买股份，通常由风投基金支持。MBO 和 MBI 的结合被称为管理者与外来投资者联合收购（BIMBO），即一组新的经理人与一个现有团队联合收购一家企业。

杠杆收购（LBO）　这是对现有公司或部门的收购，60%～90%的资金来自债务。私募股权集团通常提供大部分债务和股权，其余债务来自银行或金融市场。

二次收购　一家私募股权支持的公司被卖给另一家私募股权基金。

上市公司私有化（PTP 交易）　一家目前在证券交易所上市的公司，其管理层可以在用于购买股票的私募股权融资的帮助下，将其恢复到非上市状态。

相比于扩张、MBO、MBI、LBO 和 PTP，私募股权公司更热衷于为种子期、初创期和其他早期阶段的公司融资。很大程度上是由于早期风险投资所带来的高风险，以及融资规模较小的交易所需的不成比例的时间和成本。要想让私募股权或风投机构认为一家公司有价值，公司的投资必须至少为 25 万英镑（平均投资额约为 500 万英镑），而且很难找到愿意投资少于 200 万英镑的风险投资人。

由于初创公司的风险更大，风投基金可能要求年回报率高达到 50%～80%。对于拥有久经考验的产品和久经沙场且受人尊敬的管理团队的老牌公司来说，所需的回报率可能会降至 20% 左右。这样的回报水平可能显得过高，尤其是对那些被设定了达到这些回报水平目标的基金经理而言，但必须考虑到这样一个事实：许多风险投资最终都将以失败告终，因此风投基金的总体业绩远低于这些数据所显示的水平。事实上，根据英国私募股权和风险投资协会（British Private Equity and Venture Capital Association）的报告可知，风投基金的回报率并不太高。整体而言，截至 2017 年底，剔除成本和费用后的投资者回报率为 14.1%。在总体数据中，真正的赢家是那些支持 MBO 的投资者，因为风险投资人的年回报率还不到 5%。

表 7-1 英国私募股权基金自 1996 年基金成立以来至 2017 年 12 月的扣除成本和费用后的内部回报率（IRR） （%/年）

风险投资基金	4.4
初期 MBO	16.7
中期 MBO	12.7
后期 MBO	15.6
总计	14.1
1996—2017 年英国上市股票回报率	7.5

资料来源：BVCA Private Equity and Venture Capital Performance Measurement Survey 2017, www.bvca.co.uk.

私募股权的分类

正如现在所了解的，随着股票市场以外的股票投资的发展，私募股权已经变得不同。主要类别如图 7-1 所示，以私募股权作为涵盖各种活动的总称。在这种更加差异化的背景下，"风险投资"通常仅指从底层或至少从一个非常低的基础上建立起公司。

建立企业（已经起步）的管理层收购和买入已经成为一项专业任务，拥有大量的专用资金。这些资金中有许多是由富人组成的私人合伙基金，其中很大一部分是由美国人持有的。

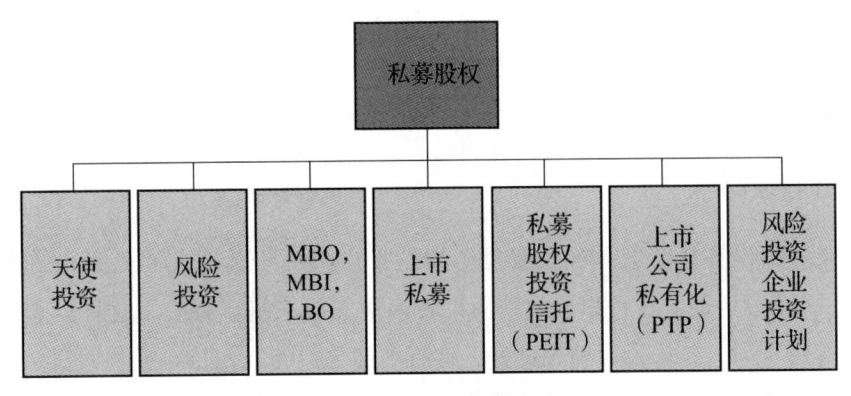

图 7-1 私募股权的分类

小型投资者可以购买上市私募股权基金（LPEQ）的股份，这些公司投资那些非上市公司，但它们自己的股票会在证券交易所上市。目前约有 250 家可供投资的上市私募股权公司（见 www.listedprivatecapital.com）。它们有两种类型：一种是直接上市的公司，另一种是作为投资信托上市的公司，称为私募股权投资信托（PEIT）。后者是在股市上市的投资信托基金，专注于将其股东的资金投资于风险更高且未上市的发展中公司。[①] 与风险投资信托和企业投资计划相比，上市私募股权公司的缺点是没有特别的税收优惠（见第 17 章）。然而，投资者可以通过股市交易轻松地退出投资。

杠杆和退出

对于较大的投资，特别是 MBO 和 MBI，私募股权基金可能只提供所需总额的一小部分。因此，在一次 5 000 万英镑的收购中，私募股权公司可能会以股本（普通股和优先股）的形式提供 1 500 万英镑（单独或与其他基金一起组成财团）。另外的 2 000 万英镑可能会以债务融资的形式从银行集团那里获得。其余部分可能以夹层债务的形式提供，即高回报和高风险的债务，如果公司表现特别好，这种债务通常有权分享部分好处。

私募基金经理通常喜欢为最终的"退出"日期设定一个明确的目标，那时投资者将获得他们的回报。许多退出途径是通过将公司出售给另一家公司（交

---

① 然而，一些 PEIT 投资于私募股权基金（"基金中的基金"）。

易出售或公司收购）来实现的，但在股票市场上市也是一种可能。另一种退出途径是，公司回购其股份，或私募股权基金将所持股份出售给投资信托或另一家私募股权集团等机构（二级收购或二级出售）。

管理控制

私募股权基金很少寻求一家公司的控股权，而是通常满足于拥有20%～30%的股份。[①] 他们也可以通过购买可转换优先股来提供资金，这样就有权转换为普通股——如果公司表现良好，这将增加他们的股权持有量和回报。在最初的投资协议中，私募股权基金可能会持有某些广泛的权力。例如，该公司可能需要获得私募股权公司的批准才能发行更多的证券，而且私募股权公司可能否定收购其他公司。尽管私募股权基金的持股比例通常不到50%，但它们往往拥有任命多名董事的特殊权利。如果出现一些具体的负面事件，比如业绩不佳，它们有权任命大部分董事会成员，从而对公司进行有效的控制。创始人不止一次因为被剥夺权力而愤愤不平。（尽管失去了权力，但他们往往在一家已发展到价值数百万英镑的公司中持有大量股份。）

私募股权公司可以帮助一家公司的不仅仅是资金方面。他们通常拥有丰富的经验和能帮助企业家崭露头角的人才。英国许多最引人注目的公司都得到了风投行业的帮助，例如剑桥硅电台、水石书店、牛津仪器公司，以及美国的谷歌、苹果、太阳微系统公司和大部分位于硅谷的公司。

天使投资人和私募股权投资人应考虑的一些要点

- 在这一领域，投资者的税收优惠是巨大的（见第17章）。
- 这是高风险投资。因为必须要能够承受偶尔发生的灾难，所以不应该把大部分资金投入到这类投资中。
- 私募股权基金的管理费可能很高，包括最初收取5%的费用，然后每年收取2.5%的费用，再加上绩效费（通常为回报率的20%）。
- 这些投资在最初几年可能缺乏流动性。

---

① 但是MBO和MBI基金通常占据了公司的大部分股份，因为被投资公司规模太大，管理团队只能拥有一小部分股份。

- 是否有时间和经验做一名真正的天使投资人？
- 这一投资领域骗子不少，所以要小心。成为投资者网络的一部分是有优势的。

海外股票

英国股票占全球证券交易所上市股票总价值的 5.5%。既然在其他地方有这么多的机会，为什么要把自己局限在英国公司呢？过去，许多投资者对这个问题的回答是，买卖外国股票成本更高、风险更大，通常也更麻烦。随着互联网的发展，海外公司的信息变得更容易获取，网上交易也被允许，海外股票的情况有了显著改善。经纪人之间的激烈竞争侵入了彼此的地理区域，压低了成本，提高了服务质量。多数发达海外市场的股票交易转向电子交易和结算，极大地简化了管理流程。更少的纸张，更少的人手，更多的电子化，降低了成本，减少了错误。在这种现代化的鼓舞下，超过 1/5 的英国投资者冒险购买英国以外的股票。

许多英国经纪商提供进入国际市场的渠道。这一领域的竞争正在升温，特别是在只执行交易的线上交易方面。在某些情况下，佣金已降至与英国股票交易相同的水平，但更典型的情况是可能要支付 1.5～2 倍的佣金。海外经纪的收费往往是由于支付托管费的成本提高的，托管费是指支付给另一个国家的经纪人作为代理人，持有股票，处理股息和其他行政活动。向经纪人下达的订单直接通过海外交易所执行。投资者可以设定价格限制或指示其经纪人进行最佳交易（见第 4 章）。

经纪人可能会要求投资者签署一份风险警告通知，承认自己知道海外投资的额外风险。还有一个表格（W-8BEN）用于表明投资者的非美国身份，以便日后可以支付美国股利，而且无须从该收入中扣除全部税款（不支付或降低税率）。在大多数发达市场，结算是在交易后的两三天进行，所以经纪人需要迅速拿到投资者的钱。因此，他们通常坚持设立经纪账户（经纪人现金管理账户）和委托账户（见第 4 章）。对于经常从事海外交易的人来说，通常明智的做法是开立半永久性的外汇账户，比如美元或欧元账户，因为这将降低常规货币兑换的成本。

投资者可以开立外汇账户，并通过海外经纪人进行交易。最初的定金高达1万美元左右，但互联网使通信变得便宜、快捷和简单。

英国对来自海外股票的收入和资本利得按正常方式纳税。如果预扣税已经在海外收取，英国投资者可以申请税收抵免，以避免重复纳税。英国税务及海关总署允许在认可的投资交易所上市的任何股票以 ISA 或自投资个人养老金的形式持有。大多数国家在股票购买时不征收印花税。

进行海外投资时应考虑的要点

- 很多经纪人只会交易领先股市中的龙头公司的股票。
- 很多国家的股东权利没有像英国那样被良好保护。甚至一些欧洲国家在保护小股东、接受收购、信息披露量大、董事会权力集中在一个小集团（家族通常在幕后统治）等问题上也名声不佳。大型国际企业往往更好，并遵循最佳的国际惯例。
- 跟踪中小企业可能很困难。公司或经纪人不得以英文提供信息。《金融时报》等报纸对大公司进行了报道，但显然不能让你注意到每一家外国公司的细节。试试摩根大通的 www.adr.com，www.advfn.com 和英国雅虎财经网站。
- 可能会面临汇率变动的风险。不过如果投资了多种货币，则可以对此持乐观态度。
- 总的来说，在国外买还是比在国内买贵。
- 在发展中国家，贸易体系可能效率低下。结算系统通常依赖于纸张凭据，而这些凭据可能被随意处理甚至丢失。众所周知，股票会在交易完成后的几个月内到达。内幕交易和腐败可能意味着，外部人士会处于很不利的地位。
- 政治风险是指政府行为导致的负面后果，比如没有补偿的国有化。尽管政治风险已普遍向国际开放和受人尊敬的方向转变，但在世界一些地区，这是一个严重的担忧。
- 可能需要在相关国家提交纳税申报单。

直接投资海外股票的其他替代选择包括购买存托凭证（见第3章）。许多外国公司的全球存托凭证（GDR）在伦敦证券交易所等其他市场交易。此外，许多公司的股票通过伦敦证券交易所的国际指令簿（International Order Book）上市。在美国也可以买到美国存托凭证。投资者如果只是想投资海外股市，而不是选择个股，那么开放式基金、投资信托和交易所交易基金都是可能的选择，但要小心高昂的费用（见第 5 章）。

另一种更短期的投资方式是购买差价合约或价差交易头寸，如果其他国家主要指数的股票上涨，这些头寸会受益（见第 10 章）。押的是英镑，盈利（或亏损）的则是点差交易产生的英镑。

此外，许多英国公司（例如壳牌（Shell）和沃达丰（Vodafone））的很大一部分利润来自海外，因此可以在英国的监管环境下购买英国股票，获得国际敞口。

新兴市场和边境市场

新兴股市指的是那些收入水平相对较低但经济迅速增长的国家，比如中国、印度尼西亚和印度。在人均收入水平相当高但股票市场规模小、发展滞后、金融市场国际化程度有限的国家，如捷克共和国、波兰、土耳其和智利，也有这种现象。

边境市场是指那些有可以投资的股票市场，但股票市场往往很小、上市公司也很少的国家。这里的股票周转率通常很低，政府也可能会限制投资者购买他们公司的股票。这些国家通常是像肯尼亚、越南和突尼斯这样的贫穷国家。它们是新兴市场的一个子集，市值和成交量都很低，因此不包括在较大的新兴市场指数中。为此，它们至少要有一批具备一定规模和公众持股量（普通股股东可购买的股票比例）的上市公司，以及对外资所有权的开放。在大多数投资者都很清醒的时候，它们可以成为令投资者兴奋的地方——可以在高增长经济体中挑选高增长公司。但要警惕与低质量的法律环境、反复无常的政府和可疑的公司治理相关的额外风险。

不幸的是，没有多少英国经纪人会为投资者购买边境市场的股票，只是因为没有相应的系统和海外联系方式。因此，大多数投资者通过单位信托或投资信托等集合基金进行投资，获得边境市场的敞口。

参考网站

www. advfn. com

www. bloomberg. com

www. schwab. com

www. money. cnn. com

www. corporateinformation. com

www. digitallook. com

www. edgar-online. com

www. euroland. com

www. ft. com

www. hoovers. com

www. idealing. com

www. ii. co. uk

www. nyse. com

www. reuters. com

www. wsj. com

www. uk. finance. yahoo. com

经纪人的网站可以提供服务的详细信息和研究工具。

优先股

优先股（prefs）对寻求固定稳定收入的投资者很有吸引力，因为它们每年向所有者提供固定比率的股利。但是，如果公司没有足够的利润，支付的金额就会减少，有时甚至为零。因此，与债务资本不同，优先股不能保证投资者每年都能有收入。优先股的股利是在向普通股股东支付任何报酬之前支付的。事实上，在履行了优先股利义务之后，普通股股东可能就所剩无几了。优先股对一些投资者很有吸引力，因为它们提供定期收益，回报率比固定利率证券（如债券）高。然而，这种更高的回报也伴随着更高的风险，因为优先股股利排在债券利息之后，而且在清算时，优先股持有者作为资产出售收益的接受者，排在清偿队列的后面。

第 7 章 非寻常的股票投资

优先股股东通常无法从公司异常良好的业绩中获益——任何超出预期的利润都归普通股股东所有。此外，优先股通常没有表决权，除非是在公司拖欠股利或清算的情况下。

公司发行优先股的原因之一是可以省掉一年或更长时间的股利，这可以让董事们拥有更大的灵活性，也更有可能让公司在交易低迷时期幸存下来。与此形成对比的是债务资本，无论公司的困难如何，债务资本都有支付利息的义务。尽管法律上公司没有义务每年支付股利，但金融界可能会对不发股利的公司持悲观态度——这可能会对普通股的价格产生不利影响，投资者会因此变得紧张并卖出股票。此外，优先股是一种额外的资本来源，由于它（通常）不授予投票权，因此不会稀释普通股股东对公司发展方向的影响。

虽然通过买卖优先股可以获得资本收益，但优先股的波动性往往比普通股小得多，在利率变动时的表现通常更像债券。

优先股有许多种类，以下介绍一些类型：

可累积优先股 如果投资者任何一年都没有获得股利，那么将累积未来支付。这些年度股利必须在支付给普通股股东之前支付。

参与优先股 除固定支付外，如果公司利润较高，股利可能会增加（额外支付通常是宣布的普通股股利的一部分）。

可赎回优先股 优先股的寿命是有限的，最终初始资本投资将得到回报。从持有者的角度来看，更常见的不可赎回股票没有固定的赎回日期，但发行方可能已经预定了可以选择赎回的固定日期。

可转换股 可在特定日期按照预设条款（每两股优先股对应一股普通股）转换为普通股。因为它们有潜在的巨大资本收益的吸引力，所以这些股票通常具有较低的收益率（股利占股价的比例）。

可变利率 支付的股利是可变的。利率可能与一般利率或其他可变因素相联系。

购买优先股须缴付 0.5% 的印花税，资本税及所得税的处理方法与普通股相同。优先股的价格和股息率会在《金融时报》上列出，普通股的价格也会在 www.advfn.com 网站上公布。值得注意的是，许多公司在二级市场上的交易很少，因此可能难以大量买进或卖出其股票。

第 8 章

金融衍生品和期权

本章和之后两章的主题为金融衍生品——期权、期货、认股权证等。在过去 30 年里，对于专业投资者来说，金融衍生工具变得越来越重要。然而，这不仅仅是专业人士的领域，私人投资者也可以利用这些强大的工具来降低风险或寻求高回报。当然，异常高的回报也会伴随着更高的风险。因此，出于这一目的，衍生品的交易员需要了解他们所面临的风险。许多人（以及一些大型企业）在被潜在的财富所迷惑的同时，却没有花时间充分理解他们所购买的金融工具，从而损失了财富。他们没有意识到或忽略了巨大的潜在损失，奋不顾身地跳了进去。

下文描述了金融衍生品的主要类型以及展示它们如何控制风险（对冲）和加速回报（投机）。我们还试图传达不利的一面，以便投资者在进入这些市场时能够睁大眼睛。

◎ 金融衍生品是什么？

金融衍生工具是一种资产，其表现基于（衍生于）标的资产的价值行为。最常见的标的资产是商品（茶或猪肉）、股票、债券、股票指数、通货和利率。金融衍生工具是一种赋予权利（有时也包括义务）买卖一定数量标的资产或从标的资产价值的涨跌中获利的合同。它是合法的权利（成为一种具有自己价值的资产），是一种被购买或出售的权利。

金融衍生工具已经使用两千多年。古希腊的橄榄种植者不愿意接受数月后收获的橄榄可能低价的风险，他们会签订远期协议，约定在特定时间内交货的价格。这减少了橄榄种植者和橄榄购买者的不确定性。中世纪时，远期合约可以在二级市场交易，在欧洲尤其适用于小麦。17 世纪时，日本大阪的大米市场建立了期货市场，郁金香球茎期权也在阿姆斯特丹进行交易。

19世纪，商品期货交易真正开始起飞，芝加哥期货交易所监管谷物和其他期货和期权的交易，伦敦金属交易所主导金属交易。

衍生品并不新鲜。但今天不同的是衍生品市场的规模和重要性。我们见证了交易量、衍生产品种类、用户和用途的数量和范围的爆炸式增长。

期权是什么？

期权是一种合同，赋予一方权利（但不是义务），在特定日期或之前以特定价格买进或卖出金融工具、商品或其他相关资产。期权的购买者可以行使期权的权利，也可以让期权失效——选择权在他们手中。

一个非常简单的期权是，一家公司正在考虑未来五年内开发一个零售园区，于是向一块土地的所有者支付一笔不可返还的期权费（比如1万英镑），以换取按约定价格购买这块土地的选择权（比如100万英镑）。房地产开发商可能会向全国各地的土地所有者支付许多期权费。如果某一特定地块最终获得了规划许可，则可行使购买权。换句话说，开发商按照期权合同上签订的价格来购买土地。在其他地块上的期权可以失效，并且将没有价值。通过使用期权，该地产开发商在关于购买和开发哪些地块以及是否进入零售园区业务方面"保留了选择权"。

期权也可以进行交易。购买的期权或许可以卖给另一家公司，后者比最初的期权购买者更热衷于开发某一特定地点。甚至在获得规划许可之前，它就可能以高于最初的1万英镑期权溢价的价格出售。

一旦获得规划许可，这块土地可能价值150万英镑。如果有一个100万英镑购买的期权，该期权的内在价值便是50万英镑，相当于1万英镑的4 900％的回报。从这个例子我们可以看到期权的杠杆效应：少量的初始现金支出可以在短时间内获得非常大的金额。

股票期权

股票期权已经交易了几个世纪，但随着芝加哥和阿姆斯特丹期权交易市场的建立，以及1978年伦敦期权交易市场的出现，期权的使用得到了显著扩张。现在，期权交易市场已被纳入ICE欧洲期货交易所。

股票看涨期权赋予购买者一种权利（而不是义务），即在未来的某个时候以特定的价格购买一定数量的股票。就欧洲期货交易所交易的期权而言，一份期权合约涉及 1 000 只股票。收到期权费的期权出售者被称为期权卖方。看涨期权的持有者必须在未来的某个时候以约定的价格出售约定数量的股份。美式期权可以由买方在到期前的任何时间内行使，而欧式期权只能在一个预先确定的未来日期行使。而令人感到困惑的是，这种区别与地理位置无关：在欧洲交易的大多数期权都是美式期权。

⦿ 看涨期权持有者（看涨期权买家）

现在让我们研究一下联合利华 2017 年 8 月 1 日标的股票的看涨期权（见表 8-1）。这只股票有许多不同的期权，其中许多没有在 www.ft.com（最初的来源是 www.theice.com/products）的表格中报告，部分内容见下文。

表 8-1　联合利华股票的看涨期权，2017 年 8 月 1 日

	看涨期权价格（期权费），以便士计算		
到期月份	9 月	12 月	3 月
行权价			
2 500 便士	72.5	87.5	101.5
2 600 便士	13.5	36.5	51.0
2017 年 8 月 1 日的股价为 2 567 便士			

那么，这些数字意味着什么呢？如果你希望在 2017 年 8 月 1 日获得在 2017 年 12 月下旬[①]或之前以 2 600 便士的行权价购买 1 000 只股票的权利，你需要支付 365 英镑（1 000×36.5 便士）的期权费。如果想再保留三个月的购买选择权，可以选择 3 月看涨期权。但是，这个要求期权卖方在 3 月底的某一天或之前以 2 600 便士的固定价格出售股票的权利还将再花费 145 英镑（这份期权合约的总期权费是 510 英镑，而不是 365 英镑了）。这额外的 145 英镑代表了时间价值。

时间价值的产生是因为标的资产的市场价格可能会以创造内在价值的方式发生变化。

期权的内在价值是当期权到期时，标的资产如果处于当前水平，所能获得

---

① 期权到期日是当月的第三个星期五。

的回报。例如，现价购买（8月1日）没有内在价值，因为购买权价格是2 600便士，而股价是2 567便士。然而对于行权价为2 500便士的看涨期权，以2 500便士买进的期权具有内在价值，因为如果以25英镑买进，通过行使期权，就可以立即在股票市场以25.67英镑卖出。因此，它的内在价值是每股67便士，或1 000股670英镑。期权可执行的时间越长，其价格产生内在价值的可能性就越大——这就解释了为什么到期时间越长，期权费越高。时间价值是指期权价超过其内在价值的部分。

表8-1中给出的两个行权价（也称为履约价）水平说明了一个价内期权（2 500便士的看涨期权）和一个价外期权（2 600便士的看涨期权）。标的股票价格（2 567便士）高于2 500便士的行权价，因此2 500便士的看涨期权的内在价值为67便士，属于价内期权。以2 600便士购买的权利是价外期权，因为股价低于看涨期权的行权价，因此该期权没有内在价值。2 600便士期权的持有者不会行使这一权利，即以2 600便士的价格购买股票，因为股票可以在证券交易所以2 567便士的价格购买。（有时会买到平价期权，即市场股价等于期权行权价的期权。）

强调一个关键点：期权费与期权可执行的时间长短有关（例如，3月期权的期权费高于12月期权）。此外，行权价较低的看涨期权的期权费较高。

■ 案例

期权费

假设在8月1日，你确信联合利华的股价将会在未来的8个月内上涨至30英镑，你现在以101.5便士的价格购买了3个月的2 500便士看涨期权[①]。而购买1 000只股票的权利的成本是1 015英镑（101.5便士×1 000股）。如果股票如预期那样上涨，那么投资者就可以行使权利，以总计2.5万英镑的价格购买股票，然后在市场上以3万英镑的价格出售。扣除交易成本（经纪人费用等，大概为20~50英镑）后的利润为5 000英镑，再减去期权费1 015英镑，即3 985英镑。这比支付的1 015英镑期权价高出了393%。

然而，未来是不确定的，股价可能不会像预期的那样上涨。让我们考虑一下另外两种可能性。首先，股票价格可能在期权期内保持在2 567便士。其

[①] 在执行此操作时，我们将假定期权持有至到期，且在到期前不交易。然而，在很多情况下，这种期权会在到期日临近之前很长一段时间被卖给另一个交易员，获利或亏损。

次，股市可能会有一阵低迷，联合利华的股价可能跌至 2 000 便士。这些可能性如图 8-1 所示。

利润

4 330 英镑(占投资
25 670 英镑的17%)

2 000   2 567   3 000 2018年3月
股价（便士）

-5 670 英镑(占投资
25 670 英镑的22%)

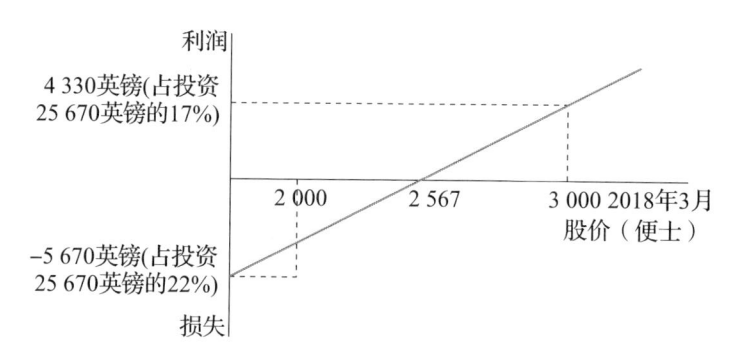

损失

图 8-1　2017 年 8 月 1 日以 2 567 便士的价格购买 1 000 股联合利华股票的利润

在股价滞涨的情况下，期权在 8 个月内逐渐失去其时间价值，到期时，每股的内在价值将只剩下 67 便士。当股价跌至 2 000 便士时，与其他衍生品相比，购买期权的优势之一是：持股人有权放弃期权，而无须被迫以期权行权价购买标的股票。如此，便可少损失 5 000 英镑。在损失掉为买期权所支付的 1 015 英镑（期权费）后，如再被迫以 20 000 英镑卖出以 25 000 英镑买入的股票，这无疑雪上加霜。

图 8-1 和图 8-2 的对比显示出随股价的波动期权回报的可能范围，其结果是回报的分散度很大。如图中所示，2017 年 8 月 1 日，买入 1 000 股的价格为 25 670 英镑。当这笔股票的价值涨至 30 000 英镑时，其收益为 17%，但如果最初用这笔资金买入期权的话，其回报将高达 393%。

利润

3 985 英镑（1 015 英镑
期权费393%）

-1 015 英镑（100%）
的期权购买价

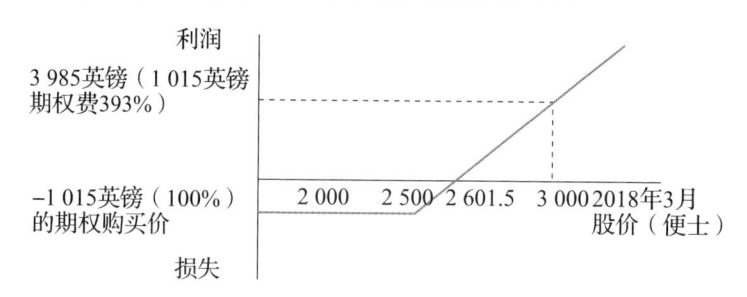

2 000   2 500 2 601.5   3 000 2018年3月
股价（便士）

损失

图 8-2　2017 年 8 月 1 日购买一份行权价 2 500 便士的 3 月联合利华看涨期权合约（1 000 股）并持有至到期

我们都希望期权的正回报高于标的股票的低回报——但我们会接受与期权

相关的下行风险吗？请考虑以下可能性。如果股价维持在 2 567 便士，那么买入股票的回报就是 0%，而买入一个 2 500 英镑的 3 月看涨期权的回报是 −34%（购买期权的 1 015 英镑跌至仅 670 英镑的内在价值）。[①] 如果股价跌至 2 000 便士，则买入股票的回报为 −22%，而买入一个 2 500 英镑 3 月看涨期权的回报为 −100%（该期权一文不值）。

除非股价至少 2 500 便士，否则看涨期权的持有者不会行权。以较低的价格在股票市场上购买 1 000 股会更便宜。因为需要支付期权费（2 500 便士 + 101.5 便士），所以在 2 601.5 便士的价格上才能实现盈亏平衡。然而，在更高的价格下，期权价值会随着股价的上涨而相应增加。此外，下行风险仅限于期权溢价的大小。

看涨期权卖家

联合利华看涨期权卖家的收益情况也可以用图表示（见图 8-3）。在所有这些例子中，请记住有一个假设——头寸持有至到期。

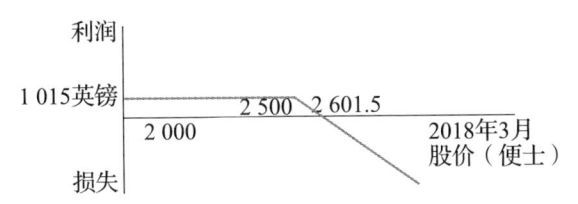

图 8-3　看涨期权卖方在一份行权价 2 500 便士的 2018 年 3 月看涨期权合约（在 2017 年 8 月 1 日认购 1 000 股股票）上获得的利润

如果 3 月份的市场价格低于行权价（2 500 便士），期权将不被行使，看涨期权卖方将获得相当于期权费（每股 101.5 便士）的利润。如果市场价格高于行权价，期权将被行使，卖方将被迫以每股 2 500 便士的价格交付 1 000 股股票。这可能意味着在股票市场上购买股票，然后供应给期权持有者。随着股价上涨，这种情况会变得越来越严重，损失也越来越大。

注意，在当今复杂的期权交易市场中，很少有期权头寸被持有至到期。大多数情况下，期权持有者在市场上出售期权，取得现金利润或亏损。期权卖方

---

① 到期时的内在价值为 670 英镑：(2 567 便士 − 2 500 便士) × 1 000 = 670 英镑。

通常会在到期前取消他们的风险敞口——例如，他们可以购买一种期权，以同样的价格，在到期日购买相同数量的股票。

■ **案例**

期权卖出策略

乔拥有价值 10 万英镑的股票投资组合，他相信尽管市场会随着时间稳步上涨，但起码在未来几个月内不会上涨。他有一套卖出（即没有内在价值）看涨期权并定期将期权费收入囊中的策略。

今天（2017 年 8 月 1 日），乔卖出了联合利华 3 月期权，行权价为 2 600 便士（当前股价为 2 567 便士）。换句话说，在看涨期权购买者的坚持下，乔承诺在 2017 年 8 月 1 日至 2018 年 3 月第三个星期五的任何时候以 2 600 便士的价格出售 1 000 股股票。如果市场价格上涨到 3 500 便士，乔可能会非常不高兴。然后，期权持有者将要求乔以 26 000 英镑的价格向他们出售价值 35 000 英镑的股票。然而，乔打算冒这个险有两个原因。第一，他预先获得每股 51 便士的期权费，即每股价值的 2%。这 510 英镑会减轻以后他对自己行为的后悔程度。第二，乔在他的投资组合中持有 1 000 股联合利华的股票，因此，如果股价真的大幅上涨，他不需要到市场上去买股票，再卖给期权持有者。

乔卖出抛补买权，之所以叫卖出抛补买权，是因为有标的股票作为担保。只有在行使期权当天，股票的价格会高于执行价格（2 600 便士）加上期权费（51 便士），乔会赔钱。而他准备冒险失去一些潜在的上升空间（高于 2 600 便士+51 便士=2 651 便士）来获得期权费。他还会减少不利方面的损失：如果投资组合中的股票下跌，可以利用期权费作为缓冲。

一些投机者从事无担保期权签售。不推荐初学者这样做，因为这可能会损失一大笔钱——如果你签了很多期权合约，当价格不利于你时，那么损失的钱是现有资源的好几倍。想象一下，如果乔只有 1 万英镑的储蓄，通过卖出 40 份联合利华 2018 年 3 月行权价 2 600 便士的看涨期权进入期权市场，获得 51 便士×40×1 000=20 400 英镑的期权费。[1] 如果股价升至 28 英镑，乔必须以

---

[1] 这里进行了简化。实际上，乔将不得不提供现金或股票的保证金，以向清算所保证：如果市场走势对他不利，他可以支付全部。因此，所有收到的期权费将被绑定在由清算所持有的保证金中（清算所的作用将在下一章中解释）。

28 英镑的价格买入股票，然后以 26 英镑的价格卖给期权持有者，那么每股亏损 2 英镑：2×40×1 000＝80 000 英镑。尽管得到了期权费，乔还是花光了他所有的积蓄，还欠了相当多的债。

伦敦国际金融期货期权交易所（LIFFE）股票期权

《金融时报》列出了约 60 家进行期权交易的公司的股票，其中一些如下所示。

专栏 8.1

《金融时报》的股票期权

资料来源：*Financial Times*，1 August 2017.
© The Financial Times Limited 2017. All Rights Reserved.

看跌期权

看跌期权赋予持有者权利（但不是义务），即在特定日期或之前以固定的行权价出售特定数量的股票。

想象一下，在2017年8月1日，你对Sainsbury的前景感到悲观，以每股5.75便士（总计57.50英镑）的期权费，购买了在2017年9月底前以每股300便士出售1 000股股票的权利（见上文）。如果价格随后下跌，比如跌至250便士，你可以坚持行使以300便士出售的权利。看跌期权卖方必须以300便士的价格购买股票，同时要知道看跌期权持有者能够以250便士的价格在股市上购买股票。期权持有者的利润为每股50便士，减去5.75便士的期权费（每股44.25便士，总计442.50英镑），即770%的回报率（不计成本）。

与看涨期权一样，在大多数情况下，期权持有者会通过ICE欧洲期货交易所将期权卖给另一个投资者（而不是等待到期行使期权），从而获利。

对于看跌期权持有者来说，如果市场价格超过了行权价，行使期权是不明智的，因为股票可以在股票市场上以更高的价格出售。因此发生的最大损失即为支付的期权费。如果股价继续高于行权价，期权卖方就可以获得期权费，但如果市场价格大幅下跌，期权卖方就会遭受巨大损失。

如何交易期权

无论是否提供建议，现有的股票交易经纪人基本都会提供期权（和期货）交易工具。如果没有，那就问另一个经纪人。经纪人的最低佣金通常为20英镑，但在寻找业务的特殊促销期，经纪人会降低佣金。预计每股期权费存在1～3便士的价差。因此，如果《金融时报》给出的期权费为35便士，这是一个中间价，在购买时的价格（卖出价）如36便士，与出售时的价格（买入价）如34便士之间。

欧洲300多家主要公司的期权交易价格会在ICE欧洲期货交易所网站（www.theice.com/products）上披露，并与许多金融网站一样不断更新。交易者可以在下单时设定价格上限。价格限制可以是当天有效的（如果一天内没有完成，订单将被取消），或者取消前有效。

期权交易的收益按资本利得征税，不征收印花税。

使用股票期权降低风险：套期保值

用期权进行套期保值特别有吸引力，因为它们可以在标的资产不利变动时提供保护，同时从有利变动中获益。假设你在 2017 年 8 月 1 日持有塞恩斯伯里（Sainsbury）的 1 000 股股票，股份价值 3 109 英镑。市场上有公司可能被收购的传言。如果这成为现实，该公司的股价将会飙升。反之，市场会感到失望，股价会大幅下降。你要做什么？避免下跌风险的一种方法是出售股票。问题是如果你在收购之前抛售了股票，可能会后悔。另一种方法是保留这些股票并购买看跌期权。当股价下跌时，它的价值就会上升。如果股价上涨，你就会从你所持有的标的股份中获益。

假设以 82.5 英镑的期权费购买了 10 月 300 英镑的看跌期权（见上面的股票期权表）。如果股价在 10 月底跌至 250 便士，你的标的股票会损失 609 英镑（(310.9 便士－250 便士)×1 000）。然而，看跌期权的内在价值为 500 英镑（(300 便士－250 便士)×1 000），这减少了损失，限制下行风险。在 300 便士以下，股价每下跌 1 便士，看跌期权就会上涨 1 便士，因此最大损失为 191.50 英镑（109 英镑的内在价值＋82.50 英镑的期权溢价）。

这种套期保值降低了可能结果的分散性。存在这样一个下限，如果低于这个下限，损失不会增加，而在正向上涨时，股价上涨带来的好处会因为支付的期权费而减少。然而，如果股价仍维持在 310.9 便士，你可能会觉得，为防范不利走势而支付的 8.25 便士的期权费（相当于股价的 2.7%）过高了。如果全年都在购买这类"保险"，你的投资组合回报可能会大幅下降。

使用期权减少损失

降低风险的一个更简单的例子是，投资者相当确信股票价格会上涨，但对股市下跌的可能性不以为然。假设投资者希望购买帝亚吉欧（Diageo）1 万股股票，目前的价格为 1 778 便士（2017 年 8 月 1 日）——见上面的股票期权表。这可以通过直接在市场上购买股票或购买期权来实现。如果股价确实大幅下跌，在购买股票时损失的规模会更大——期权损失仅限于支付的期权费。假设在2017年8月1日以4 800英镑（48便士×1 000×10）的价格购买了看涨期权。表8-2显示，期权风险较小，因为投资者可以放弃以1 750便士买入的权利。

表8-2 其他购买策略的损失

Diageo 股价降至：	10 000 股的损失	10 份看涨期权的损失
1 700 便士	7 800 英镑	4 800 英镑
1 650 便士	12 800 英镑	4 800 英镑
1 600 便士	17 800 英镑	4 800 英镑
1 550 便士	22 800 英镑	4 800 英镑
1 500 便士	27 800 英镑	4 800 英镑

指数期权

可以购买整个股票指数的期权，例如标准普尔500（美国）、富时100（英国）、CAC 40（法国）和XETRA DAX（德国）。大型投资者通常拥有多种多样的股票投资组合，因此，与其用期权对冲个别股票，他们可能会通过整个股票指数的期权进行对冲。此外，投机者还可以对整个市场的未来走势建立头寸。

指数期权和股票期权的主要区别在于前者是"现金结算"的——因此，对于富时100指数期权来说，在到期日不会交割100种不同的股票。相反，是代表价格变动的现金差易手。

在写书的间隙，我投资股票，并在ADVFN的投资通讯中写下我的业绩（www.newsletter tters.advfn.com/deepvalueshares）。2019年2月，我持有大量英国股票，但担心美国市场过度扩张，如果股价大幅下跌，将在全球产生反弹效应，拉低我的股价。所以，我买了一些"保险"，购买了道琼斯工业股票平均指数的看跌期权。这是写给我的订阅者的。

■ 案例

防止股票市场下跌

考虑到全球经济和商业的巨大不确定性，加上美国股票相对于公司十年来的收益只比 1929 年略低，我决定购买更多的保险以应对全球市场的大幅下跌。

我将继续购买价值颇高的英国股票，但也准备好了一个金融工具——如果道琼斯指数大幅下跌，它的价值将上涨 10～50 倍。因此，即使我在英国的股价下跌，总体来说，我的盈亏还不错。

明天的通讯将介绍我买的金融工具。今天，我简要地回顾一下人们担心出现重大衰退的原因，尤其是在美国股市。

周期性调整后的市盈率

第一张图表取自罗伯特·席勒教授的网站。它衡量的是当前股价除以过去十年的每股平均收益。

由于减税政策的推动，近来收入迅速增长，这一比率已从 2018 年约 34 的高点回落，但仍与 1929 年和 1999 年保持在同一水平，远高于 1966 年或 2007 年的峰值水平。

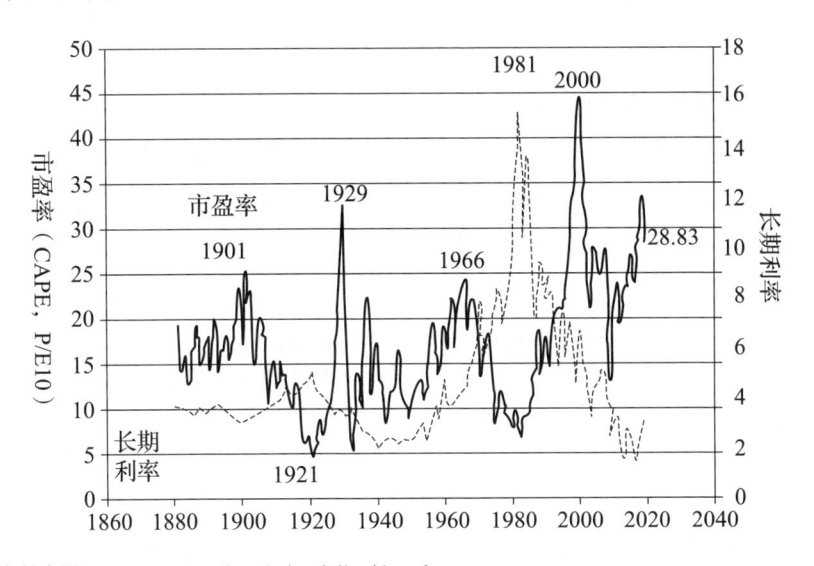

资料来源：www.econ.yale.edu/~shiller/data.htm.

美国股票投资者对未来几年的收益增长抱有很高的期望。这些愿望会实现吗？也许吧。但我们有一些理由怀疑这种韧性能否持续。我将概述几个可能引发美国股市大幅下跌的因素：

1. 银行危机？

"过去 30 年里，几乎每次银行业危机都与导致一国货币价格下跌的跨境投资流动下降有关。每个经历过银行危机的国家之前都经历过经济繁荣。当投资流动停止时，这些繁荣就变成了萧条。"（Manias，Panics and Crashes（2015）by Kindleberger and Aliber）

流向美国的贷款放缓了吗？

圣路易斯联邦储备银行（Federal Reserve Bank of St Louis）最近写道："只要政府存在赤字，它就必须为其债券寻找买家。在大衰退之后的几年里，美联储是美国国债心甘情愿的买家。不过，自2014年以来，美联储暂停了大力购买国债。所以，一定有人在填补这个空缺。是谁呢？与一些报道相反，不是外国人吸收联邦政府的债务，而是国内的私人投资者吸收联邦政府的债务，因为他们的国债持有量在持续增加，而外国人的持有量则没有增加。"因此，我们有了一个指标，表明外国人不太愿意为美国贷款提供资金。"

美国国内生产总值（GDP）约为21万亿美元，政府债务总额（包括13.5万亿美元的联邦债务）也为21万亿美元，即每个男人、女人和孩子6.4万美元——其中40%是欠外国人的。

2. 企业债务水平的危险

美国企业的债务是上次2008年爆发危机时的水平的两倍（2008年为3万亿美元，2019年为6万亿美元）——过去十年，美国经济增长了约1/3。

3. 中国的债务激增是不可持续的

中国有大量未偿债务，其债务激增符合一个熟悉的模式，见下图。

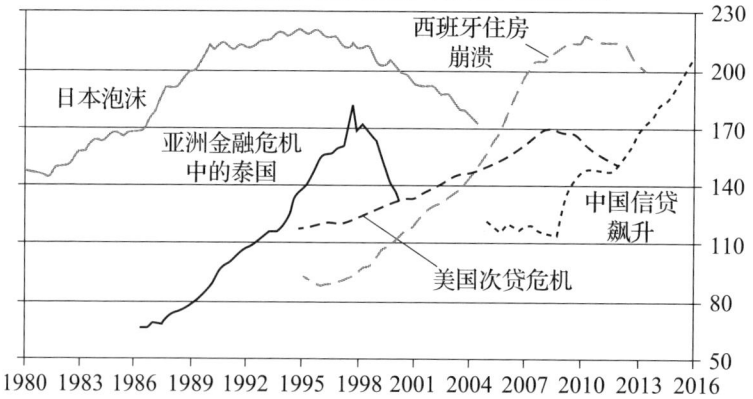

……国际经验表明，这预示着金融危机的风险。
2.信贷快速增长和过去的主要危机（占GDP的百分比）

资料来源：国际货币基金组织. 全球金融稳定报告. 2017年4月.

4. 世界各地的房地产市场都在遭殃

随之而来的可能是消费者丧失信心。

5. 明斯基时刻

海曼·明斯基观察到，信贷供应是顺周期的，当经济繁荣时，银行和其他放贷机构会更愿意放贷，而当经济陷入衰退时，它们则缩手缩脚，非常不愿意提供贷款。

同样，随着经济扩大对其潜在回报的预期，房地产或证券投资者也变得越来越乐观；他们更愿意借钱来投资。

通常情况下，一个简单的故事有助于激发投资者的乐观情绪，例如1999年美国的新经济时代、20世纪90年代中期的东亚奇迹。

当经济放缓时，股票投资者和贷款机构会一起变得更加悲观，不太热衷于从事债务融资。

这种顺周期性导致脆弱性。那些预期投资价格的大幅上涨将大大超过投资利息成本的投资者，在经济增长放缓的情况下突然发现自己错了。后来，当他们看到房地产和证券价格下跌时，许多人变成了苦恼的卖家。

6. 中国影子银行

中国私营部门的银行和借款人正在绕过银行体系，投资或发行高风险的短期工具，例如理财产品。事实可能会证明，将储户的资金注入银行、保险公司、地方政府和企业的平行体系，是建立在短期贷款的基础上的，这些贷款随后被用于购买各种资产，从中国的土地到英国的企业和房地产。整个系统依赖于这些贷款的定期展期。

7. 战争

例如由特朗普引起的不可预测的战争。

8. 欧洲经济衰退

中国经济放缓、贸易战和英国脱欧导致的欧洲经济衰退。

9. 杠杆贷款和垃圾债券

杠杆贷款和垃圾债券目前提供的利率非常低，几乎没有任何契约。这是由投资者对处于良性经济阶段的高杠杆企业过度自信造成的。这种信心可能会蒸发。

10. 一家深受投资者喜爱的公司

一家深受投资者喜爱、对投资者情绪有着特殊影响的公司，会让市场非常失望，而激发出的这种失望将打击其他投资者的想法，让投资者更加谨慎。比如苹果（我已经听说青少年更喜欢替代品，而中国/其他国家的买家在价格上退缩了）。

11. 贸易战

贸易战变得非常激烈，因为它仅仅是中美竞争的一个表现。

12. 一些我们完全没有注意到的东西

一些我们甚至没有考虑过的东西。

期权购买

星期四，我购买了道琼斯工业平均指数的看跌期权。行权价为190点，行权将在9月的第三个星期五到期。

我将解释这样做的原因。

让我们从什么是看跌期权开始：一种权利，但不是义务，在未来某个时间点或一段时间内以固定价格出售标的。

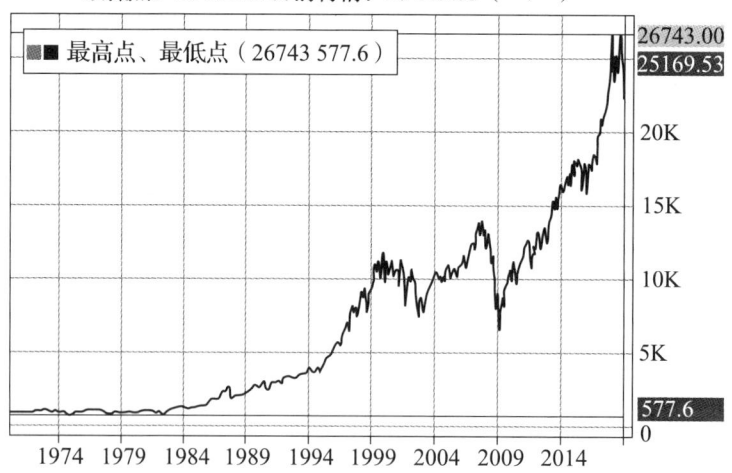

道琼斯工业平均指数（美元）开盘：25 265.81 最高点：25 314.26
最低点：25 000.52 目前行情：25 169.53（－/－）

■ 最高点、最低点（26743 577.6）

26743.00
25169.53
20K
15K
10K
5K
577.6
0

1974 1979 1984 1989 1994 1999 2004 2009 2014

资料来源：www.advfn.com.

将此应用到道琼斯指数上：标的股票，也就是道琼斯指数目前处于25 200点。看跌期权让我有权在9月份以固定价格卖出道琼斯指数。

一个复杂的问题是：道琼斯指数不是直接的道琼斯指数，而是期权合约的道琼斯指数除以100。因此，如果道琼斯指数的实际点位为25 200点，那么

"平价"的期权就被表示为252点。每一点价值100美元。

我将用周四买的看跌期权来说明：我买了期权，但没有义务以190点的价格卖出。如果我要行使我的权利，我需要付：190×100美元＝19 000美元。

但是，对于指数期权，我不需要购买标的，因为这是所谓的现金结算。也就是说，只有190点和到期价值之间的差额以现金支付（我没有出售30股不同的公司股票）。显然，我不想在市场价格为252点时以190点的价格卖出。这意味着期权没有内在价值（它是"价外"）。

如果我买了一个260点的看跌期权，我有权以260×100美元＝26 000美元的价格卖出，我可以以252×100美元＝25 200英镑的价格买这个指数。这种看跌期权有着8点或800美元的内在价值（这是"价内"）。

但这种期权的价格要比我当初买的那种期权价格高得多。我以1.33点的价格买入了行权价190点的期权。这190点价值190×100美元＝19 000美元，而我的期权价格是1.33×100美元＝133美元。这只是标的股票的0.5%。

从现在到9月的第三个星期五，我可以选择获得一些内在价值。如果道琼斯指数保持在19 000点以上，它就不会这样做。

因此，如果标的股票跌至180点（实际道琼斯指数是18 000点），我将有权在190点卖出，同时在180点"买入"。市场组织者（芝加哥CBOE）将以每笔交易10点（190－180）的价格与我进行现金结算，每点价值100美元，市场组织者会在9月份给我1 000美元。

因此，我高度关注道琼斯指数。对于9月份道琼斯指数的大范围波动，我一无所获，但当道琼斯指数跌破19 000点时，我就开始获得相当高的百分比。如果道琼斯指数一路跌至14 000点，比目前的水平下跌了44%，那么我得到的金额就是我支付的期权费的37倍——见下表。

九月道琼斯指数	用于期权定价的道琼斯指数	我可以卖出的价格	相差点数	期权价值	"1.33点×100美元＝每份期权支付的133美元"的百分比变化
25 200	252	190	负数	到期无价值——损失所有期权费	－100%
19 000	190	190	0	到期无价值——损失所有期权费	－100%

续表

九月道琼斯指数	用于期权定价的道琼斯指数	我可以卖出的价格	相差点数	期权价值	"1.33点×100美元＝每份期权支付的133美元"的百分比变化
18 867	188.67	190	1.33	1.33×100＝133美元	0（支付133美元，收获133美元）
17 000	170	190	20	20×100＝2 000美元	2 000－133＝1 867美元。这是133美元首付的1 404%
16 000	160	190	30	30×100＝3 000美元	3 000－133＝2 867美元。这是期权费的21倍（2 156%）。
15 000	150	190	40	40×100＝4 000美元	4 000－133＝3 867美元。这是期权费的29倍（2 908%）。
14 000	140	190	50	50×100＝5 000美元	5 000－133＝4 867美元。这是期权费的37倍（369%）。

所以，如果市场保持相对稳定，我没有任何利润，损失所有为以190点出售期权而支付的所有期权费。这是OK的，因为这是对其他头寸的对冲。也就是说，如果股市和经济表现良好，那么我的长期股票投资组合也表现良好。

（请注意，其他许多人将所有期权投机在赌注的一边或另一边。我有抵消头寸，所以采取了摇摆和迂回的方法。）

但如果道琼斯指数跌破188.67点，我在那段时间只做长期股票投资组合可能就会亏损。但我可以赚到数倍于期权价格的收益。

另外几点：

- 当然，为了对冲我的标的股票，我购买了更多的道琼斯指数看跌期权。
- 从现在到9月第三个星期五之间的任何时间，我都可以把我的期权卖给其他投资者。

为什么选择期权而不是其他做空方式？

有了期权，我的损失仅限于我支付的期权费。每个看跌期权的损失不会超过133美元。不像其他类型的衍生品头寸，交易对手不能在晚些时候来找我要更多的钱。

以期货为例（差价合约也类似）：如果我的期货头寸在252点卖出，而道琼斯指数跌至19 000点，即期货头寸为190点，那么我的每一份期货合约将以每点100美元（6 200美元）的价格获利62点。为了获得这个位置，我可能需要投入，比如说，10点的保证金，也就是1 000美元（期货见第9章）。

但如果情况正好相反，道琼斯指数未来升至300点会怎样呢？我必须以252点的价格卖给交易对手，但以300点的价格买进。因此，我损失了48点。我最初只交了10点保证金，但现在我又交了48点，也就是4 800美元，是我最初承诺的4.8倍。

事实上，当市场对我不利时，交易对手清算所会坚持让我继续向它们汇钱——远远超过我最初支付的1 000美元。我对期货有一种无限制的承诺，而对购买期权则没有这种承诺。如果知道我在期权头寸上的最大损失是我已经支付的期权费，我会睡得更好。

然而，期货有一个优势，不必为拥有出售的权利而支付溢价。但除非你真正知道自己在做什么，否则这些都是危险的工具。

做空道琼斯指数的其他可能性包括交易所交易基金，但这些基金的杠杆率低于期权，因此需要更多资金来对冲标的股票。

● 参考网站

www. advfn. com
www. bloomberg. com
www. cboe. com
www. derivatives. euronext. com/en
www. ft. com
www. fow. com
www. theice. com/futures-europe
www. globalinvestorgroup. com
www. money. cnn. com
www. reuters. com
www. wsj. com

第 9 章

期 货

期货是双方在未来某一特定日期以约定价格进行交易的合同。与购买期权形成对比的是，期权有退出交易的选择，而期货承诺后无法退出。这是一个非常重要的区别。你买入一个期权，最大损失是支付的期权费，而持有期货头寸则可以让你损失数倍。

一个简单的例子可以演示这一点。

■ 案例

期货合约

想象一下，一个农场主希望锁定小麦的价格，这些小麦将在 6 个月后收获。假设你同意 6 个月后以每吨 60 英镑的价格从农场主那里购买小麦，并希望交付小麦的时候价格上涨，这样就可以卖出获利。而农场主却担心，他从你那里得到的只是 6 个月后每吨 60 英镑的承诺，如果市场价格下跌，你会放弃这笔交易。为了让他自己放心，他会要求你在交易账户存入保证金。他要求，并且你也同意为你即将购买的每一吨小麦交付 6 英镑定金。如果你没有完成交易，农场主可以从保证金账户中提取资金，然后在小麦收割后以现时价格出售，进行即时交割（现货）。因此，对农场主而言，即使收获时交割的小麦价格可能会跌至 54 英镑，每吨也将获得 60 英镑（存入保证金账户的 6 英镑，加上以现货价格出售的 54 英镑）。

但如果价格低于 54 英镑呢？农场主会面临风险，所以他试图通过签订期货交易来避免风险。正是出于这个原因，农场主要求你每天都给保证金账户充值，使得保证金水平维持在每吨 6 英镑，这样总有一个缓冲。

第9章 期货

你必须在保证金账户中维持每吨至少 6 英镑。如果在购买期货的第二天，期货市场的收获期价格跌至 57 英镑，那么这时保证金账户中每吨只剩下 3 英镑作为农场主的缓冲。因为你同意以每吨 60 英镑的价格买进，但现在的市价只有 57 英镑。为了使保证金账户达到每吨 6 英镑的缓冲，你将需要每吨追加 3 英镑。如果第二天价格跌至 50 英镑，你将需要每吨再提高 7 英镑。你同意以 60 英镑的价格买入，所以在市场价格为 50 英镑的情况下，需要每吨存入保证金账户 6 英镑＋3 英镑＋7 英镑＝16 英镑。当价格降低时，你需要向农场主提供额外补贴，始终维持每吨至少可为农场主提供 6 英镑的安全保障。

即使你破产了，或者不履行合约，农场主每吨也能得到至少 60 英镑（要么来自现货市场，要么来自较低的市场价格加上保证金账户的资金）。当价格跌至每吨 50 英镑时，你就有了每吨 10 英镑的激励，选择放弃交易，除非你愚蠢或不幸地已经把 16 英镑存入了农场主可以提款的账户。如果合同到期时价格为每吨 50 英镑，而你已在保证金账户中存入 16 英镑，你有权获得剩余的 6 英镑保证金。

期货市场的多重亏损都是由保证金账户造成的。假设你一生的积蓄总计 10 英镑，而且你确信下一个收获季节将会发生干旱和小麦短缺。按照你的看法，小麦价格将升至每吨 95 英镑。因此，为了实现你的预测，你同意购买 1 吨小麦的期货。你与农场主达成协议，6 个月后你将以 60 英镑买下小麦，然后以 95 英镑出售（农民显然不像你那么相信价格注定会上涨）。

你只需要 6 英镑作为初始保证金，就能获得以 60 英镑购买的权利。如果小麦价格从 60 英镑下跌（在你看来，这只是暂时的），另外 4 英镑或许可以用来满足每日追加保证金的要求。如果小麦价格真的涨到 95 英镑，你只要拿出 6 英镑（外加一些暂时的现金）就能赚 35 英镑。6 个月的回报率高达 583%。但如果收获时的价格是 40 英镑呢？你同意支付 60 英镑，因此这 20 英镑的损失花掉了你的积蓄，你将损失初始保证金的三倍之多，面临破产。这就是期货杠杆效应的负面影响。

上面的示例为大家演示了期货市场交易的基本特征。然而，在现实中，市场参与者之间并不直接进行交易，而是通过一个受监管的交易所进行交易。你的对手，被称为交易对手，他不是农场主，而是作为所有期货交易员、买家或卖家的交易对手的机构，称为中央交易对手或清算所。这大大降低了未来买卖

双方不履行合同的风险，因为清算所不太可能无法履行其义务。

交易所提供在高流动性市场进行交易的标准化合法协议。合同不能量身定做。由于买卖双方都知道交易的是什么，这些合约针对的是标的证券的特定质量、特定数量和特定的交割日期，因此它具有广泛的市场吸引力。

例如，在ICE伦敦国际金融期货期权交易所/欧洲期货交易所交易的白糖，其期货合约是特定等级的糖，每份合约是标准的50吨糖，固定交割日期为8月、10月、12月、3月和5月的月底，价格是每吨几美元。"糖11号期货"（"Sugar No.11 Future"）是指在原产国交货到收货人船上的11.2万磅原蔗糖，价格是每磅几美分。

专栏9.1

英国《金融时报》上的商品现货和期货价格，2019年6月14日

商品	期货到期日	价格（美元）	每日期货价格的变化（美元）
原油	6月	52.53	0.30
天然气	6月	2.40	0.07
铀	6月	25.15	0.00
铝	3个月后	1 760.50	−25.50
铜	3个月后	5 810.00	−53.50
锡	3个月后	19 240	−95
玉米	7月	453.25	11.75
小麦	7月	539.50	3.25
白糖	当场交付	335.40	−0.20
糖11	7月	12.92	0.04
牛饲料	8月	135.38	−0.75

在检查上述数据时，重要的是要知道合约本身是市场上买卖的一种证券形式。因此，定价为每吨335.40美元的3月期货，是白糖的衍生品，与糖不是一回事。购买该期货就是签订一份权利协议。买卖的是权利，而不是商品。但当行权发生时，买的才是糖。然而，与大多数金融衍生品一样，期货头寸通常会在行使前取消抵消交易。

盯市和保证金

清算所是期货合约每一个买家或卖家的正式交易对手,鉴于期货交易量及其所代表的标的资产的规模,该机构面临巨大的潜在信用风险(各主要交易所的日均交易量大约有数百万份合约,价值数千亿英镑)。只要有一小部分市场参与者未能兑现承诺,这一数字就可能会达到数亿英镑。

为了保护自己,清算所实行保证金制度。期货买家或卖家必须提供初始保证金,通常是现金。他们所需的金额取决于期货市场、标的资产的波动性以及违约的可能性,可能是标的资产价值的 0.1%～15.0%。初始保证金不是标的资产的"首付",因为资金并不流向标的资产的买方或卖方,而是留在清算所。它只是一种方式,如果潜在的价格对他们不利,买方或卖方将保证支付更高的价格。如果市场没有发生不利变化,当期货平仓时,就会返还初始保证金。

清算所还实行每日盯市制度。在每个交易日结束时,计算每个交易对手因当日价格变动而产生的利润或损失。任何亏损的交易对手,其成员保证金账户将被记入借方。第二天早上,如果账户中的金额低于一个被称为维持保证金的门槛水平,那么亏损的交易对手必须注入更多的现金来弥补损失。若不能支付每日的损失就会导致违约,合同也会终止,这样就可以保护清算所避免交易对手可能在没有提供现金来弥补损失的情况下每日积累更多的损失。每日获利的交易对手的保证金账户会被记入贷方。这可能会在第二天撤回。会员保证金账户的每日借贷称为变动保证金。

■ 案例

展示保证金的实务案例

想象一下,星期一这天,一个标的资产为 50 000 英镑的期货合约的买家和卖家,每人需要提供10%(即 5 000 英镑)的初始保证金。如果价格上涨,买方就会获利,而如果价格下跌,卖方就会获利。在表 9-1 中,假设交易对手必须永久保留整个初始保证金作为缓冲[①](实际中这一要求可能被交易所放宽)。

---

① 在这种情况下,初始保证金与维持保证金相同。

表 9-1 初始保证金和盯市的案例

英镑	天				
	星期一	星期二	星期三	星期四	星期五
期货价值					
（按日收盘价计算）	50 000	49 000	44 000	50 000	55 000
买方					
初始保证金	5 000				
保证金变动					
（+记入贷方）（-记入借方）	0	-1 000	-5 000	+6 000	+5 000
累积利润（亏损）	0	-1 000	-6 000	0	+5 000
卖方					
初始保证金	5 000				
保证金变动					
（+记入贷方）（-记入借方）	0	+1 000	+5 000	-6 000	-5 000
累积利润（亏损）	0	+1 000	+6 000	0	-5 000

到星期二末，合约的买主已从他们的账户中借记了 1 000 英镑。这笔资金必须在次日上交，否则交易所将自动平仓并兑现损失。如果买方确实提供了变动保证金，且该头寸一直维持到星期五，则该账户累计贷方金额为 5 000 英镑。买家有权以 50 000 英镑的价格购买，但也可能以 55 000 英镑的价格出售。如果买方和卖方在星期五平仓，买方将有权获得初始保证金及累计利润，即 5 000 英镑+5 000 英镑=10 000 英镑，而卖方将什么也得不到（初始保证金 5 000 英镑减去损失的 5 000 英镑）。

这个例子说明了杠杆在期货合约中的作用。相对于标的资产的价值，期货的初始保证金支付金额较小。当标的资产变化了一个很小的百分比时，这种影响会在期货中被放大，而承诺的交易金额就会产生很大的百分比的损益。

标的资产变化（星期一至星期五）：$\frac{55\,000-50\,000}{50\,000}\times 100 = 10\%$

期货买方回报百分比：$\frac{5\,000}{5\,000}\times 100\% = 100\%$

期货卖方回报百分比：$\frac{-5\,000}{5\,000}\times 100\% = -100\%$

第 9 章 期 货

显然，投资期货市场会严重损害一个人的财富。巴林银行（Barings Bank）的尼克·里森已证明了这一点。他在大阪和新加坡的金融衍生品交易所买入日本主要股指——日经 225 指数（Nikkei 225 index）的期货。他让银行以特定价格买入该指数，因为他赌股市将上涨。当指数下跌时，必须支付保证金。

里森持"要么翻倍，要么退出"的态度："很多期货交易员，当市场对他们不利时，就会翻倍。"[①] 他继续购买期货。为了赚取现金来支付不同的保证金，他卖出看涨期权和看跌期权组合（"跨式套利"）。日经 225 指数的持续下跌，使问题更加复杂。看跌期权变成了一种越来越昂贵的空头承诺——对手方有权以远远高于现价的价格将指数卖给巴林银行。里森损失了 8 亿多英镑。

结算

从历史上看，期货市场是以标的资产的实物交割为基础发展起来的。如果你签订了购买 4 万磅瘦猪肉的合同作为结算，你将得到这些肉。然而，在如今的大多数期货市场（包括瘦猪肉的期货市场）中，只有一小部分合约是实物交割。大多数在合同期满前就已平仓，所有转手的都是现金支付。投机者当然不希望最终得到 5 吨咖啡或 1.5 万磅橙汁，因此他们会在合约到期前倒手。例如，他们最初购买了 50 吨白糖的期货，之后也会在同一期货交货日期出售 50 吨白糖的期货。

对冲者，比如糖果制造商，有时会从交易所提货，但在大多数情况下，他们会建立购买糖、可可等的渠道。在这种情况下，他们可能不把期货市场作为获取商品的一种方式，而是作为一种抵消商品价格不利变动风险的方式。因此，一家糖果制造商可能仍计划在 6 个月后以现货价格从其长期供应商那里购买糖，同时为了对冲价格上涨的风险，他们也将购买糖的 6 个月的期货。该头寸将在到期前关闭。如果标的资产价格上涨，糖果商支付给供应商的价格会更高，但会从期货中获得了补偿收益。如果价格下跌，供应商得到的报酬就会减少，因此糖果商就会从中获利，但在完美对冲下，期货就会

[①] 1995 年 9 月 11 日，《金融时报》报道，尼克·里森在接受大卫·弗罗斯特采访时表示。

损失等值的价值。

随着期货市场的发展，很明显的一点是，大多数参与者都不想要复杂的实物交割，从而促进了采用现金结算的期货合约的发展。这使得更广泛的期货合约得以创建。基于股指或利率等无形商品的期货合约现在是重要的金融工具，在这种情况下，即使合同到期，一方也只需通过清算所系统将现金交给另一方。

股指期货

股指期货就是现金结算市场的一个例子。这里的标的资产是一个股票集合。例如，富时100指数期货是名义上的期货合约，如果到期之前没有平仓（由于期货持有者第一次进行反向交易——如果他们第一次买期货，卖出时将平仓），这些合约便可以根据合约的最后一个交易日富时100指数在规定时间内的平均水平，以现金结算。

按照惯例，富时100股指期货每点值10英镑，如果期货从6 762.5点涨到6 800点，而你以6 762.5点买入期货，那么以6 800点卖出后，就赚了37.5×10＝375英镑的利润。

■ 案例

对冲与股指期货

假设今年1月，富时100指数为6 820点。投资者希望为一只20.5万英镑的基金对冲市场下跌的风险。3月份富时100指数期货会以6 762.50点的价格购买。投资者保留投资组合中的股份并卖出三份股指期货合约。每份期货合约价值67 625英镑（6 762.5点×10英镑）。因此需要三份合同来支付20.5万英镑（205 000英镑÷（10英镑×6 762.52）＝3）。①

为了便于讨论，假设该指数在3月份下跌10%至6 138点，使投资组合价值变成18.45万英镑。通过购买三份期货并在6 138点平仓赚取的利润来抵消

---

① 这是一种不完美的对冲，因为我们只能交易全部数量的期货合约，而且20.5万英镑还不是67 625英镑的3倍。

这 20 500 英镑的损失，产生的利润为①：

售出价可为：6 762.5×3×10＝202 875 英镑
买入价可为：6 138×3×10＝<u>184 140 英镑</u>
　　　　　　　　　　　　　　18 735 英镑

这些合同以现金结算，18 735 英镑将支付给投资者，他收回保证金的同时，会减去经纪人费用。

○ 买卖期货

期货交易者必须通过注册的经纪人（期货委托商）进行交易。许多经纪人不接受私人客户。你可以在 www.pimfa.co.uk 找到经纪人。那些愿意接受期货交易者的经纪人坚持认为，期货交易者有足够的资本，能够拿出一部分资金用于高风险的期货交易。他们通常要求至少预留 2 万英镑，而且不超过你投资资产（不包括你的房子）的 10%，因此你在这些市场上投资必须非常富有才可以。网站 www.theice.com/futures-europe/ membership 提供了一份指定经纪人名单（这些经纪人遵守监管机构和交易所实施的规则和行为准则）。

在英国，露天交易场所和那些忙碌的日子一去不复返了。现在的交易通过计算机系统进行。你可以为你的交易设定价格上限，或按市价下单，并根据当前的供求状况选择是否立即执行。合约的买家被称为持有多头头寸——他们同意接受相关标的资产。同意交付标的资产的卖方则被称为空头头寸。

如果期货交易者账户中的金额低于维持保证金，交易者将被要求追加资金。这种情况可能每天都会发生，价格是由相互竞争的做市商决定的。所以期货交易者不能买卖期货然后休假一个月（除非他们给经纪人留下足够的现金来满足追加保证金的要求）。

---

① 假设期货价格等于富时 100 指数的现货价格，这将发生于接近期货到期日的时候。

第 10 章

点差交易、差价合约和权证

点差交易

你可以像赌马一样赌股票（和其他证券）的未来走势。如果股票像你预想的那样变动，你就会获利。然而，与马匹不同的是，如果股票走势不利，损失的就可能是最初投入的数倍——股价每出现 1 便士的不利波动，你就会赔钱。

■ 案例

玛莎百货点差交易

假设你赌玛莎百货的股价会上涨，每上涨 1 便士就押 10 英镑。如果玛莎百货股价上涨 30 便士，你就能赚到 300 英镑。不过，如果股价下跌 30 便士，你也得交出 300 英镑。这是基本原理，但实际操作稍微复杂一些。如果你相信股票价格注定会上涨，可以通过电话或互联网联系一家点差交易公司。它们会给你两种价格（价差），比如玛莎百货的 488 便士－492 便士。第一个叫作买入价，如果做空或卖出，它是一个相关的价格。第二个是卖出价，如果买入或做多，它是相关的价格。

鉴于对玛莎百货的乐观态度，相关价格为 492 便士。你同意以每 1 便士的涨幅赌 10 英镑，并以每股 492 便士的价格"买入"。现在假设你是正确的，玛莎百货的价差升至 525 便士－529 便士。你可以打电话给价差交易商，然后

"卖出"收盘来平仓，相关收盘价（押注股价上涨）是两个报价中较低的525便士。这样你就赚了33便士（525便士－492便士）。换句话说，每便士押10英镑，赚了330英镑。

如果在价差报价为488便士－492便士时，你对玛莎百货持悲观态度，就会在报价为488便士时做空玛莎百货。如果价格上升到525便士－529便士，你将会损失41便士（529便士－488便士）。按每便士10英镑计算，即损失410英镑。然而，如果价差变到450便士－454便士，你就会获得488便士－454便士＝34便士（或者你每便士涨幅押10英镑时，就会获得340英镑）。

你可以看到点差交易公司是如何从点差中赚钱的：你在点差上以最不利的价格买卖。如果你以492便士买入，他们可能会以488便士卖出。想必还有其他投资者在做相反的事——如果你在492便士"买入"，他们就在488便士"卖出"。这家点差交易公司的账目是平衡的，但获得了4便士的收益。① 利差的大小取决于交易量和点差交易公司之间的竞争程度，但这种利差比做市商在标的股票上的利差要大。

预付款

你的押注对你不利时，庄家（点差交易公司）将要求你证明有能力支付。因此，押注时，你会被要求交一笔叫作"名义交易需求"或"保证金"或"存款"的钱。② 如果你在标的股票（或指数）的变动中每便士（点）押注10英镑而不是5英镑，或者如果股票（或指数）大幅波动，这笔钱显然是一个较大的数目。

此外，如果你的押注刚开始就对你不利，并且在数天内未平仓，点差交易公司将会要求你通过追加保证金来补足向其存入的资金。当然，如果是有利的变动，这些回报也会返还给你。

---

① 如果点差交易公司的账目不平衡，它可以使用期货、现货市场或差价合约来对冲自己的头寸。
② 如果你想把钱存到其他地方的高息账户里，有些公司会提供信贷便利，但你必须保证资金的流动性和数量。

案例

押注沃达丰

想象一下,当价差在203便士—204便士时,你对沃达丰下了一个"向上押注"。因此,你以204便士的价格"买入",每便士押注100英镑。最大可能的损失会发生在沃达丰股价跌至零的时候。每便士100英镑,损失204便士就等于损失了20 400英镑。点差交易公司要求支付最大损失的20%(在本案例中),你要提前存入4 080英镑。① 如果第二天沃达丰价格下跌5便士至198便士—199便士,你的账户将在借方记入500英镑(5×100英镑)。然后,点差交易公司会要求你额外支付500英镑的保证金来补充你的账户。

接下来的两周,沃达丰的股价大幅波动。有时你的账户会被记入贷方,有时通过现金催收,你会被要求追加保证金。14天后,你给点差交易公司打电话告诉交易商,你想在收盘时卖出沃达丰股票以平仓。很重要的一点是,你必须弄清楚,你不是为了"开盘"而售出沃达丰股票,因为这意味着你要再次押注沃达丰股票会下跌。

价差的报价为208便士—209便士。你已经赚了400英镑(以208便士卖出,以204便士买进——涨了4便士,每便士为100英镑)。对于注入的4 080英镑初始现金(加上两周内的几次现金催收)来说,这是一个不错的回报。然而,全面下跌的潜在风险也非常高。在点差交易市场上的大多数投注者都输了。

下注并受制于一系列现金催收的一种替代做法是在下注的时候设置一个"止损点"。在止损点之下,如果标的股票变动到规定的止损价格,点差交易公司会替你平仓。在你下注的时候,你向点差交易公司交的保证金相当于可以触发止损点的最大损失金额。举个例子,当培生集团(Pearson)价差的报价为1 280便士—1 300便士(每便士为10英镑),你押注其股价会上涨,并设置1 040便士的止损点(低于你买入时价格的20%),那么止损点触发时,最大损失为260×10英镑=2 600英镑,因此你将被要求提供2 600英镑的保证金。

---

① 押注股票指数的名义交易需求(保证金)可能低至1%,押注个股则可能低至5%,但通常为20%。不过,小型公司股票的保证金达到40%并不罕见。

这些现金可能已经存入你在点差交易公司注册时开立的一个特殊账户中，或者可以通过电话或互联网用借记卡转账。

止损指令有两种类型。一个"标准的"止损是指公司会试图平了你的头寸，但如果市场一落千丈，它可能无法在市场价格缩水超过止损限制之前平仓。在"有保证的"（"可控风险"）止损的情况下，点差交易公司将以约定的止损价格收盘，即使在他们能够采取行动之前，市场价格已经越过了止损价格。要想获得担保，你必须在下注时支付更大的价差或保费，而标准的止损不需要较大的价差。

押注类型

股票或指数押注有三种类型。日内（现金或现货）押注（intraday bet）是指在同一交易日开始和结束的押注。期货押注（futures-based bet）是对下个月、下个季度或下下个季度的股票价格（指数）的押注（季度结算日为3月底、6月底、9月底和12月底）。所以在上面的沃达丰例子中，价差报价是基于下一个季度结算日而标明的期货价格。① 这个价格是由点差交易公司制定的，不能偏离市场价格太远（否则将吸引套利者在市场上与点差交易公司进行反向交易，无风险地赚钱）。

传统上，期货押注是将押注分散在几天或几周内。然而，点差交易公司现在已经引入滚动现金点差投注（滚动每日投注和每日融资投注）。这类仓位可以一夜之间转到第二天，而且只要点差交易公司愿意，就可以一直这样做。

点差交易的应用

点差交易可以用作一种保险。例如，当你持有标的股票并且认为它的价格可能在短期内大幅下降，但潜在的资本利得税让你在卖出标的股票时犹豫不决，这时你可以押注，如果股价下跌，你就会获利，从而稳固你的位置。如果股票下跌，那么你的投资组合就会赔钱，但你赢了（等量的）押注。如果股票

---

① 如果你想将任何季度合约延期，你需要在合约到期前不久联系点差交易公司，下达延期指令。该公司将关闭当前的交易，然后在相同的标的资产上建立新的交易。你将不得不支付差价，但在有安排的延期中，这远远低于正常价格（通常是一半）。

上涨，你的投资组合就会获利，但押注就会亏损。然后你可以选择卖出股票的时间。等到下一个纳税年度，你就可以使用你的年度资本利得税减免了（见第17章）。

点差交易也可以用来建立高杠杆化的头寸，在这种情况下，标的资产的微小变动就会导致最初投入的押注金额获得较大百分比的收益——沃达丰就是最好的例子。

最后，点差交易也可让你从股票（指数）下跌中获利。在股票市场上，你被限制做空股票——卖出你未持有的股票，期望以后以更低的价格买入相同数量的股票以平仓，但点差交易让做空变得容易，至少对未来几个月的走势来说是这样。

更多要点

- 所有价差押注所得都无须缴纳资本利得税。
- 无须支付印花税。
- 无须支付经纪人费用，因为你直接去找点差交易公司。它们的大部分收入来自差价。点差交易公司还会向那些押注（多头头寸）价值上升的投资者收取利息——一项每日融资费用，比如超过 LIBOR 2.5% 的年利率（针对持有隔夜头寸的投资者）。卖出押注（做空）可以获得利息，也可以根据 LIBOR 水平收取费用。
- 出于税收方面的考虑，不能将价差押注的损失与投资组合中其他部分的利润冲销。
- 由于市场受到金融市场行为监管局的监管，投资者的权益得到进一步的保护。必须对潜在的投注者进行严格审查，以确保点差交易适合他们，比如要有衍生品交易经验的证明。
- 除了对股票和股指进行价差押注，还可以对大宗商品、债券、利率、货币、期货、期权、房价、加密货币，甚至是体育赛事的结果等进行价差押注。
- 点差交易公司在网上报价的约有 400 家，但如果你打电话，它们会给你更多（较小的）公司的报价。
- 价差由点差交易公司决定。询问价格时，不要透露你是潜在的买家还是卖家。

- 即使在股市闭市时，价差押注也可以一天 24 小时进行。
- 点差交易公司开设教育课程和小规模试点投注，让投注者获得经验。
- 从长期来看，与其他投资相比，实际上购买并持有股票进行点差交易要好一点，因为你可以避免在买进卖出的过程中价差带来的常规损失，也可以避免为长期交易而支付利息。在税收方面，对抵消传统投资的损失和收益也是非常有用的。
- 如果你在股票除息前持有滚动多头，点差交易公司会在除息日市场开盘前将股利存入你的账户（注意，在除息日，股价通常会减去股利）。如果你持有空头头寸，股息将在你的账户中借记。季度点差交易合约的价格包括股利，因此股利在除息日不会贷记或借记。
- 点差交易公司在财务稳定方面遇到了困难，因为许多客户损失了太多钱，以至于他们背弃了交易。

参考网站

www. alpari. co. uk
www. capitalindex. com
www. cityindex. co. uk
www. cmcmarkets. com
www. etxcapital. co. uk
www. finspreads. com
www. ayondo. com
www. ig. com/uk
www. intertrader. com
www. plus500. co. uk
www. spreadex. com

值得注意的是，这些网站也提供差价合约。

差价合约

差价合约（CFD）的交易与点差交易非常相似。然而，CFD 没有结算日期。你的持仓可以继续，直到你选择关闭它（或因为你没有提供保证金而自动关闭）。

在差价合约中，买卖双方同意在合约结束时以现金支付标的股票的开盘价与收盘价之差乘以合约中的股份数量①。

■ **案例**

差价合约交易

假设你在一个CFD经纪人那里有一个存款账户，同时在这个账户里存了45 000英镑。你对沃达丰的股票感到悲观，要求经纪人给出报价。② 他们回答说："202便士买入，203便士卖出"。你同意以202便士的价格出售9.5万股沃达丰的差价合约。请注意，以你手中的现金（45 000英镑），无法购买这么多股票。正是因为差价合约经纪商允许以20%左右③的利润率进行交易，你才能充分利用45 000英镑的差价。如果我们假设差价合约经纪商要求20%的保证金，那么现在略高于38 000英镑的保证金（并且不仅仅是保证金）将作为保证金持有，留给你的是略低于7 000英镑的自由股本。

拥有一些免费股本是件好事，因为如果股价开始对你不利，你可能不得不追加保证金。如果股价现在跌至192便士买入和193便士卖出，你的保证金账户就会显示出每股202便士－193便士＝9便士（8 550英镑）的收益。如果平仓，你的存款账户将包含最初的45 000英镑加上8 550英镑。

另一方面，如果沃达丰股价升至213便士－214便士，你就亏了，CFD经纪商将要求追加保证金。如果在这一点平仓，你的损失将是每股214便士－202便士＝12便士或0.12×95 000＝11 400英镑。

更多要点

- 无须缴纳印花税，但需缴纳资本利得税。
- 一些经纪商的差价报价较窄，但随后会对开盘价和收盘价收取高达

---

① 标的也可以是股票指数、商品、债券或汇率。
② 目前，差价合约交易的很大一部分是在网上进行的，而不是通过电话。
③ 这是个股的正常保证金。股票指数通常在5%左右，黄金为5%，其他金属和石油为10%，外汇为3.33%。

第 10 章　点差交易、差价合约和权证

0.25%的佣金。

- 可以设置止损点，让你不必每时每刻监控市场以避免重大损失，当市场对你不利，止损点的设置可以帮你自动平仓。

- 当你将差价合约作为开盘头寸售出时，在你的所有权期内到期的股利将从你的保证金账户中扣除。持有买入（多头）头寸的投资者将获得相当于净股利的报酬。

- 需要向差价合约经纪商存入的金额，往往至少为1万英镑，远高于点差交易。

- 如果你持有多头头寸（买入），差价合约交易员会在持有差价合约期间向你收取利息（通常是LIBOR+2%~3%）。几周后，利息成本开始超过你通过差价合约交易而不是股票（印花税）所省下的钱。如果你是长期持有者，差价合约偏贵，因为其价值由买入标的资产价值决定。如果你卖出（做空），利息将被添加到账户（通常低于LIBOR 2%~3%）。

- 在股东大会上的投票权通常不授予差价合约持有者（尽管差价合约供应商可能会满足客户的意愿，比如在某些情况下对公司合并进行投票）。

- 差价合约适用于大多数股票，市值达1 000万英镑。

- CFD经纪人要求你证明自己是一名经验丰富的交易员，了解CFD的杠杆作用和其他风险。

- 如果没有设置止损点，你必须每天仔细监控你的头寸，因为可能需要追加保证金或平仓。

- 有很多人投诉提供"咨询差价合约交易"的公司。一些顾问收取了巨额费用，导致客户损失了全部的差价合约保证金（佣金可能是每笔交易的1%）。要小心，监管机构的一项审查发现，许多为客户提供咨询的小型股票经纪公司缺乏专业知识或授权。

- 行业监管机构的数据显示，74%~89%的CFD客户出现亏损。

认股权证

认股权证赋予持有人在某一特定时期内或在某一特定时期结束时以固定价格认购特定数量股份的权利。持有人有权利（而非义务）购买股票。这听起来

熟悉吗？应该是的。认股权证与看涨期权密切相关（见第 8 章）。主要区别在于认股权证是由你购买股票的公司发行的，而看涨期权是由与该公司无关的个人或组织签发的。

想象一下，一家目前股价为 75 便士的公司选择出售认股权证，每份认股权证授予持有者在未来 5 年以 1 英镑的价格购买一股股票的权利。如果行使认股权证，公司将以行权价（1 英镑）发行新股，从而筹集额外的资金。

你为认股权证支付的金额取决于投资者的需求。让我们假设在这种情况下，你以 10 便士的价格购买了一张认股权证，这使你有权以 1 英镑的价格购买一只股票。如果股价升至 1.50 英镑（较当前 75 便士的价格上涨了 100%），你以 1 英镑持有的购买权现在的内在价值为 50 便士——你可以在 1 英镑买入的市场上再以 1.5 英镑卖出一股。权证价值已上涨 5 倍，从 10 便士升至 50 便士。如果距离到期日还有一段时间，那么它的价值甚至可能超过 50 便士。如果股价上涨三倍至 2.25 英镑，那么权证的内在价值将升至 1.25 英镑，较最初支付的 10 便士上涨 1 150%。这说明了权证与股票的杠杆效应相呼应。当然，这是另一种工作方式。如果股价下跌（保持不变，甚至略有上涨），该权证到期时可能一文不值——你的投资将损失 100%。

在你行权或到期之前，无须持有认股权证。你可以在伦敦证券交易所活跃的二级市场向其他投资者出售认股权证。金融网站如 ADVFN 会披露权证认股价格，其中大多数是由投资信托（投资公司）发行的。认股权证相对于交易期权的一个主要优势是，它们通常拥有多年而不是数月的购买权。因此，你可以在更长的时间框架内对一家公司的财富进行联动敞口。

请注意，投资者需要跟踪他们所持有的认股权证，尤其是那些即将到期的，因为如果他们不能行使这些权证，投资就会变得一文不值。

● 备兑权证

备兑权证与上一节所述的权证相同，只不过是由金融机构而不是公司本身发行的。金融机构通过出售例如英国石油公司股票的认股权证获得支付（权证费），作为回报，认股权证持有人有权（而非义务）在特定期间内或在特定期限结束时以特定价格购买或出售标的资产（英国石油公司股票）。它们"被覆盖"是因为发行它们的金融机构（通常是投资银行）通过在公开市场上购买（或出售）标的证券来覆盖其风险敞口。

你可以购买看涨或看跌备兑权证。看涨期权是指购买股票的权利，看跌期权则是指卖出股票的权利。当股票下跌时，看跌期权的价值上升（见第8章对看跌期权的描述）。

你也可以选择合同的样式。欧洲风格的备兑权证只能在到期日（比如一年之后）行使（股票购买或出售）。美式备兑权证允许在到期前的任何时候行使。

■ 案例

备兑权证的使用——在保持股票敞口的同时释放现金

想象你自己持有巴克莱集团（Barclays plc）的10 000股股票，目前售价为479便士，你想要兑现它，付房贷。然而，你觉得巴克莱股票在未来几个月里肯定会上涨。你可以卖出巴克莱股票，释放4.79万英镑，同时买入1万份巴克莱备兑权证，从而有权以550便士（执行价或行权价）的价格买入巴克莱股票。这些权证将在9个月后到期。你为每份以每股550便士的价格购买巴克莱股票的权利支付26.3便士，即共付出2 630英镑。于是，总共释放出的现金为45 270英镑。

权证到期前，如果巴克莱的股价已涨到6英镑，备兑权证则价值5 000英镑（6英镑－5.50英镑＝0.50英镑×10 000）。请注意杠杆效应，股价波动25%，而备兑权证上涨90%。当然，你可以在备兑权证到期前仍有时间价值的任何时间点进行出售。

如果你错了，巴克莱股价维持在5.50英镑以下，那么备兑权证到期后将一文不值，你的损失也将限制在2 630英镑。

更多要点

- 那些授予海外股票权利的备兑权证可以用英镑交易，从而减少汇率风险。
- 担保权证的平均寿命为6~12个月，但最长可达5年。
- 由于备兑权证在伦敦证券交易所上市，并在整个交易日提供价格，因此不必持有该权证直至到期，可以像买卖股票一样通过普通经纪人买进或卖出（每次交易约 10 英镑）。做市商持续提供买入价和卖出价。

- 你可以购买标的资产（包括股票、指数、大宗商品和货币）的"看涨"或"看跌"备兑权证。

- 对于一些备兑权证，你可以在行使期权时坚持交割股票，也可以接受现金——投资者从发行者那里得到现金，相当于他们通过实体交易获得的利润。他们通常以现金结算，因为这样可以避免缴纳印花税。

- 在巴克莱的例子中，一份权证的兑换率（或平价）为 1 股。但许多备兑权证的兑换率远高于这一比率，如 3∶1（持股人需要行使三份权证兑换一股股票）、10∶1 甚至是 100∶1。

- 潜在损失仅限于作为发行价格支付的金额，这与点差交易、期货和差价合约不同，因为在这些交易中，潜在损失可能是无限的。

- 无须每日按市值计价，也无须提供保证金。因此，你可以把眼光放得长远一些——可以去度假，而不必盯着市场。

- 在到期日有价值的备兑权证会自动行权，所以即使你忘记行权，也不会有损失。

- 金融市场行为监管局和伦敦证券交易所负责监管市场，对顾问、发行人和经纪人进行监管。

- 备兑权证交易的收益需缴纳资本利得税。

参考网站

www. advfn. com

www. bloomberg. com

www. ft. com

www. investorschronicle. co. uk

www. londonstockexchange. com

www. reuters. com

PART 3

| 第 3 部分 |

公司分析

第 11 章

公司报表

投资股票需要对公司进行分析，不做分析只能盲目地进行股票投机。显然，投机者和"投资者"之间有着天壤之别。

成功的分析需要巧妙地结合定量数据和定性数据这两种要素。定量数据主要是对公司当前的财务状况、历史利润增长情况以及其他绩效指标的评估，它们能够帮助投资者判断公司的前景。我们通过把未来预期每股营业收入的现值与当前股价进行比较，来判断市场是否高估或低估一家公司的价值。

请注意，尽管公司的历史信息本身并不有趣，但是它们能帮助我们预测未来。董事们过去使用资源的表现（他们的"管理"角色）或许有助于评估未来实现良好管理绩效的可能性。债务水平与企业权益资本的比值可能提供了未来破产风险的线索。对过去现金流的分析则可能帮助我们评估未来的收入在多大程度上被用来投资厂房和机器，而不是分配给股东。

定量数据可以为判断公司未来提供坚实的事实基础，但还远远不够。影响公司未来利润的真正要素并不体现在资产负债表、利润表或现金流量表上。这些定性要素涵盖企业的多种特征，可归纳为以下几个方面：

公司所处行业的性质　由战略分析和该行业的资本回报率决定。

公司在所属行业的竞争力　由是否拥有能够带来超额利润的非凡资源所决定。比如公司是否拥有像特许经营权这样能够阻止竞争对手构架又深又险的护城河？

管理团队的诚信与能力　仅靠能力是不够的，诚信也必不可少。作为一个投资者，即使你拥有世界上最聪明、最有经验、最睿智的管理团队，如果你怀疑他们在关注股东价值方面的诚信，依然会坐立不安。

报纸上的文章有时倾向于向读者提供某些重要的定性要素。例如下面这个虚构的案例。

> 昨天，英彻兰彻特股份有限公司久负盛名、经验丰富的首席执行官约翰·怀斯曼勋爵公布了他对该公司的战略评估结果。该公司在欧洲拥有30%的市场份额，并在北美市场以17%的份额为基础迅速扩张。众所周知，由于该公司的产品是超级市场的"必有"品牌，因此英彻兰彻特对其零售连锁店客户有很大的影响力。该公司还非常谨慎地从众多供应商中进行采购，降低了供应商在竞争激烈的市场中提高价格的可能性。
>
> 现在，英彻兰彻特已决定不再收购任何竞争对手，而是集中精力增强品牌实力，并将研发预算提高到每年11亿英镑。这将使其竞争对手很难在成本或创新产品的推出上挑战英彻兰彻特。
>
> 最近，公司的管理团队也得到了增强。迈克·罗宾逊被任命为财务总监，他是会计行业追求清晰简洁会计的关键人物；帕特·戴维斯被任命为董事，负责整个组织的股东价值管理发展计划。在今年5月，英彻兰彻特完成了7亿英镑的股票回购。约翰爵士说，公司正在抛售现金，股东可能会比公司更有效地使用这些资金。他说，我们不想仅仅为了增长利润而发展业务，我们必须创造比投资者投资其他地方所能获得的回报更高的回报，以证明任何扩张都是合理的。

在其他情况下，记者会专注于定量信息。

> 截至9月底，消费品公司英彻兰彻特一年的营业额从84亿英镑增至98亿英镑。税前利润已加速上升至18亿英镑，相较去年增长了10%，是五年前利润的两倍。每股收益从10便士上升到11便士，这使得该股票在目前每股价格为220便士的情况下，市盈率为20倍。这已经高于行业平均水平，但考虑到公司的实力，出现这种情况依旧是合理的。

本书的这一部分将解释以上文章中提到的诸如市盈率之类的术语，以及严肃投资者应该寻找的其他要素。

本书对公司分析中的关键因素讨论如下：第11、12和13章介绍定量分析；第14章主要介绍产业分析；第15章描述用于分析公司在其行业内竞争力的框架。

◎ 哦不，又是数字！

一些股民从不看报表。因为它们被认为是复杂而难以理解的，充斥着专业术语与数字。阅读这样一份枯燥的文件令人望而生畏——它甚至能治好你的失眠。

不得不承认，消磨时间有更多更有趣的方式；但阅读一套报表（以及与之配套的报告）对投资者来说是一项必要的任务，因为它们是进行公司分析的主要信息来源。如果你想买一个街角的商店持续经营，你不会认为这些账目无聊或无关紧要。事实上，你会非常渴望了解所有的事情：从销售额的增长到销售收入转化为可分配利润的比例；从建筑物的市场价格到购买商店股票的成本。早餐前你也可能会想到十几个有趣的会计问题：企业的债务水平是多少？利润的趋势是上升还是下降？哪些业务领域创造了利润？诸如此类的问题。你对这项业务的报价将与在报表中观察到的数字密切相关。同样，大公司股票的价格也是如此。在证券交易所上市的公司提供了同样重要的基础数据。只是第一次遇到它时看起来很复杂。

会计的要素很简单，所以投资者真的不必为了了解企业的利润表现或公司资产的价值而处理更复杂模糊的会计问题。事实上，历史上最成功的投资者沃伦·巴菲特宣称，报表是容易掌握的。如果它们以一种让你觉得难以理解的方式呈现，那可能是因为公司的管理层不想让你理解它们。这样的公司应该从你的潜在投资清单中剔除，仅仅是因为你不能信任管理者。

至关重要的是，你在解读基本财务数据时要对自己有信心。读完这一章和接下来的两章，你便可以开始拥有尝试并逐渐获得回答关键问题的信心。如果你想减少做出不明智投资决策的可能性，就要做好准备。

请注意，在检查报表时，你需要培养一种健全的怀疑精神，因为即使这些报表都是根据会计准则制定的，但在编制用于解释、估算的数字时，仍有很大的操作空间。这些会计准则虽然限制了管理者的回旋余地，但仍有很多机会让经理和他们的会计人员做出主观或数据显得好看的调整。即便这类情况下，会计数字精确性是虚假的，但报告和报表依旧可以提供许多有用的信息。

如何获取报告

现在拿到一家公司的报告和报表是很容易的一件事。首先，所有注册股东通常会自动收到年度报告和报表的纸质副本。之所以使用"通常"一词，是因为有些公司除了完整版之外也制作精简版，即年度回顾和财务报表概述。股东需要选择希望收到哪类版本的报告。概述鲜少包含投资者评估公司所需的足够信息，因此股东有必要阅读完整版。[1]

如果你不是股东但仍想要纸质版报告和报表，也可以联系公司索取。你可以打电话或写信给公司秘书，也可以直接打电话给总部总机。即使你没有持有公司的任何股份，十有八九你会在一周内免费收到一份报告和报表。当然，现在我们大多数人会选择去公司网站查找信息。在那里我们不仅可以看到最近的数据，而且可以看到五年甚至五年以上的数据。在线报告也很容易使用"查找"工具快速搜索关键信息。在搜索框输入需要查询的信息，几秒钟内就可以从几百页的报告中找到公司所有固定资产和其他资产的信息。

获取报告和报表的另一个方式是通过公司之家网站（Companies House, www. companieshouse. gov. uk）。该网站免费提供所有公司的信息，无论上市与否。另外，有些网站提供一些公司的会计信息概述，如果你正在进行初步分析，这会是很有用的筛选练习（www. morningstar. co. uk/uk 和 www. advfn. com）。

报告与报表

法律要求英国公司每年公布一次报表。但是，公布的时间未必就是遵循日历年年终的12月底，或遵循纳税年度年终的4月5日。有时公司会选择最初注册的那一天公布报表，又或者选择那些能够让报表看起来更健康的时间来公布。例如，一个农业企业会选择一个农产品收获后债务较低、现金持有量较高的日期。

注册股东会在年度股东大会召开前几周收到报告和报表，以及会议细节和

---

[1] 如果您通过代理人账户持有股份（见第4章），报告和账户将被发送到指定公司。如果代理人账户的条款允许，他们会将这些转送给你，这可能需要收费。

需要投票表决的问题。投票表格也包含在内，以便在年度股东大会召开之前，以及股东不能出席年度股东大会的情况下进行计票。

法律要求公司提供以下内容：

- 资产负债表，显示公司在财年最后一天持有、应付和应收的所有资产的价值。
- 损益表，显示公司在整个财年的销售额、运营成本以及最终的利润或亏损。
- 对报表的注释，提供重要的细节，以便报表被更好地理解。
- 董事会报告，提供对业务和其他信息的回顾。
- 关于报表真实性和公正性的审计报告。

会计行业制定的会计准则阐明了报告和报表应当遵循的规则和惯例。它们也在一定程度上改变了部分的名称，例如今天它们要求的"财务状况表"，我们许多人一直都称为"资产负债表"。例如，乐购仍旧使用资产负债表。根据国际财务报告准则（IFRS），损益表（a profit and loss account）变成了利润表（income statement）。准则还要求企业提供现金流量表。[①]

此外，英国上市管理局坚持要求市场的主板上市公司[②]提供更多信息，伦敦证券交易所另类投资市场上的公司也一样。第一，中期财务报告（中期报告或半年度报告），它包含公司在每个财年前六个月的资金活动和损益。公司通常也会遵守中期财务报告中典范做法的规定[③]，这意味着它们通常包括资产负债表、现金流量表、已确认的损益表以及对公司交易、风险和未来前景的一些评论。通常也会请审计人员来审核这些数字。但是这项审计不如常规审计那么彻底，因为它主要集中在数字的编制方式是否与以前的年度报表一致。英国金融监管局坚称，主板上市公司和另类投资市场公司的中期报告应在半年期过后的三个月内提供，股息也应该在这个时候公布。《金融时报》列出最近几天发布中期和全年业绩（最终业绩）的所有上市公司。

对于主板市场的公司，伦敦证券交易所坚持公布本年度的年度业绩快报。

---

① 另外还需要一些附加的小陈述，这些都超出了本书的范围。具体请参阅本章末尾的拓展阅读。
② 所有上市公司都公开募股，但不是所有公开募股的公司都上市。
③ 这是自愿的。但如果企业忽视这一点，会计准则委员会和伦敦证券交易所都将对其没有好感，违规者可能会被金融界排斥。

这些数据将在年终数周后公布，并为股东提供关键数据，如在完整报告和报表提交前几个月的利润——这些数据可在金融网站和公司网站上找到。主板上市公司的年报必须在年底后 4 个月内发布，另类投资市场上市公司必须在 6 个月内发布。年度业绩快报通常会被大肆宣传。但是请注意，它们不必经过审计，也不包含账户的所有注释。这两者为投资者提供了非常重要的细节。

专栏 11.1

《金融时报》公布的英国公司中期和年度财务业绩

公司	中期/年度数据	最近一年营业收入（百万英镑）	去年同期营业收入（百万英镑）	最近一年税前利润（百万英镑）	去年同期税前利润（百万英镑）	最近一年每股收益（便士）	去年同期每股收益（便士）	最近一年分红（便士）	去年同期分红（便士）
巴克莱	年度	2 957	2 841	775	977	481	587	0	33.3
蓝棱镜	中期	40	22.9	−34.4	−5.5	−49	−8.4	0	0
生态动物健康	年度	75	67	15.2	13.9	17.6	14.2	0	6
迈宝瑞	年度	166	169	−5	6.9	−8.2	8.3	0	5
瑟夫菲尔德	年度	275	274	24.7	22.2	6.7	6.1	0	1.7

资料来源：原始数据来自 2019 年 6 月 19 日的《金融时报》。

上市公司被要求在年报中披露比非上市公司更多的内容，如每位非执行董事的简历、各董事在公司股票中的权益和股票期权的详细情况、股权高于 3% 的股东信息，重要合约详情及股份回购详情等。

除了上述年报半年报之外，一些公司还会选择进行季度报告，向投资者提供最新信息。

损益表

损益表（利润表）的记录显示了公司的销售收入是否大于成本。它允许你将公司最近的利润与前几年的利润进行比较，或者与其他公司进行比较。

第 11 章 公司报表

图 11-1 展示了一个典型的损益表。表格的布局和术语可能会随着公司的不同而变化，它包含了你可能会遇到的所有关键信息。"附注"列显示了该行信息在报表附注中的位置，方便读者查找特定项目更详细的信息。括号则表示负数。

	附注	20×2 百万英镑	20×1 百万英镑
营业收入	1	230	200
营业成本	2	(140)	(120)
毛利润	3	90	80
分销费用	4	(15)	(11)
管理费用	5	(10)	(9)
其他费用	6	(10)	(10)
营业利润		55	50
扣减财务费用（扣除财务收入后）	7	(6)	(5)
税前利润		49	45
减扣利润税	8	(14)	(12)
税后利润		35	32
分配：			
母公司股东	9	34	31
非控股权益（少数股东权益）	10	1	1
		35	32
每股收益	11	67 便士	62 便士
股息	12	1 700 万英镑	1 500 万英镑
每股股息		34 便士	30 便士
本年留存利润		1 700 万英镑	1 600 万英镑

图 11-1 年度截止为 20×2 年 3 月 31 日的典型合并利润表（损益表）

拥有子公司的上市公司的报表被称为合并报表或集团报表。这意味着，集团旗下所有公司的所有收入、成本、资产和负债，无论是完全拥有还是部分拥有，都集中合并在集团的合并报表中。[①] 一家上市公司通常经营着数十家其他

---

① 这适用于母公司持有 50% 以上股份的公司，或母公司持有的股份不足 50%，但仍对大多数董事的任命行使控制权，或对企业具有支配性影响的公司。

公司。在大多数情况下，是这家上市公司成立了这些子公司，并持有他们100%的普通股（全资持有）。而在其他情况下，它可能收购了子公司60%的股份（部分持有），剩下的40%则留给少数股东（非控股股东）。这些全资或部分拥有的子公司都有自己的报表，但当这些数据汇总到合并报表中时，其收入、成本、资产和负债都需要被百分百计入母公司——即使母公司只拥有子公司60%的股份。在这之后会进行金额扣除（少数股东权益或非控股权益），以顾及外部股东所持有的40%股权。

以下是对图11-1中每个条目的解释：

营业收入 这是公司在一年内从销售商品或服务中收到或将要收到的款项。其他可能使用的术语是"税收收入"（revenue）和"销售额"（sales）。这一数字是扣除增值税或销售税后的净额。会计准则要求，损益表应将持续经营的营业收入与本年度终止的活动以及合资企业（与其他公司合作经营的企业）分开。账目附注通常会给出销售来源更为详细的明细。例如，乐购会将营业收入按英国（与爱尔兰共和国）、中欧、亚洲、美国与乐购银行分列。报表展示了本年度和上一年度的数据，通常在报告后面还有五年总结（本章后面讨论），这使得跨时间的数据比较容易得到。在本例中，公司的营业收入增长了15%。这显然是一个积极健康的数据，但分析师想知道，现有业务、公司投资创建的新业务带来的内生性（即非收购）增长占了多大的比例。公司是不是借一大笔钱开了100家分店，导致销售额增长？如果是这样的话，15%的涨幅并不惊人。又或者，公司是否在当年收购了新公司？另外，在考察一段时间内的数据变化时，可能还需要考虑通货膨胀的影响。

营业成本 购入原材料或零部件所发生的费用，以及使材料达到可销售状态的成本（包括生产成本，如工厂的工资和制造费用）。

毛利润 营业收入减去营业成本。

分销费用、管理费用和其他费用 包括很多项目，从总部员工的开支到为一栋大楼支付的租金。设备、机械和其他资本项目的折旧也包含在这些项目中。折旧是指资产负债表中固定资产账面价值的减少。折旧方法将在账目附注中说明。

营业利润 指支付除利息以外的所有费用后的剩余收入。因此，它关注根本的业务回报，而不考虑企业的融资方式（负债水平）的扭曲效应，可以分为持续经营和非持续经营两种。在这一点上，许多报表会做一些非常规性项目调整。这些收益或费用是公司日常活动的一部分，但这些收益或费用本身并不寻常，或对当年的利润有特别大的影响。这些一次性项目可能会扭曲某一年的利润，因此账目通常会显示特殊项目前后的结果。例如可能包括出售办公楼带来的暴利，或关闭一项业务活动的特殊成本（例如关闭子公司的冗余成本）。①

税前利润 扣除已支付的利息，或加上收到的利息，得出关键的利润数字，该指标也经常受到新闻界的广泛关注。在表 11-1 中，支付的净利息在 20×1 到 20×2 之间从 500 万英镑增加到 600 万英镑。或许在 20×2 年利率上升或借款金额增加。账目附注将列出借款细目。例如，列出一年、五年内偿还的比例、以不同货币借入的金额以及通过各种债券发行或银行贷款借入的金额。

分析师们可能会注意到，虽然表 11-1 中公司的营业额增长了 15%，但成本增长的百分比更大，因此税前利润仅增长了 9%，从 4 500 万英镑增至 4 900 万英镑。

税 常驻英国的公司在扣除费用后，所有的收入和资本收益都需要缴纳企业所得税。请注意，支付给普通股股东的股息不是费用，因为它实际上是所有者与股东之间的利润分配。国家一直在改变企业所得税的税率，这里我们采用 28% 的税率进行说明。不过请注意，公司不需要缴纳 4 900 万英镑中 28% 的税款（1 372 万英镑）。报告的利润中需要纳税的确切部分取决于多个因素，例如是否已对在国外获得的收入纳税。一些公司可以支付与本年度收益相比非常低的税，因为它们在前几年的交易和其他损失中有税收损失。当它们获得利润时，也可能很多年都不用纳税。报表附注（在本例中为附注 8）应提供税收计算的详情。

税后利润（当期利润） 也称为净利润。如果没有少数股东权益，我们可以称之为公司的股权收益，它属于股东。然而，在本案例中，公司的一个或多个子公司的部分由其他人所有。因此，有必要扣除他们那部分的利润。这体现

---

① 这一点可能会有一些额外的项目，因为并非所有的利润都来自经营基础业务。这些额外的收入来源可分为以下几类：(1) 来自联营企业权益的收入，以及来自其他参与权益的收入（如果母公司拥有另一家公司 20% 或以上的股份，并具有重大影响，则可包本集团在其联营公司经营成果中所占的份额）；(2) 其他投资收入和其他应收利息（如金边债券利息或股息）。

在 100 万英镑的少数股东权益上。母公司只拥有子公司的一部分，但是子公司的所有收入和成本都应当包含在损益表的上半部分中；只有到这里，我们才承认利润的一部分实际上属于外人。因此，扣除少数股东权益（以及可能的优先股股息）后，案例中属于母公司所有者的净利润为 3 400 万英镑。这通常被称为"底线"数字。扣除股息后剩下的资金将投入到业务中——也就是留存收益（或保留金）。

每股收益 每股收益等于归属于普通股股东的利润（扣除少数股东权益和优先股股利）除以发行的普通股数量。假设案例中的公司已发行 5 000 万股普通股，则其每股收益为 3 400 万英镑/5 000 万股＝68 便士。每股收益是衡量公司业绩的关键指标。通过它可以观察到每股股票所带来的利润增长。对公司来说，提高总利润总是容易的——只要管理层持续发行股票，不断进行融资，就可以很容易地做到这一点；但要通过这种方式来提高每股收益就不那么容易了。此外，它们也是衡量公司以可持续方式支付股息的能力。

每股收益可在非常规性项目进行列报，而且企业可以对每股收益数据进行诸多调整（详见第 12 章）。

每股股息 本年度已付或应付股息的总额（中期及末期股息）除以已发行股份数。对于案例中的这家公司来说，20×2 年的每股股息是 1 700 万英镑/5 000 万股＝34 便士。

资产负债表（财务状况表）

资产负债表展示了该公司在过去某一天所拥有、应付和应收的状态；这一天通常是公司财年的最后一天（或上半年的最后一天）。资产负债表汇总了企业的资产和负债，资产和负债之间的差额是净资产或净权益。

报告和报表中常会看到两张资产负债表。第一张是母公司（控股公司）的资产负债表，本公司众多全资或部分拥有的子公司都会在母公司的资产负债表中列示。但由于这些资产不是以合并的形式列示，因此它在财务分析上的用途有限。投资者应注意第二张资产负债表——合并资产负债表（集团资产负债表）。这张表里包含了子公司和控股公司的所有资产和负债——无论母公司的持股比例是多少。

我们将以图 11-2 为例介绍资产负债表。请注意，资产用正数表示，负债用括号内的数字表示。

	附注	20×2 百万英镑	20×1 百万英镑
非流动（固定）资产			
有形资产	13	82	80
无形资产	14	18	20
投资	15	5	5
		105	105
流动资产			
存货	16	35	20
应收账款和其他应收款	17	60	40
交易性金融资产	18	20	20
货币资金	19	10	10
		125	90
流动负债			
短期负债	20	(62)	(49)
净流动资产		63	41
总资产减流动负债		168	146
非流动负债			
长期负债	21	(25)	(20)
负债和费用准备金	22	(14)	(14)
净资产		129	112
所有者权益			
实收资本	23	5	5
资本公积	24	50	50
重估储备	25	23	23
盈余公积	26	46	29
归属于母公司股东权益合计		124	107
非控股（少数）股东权益	27	5	5
所有者权益合计		129	112

图 11-2 20×2 年 3 月 31 日的典型合并（集团）资产负债表

非流动资产（固定资产） 资产可以分为长期资产（固定资产或非流动资产）和短期资产（流动资产）两类。固定资产是指企业为使用而持有，不用于转售的资产。固定资产一般分为三类：

- 有形资产：用于赚取收入的有形资产（土地、建筑物、工厂、机器和车辆）。
- 无形资产：没有实物形态，但寿命很长（超过一年）的资产，如版权和其他出版权、许可证、专利、商标、商誉。
- 投资：预计将长期持有的投资品，如其他公司的股份（子公司除外）、艺术品和金边债券等。

从实际出发，大多数长期资产都需要考虑磨损的问题。因此，有形资产和无形资产通常按账面净值入账，即资产的原始成本减去有形资产的累计折旧，或无形资产自收购以来的摊销。会计准则要求除土地外的所有固定资产都要折旧（或摊销）。当然，在此期间，有些资产可能会增值。如果发生了这种情况，公司有可能需要重新评估资产负债表中的资产。重新评估的结果除了显示在固定资产部分外，还要显示在重估储备中。重估储备代表固定资产的累计重估价。这样一来，公司就不会将固定资产的偶然增值计入损益表中，否则有可能扭曲真实的盈利能力。（国际财务报告准则在这一点上不太讲究，可能会使情况变得混乱。）

投资通常按成本列示，但股票市场中上市证券的投资则通常以市场价值列示在账目附注中。

流动资产　流动资产包括现金和可以快速转化为现金的资产。原材料、在制品和产成品的存货以及应收账款（债务人）——通常是客户欠企业的金额——都包含在这里。此外，预计在下一年内出售的投资也列示在流动资产项目下（这些资产通常以成本或可变现净值中较低者列示，但可重新估价至市场价值或董事会认为的"公允价值"）。

负债　流动负债是指公司预计在下一年内必须支付的欠款，包括还贷时间不足一年的银行贷款、银行账户的透支额，以及未偿还的应付账款（债权人）（允许公司稍后支付货物的供应商）和到期但尚未缴纳的企业所得税。流动资产和流动负债之间的差额是净流动资产（俗称流动资金）。如上例中，在20×2年3月31日，其金额为6 300万英镑。如果我们现在加上非流动资产的价值，总资产减流动负债的金额为1.68亿英镑。

净资产　净资产是由总资产减去总负债所得。负债包括一年以上到期应付给债权人金额、非流动负债（如长期银行贷款或债券）以及负债和收费准备金。准备金是对不确定金额或支付时间的或有负债的定额准备。它通常包括养老金、重组费用（员工再培训或再安置）、环境污染赔偿或诉讼等项目。

所有者权益 公司净资产归股东所有。然而，合并资产负债表中允许存在两类股东。回想一下，对于那些母公司部分拥有的子公司，我们大胆地将100%的资产和负债纳入资产负债表的上半部分。其中一些净资产应当归属于子公司的少数股东，而非控股公司股东。该金额以非控股（少数）股东权益的数据来表示。剩余部分才是归属于控股公司股东的净资产。这被称为"股东权益资金"，或简称"股东资金"。在示例中，股东资金分为四类。第一种为股本，如果查阅附注23，我们将看到两个股本数字。首先是法定股本，这是公司成立时创建的或随后创建的（经股东批准）股票的票面价值。每股的票面价值可以是5便士、10便士、25便士、50便士，或者是最初创始人决定的任何数额。其次是已发行股本（实收资本）。这是以票面价值表示的已发行（出售或分配给投资者）股份的总价值。

一家公司的法定股本数量比实际出售（发行）的股票数量多是正常的。附注里通常会同时说明股份总数、每股面值和所有股份的总面值。在这个案例中，公司发行了5 000万股股票，每股面值在20×2财年末为10便士。因此，资产负债表中有500万英镑实收资本（总面值），但是股票很少以面值出售。本例中，公司现在每股收益为68便士，股息为34便士。显然，如果公司发行更多的股票，它们会以超过10便士的价格出售这些股票——谁不想用10便士买到年股息为34便士的股票呢？即使一家公司刚成立，其票面价值通常也是低于出售股份所得的金额。资本公积账户记录出售股票的溢出（高于面值）金额。

资产负债表中的盈余公积代表公司存续期间的累计留存利润。注意，公司的盈余公积从20×1年到20×2年增长了1 700万英镑，反映了20×2年留存的利润。这些资金可以用来支付股息。[①] 因此，如果我们的公司在20×3年出现亏损，但仍希望支付股息，则最高可以支付4 600万英镑（减去20×3年的损失）。

---

① 在扣除其他非流动资产出售的所得税和损失后，也可从出售非流动资产所得收益中支付股息。

◎ 现金流量表

公司进行破产清算的一个主要原因是现金不足。即使其利润呈上升趋势，公司仍然有可能破产。清算的风险是分析师需要分析企业年度现金流入和流出的原因之一。

除了评估公司破产的可能性外，分析现金流量表有助于回答那些分析损益表和资产负债表后留下的对公司业绩和实力方面的疑问。它尤其有助于回答一些关键问题，例如，利润增长中有多大比例被用于投资那些维持盈利增长所需的固定资产、应收账款和库存现金？如果所有的现金都被使用，还有什么可以用来分红呢？如果年复一年对资产的投资大于经营活动产生的现金，董事会是否必须不断向股东要更多的钱，还是会借更多的钱？如果借款增加，这对普通股的风险有何影响？公司是否有足够的现金支付利息？等等。

此外，对于管理者来说，现金流量表比损益表和资产负债表更难操纵，因为它是衡量现金实际流动的指标。它确定了公司从何处获得资金以及将这些钱花在了什么地方。[①]

图 11-3 展示了一个典型的现金流量表。

这是与前文所示损益表和资产负债表同一公司的现金流量表。它分为多个区域：

经营活动产生的现金流量 本年度从公司客户处收到的现金（不包括尚未收到现金的销售和增值税等销售税）。列示时，已扣除支付给供应商、员工等方面的现金。在调整损益表与现金流量表时，损益表中确认的折旧费用不属于现金流出，所以这会使得现金流量高于利润。然而，由于增加的存货（1 500万英镑——参见图 11-2 中 20×1 和 20×2 之间的资产负债表变化）和应收账款（2 000 万英镑）并没有为企业带来现金流入，相对于利润减少了现金流。

---

① 除现金流量表外，还有一份关于损益表中营业利润和经营活动产生的现金流量净额的调整报告。其将分别披露存货、应收账款和应付账款的变动情况。此外，还将有一份关于现金流动与净债务变动的调整说明。公司还需要编制一份权益变动表，将不允许计入损益的所有其他损益计入当期利润。例如，固定资产重估的盈余和赤字、货币换算损益（由于汇率变动，海外子公司以母公司货币增加或减少利润、资产或负债）。该报表显示股东资金从所有损益中减少或增加的程度。通常，在权益变动表之后，会有一张调整期初和期末股东资金总额的票据。

如果经营活动产生的现金流量净额为负数，那么我们可能会开始担心企业的经营水平。因为该公司销售商品和服务的价格没有超过其成本，或者正在向营运资本注入大量资金，以保持其销售水平。

	附注	百万英镑	百万英镑
经营活动产生的现金流量			
经营活动产生的现金	28		25
支付的利息	7		(6)
支付的税费			(13)
经营活动产生的现金流量净额			6
投资活动产生的现金流量			
购置物业、厂房及设备	13	(5)	
处置物业、厂房及设备所得款项		0	
投资收益/购买		0	
收到的利息		0	
收到的股息		0	
投资活动产生的现金流量净额			(5)
筹资活动产生的现金流量			
借款增加（偿还）	20, 21	14	
已付普通股股利	12	(15)	
筹资活动产生的现金流量净额			(1)
现金及现金等价物净增加额			0
期初现金及现金等价物余额			10
期末现金及现金等价物余额			10

图 11-3 年度截止为 20×2 年 3 月 31 日的合并现金流量表

投资活动产生的现金流量 这一部分包含用于购买非流动资产的现金或出售非流动资产产生的现金。在本案例中，用 500 万英镑购买了长期资产——车辆、设备、建筑物等。这些现金也可用于购买子公司或子公司的部分股份——如果出售这些资产会增加现金流入。如果从对合资企业或联营企业的投资中获得利息或股息，也应当包含在这一部分中。

筹资活动产生的现金流量 现金流量表的前两部分列示了经营活动或投资活动产生（或吸收）的现金金额。在本案例中，总现金盈余为 100 万英镑。不过，该公司在这一年里也派发了股息，总计 1 500 万英镑。这一资金缺口是通过额外借款 1 400 万英镑来填补的。

因此，公司本年度产生的现金仅够用来维持其对营运资本项目（存货和应收账款）和固定资本项目（厂房和设备）的投资。在没有额外借款的情况下，它没有足够的现金来支付高额的股息。这或许是一个投资者关心的问题，他们可能喜欢公司不断生产现金并将其分发给股东。换一个角度来看待这个问题：随着公司营业额的增长，它是否需要大量的现金来支撑营运资本和固定资本？

当然，我们的例子特殊，列示的当年的总现金流动为零（年初和年末现金均为1 000万英镑）。但是在大多数情况下，现金余额会显著地增加或减少。

请注意，"现金"是指纸币和硬币，以及减去透支后可随时提取的银行存款。"现金流"包括通过支票等方式进行的付款。

现金等价物是可以很快、很容易地以较低的成本出售变现的短期投资。它们非常安全，几乎没有人会怀疑这些金融产品的发行人是否违约。例如，可以通过购买三个月期的国库券向英国政府放贷。国库券承诺90天后付给持有人100英镑，而且它在90天内可以在投资者之间进行买卖。所以，如果该国库券的持有者决定以99.60英镑的价格将其出售，那么这个现金等价物就变成了银行账户上的现金。几天后，买家则将向英国政府收取100英镑（如果他们不卖给另一个买家的话）。而100英镑和99.60英镑之间的差额则是期间产生的少量利息。

■ **案例**

被迫清算的盈利公司

年初，ABC公司通过出售股票获得100万英镑的股本，并于1月1日从银行借款150万英镑。它购买了200万英镑的机器，雇用了25名工人。机器的使用寿命预计为10年，以每年20万英镑的折旧率折旧。公司在第一年就实现了盈利（见图11-4）。

尽管ABC公司损益表上显示盈利，但由于其现金耗尽，被迫由银行进行清算。造成其用完现金的原因有很多，其一是它授予了顾客在交货后60天付款的权利；与此同时，ABC又不得不在生产过程中支付原材料供应商、劳动力、机械和分销成本。最后，许多顾客要么迟交（60天后），要么根本不付款。因此，该公司在这一年只收到了400万英镑，而不是500万英镑。年中，

	英镑
营业收入	5 000 000
营业成本	(4 000 000)
毛利润	1 000 000
费用	
劳动力	(400 000)
工厂及其他费用	(300 000)
机器折旧	(200 000)
营业利润	100 000
减去应付利息	(80 000)
税前一般活动利润	20 000

图 11-4 ABC 公司损益表

又以 25 万英镑的价格购买了另一台机器。在这个简单的例子中，当年的现金流量表看起来比损益表差得多（见图 11-5）。这家公司年初现金为零，年终现金为 −53 万英镑，这显然是不可持续的（即使撑到了年底，它也举步维艰）。

	英镑
经营活动产生的现金流量净额①	(700 000)
已付利息	80 000
税	0
资本支出	(2 250 000)
已付股本股利	0
融资前现金流入（流出）	(3 030 000)
融资：股票发行	1 000 000
债务增加	1 500 000
本年现金增加（减少）	(530 000)

① 从客户收到的现金（400 万英镑）减去用于经营活动的现金流出（470 万英镑），其中包括营业成本、劳动力费用、工厂及其他费用。

图 11-5 ABC 公司现金流量表

董事长声明

法律没有要求董事长发表声明,但大多数公司都有董事长声明。它有助于理解上下文中的会计数字。通常董事长声明会提到那些可能已经发生对损益表、资产负债表和现金流量表有重大影响的事件。例如,可能发生了重大收购,以及配股和借款增加对报表产生的影响。如果没有董事长声明,也许就不可能理解为什么这些报表会在一年之内发生如此巨大的变化。

这一声明也是董事长的个人评论,旨在启发股东了解公司过去和现在所面临的总体营商环境。它还可以将公司的整体表现分解为各个组成部分(按产品线、部门或地理位置),并对这些部分的未来前景进行评论。它也会提出一些可供投资者参考的公司重大举措,如关闭工厂或在新技术上进行大量投资。此外,报告里董事长还将对公司的总体战略发表一些意见。

有些董事把自己作为公司方向和业绩监督人的角色看得很重。他们纯粹从股东的角度审视公司的行为,然后以坦率和批判性的方式向股东报告董事管理股东资金的质量和未来前景。不幸的是,太多的董事长将自己的角色视为高管的拉拉队,这份声明似乎变成了一场公关活动:长时间地展示高管行动的积极一面,而缺乏平衡的批评内容。投资者在阅读声明时必须特别小心,并持有一定的怀疑态度。最重要的事情是读出文字背后隐藏的意思。仔细阅读声明不是为了发现它包含什么,而是为了发现它遗漏什么。

首席执行官回顾

除了董事长声明(有时作为其替代),还有首席执行官回顾或业务审查。首席执行官是最有权力的董事。在英国,他们通常被称为总经理。这份回顾将更详细地说明每个部门的业绩、战略和管理意图。

财务回顾

财务审查通常由财务总监撰写,并包含以最重要的会计数字为中心的讨论，将结果与公司的战略和年度事件联系起来。财务总监通常会将销售和交易利润数字细分到不同的地区或产品部门。他们还将讨论资产负债表的强度（如"相对于净资产，债务几乎为0"）和一些关键绩效指标（KPI），例如在不同业务领域中使用的资本回报率（见第12章），以显示他们接近目标的程度。

董事工作报告和业务审查

这些都是法律所要求的，但董事会提供的信息和评论往往比法规或证券交易所坚持的要多得多。业务审查是董事工作报告的一部分，或与之交叉引用。许多公司在首席执行官或财务总监的报告或年报的其他部分都涉及这些讨论要点，因此业务审查部分可能相当少。报告需要包含以下内容（如果报告其他部分未涉及）：

- 讨论年内的活动，并讨论可能的未来发展；
- 年末以来发生的影响公司的重要事项；
- 股份回购明细；
- 技术信息，如董事姓名及其持股、公司的政治或慈善捐款；
- 持股比例超过3%的持股人（仅限上市公司）；
- 研究与开发的描述；
- 就业、供应商关系、风险管理和环境政策；
- 企业面临的主要风险、不确定性以及管理层如何应对的问题。

该审查可称为"经营和财务审查"，或OFR，提供（理想情况下）一年内业务发展和业绩的分析，以及对公司年终状况的深思熟虑、平衡和全面的评估。这可能涉及公司战略，并将包括对主要风险和不确定性的讨论。在这里，可以讨论更详细的KPI，用于评估其进度和效率（有关常用的一些比率，请参阅第12章）。

审计报告

法律强制要求企业任命审计师（小公司除外）。审计师由股东在年度股东大会上任命，任期至下一届年度股东大会。他们的职责是确认公司的财务报表是否具有误导性，即账目是否符合"真实公正的观点"。审计师有权随时查阅账簿和账目，如果董事向审计师提供虚假或误导性信息，这属于违法行为。审计师在试图了解真实财务状况时，可以要求经理提供额外的信息和解释。

如果审计师对记录的质量有疑问，或者他们发现账簿和账目之间存在差异，或者企业无法提供给他们要求的信息和解释，他们将在报告中直接说明所遇到的困难。也就是说，对企业报告进行了限定。投资者如果读到报表已受限，则需要提高警惕。

审计师也会对公司是否遵守与公司治理——即公司的管理和控制体系——有关的实务守则发表意见。《英国公司治理准则》（UK Corporate Governance Code）整合了典范做法指南。董事会必须在账目中说明如何应用守则的原则。如果没有遵循原则，他们必须说明原因。

这些原则包括：

- 董事的薪酬应该是透明的，要求由非执行董事组成薪酬委员会。
- 董事应至少每三年轮休一次（对于最大的 350 家公司来说，是每年一次）。
- 董事长不应同时担任首席执行官，以避免公司被一人控制。在特殊情况下，如果向股东提交书面理由，则可以忽略这一点。
- 审计委员会（负责核实财务数字，如任命有效的外部审计师）应完全由独立的①非执行董事组成，而不是由执行董事组成，否则委员会将无法对执行董事起到制衡作用。
- 除董事长外，董事会成员中至少有一半应为独立非执行董事。
- 报表必须包含董事会声明，说明公司是一家持续经营的企业，也就是说，公司有足够的至少能维持一年的资金。
- 应任命一名高级独立董事，听取一系列股东的意见，并将这些意见传达给董事会。

---

① 为了保持独立，非执行董事不应成为客户、供应商或创始家族或首席执行官的朋友。他们的收入不应依赖公司的收费。

五年总结

通常放在报告和报表的后面,是一份非常有用的五年或十年的关键财务数据摘要。在这里,你可以观察到销售、利润、股息、每股收益和其他一系列重要变量的历史增长模式。不规则的图案可能不如光滑的图案吸引人。快速的销售和利润增长以及每股收益零增长可能意味着公司的大规模收购以及定期发行股票。这可能不如更普通的内生性增长和利润增长加上每股收益的增长更具吸引力。

注意不要过分依赖这些汇总表却不了解它们背后的细节。随着时间的推移,会计实务政策,甚至会计准则的变化,都会使这些汇总表产生扭曲。另一个造成混乱的主要原因是企业是否包含或排除已终止的活动。

交易报告

中期管理报告(交易更新、交易报告)由公司在每半年中期发布。主板市场公司会被强制要求发布中期管理报告,但许多另类投资市场上市公司会自愿发布。交易报告通常非常简单,由几段文字组成,简要描述一下公司自上一份正式报告以来的交易表现。报告上提供的财务数据非常有限(截至1月15日的12周内,销售额下降了2%),不提供利润数字。公司应该强调影响公司地位的重大事件或交易。

在整个会计年度中,如果公司有任何信息发布后可能对股价产生重大影响,比如失去一份重要合同,公司都必须发布公告。这些信息可以在公司网站的投资者关系页面或 ADVFN 等金融网站上看到。

延伸阅读

W. McKenzie, The Financial Times Guide to Using and Interpreting Company Accounts, 4th edition, Financial Times Prentice Hall, 2009.

McLaney and P. Atrill, Accounting and Finance: An Introduction, 9th edition，Pearson，2018.

Thomas and A W Ward，Introduction to Financial Accounting，8th edition，McGrawHill，2015.

Sangster，Frank Wood's Business Accounting Volume Two，14th edition，Pearson，2018.

前两本书对报告和报表做了简单易懂的介绍，比本章所提供的信息要详细得多。有关各种会计准则的最新资料可从财务报告委员会网站上查阅（www.frc.org.uk）。

第 12 章

核心投资比率与指标

本章将解释金融媒体在报道公司业绩或财务状况时所使用的专业术语。各种各样令人费解的关于公司的汇总统计数据不断轰炸投资者,这里我们只介绍其中最常用和最重要的。如果 NAV、PER、ROCE 等这些名词对你来说是一个严峻的考验,那么本章将非常适合你。

读完本章之后,你不仅可以理解《金融时报》上的公司数据,还可以根据一些基本数据(通常是年度报告和报表)自行计算各种比率和其他指标。然后你就可以通过关注那些你认为重要的因素来分析一家公司。换言之,你不必再依赖他人来判断哪些指标最重要,或者它们应该如何计算(对于某些指标,计算时可以选择包含不同的数据)。

这些比率和其他衡量指标的价值在于,它们有助于正确看待损益表、资产负债表和现金流量表中报告的数据。这通常可以把报表的一个方面,比如利润,和公司使用的所有资产的价值联系起来。

例如,当得知 A 公司获利 1 000 万英镑,而 B 公司获利 2 000 万英镑,条件反射上可能会认为 B 公司更好。如果进一步考虑比较一下企业每英镑的回报率,假设 A 公司在年初和年末的净资产为 4 000 万英镑,而 B 公司的净资产为 2 亿英镑,此时可以计算出两家公司使用其可用资产效率的数据,A 公司每 1 英镑资本创造 25 便士的利润,资本回报率为 25%(利润/净资产=1 000 万英镑/4 000 万英镑=0.25),而 B 公司每消耗 1 英镑资本,只产生 10 便士的利润(1 000 万英镑/2 亿英镑=0.10)。

这些比率和指标可以显示出数字之间的对比关系,以及其在不同公司之间的可比性,使投资者能够更理智地看待公司的业绩和财务状况。比率在五年或十年内的变化趋势，有助于投资者构建公司未来发展或衰退的图景。

本章中，投资比率和指标将分为四个部分进行展示：

每日（或至少每周）在金融媒体上公布的指标，其主要与股价有关。

根据利润、盈利能力和效率衡量公司业绩的统计数据。

财务健康比率和衡量标准，本节主要研究债务水平和偿付能力比率。

有助于根据股东预期获得的收入流对股票进行估值的前瞻性指标。

财经版块中涉及的比率

市盈率

市盈率（P/E ratio；earnings multiple）是将公司的股价与其最近年度的每股收益相比较。每股收益是利润表中所示归属于股东的利润除以已发行股份数（见第 11 章）。

$$市盈率 = \frac{股价}{最近一年每股收益}$$

因此，如果某家公司一股股票的当前市价为 9 英镑，而最新账目中显示的每股收益为 68 便士，则市盈率（收益倍数）为：

$$市盈率 = \frac{900}{68} = 13.2$$

这里所假设的每股收益数据来自图 11-1 所示的损益表。归属于股东的利润为 3 400 万英镑（从税后利润中减去 100 万英镑的少数股东权益），发行股票数量为 5 000 万股，每股收益为 68 便士。

严格来说，上面展示的市盈率应该称为历史市盈率（historical P/E）或滚动市盈率（trailing PER），因为它是基于已经发生的收益计算的，这也是新闻媒体上最常报道的市盈率。然而，投资者往往更有兴趣了解现行股价与下一年预期收益的关系。这是预期市盈率或预估市盈率：

$$预期市盈率 = \frac{股价}{下一年的预期每股收益}$$

第 12 章 核心投资比率与指标

专栏 12.1 展示了一些航空航天以及国防公司的历史市盈率。市盈率随着股价的上涨或下跌而每天变化。《金融时报》周二至周六会刊登前一天的市盈率,周一版则展示其他公司/市场统计数据。

对专栏 12.1 的分析表明,投资者愿意以其上年收益 13 倍的价格购买雅芳橡胶股票,而 BAe 系统公司的股价只有上年收益的 7.4 倍。市盈率差异的一个解释是,预期市盈率较高的公司未来的盈利增长将更快。从历史利润数据来看,雅芳相对于 BAe 可能价格有点虚高,但在进行盈利预测时,这种差异可能是合理的。如果市盈率很高,表明投资者的预期利润会上升。

这并不意味着所有高市盈率的公司都会认为是取得很高的绩效表现,它仅仅意味着这些公司的绩效表现会显著高于过去。另外,影响市盈率的另一个因素是股票的相对风险。

有些分析师更喜欢互换市盈率的分子分母,以计算收益率。它表示每投资 1 英镑购买股票所产生的利润:

$$收益率 = \frac{每股收益}{股价} \times 100\%$$

因此,以我们前面的例子来说,上年每花 1 英镑购买一股股票,公司利润为 7.56 便士(历史收益率):

$$收益率 = \frac{68}{900} \times 100\% = 7.56\%$$

金融媒体报道的历史市盈率通常以最新的年度报告和报表为基础,并根据中期数据进行更新。因此,如果公司报告了本年度前六个月的收益,则它就会在计算近 12 个月的收益时,被用来替代上一个年度前六个月的收益。[①]

公司有时会公布稀释后每股收益。这将考虑到公司未来可能会根据高管股票期权计划、可转换债券、可转换优先股和认股权证发行的任何额外股份。"稀释"一词表示收益将分布在更大数量的股票上,因此完全稀释的每股收益将低于报告中正常的每股收益。

---

① 这里采用了滚动法:取最近一年全年的收益,加上最近六个月的数字,再减去前一年六个月的收益。对于每季度报告收益的公司,使用的收益数字是最后四个季度收益的总和。

专栏 12.1

伦敦股票服务摘录，航空航天以及国防公司

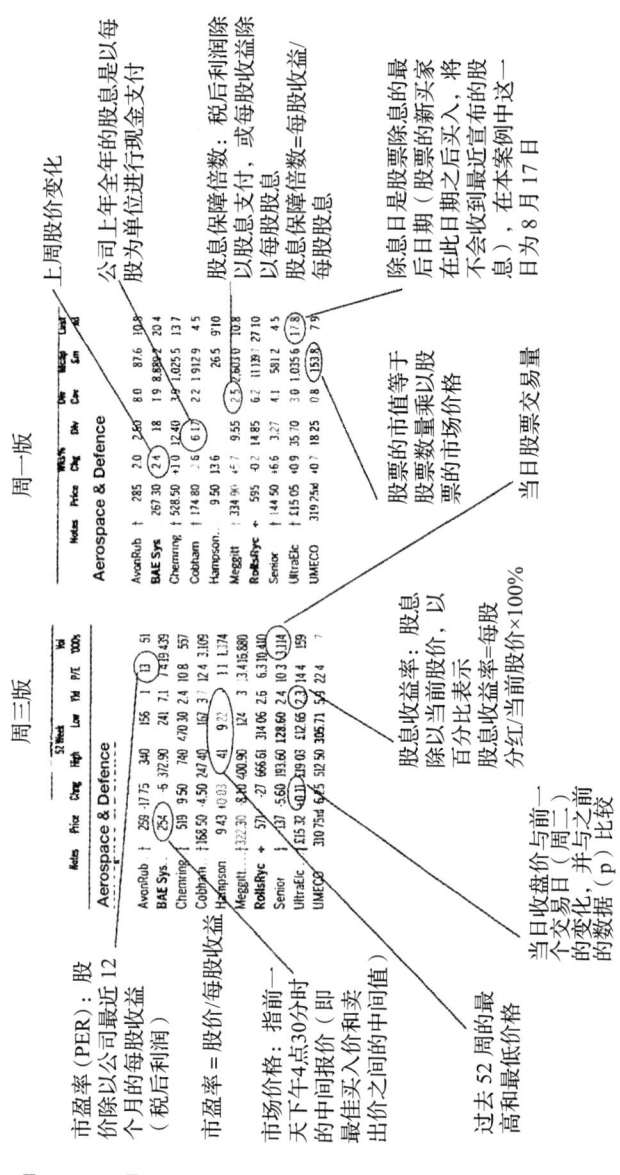

周一版

	Notes	Price	Wk's Chg	Div	Div Cov	M Cap £m	Last Ex div
Aerospace & Defence							
AvonRub	†	285	2.0	2.60	8.0	87.6	10.8
BAE Sys		267.30	2.4	18	19	8,859.2	20.4
Chemring	†	528.50	+10	12.40	—	391,025.5	13.7
Cobham	†	174.80	.26	6.17	22	1,912.9	45
Hampson		9.50	13.6	—	—	265	9.10
Meggitt	†	334.96	+7	9.55	2.5	2,560.10	10.8
RollsRyc		595	-0.2	14.85	6.2	11,139.7	27.10
Senior		144.50	+6.6	3.27	4.1	581.2	4.5
UltraElc		1,15.05	+0.9	35.70	3.0	1,005.6	17.8
UMECO		319.75xd	-0.7	18.25	0.8	153.1D	7.9

周三版

	Notes	Price	Chg	52 Week High	52 Week Low	Yld	P/E	Vol 000s
Aerospace & Defence								
AvonRub		259	-1.75	340	156	1	13	51
BAE Sys	†	254	-5	372.90	241	7.1	7.1	19,439
Chemring		519	9.50	740	470.30	2.4	10.8	557
Cobham	†	168.50	4.50	247.40	163	3.7	12.4	3,109
Hampson		9.43	+0.50	41	9.23	—	11	1,174
Meggitt	†	322.30	8.10	400.90	124	3	14.06	3,415,680
RollsRyc	+	571	-27	666.61	314.06	2.6	6.30	10,410
Senior	†	137	5.60	193.60	128.50	2.4	10.3	13,114
UltraElc		1,15.32	+0.13	1,39.03	1,12.06	3.3	14.4	159
UMECO		310.75xd	6.45	5.290	305.71	5.2	22.4	7

标注说明：

- **市盈率（PER）**：股价除以公司最近12个月的每股收益（税后利润）
- **市盈率** = 股价/每股收益
- **市场价格**：指前一天下午4点30分时的中间报价（即最佳买入价和卖出价之间的中间值）
- **过去52周的最高和最低价格**
- **当日收盘价与前一个交易日（周三之前的数据（p）比较**
- **股息收益率**：股息除以当前股价，以百分比表示。股息收益率=每股分红/当前股价×100%
- **当日股票交易量**
- **股票的市值等于股票数量乘以股票的市场价格**
- **上周股价变化**
- **公司上年全年的股息是以每股为单位进行现金支付**
- **股息保障倍数**：税后利润除以股息支付，或每股收益除以每股股息。股息保障倍数=每股收益/每股股息
- **除息日是股票除息后日期（股票日期之后的新买家在此日期收到最近宣布的股息不会），在本案例中这一日为8月17日**

资料来源：*Financial Times*.

第 12 章 核心投资比率与指标

新闻界使用的每股收益数字通常是基本收益（报告收益）。它扣除了一次性特殊项目的利润，呈现出全面的图景。公司通常喜欢呈现尽可能大的每股收益，会突出标题、潜在、调整或标准化每股收益。这些每股收益中不包括一次性成本、特殊项目和商誉摊销。这些数据本应显示出公司的潜在趋势，但一些公司似乎有一个习惯，即每年都会显示出巨额的、据说是一次性的成本。这些盈利数据令人安心的标题掩盖了这样一个事实：董事们能够通过强调这些数字来美化公司的业绩——他们巧妙地回避了一些严酷的事实，比如一些业务运营中的重大亏损。

每股收益也可报告为"持续经营"（不包括已停业或已被出售的业务的收益）。

市盈率本身并不能告诉你股票的估值是否恰当。它只是告诉你投资者普遍预期的利润增长。然后可以将其与增长的估计进行比较，以判断市场是恰当的、过于悲观还是过于乐观。也许你的判断会受到其他公司业绩的影响，比如同行业的公司，或者整个市场的市盈率。英国《金融时报》出版了行业组织和整个市场的报告。

股息率

股息率是每股股息支付额占股价的百分比：

$$股息率 = \frac{每股分红}{股价} \times 100\%$$

因此，如果公司支付的股息为每股 34 便士，而当前股价为 900 便士：

$$股息率 = \frac{34}{900} \times 100\% = 3.78\%$$

股息的数额是当年宣布支付的所有股息总额。一般来说，股息可能会支付两次：上半年结束后的中期股息（比如，每股 14 便士）以及期末股息（比如，每股 20 便士）。当然，如果公司选择每季度宣布一次分红，那么可能会支付四次。

在专栏 12.1 中，股息收益率（"分红率"）包括过去 12 个月的所有股息，这意味着它会根据中期（或季度）公布的股息进行更新。假设一家公司在某财政年度已过半时支付了下列股息：

上一个完整财年股息支付	22 便士
最新中期股息	7 便士
上期（去年）中期股息	6 便士
当前股价	500 便士

然后：

调整后股息＝22＋7－6＝23（便士）

$$股息率 = \frac{23}{500} \times 100\% = 4.6\%$$

股息率可以使用历史数据（基于最近 12 个月的股息）进行计算，也可以基于未来（对下一年的预测）进行计算。

股息率很重要，因为它是投资者从公司实际获得的短期现金回报。投资者当然希望获得资本收益，但这有点理论化——股息收入是实打实的。股票的收益率可以与其他股票、行业或整个市场相比较。它也可以与其他投资方式进行比较，如政府债券或房屋互助协会账户。政府债券的收益率通常高于股票。尽管股票面临更高的风险，但这一点对股东来说是可以接受的，因为人们预计，随着利润的增加，股票股息将会大幅增长，而债券的息票支付通常是一个固定的数额。[1]

那些预期利润快速增长的公司，由于投资者习惯性地抬高其股价，股息率非常低。这些低分红率股票通常称为"成长股"。高分红率股票（或分红股票）的利润增长率很低，称为"价值股"。[2] 股息率非常高的股票，通常市场上普遍认为如果公司陷入困境时，股息也会随之下降——你可以自己调查一下，看看这种共识是不是人们的过度反应。

经理们经常用股息来向股东表明他们对公司未来的信心。在企业发生亏损

---

[1] 不同寻常的是，自 2008 年金融危机以来，由于英国央行采取了降低利率的措施，10 年期英国国债的收益率普遍低于股票的平均收益率。2019 年，10 年期金边债券收益率跌至 1％以下，而股票收益率超过 4％——这确实是个奇怪的时期。

[2] 这是对"成长"和"价值"股票极为粗略的定义，不应太较真——参见我的《金融时报价值投资指南》(Financial Times, Prentice Hall, 2009)。粗鲁地将股票归类为价值股或成长股只会显示出人们思维质量的低下。关于这一点的最新案例请参考 www.newsletts.advfn.com/deepvalueshares。

的年份里，企业的股息往往保持不变，甚至有时候还会增长。这是企业为了向投资者证明这一年是特殊情况，很快一切就会好转。

如果股票被称为附股息（cum-dividend），意味着当时该股票的任何买家都将收到公司最近宣布发放的股息。股票除息时会有一个日期，在这个日期之后，购买者将不再有权获得最近宣布发放股息的股息——它将分给之前的所有者。

股息保障倍数、股息支付率和利润留存率

股息保障倍数是指归属于普通股股东的利润与股息的比率。它可以用每股收益除以每股股息计算：

$$股息保障倍数 = \frac{每股收益}{每股股息}$$

或者，就整个公司而言：

$$股息保障倍数 = \frac{归属于普通股股东的利润}{股息支付总额}$$

因此，如果每股收益为 68 便士，每股股息为 34 便士（见图 11-1），则股息保障倍数为 2。

股息保障倍数展示了当公司对之前股息水平的承受能力。它显示了本期税后利润可用于支付的当期股息的数量。支付的利润比例越高，用于企业投资和增长的资金就越少。

交换股息保障倍数的分子分母可以得到股息支付率。这是支付给股东的税后利润的百分比。剩下归属于公司的是利润留存率：

$$利润留存率 = \frac{留存利润}{归属于普通股股东的利润}$$

平均而言，公司的股息支付率会维持在 45%～50%。因此，股息保障倍数通常在 2 倍左右或略高（尽管在困难时期有所下降）。然而，这一平均值所对应的具体数值范围很广。一些公司支付全部利润和更多（UMECO），而其他公司只支付一小部分利润（雅芳橡胶）。如果股息保障倍数降至 1.5 以下，投资者可能会担心，利润只需稍微降低就能让股息下降。

市值

公司的市值是指发行的股票数量乘以市场价格。市值可以用来衡量公司的规模。如专栏 12.1 所示，雅芳橡胶的普通股总价值仅为 8 760 万英镑，而 BAe 系统的普通股总价值为 88.892 亿英镑。请注意，公司可以发行两种或两种以上的股票（如有表决权的普通股和无表决权的普通股）。这些可以单独报价。这两种类型的价值加在一起才能计算出公司的总市值——金融网站有可能省略了这一步，所以要小心。当然，你可以根据报表附注中有关股票的数据自己计算。

资产净值

资产净值（NAV）（或账面价值）是一家公司的总资产减去总负债。资产净值通常被视为公司的拆分价值。[①] 如果公司停业清算，其资产能够按资产负债表上的价值出售，负债也如资产负债表所示，则资产净值代表股东在所有其他债权得到满足后可供股东分配的金额。资产净值数字为支撑股票的资产价值计算提供了有效的指标。然而，大多数股票很少按资产净值进行估值，因为投资者并不希望公司进行清算，而是期望从持有股票中获得收入流，这种收入流是构成估值的基础。

有形资产净值（NTAV）与资产净值相似，但它删掉了专利、商标、商誉和其他无形资产，只关注实物资产。在许多情况下，在判断管理层净资产收益率时，将商誉等纳入资产可能是不合理的，因为这可能是一种会计假象，而不是当前管理团队能够控制的东西。

市值账面比（或账面市值比）

市值账面比是股价除以每股净资产（账面价值）。这一比率被一些分析师用作高估或低估的指标。如果资产负债表上每股的资产远大于股价，这将被视为买入信号。股价明显高于资产净值可能表明市场对这个公司过度兴奋。然

---

① 金融媒体经常使用一种不同的"拆分价值"。它是指通过向其他公司出售各子公司（而不是单个资产）所能筹集到的金额，通常远远高于资产净值。

而，这种类型的分析需要资产负债表提供有用和准确的估值——接近销售价值或置换资产的价值。但正如下文所讨论的，资产负债表并不是为此而设计的。

$$市值账面比 = \frac{股价}{每股资产净值（账面价值）}$$

对于第 11 章中的示例公司，净资产为 1.29 亿英镑，每股资产净值为 2.58 英镑（1.29 亿英镑/5 000 万股）。因此，市值账面比或账面市值比可以计算为：

$$市值账面比 = \frac{900}{258} = 3.49$$

一种更复杂的计算方法是扣除归属于少数股东的 500 万英镑净资产（见图 11-2），净资产为 1.24 亿英镑，市值账面比为 3.63。另外，还有一些分析师在计算时也会扣除公司的商誉。

如果资产净值相对于股票目前的市价来说很高，会让股东在股票下跌时有一定的信心。当然，这只适用于你相信资产负债表的价值时。而对于大多数公司来说，能够以资产负债表中的价值出售资产的机会非常渺茫。

企业价值

企业价值（EV）是市值和公司所有债务减去公司持有的现金的总和：

$$EV = 市值 + 总债务 - 现金$$

以第 11 章中的公司为例，它以 900 便士的价格发行了 5 000 万股股票，总资本为 4.5 亿英镑。资产负债表显示债务总额为 8 700 万英镑（6 200 万英镑一年内到期，2 500 万英镑一年后到期）和 1 000 万英镑现金。因此：

$$EV = 45\,000 + 8\,700 - 10\,000 = 52\,700（万英镑）$$

分析师在比较相对利润或现金流时会用到企业价值。如果利润或现金流是在扣除利息之前列示的，那么你可以将公司在派息前的利润与企业持有的权益和债务的总价值进行比较。（在企业价值计算中，一些分析师增加了养老金准备金、少数股东权益和其他企业债权。）

绩效比率和指标

利润率

存在各种不同的利润率，所以了解特定语境下是指哪一个利润率很重要。毛利率定义为销售额减去营业成本，以销售额百分比表示：

$$毛利率=\frac{毛利润}{销售额}\times 100\%=\frac{销售额-营业成本}{销售额}\times 100\%$$

因此，对第 11 章中使用的例子来说，20×2 年销售额为 2.3 亿英镑（20×1 年为 2 亿英镑），营业成本为 1.4 亿英镑（20×1 年为 1.2 亿英镑），毛利率为：

$$20\times 2\text{ 年毛利率：}\frac{90}{230}\times 100\%=39.1\%$$

$$20\times 1\text{ 年毛利率：}\frac{80}{200}\times 100\%=40\%$$

毛利率可以用来比较一家公司与其竞争对手的业绩。如果本公司的毛利率较低，则需要调查原因。这可能只是因为该公司的产品组合有较高的原材料成本，也可能是管理层的效率低下，或者是市场的定价权很小。随着时间的推移，对毛利润的观察同样有助于对公司的进一步的调查。

营业利润率是指营业利润占销售额的百分比。这里使用的利润数据是扣除利息和税金前的利润（PBIT）。它考虑了制造、分销、管理、研发、折旧等所有费用，但不包括融资成本或税收。

$$营业利润率=\frac{营业利润}{销售额}\times 100\%=\frac{销售额-营业费用}{销售额}\times 100\%$$

在我们的例子中：

$$20\times 2\text{ 年营业利润率：}\frac{55}{230}\times 100\%=23.9\%$$

$$20\times 1\text{ 年营业利润率：}\frac{50}{200}\times 100\%=25\%$$

随着时间的推移，如果公司的营业利润率与竞争对手相比有所下降，这可能暗示了一个严重的问题——企业的成本控制或定价权可能正在恶化。

税前利润率是扣除包括利息在内的所有费用后的利润，以销售额的百分比表示：

$$税前利润率 = \frac{日常经营产生的税前利润}{销售额} \times 100\%$$

在我们的例子中：

20×2 年税前利润率：$\frac{49}{230} \times 100\% = 21.3\%$

20×1 年税前利润率：$\frac{45}{200} \times 100\% = 22.5\%$

同样，该利润率会随着时间的推移而减少。[①] 我们需要将这些信息与其他信息结合起来，才能够建立这家公司完整的形象。必须指出的是，与大多数公司相比，超过20%的税前利润率仍然很高（请注意，这取决于行业）。因此，也许以上所研究的公司基本上是稳健的，但财富略有减少。目前为止还不能得出结论，但随着收集的信息越来越多，我们正在获得对公司的洞察力。

使用资本回报率

使用资本回报率（ROCE）衡量的是投资于企业内部资产的每份回报（营业利润）。

$$使用资本回报率 = \frac{息税前利润（营业利润）}{使用资本} \times 100\%$$

使用资本没有非常严格的规定。它可以定义为股票基金总额加上所有的借款。为了方便起见，如果我们假设所有负债都是示例公司的借款，那么：

$$使用资本回报率 = \frac{55}{129 + 62 + 25} \times 100\% = 25.5\%$$

或者，使用资本可以定义为权益加上长期贷款。一些分析师将负债和费

[①] 我们通常会观察至少五年的利润率变化，以避免时间太短而得不到可靠的结论。

用、少数股东权益和其他一系列因素作为资本金数字的一部分。显然，如果你用别人的计算方式来计算 ROCE，你需要知道他们使用了什么定义。在比较历年或公司之间的数据时，还需要确保定义的一致性。

ROCE 衡量的是一家公司将从投资者和贷款人那里获得的资金投资于实物资产的成功程度。在上例中，公司生产的 ROCE 相对较高。25.5% 的回报率可能会大大高于借入这些资金的所有成本，也可能远远高于股东在其他地方因持有这些股票而获得的回报。如果 ROCE 低于 8%，我们将会担心，因为这很可能低于其他公司或其他金融市场的回报率。

在实践中，你可能会注意到，有些 ROCE 的计算不使用年末资产负债表的价值，而是使用连续两个资产负债表的平均值。这是为了反映一个事实，即利润是在一年中的一段时间内获得的——利用的是一年中不同时间点的可用资产数量，而不仅仅是利用公司在年底拥有的资产。除此之外，年末资产负债表可能会因此而增加当年的留存利润，ROCE 也会因此而减少。

撇开对债券持有人的回报和贷款人投入的资金，看看每一英镑股本所产生的回报可能会很有趣。这是通过计算资产收益率（ROE）来实现的：

$$资产收益率 = \frac{归属于股东的利润}{股东权益} \times 100\%$$

归属于股东的利润是扣除利息、税金、非控制性权益和优先股股利后的利润。股东权益是在扣除少数股东权益和优先股股本之后得到的。因此，对于我们的示例公司而言：

$$资产收益率 = \frac{34}{124} \times 100\% = 27.4\%$$

资产收益率可能会受到管理层控制之外的异常税收条件的影响。因此，我们在使用它作为比较指标时，必须小心谨慎。请注意，一些分析师可能会在分子和分母中留下少数股东权益。如果分析时这一点能够保持一致，那么这不是问题。

每英镑资本利润这一主题下的其他变化包括资本回报率、净资产收益率和股东权益回报率。它们的定义各不相同，而且常常与我们已经研究过的指标重叠。

息税折旧摊销前利润

20 世纪 90 年代末，息税折旧摊销前利润（earnings before interest, taxation, depreciation and amortisation，EBITDA）成为衡量公司业绩的一个非常流行的指标，尤其受到那些在未能盈利的公司或试图出售亏损业务的私人股本公司中工作的经理的欢迎。他们喜欢在与股东沟通时强调这个指标，因为它可以显示大量对外积极的数据。一些怀疑论者把它改名为"欺骗愚蠢审计师前的收益"（earnings before I tricked the dumb auditor）。

如果你经营一家亏损 1 亿英镑的互联网公司，除非你能说服投资者和银行家继续支持你的公司，否则前景将相当暗淡。或许你会考虑把所有的利息（比如 5 000 万英镑）、磨损或过时的资产折旧（比如 4 000 万英镑）以及无形资产价值的下降，如软件许可证和商誉摊销（比如 6 500 万英镑）加回来。这样，你就可以得到一个表面上积极健康的数据——息税折旧摊销前利润为 5 500 万英镑。而且，如果收购策略未能奏效，亏损似乎逐年恶化，那么报告并强调息税折旧摊销前利润稳定甚至上升是非常方便的。

公司董事对息税折旧摊销前利润的一些使用方式甚至会让政界人士自愧不如。任何会计准则都不包括息税折旧摊销前利润，因此公司有权使用各种方法计算它——无论是什么方法，只要能让公司展示最好的一面就可以了。

在现实中，董事（和投资者）不能忽视使用和磨损设备以及其他资产的成本，无论他们主观上愿意为此支付多少，都不能忽视需要支付利息和税款的事实。沃伦·巴菲特发表评论称："息税折旧摊销前利润（EBITDA）让我们不寒而栗——难道管理层认为是牙仙为资本支出买单？"[①]

息税折旧摊销前利润通常与企业价值一起使用，而不是仅与股权价值（仅市值）一起使用。这是因为息税折旧摊销前利润的"息前"特征。因此，企业价值/息税折旧摊销前利润衡量的是公司在股权提供者和债务资本提供者方面的价值，即所产生的"现金"的倍数，包括为债务持有人提供利息所产生的现金。

---

① 伯克希尔-哈撒韦公司 2000 年年度报告。

$$\text{企业价值/息税折旧摊销前利润} = \frac{\text{权益市值} \times \text{债务市值} - \text{现金}}{\text{息税折旧摊销前利润}}$$

通常，企业价值/息税折旧摊销前利润的倍数是针对可比上市公司样本计算的，以期得到一种稳定的比率关系。然后可以将这个比率应用于另一家公司，估计其可能的实体价值（权益+债务）。

尽管息税折旧摊销前利润作为一种估值工具存在缺陷，但在判断一家公司的财务稳定性和流动性方面它确实发挥着重要作用，尤其可以应用到杠杆收购和高负债收购领域。其中一个关键指标是息税折旧摊销前利润利息偿付率：

$$\text{息税折旧摊销前利润利息偿付率} = \frac{\text{息税折旧摊销前利润}}{\text{总利息}}$$

这一指标背后的逻辑是，如果需要，该公司可以集中精力支付利息，因此可以在短期内通过上述资本支出来承担高杠杆率。当然，这仍然需要缴税。虽然资本支出在短期内是可自由支配的，但从长远来看，这并不能帮助企业长期保持其竞争优势、特许经营权、企业规模以及为所有可能出现的增值项目提供资金。一些将公司出售到股市的私募股权公司可能对这些因素没有太大的兴趣，他们当然希望你专注于息税折旧摊销前利润——因此，请记住"空头"的注意事项。

一些分析师在分析时会使用市值与息税折旧摊销前利润之比。分子是股权价值，但分母与流向债务和股权持有人的收入有关。与其他公司相比，债务水平非常高的公司在这一比率下看起来好像"便宜"，而实际上，它们可能定价过高。

自由现金流

自由现金流是一个衡量公司可返还给贷款人和股东现金流的有效指标。它考虑到这样一个事实，即那些用于纳税和投资营运资本以及长期资产的现金当时无法归还给贷款人和股东。对于我们的示例公司，计算自由现金流如下：

	百万英镑
营业利润	55
加折旧和其他非现金项目	5
减支付的现金税	(13)
现金利润	47
减固定资产投资	(5)
减营运资金投资	(35)
自由现金流	7

公司还需要使用自由现金流来支付利息，所以有可能出现没有留给股东自由现金流的情况。

通常，迅速扩张的小公司无法产生正的自由现金流。如果该公司为了实现增长而购买大量资产，对未来进行投资，这可能是好事。然而，一个成熟的企业很少会有盈利的资本投资渠道，不应该出现负的自由现金流。它应该拿出现金让股东投资到其他地方。

还要注意的是，如果固定资产（长期资产）支出明显低于折旧，公司可能会在投资上有所节省。这可能会带来正的自由现金流，甚至是高额股息，在短期内提升公司形象，但从长远来看，由于业务落后于竞争对手，可能会对公司造成严重损害。

自由现金流还有其他定义。例如，一些公司还扣除支付的股息和现金流出，以收购其他公司或回购股票。所以要小心——在使用别人计算的自由现金流时，一定要知道它是如何定义的。

所有者权益

自由现金流报告的是新业务资产的实际支出，而所有者权益则迫使分析师考虑未来这些项目的必要支出水平，以维持公司的竞争地位、单位数量，并投资到能为股东创造价值的所有新项目。这一投资指标是主观的和不精确的，但我们必须承认，投资最重要的方面并不是可量化的因素——我们宁愿粗略的正确，也不想精确的错误。

所有者权益代表了股东在不损害公司经济特权的情况下可以从企业中获得的利润。所有者权益定义为：

- 税后收益；(a)

- 加上折旧、损耗（例如，石油储备等自然资源）、无形资产摊销和其他非现金费用；（b）
- 减去为长期保值而对设备的投入；（c）
- 减去为维持公司的长期竞争地位、单位数量及在所有新的价值创造项目上的投资所需的额外营运资金。（d）[①]

后面内在价值计算中展示了利用所有者收益对股票进行估值的例子。

财务健康比率与指标

杠杆

在使用"杠杆"一词时，我们需要避免一些可能被混淆的概念。首先，我们要区分经营杠杆和金融杠杆。

经营杠杆是指企业总成本固定的程度。汽车或钢铁制造商等高经营杠杆率企业的利润对销售水平的变化非常敏感，其通常有很高的盈亏平衡点（实现利润的营业额水平），但越过这个平衡点时，由于相对较低的可变成本（成本随着公司产出和销售的变化而上下波动），任何额外销售收入的很大一部分都会变成利润。

财务杠杆则关系到债务在资本结构中的比例。在一家高负债公司里，当营业利润发生微小变化时，投资者作为股东获得的收入可能会大幅度下降。因此，对于一家年利息为 100 万英镑、利润（扣除利息前）为 300 万英镑的公司，如果利润下降 50% 至 150 万英镑，股东可获得的收入将从 200 万英镑降至 50 万英镑，降幅为 75%。另一方面，如果息前利润增长 50% 至 450 万英镑，则息后收入从 200 万英镑增长到 350 万英镑，增长 75%。债务加速了利润的变化。

有两种方法可以透视一家公司的债务水平。资本杠杆关注的是公司总资本以债务形式存在的程度。收益比例是指年收入流（息前利润）中用于偿付债务

[①] 如需了解详情，请参阅《金融时报价值投资指南》第 8 章的内容（Financial Times Prentice Hall，2009），或在 www.newsletts.advfn.com/deepvalueshare 上申请查看我每周投资的公司。

第12章 核心投资比率与指标

持有人优先债权的比例,换句话说,就是利息费用占利润的比例。

有关资本结构中的债务比例,还有其他衡量标准。一种流行的方法是计算长期债务与股东资金的比率。长期负债通常被视为资产负债表项目一年以上到期的金额,股东资金是资产负债表中的净资产(或净值)。

$$资本杠杆(1)=\frac{长期债务}{股东资金}$$

这个比率之所以有意义,是因为它可能显示出了公司出售资产偿还债务的能力。例如,如果该比率为0.3,即30%,贷款人和股东可能会感到相对舒适,因为很明显,净资产(在偿还债务后)将是长期债务的三倍多。因此,如果发生了最坏的情况,该公司可以出售资产,以满足其长期贷款人的要求。如果这个指标超过100%,将是一个令人关切的问题(对大多数类型的公司或行业而言)。

依赖这种杠杆比率的一个主要问题是,资产的账面价值可能与可销售价值相差甚远。这可能是因为许多资产都是按历史购买价值(也许是减去折旧)入账的,没有随着时间的推移而重新估价。这也可能是因为公司被迫匆忙出售资产以满足债权人的要求,不得不大幅降低价格。[①] 此外,这种杠杆比率的测量值可能从零到无穷大,使得公司比较困难。由于债务是以所有长期资本的一小部分来表示的,下面所示的衡量标准将杠杆率置于0~100%的区间内:

$$资本杠杆(2)=\frac{长期债务}{长期债务+股东资金}$$

许多公司依赖透支贷款和其他短期借款。从技术上讲,这些都是短期的。但事实上,许多公司都把它们作为长期的资金来源。此外,如果我们担心潜在的金融危机,那么我们必须认识到,无力偿还透支贷款可能与无法偿还长期债券一样严重。所以第三种资本杠杆的计算,除了考虑长期债务外,还包括了短期借款:

$$资本杠杆(3)=\frac{所有债务}{所有债务+股东资金}$$

---

① 这些问题也适用于资本杠杆措施(2)和(3)。

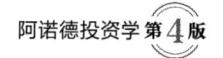

为了提高资本杠杆分析的水平，通常有必要考虑公司所持有的现金（或有价证券，如金边债券）。这些可以用来抵消债务造成的威胁：

$$资本杠杆（4）=\frac{所有债务-现金与短期存款}{股东资金}$$

资本杠杆指标依赖于资产负债表或重估价中对净资产的适当估值。例如，养老金盈余或赤字、资产、准备金和商誉的重估，都会严重扭曲这一数字。因此，许多分析师排除了这些因素。此外，资本杠杆指标关注的是最坏的情况："如果我们不得不出售企业资产，以偿还债权人的债务，我们又能做什么呢？"

在判断一家公司偿还债务的能力时，只关注资产可能是错误的。以一家成功的广告公司为例。除了几张桌子和几把椅子之外，它可能根本没有任何可出售的资产，但它可能能够借到数亿英镑，因为它有能力产生现金支付利息。因此，通常情况下，一个更恰当的衡量杠杆比率的方法是考虑公司相对于其利息承诺的收入水平，也就是利息保障倍数：

$$利息保障倍数=\frac{息税前利润}{利息费用}$$

或

$$=\frac{经营现金流}{利息费用}$$

利息保障倍数越低，利息支付违约和清算的可能性就越大。利息保障倍数的倒数衡量的是支付利息的利润比例，这被称为收益比例。作为一个粗略的经验法则，利息保障倍数低于 3 将是一个令人担忧的问题，除非该公司拥有异常稳定的现金流。

注意利息可能在资产负债表上被"资本化"，而不是被视为一项费用，进而计入利润。这会使支付的利息看起来很低，但事实上，有大量的钱支付给贷款人。你可以通过观察现金流量表和相关附注中支付利息的现金流来发现这种做法。（利息资本化在第 13 章中有更详细的讨论。）

流动比率

了解一家公司是否有足够的现金和其他可以快速转化为现金的短期资产来偿还其短期负债（它是否有流动性？）很重要。公司能支付短期账单吗？流动比率衡量的就是这一点：

$$流动比率 = \frac{流动资产}{流动负债}$$

以我们案例中的公司为例：

$$流动比率 = \frac{125}{62} = 2.02$$

该结果表明其短期资产明显多于短期负债。这会被认为是谨慎的（流动比率小于1则令人担忧），但判断的标准很大程度上取决于企业的性质。

速动比率

流动资产的很大一部分，即存货（原材料、半成品等）可能不容易快速转换为现金，因此有一个更严格的即时偿付能力（到期时偿还债务的能力）的指标，称为速动比率或酸性测验比率：

$$速动比率 = \frac{流动资产 - 存货}{流动负债}$$

因此，对于示例公司：

$$速动比率 = \frac{125 - 35}{62} = 1.45$$

如果速动比率小于1，而流动负债立即到期，公司将无法偿还所有流动负债。对整个行业进行比较有助于正确看待速动比率。例如，超级市场的速动比率通常在0.2左右——对于这些公司来说，这是可以接受的，因为它们的流动资产中有大量的存货，而这些存货又与高额的贸易应付款（流动负债）相匹配。

前瞻性指标

股息估值模型

为了评估一只股票的价值，分析师通常会估算未来所有的股息。但他们不会简单地把股息加在一起来计算股票的价值,因为 5 年后收到的 34 便士的股息对投资者来说与现在所收到的 34 便士的股息是不一样的。大多数人,如果在现在收到一笔钱和将来收到同样一笔钱之间做出选择,他们会说他们宁愿现在就收到。因为货币具有时间价值,所以人们将资金用于投资,并要求得到补偿这一事实是有道理的。

投资者之所以喜欢现在的 1 英镑,而不是未来的 1 英镑,原因有三个,因此,有三件事必须得到补偿:

通货膨胀 如果出现通货膨胀,那么投资者的投资资金需要给予时间的补偿。

风险 如果未来支付的资金可能无法实现或低于承诺,那么投资者将希望获得更高的回报(随着时间的推移获得更高的补偿)。公司股票比政府债券的风险更大,回报率也更高。

即时消费 人们喜欢消费。即使在没有通货膨胀和风险两个因素的影响下,能做到延迟消费,同时将资金用于投资是应该得到补偿的。

假设我们正在分析的公司股票对投资者来说需要有 10% 的年回报率来补偿其风险水平,其中包括上述所有的补偿因素(即时消费、通货膨胀和风险)。现在,如果你问一个要求 10% 回报率的人,一年内能收到多少钱足以让你放弃现在的 100 英镑,他们会回答 110 英镑。他们认为现在的 100 英镑,和 12 个月后得到 110 英镑是等价的。这种关系在复利公式中进行了解释:

$$未来价值 = 现值(1 + 回报率)^{年数}$$
$$110 = 100(1 + 0.10)^1$$

我们也可以用这个公式来回答其他问题。例如,如果要求的回报率是每年 10%,三年后投资者需要多少钱来补偿他们牺牲的 100 英镑?答案是:

$$100(1 + 0.10)^3 = 100 \times 1.10 \times 1.10 \times 1.10$$
$$= 133.10(英镑)$$

这类风险股票的投资者认为在三年内获得 133.10 英镑和现在持有 100 英镑是等价的,因为他们获得了 10% 的回报率。如果他们在三年内获得了 150 英镑,回报率超过 10%,投资者将获得盈余部分。

这个公式的另一种用法是估计未来收入,然后将其转换为与现在相等的价值，即计算其现值。因此，如果您估计三年内的收入为 133.10 英镑，且该风险投资的要求回报率为 10%，则等价现值为 100 英镑：

$$\frac{133.10}{(1+0.10)^3}=\frac{133.10}{1.10\times1.10\times1.10}=100（英镑）$$

这被称为"贴现"未来的收入流。如果您估计未来三年内的收入为 150 英镑，则现值超过 100 英镑，仍按 10% 的折现率折现（折现率由风险水平决定）：

$$\frac{150}{(1+0.10)^3}=112.70（英镑）$$

如果有人要求你现在就为一项三年内支付 150 英镑的投资支付 100 英镑，那么赶快抢走它，因为它的等价现值是 112.70 英镑（假设时间价值为每年 10%——风险更大的投资需要更高的回报率）。

对股票而言，股息不会在将来某个特定时刻一次性收到。相反，它们是以相当固定的时间间隔支付的。这时，我们可以使用股息估值模型计算股票价值。为了简单起见，我们假设每年都会收到股息，第一次股息将在一年后支付。假设未来的股息（每年都会支付）为 34 便士，那么我们可以对股票进行估值（假设折现率为 10%）：

$$股票价值=\underset{1\ 年}{\frac{34}{1+0.10}}+\underset{2\ 年}{\frac{34}{(1+0.10)^2}}+\underset{3\ 年}{\frac{34}{(1+0.10)^3}}+\cdots+\cdots$$

$$现值=30.91+28.10+25.5+\cdots+\cdots$$

请注意，从目前收到股息的时刻起，股息现值就出现了下降。

根据我们的假设，这些股息会有无限项。因此，如果这样计算可能需要很长时间。幸运的是，如果股息是恒定的（每年都一样），并且永远以年为间隔，我们可以从冗长的计算中解放出来，上面的公式可以简化为以下内容：

$$股票价值=\frac{股息}{贴现率}=\frac{34}{0.10}=340（便士）$$

请注意，尽管公式里只有一年的股息，但它代表了未来所有时间里的股息。

股息鲜少有每年都不变的。事实上，管理者经常努力提供稳定上升的年度股息。如果股息每年以固定数额增长，比如每年增长 4.5%，那么可以使用以下公式计算（假设股息永远都如此支付）：

$$股票价值 = \frac{下一年的股息}{折现率 - 增长率}$$

如果最近支付的股息为 34 便士，而下一年支付的股息会增长 4.5%，那么下一年的股息为 35.53 便士（34p×1.045）。股票价值现在是：

$$\frac{35.53}{0.10 - 0.045} = 646（便士）$$

请注意，相对于固定（无增长）股息情况，即使股息温和增长，其股票价值也将翻倍，从 3.40 英镑增至 6.46 英镑。[①]

折现估值法的主要困难在于估计增长率。关于产业和战略分析的章节（第 14 章和第 15 章）将帮助您寻找能做出评估的合适因素，但这仍然是一项困难且充满不确定性的任务。其中一个指标是，从长远来看，公司的股息增长率不会高于经济增长率。因此，如果实际经济增长率为 2.5%，通胀率为 2%，那么除了短期爆发式增长（这种增长可能在下一次经济衰退中得到纠正），一般公司的年利润增长率不会超过 4.5%。金融分析师经常对企业部门做出荒谬的估计，预计未来数年内企业将实现两位数的增长。如果这种情况长期发生，那么企业利润和股息将超过整个市场经济。

内在价值

股票的内在价值是全体所有者在剩余期限内可以从企业获取的收益的折现值。未来的所有者收益[②]取决于经济特许经营权的强度和持续时间（见第 14 章和第 15 章）、管理质量和企业的财务实力。

所有未来年度所有者收益的数值都需要估计，然后计算折现。把所有这些

---

① 有关折现现金流和股息估值模型的更多信息，请参阅我与刘易斯合著的《企业财务管理》第 2、16 和 17 章（Pearson, 2019）。

② 所有者收益见本章上文。

数值都加在一起，我们就得到了内在价值。虽然我们需要估计的是未来价值，但我们拥有的唯一可靠证据是过去的会计数字。所以这些必须作为我们思考的起点。如果示例公司报告了归属于股东①的税后收益为 3 400 万英镑，并且在计算时，扣除了称为折旧（500 万英镑）的非现金项目，那么我们也可以对上年的所有者收益进行一次试算。这只能是一个估计，因为所有者收益计算中的（c）和（d）项（见上文）在很大程度上是主观的。

例如，我们可以估计，为保持长期竞争地位、单位数量和新项目投资，固定资本所需投资为每年 500 万英镑，但我们无法精确计算。同样，我们也可以判断，额外的营运资本投资将需要 800 万英镑。② 尽管这种判断具有不确定性，但这些要素是至关重要的，而且这种方法比仅仅使用报告的历史现金流更可取。假设固定资本资产和营运资本的总支出为 1 300 万英镑，所有者收益为 2 600 万英镑：

			百万英镑
（a）	税后收益		34
	加		
（b）	折旧、损耗、摊销和其他非现金费用		5
			39
	减		
（c）和（d）	维持长期竞争地位所需的工厂机械、营运资金、品牌维护等支出，以及新项目的投资		13
	所有者收益		26

我们现在做一个简化的假设，即所有者收益在未来所有年份都是相同的，从而计算出内在价值：

$$内在价值 = \frac{年度所有者收益}{折现率}$$

---

① 少数股东权益之后。

② 请注意，这一结果远低于第 11 章中的示例公司现金流量表中所示的数值。这是因为所有者收益估计的是必要的未来支出，而不是上一次报告数字中的实际支出。

如果适当的折现率是 10%，那么内在价值是

$$内在价值 = \frac{26}{0.1} = 260（百万英镑）$$

或者 260÷50＝5.20 英镑/股。

目前，股票在股票市场上的交易价格为 9 英镑，因此根据这一计算，我们不会成为买家。

我们有可能过于悲观地认为，随着时间的推移，该公司的所有者收益不会增长。然而，如果我们假设该公司有一系列新项目，这些项目将产生超过 10% 的回报（这类风险股票所需的回报率）。通过投资这些项目，业主收益在未来每一年将增长 5%（一方面，业主收益因固定资本和营运资本的额外投资而减少；另一方面，报告的税后收益将得到提振，最终实现净增长 5%）。如果未来增长率保持不变，我们可以使用以下公式（假设未来业主收益从 2 600 万英镑每年增长 5%）：

$$内在价值 = \frac{下一年的所有者收益}{折现率 - 增长率}$$

$$下一年的所有者收益 = 26 \times (1 + 0.05) = 27.30（百万英镑）$$

$$公司的内在价值 = \frac{27.30}{0.10 - 0.05} = 546（百万英镑）$$

$$每股内在价值 = \frac{546}{50} = 10.92（英镑）$$

在这种情况下，股票看起来没有被高估。然而，考虑到计算中的不确定性，我们一定希望在计算值和当前股价之间有更大的"安全边际"。

当我估计过去的所有者收益时，经常会追溯到五到八年前的报表，并基于以下假设来计算"所有者收益"，即公司在新资本项目和额外营运资本上的实际支出是为了保持竞争地位、单位数量和投资而需要花费的所有增值项目。[1]

很明显，通过这种方法产生的"所有者收益"会在一年内发生巨大的变化。例如，资本支出可以在一年内翻一番或三倍。

---

[1] 报表的计算结果见 www.newsletts.advfn.com/deepvalueshares。

但是，如果从更长远的时间尺度上看，比如说，六年的股东盈余（owner earnings），将可能从数据中发现一种模式、一种正常水平或一种增长趋势。这一印象较粗略，可以进一步结合公司相关的战略优势和管理质量的信息，从而分析得出一个有用的股东盈余数值或未来几年的变化趋势。观察一年以上的数据是很重要的，因为在地球绕太阳转一周的短期时间内，公司可能会发生一些特例事项，如收入的一次性大幅增长或大幅下跌。长期的观察可以让你对公司的行为有更准确的印象。[1]

延伸阅读

G. Arnold，Deep Value Shares newsletters（www.newsletters.advfn.com/deepvalueshares）

G. Arnold，The Financial Times Guide to Value Investing，Financial Times Prentice Hall，2009.

G. Arnold and D. Lewis，Corporate Financial Management，Pearson，2019.

W. McKenzie，The Financial Times Guide to Using and Interpreting Company Accounts，Financial Times Prentice Hall，2009.

E. McLaney and P. Atrill，Accounting and Finance：An Introduction，9th edition，Pearson，2018.

A. Sangster，Frank Wood's Business Accounting Volume Two，14th edition，Pearson，2012.

B. Vause，Guide To Analysing Companies，6th edition，The Economist Books/Profile Books，2014.

金融网站的数据来源包括 www.uk.finance.yahoo.com 和 www.advfn.com。

---

[1] 更多关于内在价值法的信息，请参阅阿诺德的《金融时报价值投资指南》（Financial Times Prentice Hall，2009）及阿诺德和刘易斯的《企业财务管理》第 17 章（Pearson，2019）。

第 13 章

会计里的技巧

　　财务报表应该显示公司的基本经济状况。损益表显示总收入和总费用之间的差额。资产负债表则显示了某一时刻企业的资产、负债和所有者权益。还有什么比加上几个数字就能得到一个可靠确定的结论更简单的呢？

　　但是实际上，编制一套报表没有那么简单，也不会那么精确。它远不如一些人相信的那样科学和客观。在编制的过程中，会存在判断、猜测甚至自私自利的操纵。尽管有着堆积如山的会计规则和条例，但仍会有许多方式来美化这些数字，或者对某项活动的价值或利润进行估计时，至少可以做出两到三个合理的估计。

　　设想一下，一家服装零售商的公司会计和审计人员在试图评估一件已经销售了六个月的衣服时所面临的困难。假设某家公司生产一件衣服花费 50 英镑，也许这应该计入资产负债表，损益表不会受到影响。但是，如果店长说，只有把这件衣服减到 30 英镑才能卖出去，而总经理却反驳说，如果销售再努力一点，会不会减价到 40 英镑就可以卖出去了，那么起草报表的人要用哪个数字？许多类似于这样的小判断可能会给利润带来很大的差异。

　　考虑另一个简单的例子。假设有两个完全相同的公司，其中一家公司去年收购了一个 1 000 万英镑的工厂，另一家在广告上投资了 1 000 万英镑。年底时你打算如何估价这些资产？收购价值 1 000 万英镑的工厂的公司有一些有形的东西可以展示。或许可以这样估算，该资产的年末价值为 1 000 万英镑。另外，你也可能认为这家工厂自购买以来开始贬值，或许现在它的价值只有 900 万英镑了。那么消失的 100 万英镑算到哪里？这应该算做生意的成本，从利润中扣除吗？或者，如果 100 万英镑的价值下降是由于房地产价值的普遍下滑，是否最好通过单独的特殊费用来说明？

投资广告的公司报表更需要假设性判断。据推测，管理层认为，广告支出将创造一些有价值的东西，例如一个更有影响力的品牌。这项资产可能比第一家公司购买的实物资产更有价值，但由于无形资产通常价值为零，因此整个支出成为当年的一项成本，大大减少了公司的利润。

鉴于报表具有可塑性，投资者需要意识到存在着以下三种可能性：

- 董事和会计师正努力真实公正地展示公司业绩和财务状况，但在这一过程中，他们不得不做出许多假设性判断。他们正试图运用这些规则来得出准确的数字。然而，如果让另一位同样诚实细致的会计师进行假设性判断，那么这些数字可能看起来会有所不同，这仅仅是因为其中一些判断恰好抵消了。我们并不是生活在一个数学的世界里——投资者需要接受的是，这些报表仅仅提供了大概的数字。尽管如此，对于大多数公司来说，由于会计师们都很认真地在有利和不利的报告之间做出平衡，判断误差范围可能在10%~20%。

- 第二种可能是创造性会计（也称寻机性会计）。在这种情况下，报表的编制者会在文字上遵守会计准则，但故意对数字进行美化。当需要进行假设性判断时，会偏向于显示有利的数字。会计监管机构会定期试着堵住这些漏洞，使报表回归真实和公正的视角，但许多管理者和他们的会计师善于智胜规则制定者。就像马匹离开很久之后，马厩的门依然会发出震耳欲聋的响声。

- 完全无视规则的欺诈偶有发生。世通公司无论是在涉案金额，还是欺诈行为的简单程度上，可能都是创纪录的保持者。它所做的只是宣布38亿美元的运营费用根本不是开支，并声称这笔钱用于创造对公司持续有价值的资产，年度利润被人为地提高了近40亿美元。在西班牙，WiFi服务商Gowex的老板承认他在2014年伪造了报表。他说："我深感抱歉，自愿在法庭上认罪和承担后果。"该公司所谓的收入有90%根本不存在，其实际管理的WiFi比声称的要少得多。坦桑尼亚创业板的故事是一个生动的案例，董事们声称一块石头价值1100万英镑，从而支撑了一家原本摇摇欲坠的公司的资产负债表。该宝石最终以8000英镑的价格出售，而包括安文在内的三名卑鄙董事被取消了担任此类职务的资格。

就在此刻，价值1 100万英镑的坦桑尼亚宝石跌入谷底

乔纳森·古思里

公司会计史上最奇怪的故事之一，似乎越来越有可能以传说中的宝石被降级为不寻常的账面权重而告终。

坦桑尼亚宝石（Gem of Tanzania）是一块价值1 100万英镑的大型红宝石。它曾支撑着一家年营业额为1.03亿英镑的倒闭公司的财务状况，但其价值可能只有100英镑。

由于遭到大型拍卖公司的拒绝，什罗普郡的建筑公司瑞肯建筑的管理人员正计划在一家小型杂志上为这块大紫岩做广告，因为这本杂志的主题包括新时代水晶（New Age crystals）。

警方昨日表示，他们正在考虑是否展开欺诈调查，而法务会计师已经在调查此案。

瑞肯5月倒闭后，公司的主要资产是1 100万英镑的红宝石。德比郡商人大卫·安文2007年购入这颗最初价值30万英镑的珠宝，并用它重振了瑞肯的资产负债表。

英国《金融时报》的一项调查发现，这块宝石2002年在坦桑尼亚以相当于1.3万英镑的价格卖给了一名南非出生的商人。在安文通过土地交易买下这颗珠宝之前，这颗珠宝由另外一家中介公司处理。

安文在宝石公司获得的两份重要估值文件被所谓的估价师斥为伪造文件。安文坚持说他没有任何不当行为，其支持者也说他可能是某种欺诈行为的受害者。

据悉，伦敦著名拍卖行拒绝了这枚宝石，因为它的价值太低。

哈顿花园宝石交易商马库斯·麦卡伦说："坦桑尼亚的宝石可能都不值它的广告费。一块两公斤的绿黝帘石（一种低级的红宝石）大概值100英镑。1 100万英镑的估值简直是疯了。"

资料来源：*Financial Times*，1 October 2009.

© The Financial Times Limited 2009. All Rights Reserved.

你在这里学到的东西并不能保护你从头到尾免受欺诈，但它们可以解释许多模糊的会计领域。在这些领域中，为了编制报表需要进行必要的假设性判

断,而规则中存在许多不明确之处,也就是说,潜在的偏见会影响最初的假设,并提供人为增加利润的可能性,或者让资产水平虚高。读完本章,你应该了解会计数据的高度灵活性,以及通过规避会计条例来提高公司报告业绩的潜力。你将能够以批判的心态看待报表,并确保你了解公司的会计政策及其背后的含义。记住:如果报表看起来好到不真实,那么或许它确实不是真的。

商誉

当一家公司收购另一家公司时,所收购资产的公允价值与支付的价格之间通常存在差异,这种差异称为商誉。下面通过一个例子来说明这一点的重要性。设想,史蒂芬森·布鲁内尔有限公司已经经营50年,每年盈利2 000万英镑。资产负债表上的资产在减去所有负债后的公允价值[①]为1亿英镑(1亿英镑代表净资产)。

你和我是该国另一地区一家铁路公司的所有者,我们决定出价2.2亿英镑购买斯蒂芬森·布鲁内尔的所有股份。我们的出价主要基于该公司的盈利潜力,而不是其净资产。它接受了我们的报价,而我们支付的价格高出净资产价值1.2亿英镑。这是因为我们高度重视该公司的经济特权——例如,它具有近乎垄断的地位(经济特权将在第15章中讨论)。

斯蒂芬森·布鲁内尔现在成为我们公司的子公司,并编制合并报表。但我们如何编制资产负债表呢?在收购之前,作为资产负债表中的一项资产,我们持有2.2亿英镑的现金。然后我们用它交换了1亿英镑的净资产,所以现在有1.2亿英镑的资金缺口。为了解决这一问题,会计师在资产负债表中列入了一项1.2亿英镑的资产,称为商誉。现在,账面达到了平衡:2.2亿英镑购买了1亿英镑的有形资产加上1.2亿英镑的无形资产——商誉。

商誉=支付的价格-收购资产的公允价值

接下来发生的事情会对资产负债表、损益表和各种业绩衡量指标产生巨大的影响。在英国,直到1998年,公司才被允许通过资产负债表来冲销购买的

[①] 公允价值是指从报表中得出的价值。公允价值是指在双方知情且自愿的公平交易中,资产可交换的金额。

商誉。因此，商誉似乎立刻从账目上消失了。① 经理们喜欢这种方法有两个原因。首先，因为收购当年的利润和未来利润不必承担每年通过损益表冲销部分的商誉。所有商誉都在一年内被冲销，而且，由于它是通过资产负债表冲销的，因此利润没有受到影响。其次，当用资本回报率（如使用资本回报率）来衡量经理人的业绩时，将公司净资产减少1.2亿英镑，会让他们的表现看起来很不错。分母（资本）减少，分子（利润）不受影响。管理者看起来像是天才，因为他们似乎在较低的资本基础上获得了高利润。

会计师们仔细考虑了这些扭曲的情况，并得出结论，一般来说，获得的商誉确实会随着时间的推移而贬值，因此需要以类似于机器等有形资产的方式进行摊销（折旧），不应在收购年份为其分配零值。1998—2005年期间，规则规定，购买的商誉应资本化（按其购买价值计入资产负债表），然后在资产的有效经济寿命内进行摊销，大多数情况下最长不超过20年。

现在假设你是一个需要显示良好利润数据的董事，你知道1.2亿英镑的购买商誉必须在其"有效经济寿命"内作为费用分摊到损益表中。你可以看到，对于代表这项资产的有效经济寿命的时间长短，存在着相当大的争论空间。你会倾向于在6年内冲销资产，以便在接下来的6年里每年从你的利润中扣除2 000万英镑吗？或者你会选择最长的期限20年？在这种情况下，每年只摊销600万英镑？现在，猜猜绝大多数公司"估计"的"有用经济寿命"是多少。是的，20年。就无形资产的真实价值而言，这是否反映了现实？我对此表示怀疑。过时、竞争对手的行为和市场环境的变化都会对商誉产生毁灭性的影响，许多公司在两三年内就失去了它们的经营权。

此外，根据这些规则，如果公司能够证明资产负债表项目显示了合理的估值，公司可以摊销20年以上，甚至根本不摊销。（但是，如果它们选择了这两种方法中的任何一种，则必须每年对资产进行审查，以确定其是否发生减值。）如果发生减值，则商誉在资产负债表中减记，损失在损益表中单独列示（作为商誉减值费用）。这一切看起来都很合理，但问题是，这里使用的数据是基于公司自己进行的估计和预测。然而，许多公司所声称的购买商誉的价值令人怀疑。

---

① 然而，规则坚持要求在报表附注中列示一些有关累计商誉注销的附注。

自 2005 年以来，国际财务报告准则已适用于伦敦证券交易所主板市场上市公司的合并报表。它们现在也适用于 AIM 上市公司。根据这些规则，禁止每年系统地摊销商誉。因此，购买商誉（来自收购）按初始成本计入"无形非流动资产"或"商誉和其他无形资产"。但是，此后必须至少每年对该数字进行审查，以确定其价值是否已受损。如果没有减值，则商誉仍按其成本数字计算。如果发生减值，该数字减记至资产负债表中较低的金额。此外，减值费用是当年损益表中的一个负数，因此会压低报告的利润。

卡利昂的管理人员为了避免商誉的损失，一直报告利润和支付股息，直到它彻底崩溃。

卡利昂的麻烦笼罩在善意的迷雾中

乔纳森·福特

2011 年 3 月，就在英国新联合政府准备大幅度削减公共开支之际，卡利昂斥资 3.06 亿英镑收购了一家帮助消费者利用政府资助的能源计划公司。Eaga 是一个公共项目的承包商，专门给不富裕的人群提高能源效率。

Eaga 似乎是卡利昂破产这一更大戏剧性事件中的一个注脚。该集团最终葬送在 2017 年年中 12 亿英镑的巨额合同减计中，其中大部分与中东建筑活动有关。

这家能源服务子公司在 6 个月前决定申请破产时，一些关键会计问题仍在困扰着它，而这家能源服务子公司正是这些问题的核心所在。此时人们日益担心大西洋两岸会计准则弱化，以及它们如何使企业能够推出过于乐观的数据。

在上述合约收益抹去了 6 年的利润后，卡利昂可能已经破产。但也有人认为，它的报表已经不符合现实。而这些担忧的核心在于收购 Eaga 本身。

与许多收购性服务业务一样，卡利昂的资产负债表上几乎没有有形资产，诸如房地产或厂房等可销售且易于估价或出售的项目。

相反，该公司的账簿上塞满了无形资产——其中不乏许多收购后的商誉。其中，Eaga 的商誉为 3.29 亿英镑，相当于收购价的 100%

以上。截至 2016 年，这是该公司在其报表中累积的 16 亿英镑商誉中的一大块，相当于卡利昂总资产的 35%。

在 2017 年之前的五年里，尽管越来越多的间接数据表明，其中一些资产可能已经贬值，但该集团的商誉一分钱也没有受损。

避免减值是卡利昂能继续向经理人派发股息（和奖金）的原因之一。2016 年，尽管灾难迫在眉睫，它还是支付了创纪录的 7 800 万英镑股息。

有一个问题是，商誉在资产中是否真的具有很高的地位。它不能出售，而且一旦破产，几乎没有价值。虽然软件和客户名单等其他无形资产的价值不确定，公司仍将其摊销。

拉曼纳教授（牛津大学布拉瓦特尼克政府学院）表示："毫不奇怪，在收购中支付过高费用的首席执行官并不特别热衷于公开承认这一超额支付，因此，公司宣称商誉受损的情况并不多见。"他指出，即使在金融危机之后，美国银行也不愿减计购买的商誉。在美国最大的 50 家金融机构中，只有 15 家在 2008 年减计了商誉，尽管其中近 40 家当时的交易额远远低于账面价值。

卡利昂的老板似乎也表现出了类似的沉默。几乎从收购的那一刻起，Eaga 就面临政府无情的缩紧开支。在第一年，新更名的卡利昂能源服务公司的年营业额下降 20%，亏损了 1.13 亿英镑，它虽然试图使其不断萎缩的业务合理化，但在随后的几年里，销售持续下滑。

如果卡利昂减计了 Eaga 的商誉，董事会可能无法在公司倒闭前两年向集团的两位高管查德·豪森和理查德·亚当支付 180 万英镑的奖金。Sarasin & Partners 董事会负责人兰德尔·米尔斯补充道："这尚未考虑到它对股息支付能力、潜在信誉甚至偿付能力等方面的影响。"

到了 2015 年，卡利昂和正在酝酿中的危机之间只隔了一层累计的商誉。当该集团的老板考虑推迟资产增长以削减其日益沉重的债务时，他们决心继续派发股息。

根据英国法律，公司只有在拥有足够的"可分配利润"（即累积和实现的利润）的情况下才能进行股息配发。在 2015 年的数据中，卡利昂在其母公司的资产负债表上拥有 3.73 亿英镑的股东资金（可分配利润的其中一个代表），其中，该公司支付了 7 700 万英镑的股息。商誉减值意味着减计子公司的账面价值，从而减少股东资金和母公司可分配利润。

如果卡利昂随后减计了 Eaga 的所有商誉，它就没有足够的储备来支付全部股息，其股息最高将达到 4 400 万英镑。一位分析师表示："如果没有可分配利润来支付股息，那么削减股息对投资者来说是一个巨大的危险信号。"

2016 年，该集团只剩下 3.17 亿英镑的股东资金。在任何情况下，如此减计后，它断然不可能发放任何股息，相反它却支付了创纪录的 7 800 万英镑。"如果说卡利昂有做一件好事，那就是它给了所有企业一个有益的提醒，即防止利润虚增很重要"兰德尔·米尔斯说。

资料来源：*Financial Times*，18 June 2018.

© The Financial Times Limited 2018. All Rights Reserved.

董事们正越来越善于鼓励股东关注不包括这些费用的"基本"利润。现实中，在大多数情况下，很难知道商誉的价值在什么时候下降了多少。对此数据的"判断"仍然有很大的自由度，因此在未来几年里，随着公司避免资产减计，我们将有很多乐趣和游戏。

到目前为止，所有讨论都适用于购买（"收购"）得来的商誉。那么内部产生的商誉呢？大多数公司的股票价值远远高于资产负债表上显示的净资产总额。股票市场根据公司的未来收益来评估一家公司，而这些收益又来自公司拥有的"资产"，包括那些在资产负债表中没有被衡量的资产，例如非常好的声誉或与客户的密切关系。这种内部产生的商誉无法在报表中显示——任何选择的数字都过于主观。股票市场的投资者只能靠自己来评估。

然而，有些无形资产可以在资产负债表上估价。对于这些无形资产，我们有可能合理地确定创造或购买它们的成本。例如，虽然大多数研发（R&D）

支出在发生当年冲销（利润数字减少），但英国公司有可能辩称，开发费用是针对一个单独确定的项目，而该项目有合理的商业成功预期。在这种情况下，支出可以资本化，也就是说，在资产负债表上显示为一项资产，然后将费用（资产摊销）分摊到损益表中。

版权、许可证（如博彩公司的经营许可证）、专利权和商标权也可能在其使用寿命内进行资本化。[①] 当然，这些无形资产的适当价值以及每年应从损益表中扣除的金额存在很大的争议空间。

查看报表中的商誉和其他无形资产时要注意以下几点：

摊销通常在任意时间段内以任意金额进行。但是，作为一种保障措施，所采取的政策必须在报表中明确说明。

商誉和其他无形资产通常不会按日常的实际损失来进行折旧。在分析一家公司时，最好将摊销金额加到当年的损益表中，以获得一个衡量正常化收益的指标。你也可以把多年积累的商誉加回去，得到一个更现实的净资产数字。

在一些公司，商誉和其他无形资产的侵蚀速度可能比摊销率快得多。分析师将需要减少利润和资产负债表中资产的数据来说明这一点。

如果一家公司出现了巨额的定期商誉减值支出，则应持怀疑态度。这可能表明，该公司在收购时有支付过高费用的可能性。

当然，分析师的上述所有调整都是主观的、不精确的，但总比简单地忽略这个问题要好。这些调整可能对净资产、杠杆比率、每股收益和使用资本回报率等关键指标产生深远影响。

○ 公允价值

当一家公司被收购时，其资产在收购日按公允价值重新估价，以便在集团报表中进行合并。此外，根据国际财务报告准则，公司必须以公允价值对某些资产进行估值，无论这些资产是否通过收购获得。

在斯蒂芬森·布鲁内尔的例子中，我们假设净资产的公允价值为1亿英镑

[①] 要实现资本化，必须能够将这些资产与业务的其他部分分离并出售。必须有一个"易于确定的市场"，以便在报表中对内部产生的资产进行估价。如果资产根本未摊销或摊销期限超过20年，则每年应对其进行减值审查。

（为了简单起见，这与斯蒂芬森·布鲁内尔资产负债表中的数据相同）。还留下了1.2亿英镑的商誉。考虑到在这一领域的自由裁量权，董事们可能会辩称这些资产实际上只值5 000万英镑。然后，审计师可能会同意，并将5 000万英镑列入合并资产负债表。因此，资产负债表中的商誉增至1.7亿英镑（2.2亿英镑－0.5亿英镑）。或许你可以说，董事会行事谨慎，对资产贬值的可能性做出了明智的准备。但如果明年这些资产以1.8亿英镑的价格出售呢？嗯，收入增加了1.3亿英镑，因为资产的"公允"价值（5 000万英镑）和销售收入（1.8亿英镑）之间的差额而产生了"利润"。

因此，利润可以通过降低收购资产的公允价值来实现。在出售资产之前还有一些（让人不信服的）好处：折旧率较低，因此每年从利润中扣除的金额较少；低估库存项目会降低未来的销售成本，从而提高利润；如果客户最终支付的金额超过负债，低估应收账款将有助于提高以后的营业利润。

在国际财务报告准则下，公允价值会计成为一个主要的争议领域。

最大的缺陷：危机中的审计

乔纳森·福特，麦迪逊·麦莉琪

美国证券交易委员会一直坚决回避公允价值会计，因为这是1929年股市崩盘的原因之一。然而，当代社会却赋予该假设以崇高的地位。20世纪70年代的通货膨胀使得资产负债表看起来与房地产的实际价值不符，导致资产剥离。20世纪80年代美国的储蓄和贷款危机部分归咎于这些机构的账本过时。

从20世纪90年代开始，公允价值开始取代资产负债表中的历史成本数据。这最先出现在美国，随着2005年国际财务报告准则的出台，蔓延到整个欧盟。为交易而持有的银行资产开始按市场估值定期重新评估。合同越来越被视为贴现收入流，无缝衔接到未来。

这一时期，经理人的薪酬（尤其是在美国）通过采用与市场挂钩的激励措施而不断提高。ExecuComp数据库的数据显示，1992—2014年间，标准普尔500指数成分股公司的股权薪酬占总薪酬的比例从25%提升到60%。

不久，老板们就意识到通过自己的能力影响公允价值的可能性。例如，在1995—1999年间，安然的股票表现逊于标准普尔500指数。然而，在2000年，当这家美国能源公司的会计伎俩开始发挥作用时，它的股票表现却大大超过标准值。在倒闭前的10个月里，该公司还向高管支付了3.4亿美元薪酬。

"公允价值会计的问题在于，很难区分出按市值计价、按模型计价还是按虚构计价。"一位审计公司董事会的投资者表示。从理论上讲，公允价值不应排除合理的审计，但这确实让事情变得更难，因为更宽松的证据标准赋予了管理层在奖金上更大的自由度，同时也加大了审计师的压力。

兰德尔·米尔斯（Sarasin & Partners 管理负责人）担心，投资者没有为公众利益承担后果。"在极端情况下，"她说，"公允价值会计将升值视为合法利润，而忽略未来可预见的损失，这会助长庞氏骗局，因为越来越多的虚增利润会导致高管和现有股东通过红利和股息提取现金。过不了多久就会脱钩了。"

资料来源：*Financial Times*，1 August 2018.

© The Financial Times Limited 2018. All Rights Reserved.

国际财务报告准则坚持认为，作为公司投资而持有的财产（不用于制造业或商业过程）可以用两种方法中的任何一种进行会计处理。首先，将资产负债表中的价值改为市场价值，并将本年度至下一年度的公允价值变动计入损益表中或从损益表中扣除。因此，一家公司可以在其制造部门或出租房屋（比如3 000万英镑）中获得正常的营业利润，但这可能会被其资产公允价值（如2.4亿英镑）的大量减计而淹没在报告的收益数据中。

由于对房地产资产的这种公允估价，公司可能会报告非常大的损失。所以准则估价的另一种会计方法是，在资产负债表中按成本列报投资性房地产，并在使用年限内进行折旧。可以想象，在房地产崩盘的情况下，许多公司更愿意遵循第二种方法。然而，这些规定对每种方法下的报告内容都相当严格，但这并不妨碍在确定公允价值方面有一定的灵活性。

另一个问题是非金融公司持有的金融工具的估价。有些资产以其摊销成本在资产负债表中列示，另一些在资产负债表中随着价值的变动按公允价值重新估价。然而，其他公司则通过资产负债表和损益表，按公允价值重新估价。管理这些分类的规则是复杂的，而且，正如你所想象的，可以进行多种解释和判断。

我们的收入又是多少？

确认收入的基本原则是，在所有权上的实质性风险和报酬发生了转移且收入的金额能够可靠地计量。

把未来几年的收入提前到当下这一年是一个老把戏。销售收入不容易定义，你是否在客户下订单、从客户处收到现金或将商品与服务交付给客户时确认销售收入？对于零售商来说，收入确认的问题通常很简单：销售收入发生在货物交付并收到付款时。但是，当收入跨越不同年份时，收入很难分配到特定年份。例如，设想一份建造和服务一个发电站的长期合同。该订单于2021年下达，从2022年开始施工，直到2023年才收到第一笔付款，预计2024年开始进行年度服务活动。那么你应该每年分配多少收入？

可以从如下案例看清收入确认困难的情况。

专栏13.1

收入何时确认？

- 乐购的供应商会收取商品费，这是令人厌烦的正常现象。但如果乐购的销售数量超过预先商定的数量，它将从供应商那里获得"收入"——如果你愿意这么称呼的话，这是一笔额外的奖励。在2014年之前，乐购还以供应商付费的形式获得收入，这是为了让乐购在商店里提供特价，并给他们的商品提供最好的位置。2014年发生了一桩2.5亿英镑的丑闻，当时有消息称，乐购将预期而非实际的供应商付款记到账目中。结果，乐购没有达到足够的销售额，无法赚取所有作为收入的"回扣"。当这一点被发现时，乐购被迫重述报表，而它在监管者面前也陷入了困境。

- 新的会计准则迫使劳斯莱斯改变对销售额的确认方式。喷气式发动机亏损出售是很正常的，但同时也要与客户签订有利可图的长期维修合同。在2018年之前，劳斯莱斯习惯于将售后服务合同的利润提前计入资产销售年度。根据新的会计准则，该公司现在只能在维修工作完成的那一年确认收入（最重要的是五到七年后的发动机大修）。在某些情况下，这意味着一台发动机在五年内不会实现盈利。之后，它将产生良好的维修合同利润。根据新规则，劳斯莱斯报告，近期的销售额和利润大幅下降（7亿～10亿英镑）。

- 零息信用卡，你现在付2％的钱，可以在12个月内获得1万英镑，在这期间不收取利息，这对会计师来说是一个难题。信用卡公司向成千上万的人提供这项交易，它们假设在12个月内有一定比例的人会违反免息条款的规定，从而导致高利率的出现。此外，发行信用卡的银行预计，在免息期过后，一部分银行将保持较高的未偿余额，即支付高额利息。许多银行采用的会计政策是，根据它们对到期未还款客户比例的估计，提前确认利息收入。这通常意味着将收入投入第一年（并根据这一点向投资者报告收入），而实际上，利息要到第二年或第三年才会向客户收取。

- 如果你经营一个律师等专业人士与企业对接的网站，律师完成企业项目获得的报酬中网站将收取20％的佣金，是否应该将律师收到的100％的钱作为网站收入？埃克塞特的布乐（Blur）公司认为，应该将在线项目的总价值降低，但不是低到按20％的佣金费计算，但是财务报告委员会否决了这一操作。

- 商业房地产开发商威金斯（Wiggins）一旦获得令买方满意的规划许可，立刻确认该房产的交易（如果没有规划许可，购买者可以放弃交易）。但它被迫重述报表，因为这笔交易当时尚未完成——它于第二年完成。

- 医疗保健代理机构被迫改变其会计政策，即将医务人员派驻比如医院时产生的收入，从接受职位之日改为从实际开始工作之日计入。

- 安莱德地毯一接到订单（即"预发货"）就陷入预订销售的困境。当这个"错误"被纠正后，会计师发现过去多报了640万英镑。

- 一些公司已将收入全额计入收款年度，尽管有些收入与资产负债表登记日之后提供的服务有关。例如，在延长保修期的情况下，一些零售商将产品销售期间延长保修期的收入全额计入，而不是将其分摊到产品保险的整个生命周期内。因为规则已经收紧，所以需要在合同期限内确认收入（收到的金额超过第一期损益确认收入的部分应作为预付款计入应付账款，然后在服务发生时予以发放）。

- 一家公司向客户销售软件，此外还收到 12 个月的维护和支持合同相关的 12 000 英镑的付款。其中有 5 个月是本年度，7 个月在下一年度。过去，供应商在本期将获得 12 000 英镑的货款。根据英国的新规定，收入在合同期内分摊（本期仅为 5 000 英镑）。因此，资产负债表将显示 7 000 英镑的预付款。

当对数据的真实性存有疑问时，分析师会查看现金流，看看销售现金何时真正出现。还要仔细阅读报表附注，弄清楚收入确认政策。

彻头彻尾的收入欺诈

彻头彻尾的欺诈包括：
- 电信公司相互出售无用的光纤容量，以便在其损益表上产生收入。
- "渠道填充"（或"贸易超载"）。一家公司投入市场的产品超过分销商的销售能力，他们会人为地提高销售额。几年前，安全套制造商 SSL 将 6 000 万英镑的过剩库存转移给了客户。
- 另一种是"往返交易"（或称"进出交易"）。两个或两个以上的交易者在同一时间以相同的价格买卖能源合同。这是安然的伎俩之一——它夸大了交易量，使参与者看起来比实际做得更多。销售收入增长通常被投资者视为一个重要的衡量标准，并可能影响他们对企业价值的估计。

特殊项目

当公司发布有关其业绩的新闻稿时，它们往往会强调"特殊项目前利润"。也就是不考虑由日常活动产生，但数额巨大且不寻常的事项的利润。这些事项包括大额坏账、暴利、合并投标成本或处置子公司的损失。公司有义务报告扣除特殊情况前后的利润。排除一些不寻常的事件是有意义的，这样就可以看到潜在的趋势。然而，董事们倾向于把你的注意力集中在他们所能显示出的最好的数字上。利润数据将反映在每股收益报告中，如果董事会能够让投资者关注"可持续的"、"可维持的"、"核心的"或"正常化"的收益（不包括例外情况），那么股价可能会上涨。

还有一个问题是如何界定异常事件。更有趣的问题是，我想知道董事们是如何被说服在报表中加入或排除特殊项目，这是否取决于它对报表数据的正面或负面影响。

扶壁式建筑商

乔纳森·古思里

会计处理的一致性对股东很重要，这让他们放心，他们会用苹果与苹果进行比较，而不是橘子；而且这也便于与同行进行比较。

但看看英国两家最大的房屋建筑商泰勒·温佩（Taylor Wimpey）和珀斯梦（Persmon）公布的营业利润率，有点像把苹果与企鹅做比较。本月，泰勒·温佩公布的上半年营业利润率超过了9.3%。相比之下，周二公布的上半年营业利润为9%的珀斯梦就显得有些微薄。然而，泰勒·温佩战胜其保守的对手依赖于一个特殊的因素。它的利润中包括了4 890万英镑的土地销售收益，而该收益高于其估值。但在经济衰退期间，同一块土地的减值被作为"例外"扣除，并未反映在营业利润中。

这家公司做的会计工作相当于拿自己的蛋糕然后吃了它。打折了曾经"卓越"的英国市场份额，泰勒·温佩伊的利润率为3.3%看来不太健康。这是一个巧妙的财务策略，但这一点让同行很恼火，也很难再重复一次。

资料来源：*Financial Times*，23 August 2011.

© The Financial Times Limited 2011. All Rights Reserved.

● 存货计价

公司资产负债表中显示的年终存货通常由原材料、在制品（仍在处理的不完整项目）和待售成品组成。关于存货估价的规则是，它应该在资产负债表上以成本或可变现净值（某人愿意为此支付的金额的合理期望）① 列示，

---

① 可变现净值在扣除完该项目的所有进一步成本和销售过程的所有成本后计算。

以较低者为准。确定一些存货的成本相对容易。如果该公司购买100吨钢材作为原材料投入到生产过程中,那么它有发票可看。但考虑到在装配线上对一辆不完整的汽车进行估价的难度,你也许可以将实际使用的材料成本分离出来,但在计算汽车的成本时,应该分摊多少工厂的管理费用和公司的一般管理费用呢?

管理费用是指在整个业务范围内,不直接计入工作或产品的特定部分的业务费用。因此,工厂经理的成本和工厂的租金与当年生产的所有汽车成本有关,而不仅仅是任何一辆汽车。会计在对半成品汽车进行估价时,会将容易辨认的直接成本与难以分摊的间接成本相加。在管理费用分配上存在很大的分歧,也有很大的空间来发展积极的一面。年终价值越高,年内销售的汽车制造成本就越低,利润数字也就越高。库存的年终价值增加1 000英镑,利润就相应增加了1 000英镑。此外,资产多于负债,资产负债表也可以显得更健康。

吉凯恩(GKN)的一些员工认为经理们对年终存货的评估过于乐观。

酝酿很久的美国"泥潭"是如何粉碎吉凯恩集团的?

佩吉·霍林格,迈克尔·普尔

投资者正在敦促吉凯恩推荐一位外部人士担任首席执行官,接替即将离任的奈杰尔·斯坦因来管理这家航空和汽车零部件公司。

这家富时100指数成分股公司的股价仍未从一个月以来的有关其北美航空业务的坏消息中恢复过来。这一坏消息最终也导致该公司前航空航天主管兼首席执行官凯文·卡明斯的突然离职。

吉凯恩将不得不注销其美国航空航天工厂内堆积如山的高估库存和未付账单,这一消息严重削弱了管理层和董事会的可信度。随着问题的细节逐渐浮出水面,他们将最高职位交给前美国航空航天主管的决定受到越来越多的质疑。但对于任何一个有好奇心且能上网的人来说,早在2015年,北美公司就有明显的征兆表明其经营状况不佳。该公司10月份首次披露减计1 500万英镑、11月第二次披露将减计8 000万英镑至1.3亿英镑,在此之前的几个月和几周里,公司早已亮起了红灯。

"这是一个多么可悲的状况,"吉凯恩圣路易斯工厂的一名员工去年4月在公司评级网站Glassdoor上说,"这么多年来,我从来没有遇到过这样的泥潭……公司制造那些能帮助它实现收入的东西,而不是客户需要的东西……零件不会报废,因此不必注销。"

早在2015年12月,一位在圣路易斯工作了10年以上的前员工还描述说,"价值100万美元的'工作存货'和制成品其实是废品或过时的材料和零件"。

资料来源:*Financial Times*,4 December 2017.

© The Financial Times Limited 2017. All Rights Reserved.

折旧

想象一下,你的公司刚刚以2 000万英镑的价格购买了一台由最先进的计算机控制的机器,并将其用于制造业务。总经理估计,它的有效经济寿命为10年,最终的二手销售价值为100万英镑。他赞成采用直线法,这意味着每年在损益表中记下相同金额的机器使用成本。[①] 材料成本减去剩余价值为1 900万英镑,用它除以10年就得到了每年190万英镑的折旧费。

另一方面,生产总监认为这台机器会更快地磨损。他更喜欢用余额递减法折旧,并认为这里适用的比率是每年25%。因此,机器每年的折旧额为年初资产负债表价值的25%。第一年,500万英镑计入损益(25%×2 000万英镑)。第二年则是1 500万英镑(第一年年末资产负债表价值)的25%(375万英镑)。在第三年,1 125万英镑中的25%是需要折旧的(281万英镑),以此类推。

这两种方法都是会计准则所允许的,但是选择采用哪一种方法会对利润和资产水平产生巨大的影响。想象一下,机器是公司唯一的资产,没有债务,扣除折旧费用前的利润是每年800万英镑。那么这两种方法下的利润模式看起来就完全不同了(见表13-1)。在第二种情况下,利润似乎呈上升趋势,很快就会超过第一种情况下的静态利润。

---

① "折旧"一词通常用于有形固定资产,而摊销则用于无形资产。

表 13-1　两种折旧法

	第 1 年	第 2 年	第 3 年	第 4 年
	百万英镑	百万英镑	百万英镑	百万英镑
直线法				
折旧前利润	8.00	8.00	8.00	8.00
直线折旧费用	(1.90)	(1.90)	(1.90)	(1.90)
直线折旧后利润	6.10	6.10	6.10	6.10
余额递减法				
折旧前利润	8.00	8.00	8.00	8.00
余额递减费用	(5.00)	(3.75)	(2.81)	(2.11)
余额递减后利润	3.00	4.25	5.19	5.89
对年末资产负债表的影响				
直线法下资产价值	18.10	16.20	14.30	12.40
余额递减法下资产价值	15.00	11.25	8.44	6.33

四年后，按直线法计算，资产价值仍超过 1 240 万英镑，但按余额递减法，资产价值仅为 633 万英镑。假设表 13-1 中的数字代表两个相同的公司，唯一的区别是固定资产折旧的方法。如果分析这四年，你需要找出报表附注，希望你能找到计算折旧的依据，然后进行调整，以便比较这两年的业绩和资产负债表的实力。

当然，你应该发现，从本质上看两者是相同的。但往往我们没有足够的信息来得出这个结论。损益表和资产负债表的表象使投资者相信一家公司比另一家公司更稳健，而其实唯一的区别是公司对一项长期资产管理的态度是乐观或者悲观。另外，该资产的使用寿命可能是 10 年，也可能不是 10 年。

2014 年，连锁超市 Wm Morrison 决定放宽折旧政策。这增加了 1.92 亿英镑的利润，但由于投资者担心"收益质量"，股价下跌。该公司假设设备、固定装置和配件的使用寿命为 13 年，这比之前的估计高出一倍多。

更糟糕的是，尽管表 13-1 中所示的两种折旧方法是最常用的，但它们并不是唯一被允许的方法——至少还有四种其他方法可供管理者选择。此外，公司还可以通过对剩余价值（公司用完资产后的销售价值）进行更乐观的估计来耍花招。这里面有巨大的操纵空间，而且都符合游戏规则。

管理者有时会改变折旧政策，有时是出于正当理由（资产突然有了新的寿命，应该以不同的方式折旧），有时只是为了让报表看起来更好。那么投资者该怎么办呢？答案是检查报告和报表中关于折旧方法的陈述。你还可以通过比较折旧金额与资产价值，得出折旧政策变化的证据：比例是否随时间而变化？例如，从12%降至5%可能会敲响警钟，因为管理者可能故意低估资产的磨损和过时。

资本化

当一家公司把钱花在某件事上时，有两种可能的后果：要么购买了某项资产，然后计入资产负债表；要么作为费用计入损益表。以下方法有可能提高利润以及资产负债表上的资产价值：将企业支出更多的视作是用于购买资产而不是费用支出。对于建筑物等资产，在资产负债表中列示资本价值完全没有问题。然而，我们可能对研发等项目的投入过于乐观。如前所述，公司被允许将那些用于开发有明确界定且确定会获得成功的商业项目的支出资本化，也就是说，在资产负债表上列示为资产。而这种主观的评价为创造性的会计师提供了所需的灵活性。

除了开发支出外，管理人员通常被允许在建设期间将项目利息资本化。因此，一家房地产建设公司支付了10万英镑的建设用地、90万英镑的建设费用以及20万英镑的建设期利息，那么该房地产的资产负债表价值可能为120万英镑。根据规定，利息资本化应该在建筑完工后停止。然而，一些公司可能会将这一"建设"期延长相当长的一段时间，从而在资产负债表中将更多的利息作为"资产"。

超级市场通常将建造超市时产生的利息资本化。然后在公司的正常折旧政策下逐渐注销。利息资本化也被船舶和飞机制造商以及威士忌（一种需要很长时间才能"建造"的"物品"）的生产商使用。问题在于，一些管理者默许会计师和审计师在这一过程中走得太远。

在计算一家有利息资本化倾向的公司的利息保障倍数（见第12章）时，分析师需要特别小心。支付并计入损益的利息可能只是直接进入资产负债表进行资本化的一小部分。你需要把这两个利息数据加在一起，以了解相对于利润向贷方支付的水平（看看现金流量表中的利息费用）。

资本化一些启动成本（新机械或测试设备的运行成本）也是可以接受的。

但同样，我们对于什么可以资本化，什么不能资本化，缺乏精确的定义，这也让一些管理者和会计师有机可乘。

表外项目

投资者可能并不担心资产负债表中列示项目的处理方式，而会担心该公司已签订但没有在资产负债表中列示的项目。这些资产负债表外的项目似乎会突然出现，摧毁一家公司。例如，声名狼藉的得州能源交易商安然利用特殊目的实体（special-purpose entities）操纵其利润表和资产负债表。特殊目的实体作为单独的组织设立，其报表不与集团的其他部门合并——如果你想隐藏大量债务或开支，这可能很有用。但并非所有的特殊目的实体都应受到怀疑，因为有些实体有合法的用途，例如，为维护与另一家公司的研发伙伴关系而提供资金，或重新包装公司的一些资产，然后将这些资产出售给投资者（证券化）。然而，在不诚实的管理者手中，特殊目的实体是一个有用的工具。

在英国，与特殊目的实体以及其他资产负债表外融资技术有关的丑闻少于美国。也许这是因为会计准则坚持认为，无论技术状况如何，管理人员和会计师都必须报告交易的实质内容。报表应该反映出实际情况。话虽如此，一些灰色地带仍然存在。例如，银行在衍生品市场上承担了许多风险。如果某些事件发生（例如，利率大幅上升或下降——其中许多风险并未出现在报表中），它们可能不得不面对高额的负债。

另一个过去存在的灰色地带是租赁承诺的列示。我们以一家需要购买新机器的公司为例。它可以花费 100 万英镑的银行贷款来买这台机器。这样做的一个缺点是，由于贷款增加，公司的债务权益比率会上升。另一种选择是以每月 1 万英镑的价格租赁这台机器。公司没有借款 100 万英镑，因此资产负债表中没有这项负债。然而，随着许多租赁协议的签订，该公司正做出一项具有法律约束力的定期付款承诺，这类承诺至少与偿还银行贷款时的承诺相同。因此，无论资产是租赁的还是用银行贷款购买的，实质上都是一样的。

早在 20 世纪 80 年代，会计界就在弥补这一漏洞方面迈出了一大步。如果在租赁期间，租赁方实质上将资产所有权的所有风险和回报都转移给公司，则必须将其归类为融资租赁。这意味着机器被计入资产，支付未来租金的义务在资产负债表上被计入负债。

其他租赁称为经营租赁。根据旧规则，在经营租赁状态下的资产和负债不必在资产负债表上列示。虽然应该让投资者明确一些租赁义务，但这仍然是一个棘手的领域。因为通常很难宣称一项租赁是"转移所有权的所有风险和回报"，而另一项租赁不是。例如，航空公司非常善于签订只属于经营租赁类别的飞机租赁合同，从而将大量飞机作为资产结算，并将相关租赁作为负债。

从 2019 年起，公司被迫将经营租赁所产生的负债计入资产负债表。公司承诺在未来几年内支付的租金是一项负债，而该项资产，无论是飞机、卡车还是仓库，都成为一项资产。那些拥有长期租赁合约的零售商将感受到最大的影响——德本汉姆有 43 亿英镑的租赁承诺。许多航空公司的负债也将大幅上升——Flybe 航空公司有 2.17 亿英镑的租赁债务。

另一个过去的表外负债是公司应向员工支付的养老金计划的金额。对于公司是否应将其作为负债列入资产负债表，各方展开了激烈的讨论。忽略这一点的理由是，其金额会随着年份而变化，因此报表会因为与基础交易无关的原因而变得不稳定。投资者会被额外的信息搞得糊里糊涂，这将导致股票定价错误。但在大多数情况下，这是一个自私自利的论点。一些公司的养老金在企业的资产总量面前根本不值一提。现在的养老金负债一般都列示在企业的资产负债表上。

股票期权

想象一下你拥有 X 公司 50% 的股份。该公司发行了 1 000 万股股票。现在，公司有一个股票期权计划，董事们有权在三年内以每股 1 英镑（与当前股价相同）的价格购买 100 万股股票。假设三年之后股价涨到每股 3 英镑，董事们大赚了一笔。他们现在可以行权，以 1/3 的价格购买价值 300 万英镑的股票。

这类计划相当普遍，对激励管理者很有用。然而，困难在于股票期权的会计处理。假设公司在第三年结束时的年利润为 200 万英镑，那么在行使期权之前，作为拥有 50% 股权的股东，你有 100 万英镑的利润要求权——每股 20 便士。如果行使期权，发行的股票数量增至 1 100 万股。那么，每股收益仅为 200 万英镑/1 100 万股 = 每股 18.18 便士。你所能要求的利润为 500 万股×

0.181 8＝909 090 英镑。你的收益下降了，因为董事们现在有权要求获得公司利润的 9%。[①] 但这对股东来说是不利的，需要付出利益损失的代价。

在过去，大多数公司都没有正确地认识到股票期权是股东的一项损失——最多将其作为报表附注的一部分。同时，正是得益于股票期权计划，成千上万的董事变得非常富有。这些财富必然来自某个地方，但鲜少有股东的损失被正确地记录下来。当然，考虑到增发股票的可能性，每股收益可能会被"稀释"，但在报表表面报告的总利润通常忽略这一成本。

如果通过 200 万英镑的现金奖金计划来激励管理者，这将是非常明显的成本，利润也会下降。鉴于此，为什么不把基于股票期权的股东财富转移作为一种成本来表述呢？现在，会计监管机构坚持要求，在期权授予之日企业要对期权的价值进行评估，即使这些都是虚值期权（out-of-the-money）（见第 8 章），并计入当年的损益表。这与以下措施不同：(a) 忽略期权价值（如英国公司过去所做的那样）；(b) 仅在行使期权时对期权进行估值；(c) 仅在期权具有内在价值的情况下，在行权前对期权进行估值，即实值期权（in the money options）。所选方案的主要问题是，用于计算虚值期权的模型非常复杂，而且充满了大胆的猜测。

投资公司报告未计入被投资公司的利润和资产

这是一个经常导致公司业绩报告不足的会计问题。当一家公司拥有另一家公司 10% 的股份时，它只会把它所收到的股息，而不是全部 10% 的被投资方收益，纳入其综合利润。沃伦·巴菲特在下面解释了这一点。（GAAP 是美国会计准则"公认会计原则"（Generally Accepted Accounting Principles）。）

专栏 13.2

透视盈余

投资人必须特别提高警惕，要了解在计算一家公司的实质的经济盈余时，会计数字只不过是个出发点，而非最后的结果。

[①] 不可否认，董事们为公司增加了 100 万英镑的现金，但这不足以抵消给股东带来的损失。

Berkshire 本身的盈余在某些重要的方面也有所误导，首先我们主要的被投资公司其实际盈余远高于后来发放的股利，而 Berkshire 账列的盈余也仅限于这些已发放的股利收入，最明显的例子就是资本城/ABC 公司，若依照我们持股 17% 的比例，上年可分得的利润是 8 300 万美元，但 Berkshire 依照公认会计原则所认列的投资利益只有 53 万美元（亦即 60 万美元股利收入扣除 7 万美元的税负），剩下 8 200 多万美元的盈余则保留在该公司的账上，虽然实际上对我们大有益处，但在我们公司的账上却一点踪迹都没有。

我们对于这种被遗忘但存在的盈余的态度很简单，到底认不认列数字一点都不重要，最重要的是我们可以确定这些盈余可以为我们所有且会被充分加以运用，我们不在乎听到会计师说森林中有一棵树被砍倒了，我们在乎的是这棵树是不是属于我们的，以及之后要如何来处理它。

当可口可乐利用保留盈余来买回自家股份，该公司等于间接增加我们的持股比例，也就是此举让我认定这家公司是全世界最好的企业（当然可口可乐还将资金运用在很多加强公司利益的地方上），除了买回股份，可口可乐也可以将这些资金以股利的方式退还给股东，然后我们同样可以利用这笔钱买进更多可口可乐的股票，只是后面这种做法比较没有效率，因为如此还要支付额外的所得税，使得最后所得到的持股比例比前面的方式少一点，而讽刺的是要是利用后面的那种做法，Berkshire 的账面盈余可能还会更好看。

我个人相信最好的方式是利用透视的方法来衡量 Berkshire 的盈余，2.5 亿美元大概是我们在 1990 年可以从被投资公司那边未分配到的营业利润，扣除 3 000 万美元的额外股利所得税，再将剩下的 2.2 亿美元加到本来的账列盈余 3.71 亿美元，所得的 5.9 亿美元大概就是我们经过透视的真正盈余。[①]

资料来源：Warren Buffett's 1990 Chairman's Letter to Berkshire Hathaway Shareholders. Reprinted with the kind permission of Warren Buffett © Warren Buffett.

---

① 如果你想了解更多关于这位世界上最伟大的投资者的信息，可以看看我的系列书籍《沃伦·巴菲特的交易》（Harriman House 2017，2019）以了解他的投资案例，如果想看简短的介绍，请参看《金融时报价值投资指南》（Pearson，2009）或《伟大的投资者》（Pearson，2010），如果想了解巴菲特的最新案例及其投资原则的应用，请参见 newsletts.advfn.com/deepvalueshares。

第13章 会计里的技巧

⦿ 其他花招

公司有时会强调"预估"（pro-forma）的会计数据，这些数据准备用来排除经理认为在最近一段时间内不寻常和非经常性的项目，或者说明公司将从一些尚未发生的假设事件和交易中赚了多少钱。这通常是公司在会计数字上亏损时的一种故意分散注意力的策略。预估数字从损益表中删除了许多负数项目，这种方式可能在任何方面都不符合会计规则。不要关注预估数字。一些例子见下面的文章。请注意美国董事会对将股票期权视为一项成本的阻力。

公司有时会试图将亏损转嫁给即将停产的业务。由于经常性业务和非经常性业务在损益表中是分开的，因此可以将投资者的注意力引向经常性业务，然后将亏损埋入非经常性业务部分。

公司有时不能减计（注销）无价值的资产。

外汇汇率的变化对资产、负债、收入和成本的影响也很有趣和可被操纵。

会计例外论已变得越来越难以忽视

理查德·沃特斯

公司业绩中剥离出来的成本正在增长。

推特火爆的首次公开募股以及监管部门对一些喜欢展示业绩的互联网公司发出的警告，让人们重新想起了互联网泡沫。随着股票价格的飙升，对于快速成长的公司来说，改变传统的会计规则变得很有诱惑力。

但科技界最大的认知差距涉及一群更为成熟的公司。随着市场变化的步伐加快，一些业内知名品牌的业务也面临动荡，这一差距似乎将持续扩大。

看看IBM公司的诚信模式就知道了。就在不久前，IBM员工私下里嘲笑惠普等竞争对手公布的预估收益。这类数据，因为偏离了公认会计原则而被称为非公认会计原则，往往不包括公司声称的成本，这些成本使投资者更难了解其基础业务情况。

三年前，IBM屈服于当时盛行的风气，开始从其首选的收益衡量指标中剥离一些成本（一些员工退休成本和与收购相关的费用）。与其他公司一样，IBM 仍然需要报告包括所有成本在内的官方收益，但在与华尔街交谈时，它使用的是非 GAAP 数据。

对于投资者来说，他们并不知道自己最需要关心 IBM 哪种标准的利润。本年第二季度后，蓝色巨人（IBM）在其新闻稿中把焦点放在每股收益 3.91 美元上，这一数字被认为是"最能反映运营轨迹"的数据，因为它排除了 10 亿美元的"劳动力再平衡"费用。

但在其官方季度报告中，IBM 追加了裁员费用，并确定了一个不同的非公认会计原则数字 3.22 美元。两者均高于官方会计准则规定的每股 2.91 美元。

经常性加回到利润中的金额变得非常惊人。对于标准普尔 500 指数中的科技公司来说，2012 年这一数字达到 407 亿美元。杰克·西塞尔斯基称，这种差异使得这些公司报告的利润比标准会计准则下获得的利润高出了 36%。

这些公司，以及它们的分析师，基本上都以科技行业例外论为理由，为这种行为辩护。这一观点认为，由于它们发行大量的股票来吸引和奖励员工，所以它们和其他公司并不相同。

正式的会计规则要求将这些从收益中扣除。大多数公司辩称，发行股票并不是公司的直接成本，而且现在对未来股票收益的估值基本上毫无意义，因此最好将其排除在外。

不过，不管你在这个问题上站在哪一方，结果都是次要的。西塞尔斯基表示，2012 年科技公司增加利润的成本中，股票收益只占 1/4。其他 75% 的公司与所有行业的公司所面临的情况没有太大区别。

上年增加到收益中的成本包括：与收购相关的费用（4 家公司这样做）、重组成本（3 家）、无形资产摊销（2 家）、资产减值（2 家）以及罚款和法律判决（2 家）。

就个体而言，在任何一年里，那些试图掩盖此类指控的公司可能会成功地辩称，它们是一次性的。

但整体而言，随着数字的逐年增长，将行业所有坏消息掩盖起来变得更加困难。

这些一次性成本看起来像往常一样。其中有多少是他们可以忽略的，完全取决于投资者。

资料来源：*Financial Times*，13 November 2013.

© The Financial Times Limited 2013. All Rights Reserved.

◎ 结论性意见

那么，考虑到这些潜在的欺诈行为，时间紧迫的投资者又该怎么办呢？首先，不要惊慌。绝大多数经理都是诚实的，喜欢准确地描述公司的状况。即使是那些试图夸大数据的人，也会受到会计准则的限制，以及在他们从特别有利的角度看待某一要素时，必须在报表中增加附注的必要性。他们也更看重诚信，因为很多花招都会被投资者发现——他们可能会在一两年内逍遥法外，但真相终将被揭晓。一个考虑长期职业生涯的明智管理者肯定会认识到诚信处理数据的必要性。大多数人会尽量避免去做那些未来让自己后悔的事。

尽管如此，并不是所有的经理和会计师都会像我们所希望的那样直率，下面列出的是可以做哪些事情从而避免上当受骗：

密切注意报表附注 许多分析员从附注开始反向阅读财务报表，通过现金流量表、资产负债表和损益表，直到最终找到之前在年度报告和报表这两项当中给他们留下深刻印象（可能会误导）的要点。首先阅读附注将突出隐藏的问题，如商誉、摊销、特殊项目和资本化利息，这些问题不会在损益表、资产负债表和现金流量表中列示。当你看到主报表时，你将获得那些调整后使得比率分析更有意义的数据。当你阅读报表时，可以问问自己，如果想让数据产生偏差，你会操纵哪些数据。

从其他渠道获取数据 股票经纪人的报告可以对公司的报表进行批判性评估。你可以通过互联网等方式获取有关董事过去生活的信息——将董事的姓名输入搜索引擎，然后查看结果。行业分析可从邓白氏公司等专业网站获得（www.dnb.co.uk），只需浏览网页就可以免费了解一个行业诸多信息。

关注现金 与利润和资产负债表相比，创造现金流数据要困难得多。对那些利润高而现金流低的公司要持怀疑态度。一个非常有用的指标是企业所用资本的现金回报率。与以收益为基础的指标相比，它受到会计偏见的影响要小得多。

检查会计政策　如果会计政策，如折旧政策，与上一年相比发生了变化，那么要注意它对利润的影响。尝试问问这样的问题：降低折旧是人为地提高利润，还是合理的处理措施？如果报表中没有足够的信息，你可以打电话给公司的投资者关系部，要求他们解释会计政策。

与管理层会面　创造性会计和欺诈问题从根本上讲是诚信问题。如果你参加年度股东大会并定期审查董事会的公开声明，你可能会本能地嗅出可疑人物。例如，如果管理者头一年试图将你的注意力集中在每股收益上，下一年关注的是息税折旧及摊销前利润，而在第三年，他们强调的是营业利润，你可能会开始怀疑，他们对短期的表现更感兴趣，而不是创造长期价值。他们当然不想用坦率且没有弹性的方式来陈述他们（不可避免地充满坎坷）的进展。如果公司年复一年地为业绩不佳而提出诸如"复活节提前"或"天气不好"等可悲的借口，而不是偶尔主动说是战略出了问题，那么你有理由怀疑管理层的诚实——他们对自己都如此，更不用说对投资者了。

如果有疑问，不要冒险　如果你不确定数据的质量，或者看不懂到底发生了什么，那就不要把自己宝贵的资金分配给这些公司。投资者要接受错过打击许多球，直到他们得到一个完美的投球机会，打出干净利落和相对安全的球。

○ 延伸阅读

W. McKenzie The Financial Times Guide to Using and Interpreting Company Accounts（Financial Times Prentice Hall，2009）.

E. McLaney and P. Atrill，Accounting and Finance：An Introduction，9th edition（Pearson，2018）.

A. Thomas and A W Ward，Introduction to Financial Accounting，8th edition（McGrawHill，2015）

A. Sangster，Frank Wood's Business Accounting Volume Two，14th edition（Pearson，2018）.

B. Vause，Guide To Analysing Companies，6th edition（The Economist Books/Profile Books，2014）.

第 14 章

行业分析

我们通过考察分析报告和报表了解公司过去的业绩，而现在我们必须回答的问题是：公司过去的表现能维持多久？未来有什么改进的潜力？这些问题的答案不仅取决于公司的财务实力，还取决于公司经营的行业类型、公司拥有或控制的能够帮助公司成为业界翘楚（实现资本回报率大大高于行业平均水平）的优质资源，以及管理团队的诚信和能力。本章重点分析这些因素中的第一个：行业分析。

一些关键因素决定了公司长期的资本回报率。本章提供了识别这些因素的基本框架。[1]

竞争基准收益

在完全竞争的行业结构中，外部企业可以随意进入这个行业，而企业只能获得"正常"的回报率。也就是说，股东们得到的回报率只能诱使他们购买并持有股票。如果回报率下降 0.1%，投资者就将从该公司撤资，紧接着将资金投资给那些风险水平相同但能提供完全"正常"回报率的替代品，最终被撤资的公司将倒闭。在完全竞争的情况下，回报率不能产生超过正常水平的超额回报。试想一下，如果一个行业确实因为产品价格的上涨而暂时获得了很高的回报率，该行业的新进入者，或现有竞争对手的额外投资，都将很快导致挤压超

---

[1] 本章的大部分内容都是从我的《金融时报价值投资指南》（Financial Times Prentice Hall，2009）中提炼出来的，并在我的个人简讯上进一步应用于一些公司，详情可参见 www.glen-arnold-investments.co.uk 或者 newsletters.advfn.com/deepvalueshares。

额回报，从而使行业重新回到回报与风险相适应的状态。

显然，一个完全竞争的行业对投资者没有吸引力。投资者需要寻找一个在产品价格和成本之间存在巨大差距的行业，一个从股东那里获得并被管理者使用的资本回报率很高的行业。可问题在于，行业内的竞争力量往往会不断缩小价格与成本之间的差距，将其推向竞争基准收益，从而对投资的资本回报率造成下行压力。

然而，有些行业的竞争力量很弱，超额回报能够长期存在。对于投资者来说，好的方式是寻找那些一般拥有高度持久定价权的行业。这类行业的一些公司可能会以比较低的价格出售股票，其他投资者在购买股票时有较好的安全边际。然而，大多数人不会这么做，因为市场会充分认识到高收益的潜力，并抬高股价。

五种竞争作用力

迈克尔·波特提出了一个框架，用于分析那些推动回报率回归到完全竞争水平的因素。它不仅仅是简单地分析现有竞争对手之间的竞争程度和新竞争对手进入的可能性，它还指出，客户、供应商和替代品也是企业的"竞争对手"，因为它们会限制企业获得超额回报。如图 14-1 所示。

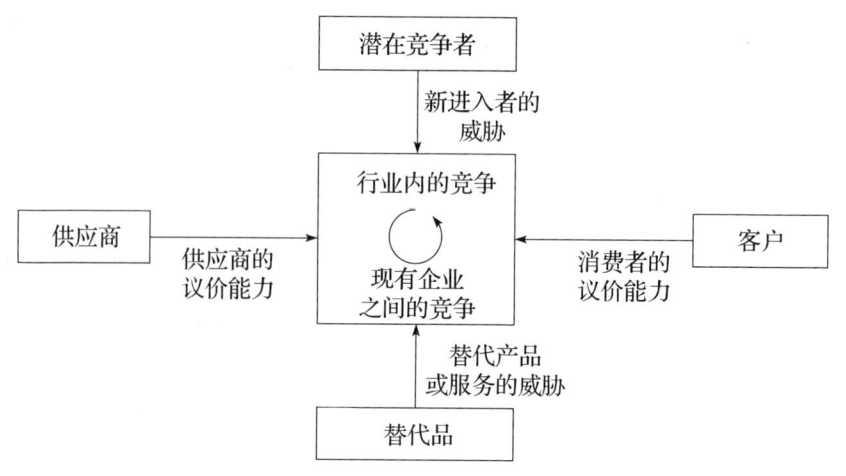

图 14-1 推动行业竞争的五种作用力

资料来源：Competitive Strategy：Techniques for Analyzing Industries and Competitors by Michael E. Porter。西蒙与舒斯特公司旗下的自由出版社出版。

例如，亨氏（和其他大品牌食品生产商）几乎没有直接的竞争对手，因为它的品牌与众不同，而且它拥有无与伦比的分销体系。它几乎没有面临来自新的竞争对手的威胁，因为新进入者需要几十年的时间来建立自己的品牌形象和分销能力。然而，亨氏的管理层担心，因为它的客户——主要的连锁超市——的力量越来越大。大型食品零售商可以要求从产品销售中获得更多的价值，更直接的意思是说，他们可能在价格上对亨氏施压。

再举一个例子：音乐发行行业（唱片生产商和零售商）的首席执行官们都在害怕。并不是说当前特别强大的竞争对手正不断占据更大的市场份额，变得越来越强大。当然这种情况正在发生，但并不是他们害怕的主要原因。他们也不担心新唱片公司和零售连锁店进入市场。这些之前都发生过，但行业回报率一直居高不下。实际上，他们的恐惧来自一种技术，即允许消费者通过互联网来下载音乐，而这种技术竟然是免费的，或者是声田（Spotify）等主流媒体服务的强大功能。由此可见，替代分配系统是整个行业的竞争威胁。

在完全竞争的情况下，进入市场是免费的，现有的公司对供应商或客户没有讨价还价的能力。此外，现有企业之间的竞争非常激烈，因为产品完全相同。在现实中，很少有行业能达到完全竞争的水平。正如 J.K. 加尔布雷斯曾经观察到的那样，商业中不安全感的最大来源就是竞争。因此管理者不断努力，以尽可能地远离完全竞争。他们能走多远取决于五种竞争力量的强度：(1) 潜在进入者的威胁；(2) 行业内现有企业的竞争强度；(3) 替代品的威胁；(4) 买方（客户）的议价能力；(5) 供应商的议价能力。

钢铁业

这五种作用力决定了产业结构，进而决定了产业的长期回报率。在一些行业内，这五股势力的地位低得令人震惊，因此回报率也很低。让我们以西欧的钢铁生产为例。

这里有世界上最大、效率最高的工厂。从目前的情况来看，即使钢铁企业可以雇佣世界上最好的管理团队，但仍无法获得良好的回报率。五股势力都在阻挠它们。原材料供应商往往是有强大议价能力的大集团（例如，三家生产商主导着全球铁矿石业务）。它们的许多客户都是庞大的集体（尤其是六大汽车制造商，它们非常愿意更换钢铁供应商，除非能拿到最优惠的价格）。亚洲有几十家低成本的新进入者渴望占据市场份额。在西欧，由于分散高固定成本[①]的必要性，每个参与者都需要大批量生产，因此现有的参与者之间存在激烈的竞争。由于难以从该行业退出，这一情况更加恶化：很多公司同时又被视为国家的重要行业和重要雇主。因此，它们得到的不仅仅是政府扶持。另外，它们也面临替代品的持续威胁——例如，铝生产商一直令它们很担忧。

航空业

事实证明，航空业比钢铁业还要糟糕。令人惊讶的是，经过多年的管理创新、削减成本、兼并、大规模营销活动以及其他所有措施，该行业在其整个历史上的累计收益仍是负数。事实上，乘客数量以其他行业所渴望的速度（每年4%~5%）在增长，但这似乎对盈利毫无帮助。供应商往往很强大，比如飞行员工会。此外，如果一家航空公司建立了一个有利可图的细分市场，那么它很快会被新进入者和现有的航空公司从全球调集的飞机所淹没。结果就是产能过剩和价格低廉。航空公司发现很难迅速削减运力，它们购买的飞机可以飞行几十年。当乘客需求下降时，它们根本无法减少飞机的供应。民族自豪感也阻碍了该行业的退出，这违背了正常的商业逻辑，即让不盈利的公司倒闭。

动态方法

在我们更详细地研究产业结构分析框架之前，有两点需要记住。

第一，产业可以改变。一个结构不好、回报率低的行业，可以转型为资本回报率高的行业。这可能有许多原因，从改变整个行业发展的技术创新（就电信而言，是移动电话和互联网）到政府政策（之前被禁止，现在允许航空业进行合并）。因此，当我们探究一个产业结构时，需要持有一个动态的而不是静态的观点。

第二，当我们谈论资本回报率时，指的是长期预期的回报率。因此盈利能力的短暂提升或减弱（例如经济繁荣或衰退）应与行业的长期潜在性质及其随后的回报率区分开来。

这五种作用力都受到许多因素的影响。下面将讨论其中最重要的部分。这

---

① 固定成本是指不随产量增加而变化的成本。

些讨论将提供给投资者需要调查的因素清单。

新进入者威胁

如果一个行业的回报率高于其他行业（风险可比），它就会像蜜罐一样——一群饥饿的昆虫会试图进来拿走一些蜂蜜。新进入者在抢占市场份额的同时，也增加了该行业的产能。其结果是该行业中每个公司的价格都在下降，或者原来的行业参与者试图通过营销支出、为客户提供优惠的信贷条件等来维持销售，这也导致了成本的上升。

新加入的公司肯定会受到现存公司的厌恶。有两种方法可以阻止或至少减缓昆虫向蜜罐前进。首先，建立阻碍外来者进入的壁垒。其次，可以给有抱负的进入者传达一个明确的信息，如果他们真的敢跨过门槛，那么他们将受到大规模的报复性攻击，直到他们被赶出去。当然，在许多行业，这两种抑制因素是相互作用的。

信誉是阻挡进入者的关键。以下内容可以提高信誉：

- 如果现任者在过去表现出他们是"蜂蜜罐"的坚实捍卫者。
- 如果现任者有大量的资源可以与之抗衡（现金、借贷能力、强大的关系或对供应商和客户的权力等）。
- 如果现任者只在该行业发展（其中使用的资产几乎没有其他用途）。

具有强烈新进入者威胁的行业包括 PC 软件和软饮料。

新进入壁垒的形式多种多样——既可能单独出现，也可能组合出现：

规模经济和高资本成本 在一些行业中，小规模经营的公司处于竞争劣势，因为其产品的平均成本高于那些以最大规模生产的公司。因此，有抱负的进入者明白，在这个行业中生存的唯一途径就是大规模投资。这将那些潜在进入者的范围缩小到少数拥有足够资金的公司。如果这些大公司中有一家敢投入如此多的资金，那么现有公司将面临严厉的反击。在一定程度上，受到规模经济保护的行业，包括酿酒、飞机发动机和中端市场汽车装配。为了战胜华尔斯冰淇淋（联合利华）、玛氏和耐克等知名品牌，它们需要花费大量的营销费用。一些行业还受到范围经济（economies of scope）的保护，即通过在多个产品线之间分摊成本来获得经济效益的能力。例如，食品制造商可以增加额外的生产线，利用相同的物流网络，影响零售商和生产设备。这是该行业合并的主要动因之一。

与模仿相关的高风险 要确定一个成功的企业是如何设法做到超越一切的并不容易。任职者可能具有特殊能力，即使这些能力都可以观察到，也很难模仿。模仿能力的不确定性阻碍了企业进入竞争舞台。例如，很难以可信的方式模仿麦肯锡或高盛的方法。

取得分销渠道 明显的分销渠道通常被现有的公司捆绑。新进入者需要以某种方式打破这些关系，以确保其产品的分销安全。这可能会非常昂贵。如果买家要欢迎新的供应商，他们可能会要求大幅降价和其他好处。例如，新的食品制造商发现很难吸引大型零售商的注意。现任者通常有很强的关系和适应客户需求的长期经验，以提供专业、高质量的服务。这些会形成很高的进入壁垒。通常，外人唯一的选择就是找到一个全新的分销渠道，比如互联网。

转换成本 对于一家公司的产品购买者来说，转换到另一家供应商的成本可能高得让人望而却步。例如，购买飞机的人花了大量的钱来培训员工驾驶和维修飞机。他们可能会投资于辅助设备来维护和充分利用飞机。在员工培训和设备方面，转投另一家飞机制造商的成本会很高。新进入者必须提供一个好的报价，以克服这些转换成本。对于公司来说，转换微软的操作系统和办公套件将是非常昂贵的。任何潜在的进入者都需要提供一些非常特别的东西来鼓励转换。仅仅提供稍好的性能和略低的价格是不够的。

差异化 差异化意味着产品会提供比竞争对手更高的价值。与向客户收取的这些功能的额外成本相比，该产品附加功能的价值更高。例如，市场上有很多吸尘器，但只有一台戴森。一旦名声建立起来，其他人就很难篡夺这个地位。

经验 随着时间的推移，现任者对他们的行业、他们的供应商和他们买家的行业了解了很多。他们培养了专业的技术知识和适应行业经营的文化。经验丰富的公司通常能比其他公司生产更好或更便宜的产品。例如，英特尔在开发微处理器方面拥有数十年的经验，新进入者很难赶上。

政府立法和政策 专利是政府设立的最明显的进入壁垒，但还有其他障碍。例如，对机场起飞和降落位置的限制、对非处方药品的管制、阻止外国竞争的关税和配额壁垒、政府对优惠部门的补贴、取消入境的许可证、价格管制、捕鱼配额以及从国内供应商处购买国防设备。

对原材料或网点的控制　行业内的公司可能对关键的投入和产出拥有有利的准入或完全控制权。例如，汽车制造商坚持如果你希望保修有效，你进行维修和保养时只能在受认可的经销商处安装受认可的零件。

现有公司的竞争强度

投资者必须关注现有行业竞争对手之间的竞争行为。公司之间为了市场份额和利润的竞争越激烈，回报率就会越低。因为公司在价格上竞争激烈（一家公司的任何行动很快会被竞争对手发现），所以它可能在多个方面降低利润。现在有一种趋势，即在市场营销上投入大量资金，并促使公司定期改进产品和推出新产品，以尽量保持领先一步。

在竞争激烈的行业中，总有至少一个特立独行者试图超越竞争对手。他们看到机会，全力以赴争取。不幸的是，这种优势是短期的，因为其他公司会跟随降价、营销创新或改进他们自己的产品。在这个过程结束时，整个行业的利润可能会比以前低。

在公司较少的行业中，竞争对手通常开始认识到彼此之间的相互依赖，从而抑制竞争。如果行业发展出一个占主导地位的竞争者，而不是拥有一组同等的竞争者，竞争就会减少——主导公司对行业价格有强大的影响力，并能够约束那些特立独行者。对于竞争激烈的行业，财经媒体可能会使用诸如"激烈竞争"或"价格战"等词汇。而竞争较少的行业将被描述为"稳定"，甚至"无趣"或"绅士风度"。因此，被视为对投资者不利迹象的一些因素如下：

同类均衡竞争者较多　在没有主导者的情况下，将会有为市场份额和利润进行的激烈竞争。这对客户来说是件好事，但如果有像电子零售这样占主导地位的公司，这个行业的利润会更高。

行业增长缓慢　当行业发展迅速时，公司可以增加销售而不影响其他公司的收入。在增长缓慢的行业中，市场份额竞争会有加剧的趋势。大众市场汽车行业就是一个很好的例子。汽车装配商的巨额投资很少能获得良好的回报率，大部分时间他们都在遭受损失。

固定成本高　固定成本高的公司需要有大量产出以将成本分摊到大量产

品上，所以通常有一个高盈亏平衡点。竞争对手将通过降价来达到所需的营业额。造纸和钢铁制造商都是受此问题影响的行业。生产难以储存的商品或服务（水果、航空旅行）的行业也存在类似的通过降价来实现快速吞吐量的趋势。

同质化产品　如果产品（或服务）被视为同类商品（与其他公司提供的相同），买家将纯粹被价格和辅助服务所吸引。利润率将被削减，回报率将受到限制。例如，砖块、化肥、手机、个人电脑、白色家电和各种塑料已经同质化。

额外产能增加的幅度大　在某些行业，产能不可能小幅增加（大宗化学品、钢铁）。当增加一个大型工厂时，整个行业可能会出现长期的混乱。公司很容易选择通过降价来提高需求。由于新工厂投产，许多行业经常出现产能过剩（纸张、石油和塑料）——这通常发生在商业周期中的高峰期。

当竞争对手有不同的战略、来源、特点和关系时　同一行业的公司可能由于其背景、母公司目标和公司特点而导致完全不同的目标、方向和战略。某个公司的理性行为对其他人来说似乎是非理性的。在竞争中，家族企业可能对上市公司或外国竞争者持完全不同的态度。[①] 由于他们很难读懂彼此的信号，默契配合变得极为困难。游戏规则的建立并不是为了让每个公司都能获得高回报。

高退出壁垒　在低回报行业，经理人的合理反应是退出市场，并将释放的资源投入到回报较高的行业中去。而供应减少将有利于留下来的公司，其回报率会上升。但事实上，尽管回报低于正常水平，仍有许多因素阻止企业退出。退出壁垒有多种形式：

- **专业资产**：如果该业务的资产在某一项业务中有用，但在任何其他业务中没有价值或价值不大，那么企业可能没有退出的动力。对厂房、机器等的投资可被视为沉没成本，因此不构成经营业务的成本。欧洲和北美的纺织业存在使用日益陈旧的机器但仍然不愿退出的公司，他们影响了整个行业的发展——长达 50 年的洗牌仍在继续。

- **固定退出成本**：当公司退出某一行业时，可能会产生巨额成本。例如，

---

① Michael Porter, *Competitive Strategy* (Free Press, 1980, p. 19).

根据劳工协议，他们可能有义务支付大量款项（许多欧洲国家尤其如此）。撤资过程本身在管理时间、律师和会计师方面的代价十分高昂。客户有权获得多年的售后服务或备件，雇员可能需要接受再培训和重新分配，而赔偿供应商的可能是应付违约金。

- **战略亏损**：某项业务可能是整体战略的一部分。其移除会对其他业务造成严重影响。或许这项业务本身并不盈利，但大大提升了公司的形象或与客户、供应商以及政府的关系质量，因此值得保留。例如，报业通常会蒙受损失，但其为所有者带来的政治杠杆可能对本集团的其他业务有用。它也可能会分享一些对没有业务的母公司来说不实惠的措施。集团的主要原材料供应商也可能会因为集团没有子公司而不愿意供应。业务可能是垂直整合链条中的重要环节。例如，主要石油公司有勘探业务、开采部门、炼油业务和零售网点。其中有一项业务可能表现不佳（通常是零售业务），但出于更广泛的战略考虑，这项业务仍被纳入考虑范围。

- **情感障碍**：在一个独立的企业中，即使面对经济逆境，管理者也倾向于不退出。他们很可能对业务有情感上的依恋。他们以产品的质量和经营的效率为荣。这是一项他们熟悉并喜爱的业务，通常具有丰富的历史和传统。经理人意识到，他们不适合从事任何其他行业。这些情感纽带在家族企业中尤为牢固。

- **政府和社会障碍**：政府经常会出面阻止企业倒闭，因为他们担心就业和社会稳定。因此，该行业所需的产能削减并没有发生，各公司都死守不放，继续战斗。其结果是整个行业的回报率持续走低。

替代品的威胁

来自替代品的威胁降低了利润提升的空间。替代品是指具有相同功能的产品或服务（至少是近似的）。饮料包装行业的回报率有一个上限，因为买家可以在钢、铝、玻璃和塑料之间进行转换。由于互联网提供了一种获取图书的替代方法，图书零售商的利润也受到了威胁。如果转换成本较低，且性价比较高，则替代品的威胁更大。也就是说，替代品可能不如现有产品或服务那么擅长服务功能，但其价格要便宜得多（如低成本航空公司），或替代品的价格稍高，但效用更好。

买方（客户）力量

买方力量使客户有潜力通过压低价格、争取更高质量或更多服务来压缩行业利润率。乐购拥有巨大的买方力量，对生产食品、服装和电器产品的企业施加巨大压力。如果有下列一种或多种情况，买方将在议价中处于有利地位：

买家较为集中　如果有几个大公司负责大部分的市场采购，那么他们的权力很可能会相对强于供应商。主要汽车装配商在选择零部件供应商方面有很大的权力。如果供应商拒绝合作，则可能面临业务损失的威胁。他们通常会不顾一切地避免损失大量销售额。最近，零部件供应商已经合并，从而能向汽车制造商提供更完整的系统（如所有电子产品），而非个别零部件。因为能够提供复杂系统（即能够获得更大议价能力的系统）的公司较少。

标准化或无差别的产品　如果自己公司的产品与其他公司的产品大致相同，则买方将有信心，即使某一供应商拒绝降价或增加服务功能，买方也能够获得替代产品。他们处于能让供应商相互竞争的有利地位。这个问题在原材料供应商中尤为普遍。

如果产品在买方的成本占比较大　与对其整体成本影响不大的产品价格相比，买方可能会花费更多精力压低成本较大产品的价格。买家对次要产品的价格敏感度较低。

如果买方的转换成本较低　如果买方转换供应商的成本较高，则供应商的议价能力会增强。

买方的盈利能力低　汽车装配商经常宣布，他们制定了一项生存和恢复盈利能力的计划。作为一揽子措施的一部分，他们坚定不移地宣布已与供应商达成协议，从零部件账单中削减数十亿英镑。我们只能对他们谈判时的立场作出推测，但其思路可能是，如果你不降价，我们将关闭工厂，甚至破产，而你会损失一个重要的客户。如果买方公司的利润很高，他们不太可能专注于削减成本，而可能更关心维护与供应商的长期友好关系。

买方的逆向整合　如果买方确信自己能够生产产品，这可能对供应商有更大的影响力。如果他们愿意的话，油漆制造商通常能够自行制造树脂。如果能很好地平衡"制造还是购买"的决定，供应商几乎没有议价的空间。

产品失效的后果和风险很低 如果产品的质量对买方的经营系统至关重要，则他们可能较少注意价格的差异。例如，用于防止石油钻机井喷的设备非常重要，与井喷带来的损失相比，其成本非常低，因此买方愿意支付少量额外费用，以确保完全安全。类似的逻辑适用于医疗设备、法律咨询和企业融资指导。如果质量不重要，买方会对价格更为敏感，并在供应商之间货比三家。

买方拥有的信息丰富 如果他们对供应商的利润率、成本和订单有足够的了解，他们就会有更大的影响力。当实际商定的价格高于供应商的最低价时，供应商将无法欺骗买方，使其认为通过议价降低价格而造成企业亏损。如果买方了解供应商成本的真实情况，诸如"你把我的价格降到最低""按此比率我会在交易中赔钱"等套话就失去了作用。

供应商力量

在许多方面，供应商力量是买方力量的镜像。强大的供应商能够设定远高于其生产成本的价格。他们在该行业内所创造的价值占有相当大的比例。供应商通过提高价格或降低所购买商品和服务的质量来行使其拥有的权力。

高通是智能手机制造商的强大供应商。体育赛事举办权持有者和热门电视节目制作人是电视网络的有力供应商。购买可口可乐的零售商高度分散。这些采购者大多权力甚微。一些大型超市集团试图行使一些权力，但它们面对的是一个强大的品牌和一家曾经能决定条款的公司（可口可乐在全球软饮料市场的占有率超过50%）。如果该行业的公司准备从特定来源获得供应，而转换供应商将产生巨大成本，正因为如此供应商才拥有更大权力。例如，托马斯·彭菲尔德·杰克逊法官在1999对微软的调查结果中宣布：

改用非英特尔兼容个人电脑操作系统的成本不仅包括一个新操作系统的价格，还包括一台新个人电脑及新外围设备的价格。它还包括学习使用新系统的努力、购买一套新的兼容应用程序的成本，以及替换与旧应用程序相关的文件和文档的工作。即使英特尔兼容PC操作系统的价格持续大幅上涨，英特尔兼容PC操作系统的用户也不会大量转向MacOS。[1]

---

[1] http://usvms.gpo.gov/findings_index.html.

行业发展

五力模型本质上是静态的。然而，投资者需要对未来数年内的行业结构形成一种看法。由于公司、供应商和买方采取战略行动提高各自的实力，行业会发生变化。它们也会随着新技术和政府政策的改变而改变。

在完成行业的静态评估（及时的快速反应）后，投资者必须考虑可能导致行业发展的因素。一家目前拥有强大定价能力的公司可能会发现其投资者迅速流失。其中一个例子是 IBM 在 20 世纪 80 年代末和 90 年代初的业绩下滑，因为其竞争对手更有效地利用了个人电脑。另一个原因是固网电信公司被移动公司所欺骗。此外，还有一些书店被亚马逊扫地出门；黑莓和诺基亚则受到跨越式竞争的冲击。

如果你发现了一个具有上述特征的行业，那么在完成行业发展分析时，你将寻找该行业继续产生高回报的潜力。稳定、不受攻击以及改变是其所需的品质。另一方面，如果该行业的结构为"差"或"公平"，则有向持久的高回报结构转变的可能性。

长期结构分析用于预测行业的长期回报率。我们的任务是检查各种竞争力量不断变化的实力，并尝试为行业建立可能的利润潜力。当然，这在不太复杂的行业环境中更容易实现。投资者不应试图分析具有许多不确定变量的行业。专注于相对容易遵循规律的行业。（如果你对一个难以理解的行业有特别的了解，你可能会忽略这一点——发挥你的分析优势。）

行业环境的变化如果影响到这五种力量，则意义重大。因此，分析师会提出一些问题，例如技术或政府法规的变化是否会导致进入或退出壁垒的提高或降低，或是社会趋势是否会导致更多的权力归于买方。产业演进的根本动力可分为以下几类：

- 技术变革；
- 行业内学习，以及供应商、买方和潜在进入者；
- 经济变化；
- 政府立法及政策；
- 社会变革。

技术变革

社会中最明显、最普遍的变化形式是技术发展。新产品、新工艺和新材料直接影响人们的生活,并改变行业内的竞争力。仅以过去的100年为例。电力、通信、交通、医药、计算机和卫星等领域的发明和创新对人们的日常生活和产业结构产生了深远的影响。

鉴于今天在世的科学家比上一代任何时候都多,似乎有理由得出结论,科技革命更有可能加速而非衰退。这对投资者评估行业回报率的持续性提出了严峻挑战。如果你真正了解一个技术变化异常迅速的行业,例如信息技术或生物技术行业中的某一个,那么尽一切可能将你的资源集中在预估未来的盈利能力上。然而,我们大多数人将无法做到这一点。

对我们而言,唯一的希望是专注于更可预测的行业。这些仍然会有技术(和社会、经济等)的变化,因此需要进行评估。然而,在某些领域,变革的步伐可能会慢得多。例如,开采岩石和砾石的行业结构不大可能因发明和创新而发生重大变化。或许会出现新的改进型专业机械,但该行业不太可能出现地震般的转变。

《经济学人》和雀巢咖啡等老字号的生产和销售可能会一如既往地持续下去。诚然,所有这些公司都必须考虑互联网等发展,但它们都会适应,而无须从根本上改变其经营方式,或更重要的是,改变行业内的权力结构。英国《金融时报》可能会开发自己的网站,但它的纸质版仍将畅销。雀巢可以利用互联网协调供应商、宣传和压低价格,但仍将通过自动售货机、商店和快餐店等渠道销售,而雀巢对这些渠道拥有巨大的影响力。当然,我们可能会对行业或邻近行业的发展感到意外,这些发展导致了技术上的巨大变化,以及这五种力量。尽管存在这种不确定性,进化分析仍然是可取的。

科技可以通过多种方式影响产业结构。例如,替代品的成本和质量会因为发明和创新而改变。如果通过成本下降或质量得到充分改善来阻挡买方转换成本,这可能会影响买方对产品的需求。此类变动的例子包括从旅行社购买机票转为使用互联网购票,以及从通过传统经纪人购买股票转换为使用互联网经纪购买股票。

特定行业的销售可能受成本、质量和补充产品供应的影响。如果互补产品受到技术变革的影响，那么与其相关的产品也会经历五种力量的一次转变。例如，数字通信速度的提高影响了对电影流媒体的需求，显著增加了对新内容、编剧、演员、导演等的需求。

由于使用互联网技术，许多行业的进入壁垒已被打破。现在，小企业可以建立起自己的音乐或期刊发行商的地位；英国一家专门生产斯提尔顿芝士的公司可以避开强大的零售连锁店，在全球范围内销售该产品。在其他行业，快速和频繁的产品引进可能会造成进入壁垒，因为潜在的竞争对手无法跟上现有公司的步伐（例如微处理设计）。

随着新技术的引进，该行业的生产方法可能会改变。银行正将越来越多的客户转移至互联网/移动银行账户。由于进入门槛已降低，他们正受到非银行公司的攻击，这些公司只设立智能手机银行业务，因此不需要庞大的分行网络。

技术进步可能导致行业改变其服务的典型买方。例如，移动电话最初非常昂贵，仅在伦敦等有限的地理区域使用。目标客户为高收入、时间紧迫的个人。随后，手机在短信和聊天方面变得廉价。现在，它们相当于小型电脑，能提供各种服务。儿童可以在手机上观看教育节目，老年人可以从健康应用程序中受益。

由于行业边界可以扩大或缩小，技术创新可以改变行业的定义。例如，电信、计算机技术和电视的融合正在对这些行业结构产生深远的影响。新的竞争对手出现，买方的力量（以及买方的需求）和内容提供商的力量可能会增强。

学习

随着时间的推移，行业参与者和对行业有兴趣的人（供应商）积累了能够改变行业权力平衡的知识。通过定期购买一种产品，买方了解该产品的特性和质量，以及竞争产品的成本。随着买家变得更专业，销量增加，一件不寻常且差异化的产品可以转变为一般的商品。买家对产品的要求越来越高，他们会要求更大的规模、额外的服务和更低的价格。

个人电脑在第一次投放市场时是新颖且与众不同的。随着越来越多的制造商拓展行业，以及买家积累知识，个人电脑日益成为一个商品项目。此外，买家坚持更大的计算能力、售后服务和"免费"软件。现在，许多制造商在个人电脑市场上利润微薄甚或蒙受损失。

一些行业的发展依赖于对业务流程或产品所拥有的专业知识。拥有这些知识的公司会谨慎地保护自己的知识，以使其产品从现有的竞争对手中脱颖而出，并将潜在的进入者排除在外。然而，随着一项技术的发展成熟，扩散就会逐渐发生。这可能是因为其他公司通过拆解产品找出了其组装方式，或者他们可能会挖走关键员工，又或者，客户可能通过故意泄密来帮助创建替代供应商。

基于拥有特殊知识的优势可能会被削弱，但基于持续发展新的专业知识能力的优势是可持续的。所以公司必须拥有动态管理创新的能力。如果一家以科技为主导的公司躲在已有专利保护的背后，而不开发一系列后续产品，它将不具备投资者所寻求的可持续的竞争优势。

经济变化

一个行业增长速度的放缓会对产业结构产生巨大的影响。这是耐用品生产商面临的一个特殊问题。当一种耐用商品刚被发明时，最初消费者的消费量增长会很慢。接下来是一个快速增长阶段。当消费量逐渐达到饱和点时，增长又开始减慢。对于习惯于同比大幅增长的企业来说，增速放缓已经够糟糕的了。但至少它们每年的销量都在增加，所以它们继续增加产能。然后危机就来了。一旦达到饱和点，随着消费者从首次购买转向置换购买，销售额可能大幅下降。

例如，一些智能手机供应商几近倒闭，因为预期的需求增长在它们借钱扩张后并未实现。对于耐用品，消费者可以推迟更换很多年（甚至几十年）。经济衰退会加剧这种影响。增长阶段的力量平衡与销售下降阶段的力量平衡完全不同。在增长过程中，行业可以吸收进入者，而每个公司都会保持盈利。与可靠性和供应速度相比，这些公司更关心的是压低供应商零部件的价格。在经济低迷时期，新进入者对行业盈利能力构成极大威胁。在危机中，供应商被要求承担更大的责任，而买家在四处寻找便宜货的过程中获得了巨大的权力。

由经济发展引起的投入成本价格变化会影响产业结构。例如，在过去的50年里，世界各地的货物运输成本下降了很多。这扩大了一些出口产品生产商的潜在市场，也就是说，特定国家的现任者将可以大举进入其他国家的市场。电信成本的降低也对各行业产生了重大影响。例如，印度有一个庞大的软件产业——在印度编写代码的成本仅为硅谷的一小部分，并能立即传输到世界任何地方。

影响产业结构和五种力量相对实力的其他经济事件包括世界贸易自由化、劳动力成本上升和汇率变化。

政府

政府立法和政策的变化会导致产业结构的重大变化。例如，政府对竞争行为的态度会随着时间的推移而变化。在某些行业内，会默认行业权力集中在少数几家公司手中的做法，而在另一些行业却被认为是不可接受的，因此公司不得不让自己面临更大的竞争。

有些行业的价格由政府或政府指定的机构监管。政府还许可一些公司进入工业领域。另一方面，他们限制了其他公司的进入。产品质量和安全也受到政府组织的影响，比如食品。政府同意通过立法来减少温室气体的排放会对企业产生巨大的影响。例如，欧洲的钢铁制造商非常担心能源成本过高，尤其是在美国天然气价格因水力压裂技术而低于欧洲企业的价格时。此外，征收或取消关税以及进口配额也会对产业结构产生重大影响。

产业结构也随着一系列政府的其他措施而改变，从劳动法和私有化到专利法和信息披露。投资者面临一项艰巨的任务，即试图通过五种力量之间的权力关系，评估政府政策变化对行业盈利能力产生重大影响的可能性。

社会变革

人口结构的变化会影响一个行业的买方群体的规模。例如，随着西方国家50岁以上人口比例的增加，对某些产品的需求将会上升（可能是高尔夫？），另一些产品的需求则会下降（可能是迪斯科舞厅？）。人口的种族混合会改变对某些产品的需求，比如食品，某些食品的需求会上升，而另一些食品的需求会有所下降。

价值观和文化可以改变。素食主义越来越受欢迎，这势必会影响肉类行业。男女之间更加平等，这将影响从职业介绍所到托儿机构的各个行业。人们工作与生活之间的平衡发生了变化，则会影响人们对休闲活动的需求。

教育和卫生水平可以在相对较短的时间内发生变化，特别是在经济高速增长的国家。受过高等教育的民众可能需要更多的新闻、书籍和培训课程。随着收入的增加，健康在某些方面可以提高，但在其他方面会下降。对体重的关注成为一种执念——减肥食品、运动和健身房业务都是受益者。

收入分配会随着时间的推移而变化。例如，向穷人再分配收入可以减少奢侈品的需求，但对基本生活的需求会增加。即使是一个像世界语言一样简单的社会问题也会影响到产业结构：影视制作人把他们的买家和竞争对手视为全世界的人类。

结论性意见

没有一个行业对投资者来说是完美的。每一个都会在一定程度上受到上述一种或多种力量的负面影响。投资者不应仅仅因为一个负面因素被发现而放弃对某个行业的进一步考虑。相反，投资者需要权衡利弊。一些行业表现出一种压倒性的负面影响：企业对供应商和客户的议价能力很低；它们容易受到新进入者的攻击；该行业增长缓慢；它有许多积极竞争的参与者。

另一方面，有些行业有两三个参与者，他们向客户销售产品，却无法轻易更换供应商。作为主导企业，这些公司在与供应商达成协议方面非常有说服力。由于竞争对手之间达成了一种默契，即他们不会在价格上进行竞争，因此，对客户的价格远高于生产成本。其他公司很难进入。即使在一个有这么多积极因素的行业，也可能存在一两个威胁。例如，技术或政府规则的改变可能会鼓励替代产品制造商进入该行业。

投资者必须能够从更高的角度总览全局。判断需要的是宏观，而不是精确。在这里，我们讨论的是长期行业资本回报率的主观概率，而不是客观的确定性。尽管表面上看投资是基于具体数据的，但必须承认，这个过程的关键投入是定性的，例如对企业定价权的认定。

延伸阅读

有两本书易于阅读，并可以提供更多关于行业分析的细节，它们分别是 Michael Porter, *Competitive Strategy* (Free Press, 1980), *The Financial Times Guide to Value Investing* (Financial Times Prentice Hall, 2009)。

第15章

公司的竞争地位[*]

我们已经讨论过如何识别资本回报率高的行业。然而，确定好一个行业只是第一步。投资者通常会在那些行业中寻找资本回报率高于平均水平的公司。而为了超过平均水平，公司需要一些特别的东西。这些特别的东西来自公司所拥有的大量资源。当然，大部分资源都是普通的。也就是说，公司拥有平等的竞争机会。然而，该公司或许能够利用一到两种非凡资源，即那些具有竞争优势的资源。非凡资源是指那些与其他（普通）资源相结合后，使公司能够超越竞争对手并带来创造新的价值机会的资源。关键性的非凡资源决定了一个公司能否成功。

为客户创造价值的能力是获得高回报的关键。股东的高回报取决于公司是否有能力以更低的价格为客户提供与竞争对手相同的效益，或是超过相对更高价格的独特效益。

普通资源提供了一种基本能力。它们对确保公司的生存至关重要。问题在于，仅仅是平等竞争并不能在公司内部产生高回报率。例如，在食品零售业务中，大多数公司在基本活动（如采购、人力资源管理、会计控制和门店布局）方面都具备一定的能力。然而，大型连锁店拥有使其与小店区分开的资源：得益于其巨大的购买力，它们能获得较低成本的供应，可以在广告和所提供的产品范围内利用规模经济。

尽管大型零售商拥有这些优势，但很明显，小型商店也存活着，有些商店甚至有非常高的投资回报率。这些优秀的公司为客户提供的价值远远高于成

---

[*] 本章的大部分内容都是从我的《金融时报价值投资指南》（Financial Times Prentice Hall，2009）中提炼出来的。

本。与大集团相比，一些街角店拥有不同的非凡资源。人性化的服务会受到高度重视，在顾客方便的时间向顾客开放可能会让顾客接受更高的价格，而且地理位置可能会使购物少一些麻烦。

连锁超市作为一个群体，与小商店相比所拥有的非凡资源，在连锁企业之间的竞争中并不一定是非凡资源。如果把重点转移到连锁超市的"产业"上，规模经济等因素可能只会带来竞争均势——规模是生存所必需的。竞争优势是通过开发其他非凡资源来实现的，例如与供应商的关系质量、收集客户和目标市场数据的复杂系统的结合，或者拥有最好的网站。然而，即使是这些非凡资源也不会永远保持优越的竞争地位。其中许多是可以模仿的。长期的竞争优势可能取决于管理团队不断创新的能力，从竞争对手脚下抢夺阵地。非凡资源就是组织环境中管理者的一致性、态度、智慧、知识和动力。

许多成功的公司已经不再把自己看成是产品线上业务的捆绑。相反，他们把公司视为资源的集合。这有助于解释一些公司进入明显不相关的产品领域背后的逻辑。这种联系是对非凡资源的开发。例如，本田有许多不同的产品领域：汽艇发动机、汽车、摩托车、割草机和发电机。这些产品通过不同的分销渠道以不同的方式销售给不同的客户。所有这些产品的共同根源是为本田带来卓越发动机生产能力的非凡资源。同样，复印机、照相机和图像扫描仪也是完全不同的产品部门，销售方式也不同。但它们都是由佳能制造的，而佳能拥有非凡的光学、成像和微处理器控制知识。

TRRACK 系统

投资者不应在任何一家公司中寻找一长串非凡资源。如果你能找到一个，那很好，只要一个就可以超越竞争对手并产生非凡的回报。如果发现两个，那就太好了。遇到一家拥有三项或以上非凡资源的公司不太容易。可口可乐是一个例外，它拥有一个非凡的品牌，一个广泛的分销系统及与其相关的关系，以及知识渊博的管理人员（据称，他们主要了解如何在世界各国的系统中运作，以使竞争主管部门在加强控制分销和价格的同时不受其影响）。

为协助深入分析某家公司的非凡资源，我开发了 TRRACK 系统。它将非凡资源分为六类：

T　Tangible（有形的）

R　Relationships（关系）

R　Reputation（声誉）

A　Attitude（态度）

C　Capabilities（能力）

K　Knowledge（知识）

请注意，绝大多数非凡资源是无形的。它们是组成组织的个人所具有的品质，或与人际互动有关的品质。它们通常来源于长时间的开发而非购买。这些品质不能通过科学的评估来进行客观的量化。尽管我们无法准确描述，但在通常情况下，这些人身上的因素是创造价值最重要的驱动力，我们必须予以重视。良好的投资取决于良好的判断力，而非将数字嵌入公式的能力。

有形的

偶尔物质资源能够提供可持续的竞争优势。这些资产是可以实际观察到的，并且在资产负债表中经常被预估（或错误预估）。包括财产、材料、生产设施和专利。它们可以被购买，但如果它们很容易被购买，就将不再与众不同，因为所有竞争对手都会外出购买。一定存在一些阻止其他公司收购相同或类似资产的障碍，使其拥有长期的价值。

麦当劳确保自己在最繁忙的高速公路旁拥有最佳位置，而不是隐蔽的二级公路。许多小企业也在热门旅游景点附近的宝贵土地上获得（或采取明智的措施确保）所有权。

医药公司，如默克拥有一些有价值的专利，能够保护其免于竞争，至少暂时是这样的。

关系

随着时间的推移，公司可以与个人和组织建立有价值的关系，而这些关系对于潜在竞争对手而言难以或不可能效仿。商业关系可以有很多种。最不重要的是合同条款。最重要的是非正式的或隐含的关系。这些关系通常基于多年来建立的信任。隐含合同的条款由双方自行执行，而非通过法院执行——一旦失去信任会对这种关系造成极大的损害。诚信合作符合所有方的利益，因为有一种重复合作，进而分享长期以来创造的集体价值的期望。

买卖关系的质量各不相同。多数情况都是公平交易，非常具有对抗性，涉及严肃的谈判。这在向组织销售附属物品（如铅笔）时可能有意义。在这种情况下建立更复杂的互动关系是不值得的。然而，许多公司已认识到与供应商或客户发展紧密关系的价值。例如，宜家和沃尔玛正通过联合规划调度、信息系统管理以及质量和可靠性方面的合作，与供应商建立更多的合作关系，以改善交付机制。

南非啤酒厂拥有南非 77% 的啤酒市场。由于与供应商和客户的非凡关系，该公司一直将国内外竞争对手排除在外，获取丰厚的利润。南非大部分公路状况不佳，电力供应时断时续。为了分销其啤酒，该公司建立了一些稳固的关系。它帮助卡车司机（其中许多是前雇员）开办小型卡车运输业务。同时，由地下酒吧出售大部分啤酒，而这些酒吧都没有营业执照，它们通常很小——也就几张长椅。南非啤酒厂不能直接出售给非法的地下酒吧，取而代之的是，它通过批发商系统维持这种非正式关系。南非啤酒厂会确保分销商有冰箱，必要时还需要配有发电机。新进入者加入时，它必须与卡车司机、批发商和零售商发展其自身的非凡关系。也或许，它可能建立一个完全独立和平行的配送体系。但即使如此，双方的长期合作关系仍缺乏合法性。

20 世纪，许多客户购买了 IBM 的大型机，而 IBM 也与他们建立了密切的工作关系。购买后，客户在运行、维护和更新系统方面需要帮助。在 21 世纪，随着计算机硬件日益同质化，IBM 的商品定价能力大大降低，更多的是通过建立长久以来的信任关系来弥补这一损失。IBM 的服务部门得到了极大的扩展，并为集团带来一半的收入（400 亿美元）。随着潮流转向大数据中心、移动设备、云、人工智能和网络安全，而不是传统的在内部台式机或大型机上进行计算，商业分析等服务需要为每个客户提供穿过电子丛林的指南。IBM 开始与客户共同创造产品，并帮助他们组织业务。

会计师事务所、管理咨询公司和投资银行尤其热衷于"客户关系管理"。通常，客户关系的质量为此类组织创造了真正的价值。

雇员之间、雇员与公司之间的关系可带来竞争优势。一些公司似乎拥有一种通过员工的合作和活力创造财富的文化。信息是共享的，知识是发展的，创新活动是流动的，对市场变化的快速反应是自然的——尊重无处不在。

与政府关系的好坏对一家公司而言可能非常重要。许多国防承包商集中大量资源以确保与政府各机构建立特殊关系。最大的公司通常可以吸引到最优秀的前政府人员出任公司的董事或负责与政府的联络。他们政治复杂性的背景，拥有的人脉和对采购决策内部运作的了解，对企业来说是非常有价值的。类似的逻辑也适用于制药公司、航空公司以及能源和自来水等受监管公司。

声誉

声誉的建立通常需要花费很长的时间。一旦建立了良好的声誉，它可以成为高回报的来源（假设所有必要的普通资源都已到位）。

在商品和服务市场上，消费者经常遇到在购买前难以判断质量的问题，这个问题一直存在。在中古时代，工匠们结成帮会，为集团的每一个成员建立良好的声誉。如果一名成员低于规定标准，他将被逐出帮会，以防止该集团的形象被永久污染。这种类似的安排仍存在于今天的建筑商、水管工和橱柜制造商。做金银生意的人过去发现，现在依然发现，花时间和金钱证明金属的纯度是值得的。所以他们支付系统检测所需的费用。

当客户不能轻易为自己监控质量时，他们愿意为保证产品质量支付额外费用。在许多市场（煤炭、电力、糖、纸张）上，供应商无法获得该溢价，因为在这些市场上，买方可以快速廉价地测量质量。但在某些行业，客户为保证质量需要额外花费金钱。为了评估声誉的价值，有必要将商品和服务分为四类：

- 搜寻品；
- 即时经验品；
- 长期经验品；
- 无经验品。

声誉在后两项中最为重要，它也与许多即时经验品有关。

搜寻品是指买方可在购买前通过检查确定质量的商品。例如，在商店里通常可以观察到香蕉的质量。对于店主而言，建立质量声誉是有意义的，因为这能够将店面保留在消费者喜欢的零售商名单上。但零售商一般无法利用这一声誉收取可观的价格溢价。如果他们尝试这样做，消费者会很快转投到其他商店，在那里他们可以很容易地评估产品的质量。

第二类产品为即时经验品。此处质量不能通过检验来确定。因此，消费者只有在购买后才能了解一罐汤的味道或蔬菜罐头的味道。然而，了解金宝汤或海因茨汤的质量并不需要太长时间。消费者很快就会通过即时经验品来了解制造商的质量。一旦消费者了解了质量，往往存在一定的惯性，进而导致消费者不愿意更换品牌（给予公司一定的定价权）。

长期经验品的价值只能在拥有丰富的个人经验后才能确定。例如，要花很长时间才能确定一名医生是否很有能力（因为大多数疾病都是自动消除的）。如果你主要依赖个人的体验，那么只有从长期的结果里你才能知道癌症治疗是否有效或心脏病药片是否有不可接受的副作用。在其他患者中建立的声誉可能是决定接受医生建议和治疗的关键。

当公司选择审计、会计及其他专业服务时，他们很少有与一系列潜在的供应商进行广泛交易的历史，而这些供应商能够根据经验选择一家。他们一般依赖声誉。

租赁国外汽车的消费者无法提前确认汽车的质量。赫兹公司根据特许经营安排为本地贸易商提供认证。这些本地汽车租赁商认为，在没有赫兹公司认证的情况下提供高于平均水平的服务毫无益处，因为他们将无法收取额外费用。令人意外的是，与从一个陌生的当地人那里租汽车相比，在国外旅游时，消费者更愿意租赁保证可靠和高效的汽车。

有些商品只购买一次（或很少）。这些都是无经验品。例如殡仪服务、游泳池、建筑及专业法律服务。消费者往往严重依赖客户们建立的声誉。

买家确定商品质量（外观检查或个人推荐）的方式会对行业竞争优势的潜力产生重大影响。表 15-1 列示了四种类型的货物以及声誉对保证质量的重要性。

表 15-1　商品类型与声誉的重要性

商品类型	质量信息	例子
搜寻品	购买前通过检查获得：声誉并不重要	新鲜果蔬、服装、某些家具
即时经验品	消费后迅速获得：声誉有一定的重要性	罐装食品饮料、报纸、主题公园
长期经验品	长期的个人体验后才能获得：声誉有一定的重要性	专业建议、某些药品、投资建议
无经验品	无法从个人经验中获得：声誉因而非常重要	投行建议、葬礼服务、人寿保险

品牌旨在代表和提升声誉。品牌一般为消费者提供某种程度上的质量认证。对于即时经验和长期经验的商品，品牌提供一致性的保证。人们购买品牌啤酒，是因为他们希望下一罐啤酒会和他们之前购买的一样。在许多产品领域，由于质量（汉堡包、汤、早餐麦片和洗发水）不一致，消费者不愿承担购买无品牌产品的风险。

一致性的承诺为一家公司提供了竞争优势，但仅此因素可收取的价格溢价有限，因为一致性可以被竞争对手复制。品牌产品还有另外两个优势，可以增强定价能力。如图 15-1 所示。一家公司可能拥有一个、两个或全部三个优势，越多越好。

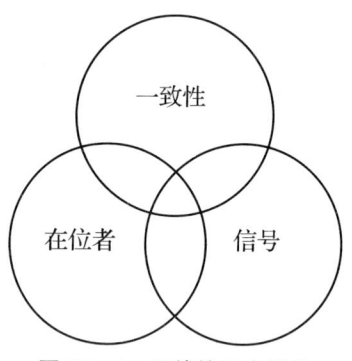

图 15-1　品牌的三大优势

在位者（incumbency）让品牌有强大的品质优势。一旦一个品牌在消费者心目中确立，竞争对手的制造商就很难成功地推出替代产品，即使该产品能提供更好的价值。例如，吉百利的一个竞争对手可能会以较低的价格提供同等质量的巧克力棒，但很少有消费者会选择它，至少在没有大量营销开支和长时间使用的情况下是如此。同样，消费者对狗粮品牌、番茄酱品牌和清洁产品品牌也有很高的黏性。

面对一位根深蒂固的在位者，消费者对一种新产品的认可和接受极为困难。一致性与在位者相结合可带来非常高的回报。可口可乐深知这两个因素在其成功中的作用。前董事长兼首席执行官道格拉斯·达夫曾撰文指出，我们所有的成功都源于我们品牌的实力，以及我们与人交往的能力。这就是我们成为世界最佳营销者的原因。[1] 他说，可口可乐应专注于成为一家"纯营销公司"，

---

[1] D. Daft, 'Back to basic Coke', *Financial Times*, 27 March 2000, p.20.

大概是为了巩固一致性和存在感。①

消费者使用品牌产品时通常是在向他人发出一些信号。耐克、拉尔夫·劳伦、李维斯及其他众多品牌利用人性中的这一元素，赢得了更好的价格。可以释放出地位显赫信号的产品通常都很昂贵，正如让人联想到的劳斯莱斯、酪悦香槟和巴宝莉。可口可乐也在这一点上取得了成功：在许多发展中国家，它会让人联想到美国文化，这意味着，年轻人将愿意为其支付溢价。

请注意，强大的品牌本身并不是竞争优势。你需要一个有进入门槛的品牌。例如，雷诺或福特拥有许多强大的品牌，但进入量产汽车制造业的难度意味着它们的资本回报率很低。在竞争如此激烈的市场中，即使是梅赛德斯的品牌实力也有其深刻的局限性。在捷豹和宝马是替代品的情况下，它并不能说服许多客户支付高于生产成本的高昂价格。

态度

态度是指组织的心态，这是一种流行的观点。它是组织对世界的看法和与世界的联系方式。性格、意愿及文化等词汇与态度密切相关。每个体育教练都意识到态度的重要性。该队的队员可能拥有商业上最好的技术，或对比赛有丰富的知识，他们也可能是最快和最熟练的，但如果没有胜利的态度，他们将不会成功。所以必须有赢的意愿和准备赢的意愿。

一些公司建立在创新文化的基础上，形成了取胜的心态。另一些则坚定地以客户满意度为导向，而有些则以质量为导向。3M 公司有一种"试一试"的态度，它鼓励大胆尝试。员工有时间跟进一个想象中的创新，另外他们也不会因为失败而受到批评。这种态度带来了诸如便利贴等创新产品。

能力

能力源自公司处理一系列任务的本领。技能可用于指一项有限的活动或单一任务。能力一词则用于多项技能的结合。例如，索尼开发了一项微型化能力。这使其能够生产从随身听到 PS 游戏机的一系列产品。它通过不断加强以

---

① 可口可乐竞争优势的创造在 The Deals of Warren Buffett, Vol 2: The Making of a Billionaire (Harriman House, 2019) 中作为一个案例进行了更详细的讨论。

技术为基础的产品创新所需的各种技能而增长。这与营销才能和强大的品牌影响力相辅相成。

通常情况下，一家公司很难将其流程技能结合起来以拥有卓越的能力。由于竞争对手难以效仿整合过程，所以其困难性便可使已完成整合的公司获得竞争优势。静态能力的价值要低于在产品市场快速移动的能力。

20世纪40年代，卡特彼勒发展了一种为美国陆军部修建公路、简易机场和陆军基地的能力。由于军队需要一家供应商来承担整个项目，因此必须发展广泛的技能。卡特彼勒以低成本为建筑设备提供全球化服务和供应网络。在完成军队的挑战后，卡特彼勒在战争后处于有利地位，提供了竞争对手无法效仿的能力，成为重型建筑设备行业的龙头企业。该公司能够在不到两天的时间内将任何小零件运送到世界上的任何地方，这是一项无与伦比的服务。

在某些行业中，成为成本最低的生产商的能力对优越的盈利能力至关重要。成本领先者必须利用所有成本优势的来源。他们倾向于销售标准的、无差别的产品，很少或没有额外的装饰。他们必须被确定为成本最低的生产商，而不是众多生产商中的一家。

知识

知识的保留、开发和分享对实现和维持竞争优势极为重要。知识是为信息及其解释、组织、综合和优先次序的意识提供见解和理解。同一行业的所有公司共享基本知识。例如，所有的出版商都对市场趋势、发行技术和印刷技术有一定的了解。我所指的非凡资源并不是这类常识。如果一个出版者在了解某一特定市场领域（例如投资书籍）方面积累了数据和技能，那么其卓越的信息意识、诠释、组织、综合和优先次序可以通过非凡的知识创造竞争优势。与竞争对手相比，该公司对这一细分市场的洞察力更强。

有两种组织知识。第一，显性知识，可以相对容易地写下来并传递给他人，这是可以定义和记录的客观知识。第二，隐性知识，很难界定。它具有主观性、个人性、模糊性和复杂性，很难正式化和沟通。显性知识不太可能提供竞争优势，因为如果易于界定和编纂，那么竞争对手很可能也会获得。另一方面，竞争对手很难获得隐性知识。以足球为例，一般都有明确的战术知识，但优秀运动员与普通运动员的区别在于运用了隐性知识（例如传球的本能和团结队员的意识）。通过实践传递隐性知识：将知识从一个人转移到另一个人的主要方式是通过密切的互动来建立理解，如师徒关系。

耐克由菲尔·奈特于 1964 创立。他对跑步者的需求有特别了解，在 20 世纪 50 年代，他曾是俄勒冈大学田径队的一名中长跑运动员。他认为现有制造商对跑步者的服务很差。他有自己独到的设计款式，但对制造没有特别了解，因此就将自己的设计交给了亚洲供应商。他的新设计非常成功。在 20 世纪 80 年代，公司从专业运动鞋市场发展到注重时尚的青少年市场，完成这一过程需要一些额外的知识储备。除了对如何创造创新运动鞋（如耐克 Air）的知识外，该公司还对其客户、市场营销及分销商非常了解。例如，树立形象对销售至关重要，因此公司在广告中用了迈克尔·乔丹。耐克用于体育营销的金额达到 10 亿美元。它签下了老虎伍兹和整个巴西足球队。

公司对目标市场极为了解，同时塑造了一个冷酷而有竞争力的形象，这吸引了许多年轻人。其产品开发的知识是建立在一年内推出了 300 项新设计的基础上。它发展了对新材料和面料的一种知识。耐克知识库中易于记录的元素最不重要。关键因素是来自员工之间以及与客户、供应商和分销商之间日常互动的知识。这种知识随时间积累，并在整个组织中以千万个人的名义传播。

⦿ 是什么让资源与众不同？

有时很难识别一家公司的非凡资源，即使该公司确实拥有非凡资源。本节将有助于概述非凡资源的特点。要实现可持续竞争优势，三个特征必须持久。也就是说，预计上述平均资本回报率将持续很长时间，因为：

- 长期里该资源是客户需要的（或视为有价值的）。
- 该资源仍处于稀缺状态（竞争对手将无法模仿资源或提供替代资源以满足客户需求）。
- 在可以预测的未来，使用非凡资源产生的额外净收入可由公司而非其他组织或个人分配。

投资者面临的挑战是，如何区分非凡资源与仅提供竞争均势的资源，以及何时确认一项非凡资源转为普通资源（也包括在不久的将来发生这种转变的可能性）。例如，价格较低的瑞士手表制造商发现，数百年来积累的特殊知识资源和较高的声誉不足以促使消费者在有廉价数字手表时支付溢价。同样，IBM 发现其无法抵御个人电脑市场的冲击，因为市场上有大规模可供客户选择的廉价个人电脑，所以它拥有的优势资源（技术设计、定制解决方案的声誉等）被视为次要资源。

需求

第一个问题是，资源是否以客户愿意支付的价格为客户生产出有价值的产品。要达到卓越的效果，资源必须满足客户的需求，客户必须准备好支付超过成本的溢价以获得该效益。在任何时候，愿意支付的溢价水平取决于向客户开放的替代方案。该资源必须满足竞争对手无法满足的当前和未来的需求。

公司经常认为自己拥有客户仍然需要的非凡资源，但实际上，他们在自欺欺人。他们的信念往往基于过去的成功。例如，金属汽车保险杆的制造商可能是世界上最好的，拥有最伟大的技术设计、最廉价的运营成本、出色的工厂管理人员等。但如果客户的需求已从金属汽车保险杆转移到可压缩塑料，这些资源将不再被需要，因此不再有价值。再比如，对好裁缝的需求几乎消失了。

有些资源比其他资源更有可能具有较长的使用寿命。例如，迪士尼作为一个以家庭为导向的娱乐品牌，它所拥有的非凡资源，在未来很长一段时间内，除了管理上的失智或意外，都会产生价格溢价。每一个主要角色（米老鼠、白雪公主等）和电影库都可以被视为非凡资源，有很长的保质期。迪士尼主题公园在许多人心中有一个非凡的位置——它是世界范围内该领域的领军人物。每一代人都想和他们的孩子分享迪士尼的魅力。它可以提供竞争对手难以超越的非凡产品。

吉百利和《经济学人》在各自领域拥有强大的声誉，这些声誉很可能会长期存在，因为它们能更好地满足客户需求，而非替代品。当然，管理层需要保持警惕并进行投资以保持其领先地位，而他们就是从领先地位开始的。

稀缺

如果资源广泛可得，就不可能非同凡响。必须供不应求才有价值。如果这是司空见惯的物品，竞争对手会收购它并降低价格。对于竞争对手试图仿效其优势或提供替代资源以抢走客户的行为，本公司必须采取一定的防范措施。要想让公司可持续发展，必须围绕竞争优势深挖一条"护城河"。具有稀缺性的

资源可分为四类[①]:

物理独特性 一个公司可能拥有最佳房地产的所有权。竞争对手无法效仿。该公司可能拥有对一块土地的采矿权，该土地包含大陆上唯一有经济价值的金属。专利权（例如药品）可以在一段时间内防止模仿。然而，由于专利权可能很快就会被坚定的竞争对手超越，因此，该公司不能坐视不管。一个更持久的非凡资源是生产一系列可获专利产品的能力。这样竞争对手总在奋力追赶。因此，培养快速积累知识、创新思维和快速开发产品的能力和态度应该是可持续的。公司的实物资产很少是独一无二的。例如，吉列用十年时间，花费10亿美元开发了其 MacH2 三叶剃须刀。在几个月内，Asda 生产了自己的三叶剃须刀，以折扣价格出售。CDNOW、eToys 和 E*Trade 等初创电子交易员认为，它们已开发出独特的实物资源，在互联网上拥有强大的影响力。然而，很明显，传统零售商可能会侵占它们所占据的"空间"，因为它们发现，相对而言，要占据与那些自大的新贵相邻的"场地"较为容易。此外，老公司能够利用其他一些重要优势，如多年来与数百万客户建立的关系、强大的品牌、经过考验的分销能力以及与供应商的良好关系。

路径依赖 这比实物资产更可能产生可持续的竞争优势。路径依赖资源是在很长一段时间内形成的。它们的产生是因为公司走上了今天的发展道路。一些公司的历史赋予了它们独特的特质，使它们独一无二。只有它们能提供客户所要求的品质。因此，一家科技公司在突破一门科学学科时，可能会开发出一种非凡资源。长期以来，紧密联系的科学家团队不断克服科学障碍，为该公司提供卓越的知识和能力，从而生产出最先进的产品。竞争对手可能会通过聘请数百名科学家并向其提供大量财务资源来试图进行模仿，但新团队将缺乏现有团队的长期观点、一致性和默契。与供应商和客户建立强大忠诚的关系网络需要很长时间。例如，南非米勒公司目前处于有利地位，因为经过几十年的合作，该公司与供应商和客户合作，在艰难的环境下分销啤酒。品牌知名度通常是具有路径依赖的。凯洛格和海因茨用超过一个世纪的时间在消费者的心中建立自己的品牌形象，其模仿者是很难打破这种形象的。可口可乐的品牌知名度不会被一个在市场营销上花

[①] 本讨论的大部分灵感来自戴维·科利斯和辛西亚·蒙哥马利所做的工作；更多详情请参阅 D. J. Collis and C. A. Montgomery, *Corporate Strategy*, 2nd edition (McGraw-Hill, 2005)。

费巨资的竞争对手所复制。消费者长期饮用可口可乐的经验，将这种饮料与他们生活的每个阶段联系在一起，意味着消费者对它有一种路径依赖。这为竞争对手展示了一条深深的护城河。

因果模糊性 这意味着不确定这种非凡资源是什么，以及它是如何产生的。有两种类型的因果模糊性。第一，潜在的仿造者无法清楚地看到哪种资源正处于可持续竞争优势。第二，很难确定非凡资源是如何产生的。如果可持续竞争优势是由单一技能、关系或能力创造的，则竞争对手能够发现容易理解的导致市场地位和资本回报率异常高的因果机制。然而，在许多情况下，竞争优势依赖于一组复杂的相互作用的因素，很难分清创造资源的关键因素，也很难识别哪些是使公司高于竞争平均水平的资源。

对于谷歌而言，它可能找到了自身的非凡资源。因此，第一类因果模糊性已不成问题。谷歌创造了一种可以激发一系列完美创新的工作环境。虽然竞争对手可以观察到谷歌拥有这些非凡资源，但它无法找出这些资源最初是如何产生的。

公司文化中的众多因素、员工的个人互动、态度和技能基础进入熔炉，生产出非凡的产品。通常情况下，拥有不明确原因的非凡资源的公司本身并不了解使其获得优势的原因。如果在该公司工作的人确实明白了这一点，那么竞争对手将能够通过聘用职位优越、知识渊博的经理来仿效这一点。造成因果模糊性的最常见原因是，公司获得资源是复杂社会现象的结果。独特的正式和非正式社交结构和互动在这一个环境中发展（例如脸书）。

经济威慑 竞争对手可能可以效仿，但选择不效仿，因为它们担心后果。例如，一些行业由一些公司组成，这些公司在大型工厂中以非常高的固定成本（通常是沉没成本）运营。潜在进入者可以建造类似的大型工厂，但这将为市场增加大量额外供应，并导致价格低迷。此外，现有参与者通常拥有特定于该行业的资产，这些资产不能被重新部署到另一个行业。因此，现任者一定会报复威胁新竞争对手，因为它们已做好准备，至少在短期内以非常低的价格出售产品。

专属权

资源供应价值必须是允许公司获取价值，而不是允许其他组织或个人获取价值。换言之，价值是可由股东占有的。例如，票房成功的电影，背后制片厂往往仍处于经济损失状态。因为主演们能够谈判拿到高薪，留给公司的钱却很少。类似的现象也出现在体育运动中，俱乐部由于球员要拿走适当比例的奖金而不能保持盈利状态。看看那些亏损的足球俱乐部，它们的球员每场比赛都会收到数千英镑的奖金。在投资银行业的"明星"并购专家中，股票承销商和债券经理可以要求数百万美元的薪酬待遇，吸走银行创造的大部分（或全部）价值。

如果公司（而非外部方）拥有关键资源的产权，则这种奖励分配问题将按有利于公司的方式解决。对于像迪士尼这样的公司来说，关键资源是由该组织拥有的——白雪公主、以家庭为导向的娱乐的声誉、电影图书馆等——因此，公司将从资源的开发中获益。组织中不时会发现一位杰出的董事、经理或"想象者"，但与整个组织相比，这些人所能带来的价值是微不足道的。

另一个影响可支配性的因素是议价能力。如果关键资源的供应商是众多供应商中的一个，那么公司可以多处采购，提升公司的谈判地位。例如，微软能够把个人电脑市场创造的大部分价值据为己有。个人电脑制造商在激烈的市场中搏斗，而微软则没有对手。然而，随着 ARM 芯片、安卓和苹果软件以及智能手机带来的竞争威胁，这种情况可能会改变。此外，如果关键资源所有者对技能、能力、知识或其他方面几乎没有替代，那么公司可能会降低购买该资源的成本。

有时，公司做的事情反而让它放弃获得资源价值的机会。或许，他们面临的压力是，通过支付非凡利润来弥补过高投入。沃达丰、德国电信和法国电信等欧洲主要电信公司有望在智能手机领域获得高额收入。它们是对的，这种新技术创造了价值。但值得怀疑的是，这些价值中的大部分是否能够被电信公司占有。它们为建立网络支付了数十亿美元的无线电频谱许可证，还花了数十亿美元建立网络。然后它们打激烈的价格战以吸引顾客。对此的激烈讨论在于，它们创造的大部分价值由政府、消费者和设备供应商获得，而作为运营商，获得的很少或根本没有。

投资资源

投资者需要调查公司是否继续对其基础资源进行投资。如果它因为资源枯竭而报告高流动收益，那么应该避免购买这些股票。一个好的公司需要对其非凡资源保持一种动态演化的机制。它必须认识到，它面临一场无休止的竞争优势争夺战。如果公司想保持价格和成本之间的巨大差距，就需要永远不停地为顾客提供更好服务的努力。如果没有这种紧迫感，那么竞争对手很快就会采取行动削弱它的优势。

公司的资源就像浴缸里的水。水代表着目前的资源存量。不幸的是，随着资源的贬值（知识变得不那么相关，能力下降，或者声誉和品牌变得不那么有吸引力），水会从底层开始不断地流失。为了在未来保持更有竞争力的优势，企业持续不断地通过泵蓄水。在几年内，企业完全有可能不再需要花更多钱来充实资源（不做品牌广告或削减研发），这样利润将在短期内得到提升，但最终浴缸的水用完时，公司将没有特别的资源可以提供给客户。最终它注定要么步履蹒跚，要么收入低迷，要么走向死亡。

关于改变的这个比喻，可能更有助于了解一家真正优秀的公司是什么样子。公司也处于达尔文所说的那种"物竞天择，适者生存"的生态组织中。那些登上顶峰的公司创造了非凡的资源，使它们能够支配和开发自己的生态系统。它们已经发展出卓越的做事方法。它们的能力、知识、态度等都使它们能够在实力较弱的对手失败时生存下来。但是商业世界比生物世界更容易受到迅速变化的影响。如果这家公司过于严格地依赖于其历史上一直有利的做事方式，它就很容易受到竞争对手的攻击，而这些竞争者能够更好地适应社会趋势的环境变化。除非适应环境，否则所有公司都会倒闭。有些公司有足够的意识和能力做出反应，而有些则会或缓慢或迅速地走向死亡。但当它们过去强大时，它们通常会对为何自己会在竞争中脱颖而出而感到疑惑。

● 借力资源和过度开发资源

一些公司拥有强大的能力，可以将其资源运用到其他部门或行业。例如，迪士尼将其角色运用到主题公园、麦当劳促销、网站、流媒体服务等领域。

许多资源在其原始环境中未得到充分利用，为其他领域的应用提供了极好的机会。例如，一家公司可能与客户、政府和供应商建立了牢固的关系和/或声誉。这些可以被组织的其他部分使用，只需很少的额外成本，而且不会损害资源。同样，品牌也可用于更广泛的产品（例如，用于冰淇淋的巧克力棒品牌）。或者可以利用知识（在不止一个商业部门使用技术创新）。或者营销策略的协调可以创造价值——电影部门可能会使用音乐部门最新目录中的音乐。

投资者需要警惕的是，企业在其非凡资源基础之外进行多元化投资。从 1958 年到 1974 年，BIC 公司有一段时间很好地利用了资源。该公司在塑料注塑成型、大众营销方面拥有非凡的能力和知识资源，再加上其强大的品牌，该公司享有盛誉。它从一次性笔生产到一次性打火机，再到剃须刀。这种杠杆作用很好，因为新的产品线可以很好地利用 BIC 的三大非凡资源。然而，在 1974 年它犯了一个错误。它进入了袜子市场。这些非凡资源在生产或销售长袜方面根本没有任何用处。它的塑料制造能力与此无关，产品通过完全不同的销售渠道销售，销售时尚产品需要与销售一次性笔、打火机和剃须刀不同的方法。

还要注意公司资源的过度使用。古驰公司意识到自己的关键资源之一就是稀有价值。因此它很小心，不要求发展得太大，也不要把品牌延伸得太远。它没有增加销量，而是增加了新的稀有价值品牌：伊夫·圣罗兰、布切隆、塞尔吉奥·罗西和亚历山大·麦奎因。古驰深知过度使用单一品牌的可能性和潜在致命性。20 世纪 80 年代，它推出了一项积极的销售增长战略。它在产品线中增加了低价商品，并开始通过百货公司和免税店销售。它的名字出现在许多产品上，从太阳镜到香水。结果是销售飙升，但其形象下降，拖累了其高端产品的销售，降低了整体盈利能力。

◉ 结论性意见

当投资者试图在一个高回报的行业中寻找拥有持久非凡资源的公司时，需要考虑的因素很多。但是，不要被吓倒。可以分两个阶段减轻负担。

第一阶段旨在为第二阶段的更深入分析创建一份候选名单。只需定期阅读财经报刊，寻找与 TRRACK 系统下的因素相关的关键短语。例如，如果你读到"XYZ 公司因其强大的品牌而占据市场主导地位"，这时你应该意识到这一点与"声誉"有关。把这篇文章剪下来，放到一个文件夹里，以后再研究。另外，试着记住关键短语名单上的公司，这样你会有意识去寻找其他关于它们的文章。

第二个阶段（可能在第一个阶段之后的几个月或几年）是确认你正在寻找的公司特征，这些特征或许是：在一个具有高可持续资本回报率的行业，至少有一个持久的非凡资源，以及一个称职、诚实和可靠的股东导向的管理层。你需要从多种来源获得信息，当然互联网对这一点很有帮助，另外公司网站和专业金融网站，如 www.advfn.com，也可以提供大量信息。报纸网站，如 www.ft.com，可以提供几年前的文章。此外，竞争对手的年度报告也会在互联网上公布。

如果看完所有书面信息，那么你也可以进一步与管理层面对面地交流，从而获取更多信息。通过购买少量股份，你将被邀请参加公司的年度股东大会，在会上你可以听到董事关于他们行动和未来计划的讲解——你甚至可以质问他们（毕竟，他们是股东的仆人）。如果你想确认已经了解到的所有细节的真实性，你也可以参加贸易展，或者和公司的竞争对手、供应商和客户交谈，详细了解公司的优势和劣势。

考虑到投资（而不是投机）所需的时间和精力，伟大的投资者建议我们不要试图分析并随后跟踪几十家公司。如果这样做，就永远无法达到所需的深度知识水平。另一方面，成千上万受过投资组合理论培训的专业投资者反驳道，多元化投资是至关重要的，这样，如果一些投资失误了，你可以通过分散的投资得到保护。一般来说，它们意味着至少持有 20 只股票，甚至可能是 40 只。伟大的投资者回应说，分散投资只会导致平庸，因为对投资者来说，财富的最大威胁是不了解他们所拥有的公司。"分析"40 家公司意味着不了解其中任何一家。此外，如果基金经理关注投资组合理论的研究，他们会发现，最好的分散投资组合（较低的投资组合波动率）应包含 5~10 只股票。此外，组合从 10 股变成 40 股，其波动性的改变很小，但从明智地买入转向无知地买入的过程，要付出沉重的代价。

除此之外，我们还有边际效益递减的现象。想象一下，把你能买到的所有股票按吸引力排序。排在榜首的是一家公司，你对它的前景和管理层非常有信心，其股价远低于你对该公司内在价值的计算值。下一个股票也很有吸引力，但不如第一只好，以此类推。这时，伟大的投资者会问：当你沿着边际效益递减曲线向上移动，并买入前五大股票中的更多股票时，为何还要在你名单上的第 40 只股票中投资大笔资金呢？虽说如此，但没有一个伟大的投资者建议我们把所有的钱都投在一两只股票上，他们一致认为，大多数个人投资者不太可能有能力调查、了解和跟踪超过 5~10 家公司的现实情况。

第 15 章 公司的竞争地位

> **延伸阅读**

本章讨论的一些问题在 David Collis and Cynthia Montgomery，*Corporate Strategy*，2nd edition（McGraw-Hill，2005）中有更深入的解释。另一本有用的书是 John Kay，*Foundations of Corporate Success*，2nd edition（Oxford University Press，2007）。你可以在我的 *The Financial Times Guide to Value Investing* 中了解这种形式的分析。

PART 4

| 第 4 部分 |

投资组合管理

第 16 章

发行股票的公司

偶尔我们也可以直接从公司而不是从现有股东那里购买股票。公司若是首次在股票市场上募股,并出于诸如为公司未来发展募集资金等目的,向公众出售股份,我们称之为"新发行"或"首次公开募股"(IPO)。或者,那些已经上市的公司也会筹集资金,以用于扩张或替代债务融资(增发新股,SEO)。这可以通过配股发行向现有股东出售新股来实现;或者公司可以通过私募或公开发行的方式将其股份出售给公众。另一方面,有时,董事们认为公司拥有过多的权益资本,处理这些剩余现金的最好办法是购买一些股东的股票,将这些资金返还给股东。

本章将帮助你了解新股发行、配股发行、其他股票出售、权利股发行和股票回购的过程,也会提醒你需要注意到的陷阱,并解决与这一投资领域相关的令人困惑的专业术语。

新股发行

通常每周内会有一两家公司在伦敦证券交易所的主板市场或另类投资市场获得股票报价,称为公司"上市",这个术语是准确的,上市后的股票将面向更广泛的人群。但是,如果你认为这些公司正在从私营有限责任公司("Ltd")转变为股份有限公司("plc"),这一理解是有些不准确的。有成千上万家可以上市的公司选择不上市。与非上市公司相比,上市公司需要根据法律的规定将其股份提供给更广泛的投资者。然而,上市公司本身并不意味着它一定会在交易所的二级市场里交易股票。

如果你是一家没有挂牌交易的上市公司的股东，你会发现当想卖掉股票时，你可能很难卖出去。这是一些上市公司选择在交易所挂牌交易的原因之一——这能让现有股东清算其持有的股份（或仅仅对其股票进行估值）；另一个原因是筹集资金发展业务。

保荐人

英国上市管理局（UKLA）是金融行为监管局的一个分支机构，负责批准招股说明书并将公司纳入每日公定牌价行情表（Official List），其中大多数公司在伦敦证券交易所的主板市场上，尽管 NEX 证券交易所也允许公定牌价的上市公司进入其主板，但到目前为止只吸引了两家公司。伦敦证券交易所必须分开接纳企业进入其主板市场。因此，一家上市公司必须经历两个同等的过程：(a) UKLA 批准列入公定牌价；(b) 获准在主板市场交易。

当董事们决定是时候让公司上市时，他们很快意识到他们缺乏使项目盈利所需的专业知识。他们需要专家的帮助，其中关键顾问便是保荐人，或者一个投资银行，股票经纪人或其他专业顾问，比如 UKLA 批准的会计师。

保荐人（有时称为发行机构）将与董事讨论业务性质和管理层的抱负。他们将探讨上市是否真的是该公司最合适的选择。保荐人通常在伦敦金融城享有很高的声誉，如果他向投资者推荐一家公司，会用自己的声誉担保，保荐人也会淘汰那些不合适的公司。保荐人考察的关键之一是管理团队。团队必须做到集思广益，而不是依赖某个人的力量。保荐人甚至可以推荐更多的董事、补充团队实力，使其达到所要求的标准。

保荐人还将确保公司遵守三年会计数据的惯例。[①] 另外还有，公司得愿意让公众持有至少 25％ 的股本。[②] 发起人的其他任务包括制定上市时间表、就上市方法提供建议（例如公开发行或私募）以及协调参与项目的其他专业顾问的活动。

[①] 这一规定对英国科创板 TechMARK 和 TechMARK 医药科学领域的科研型公司、承担重大基建项目的公司和满足"上市标准"的公司放宽（见第 3 章）。

[②] 这是针对优质上市的公司，是主板市场的正常标准（见第 3 章）。

第 16 章 发行股票的公司

招股说明书

在整个流程中，最重要的文件是招股说明书。保荐人与董事一起起草文件（对其准确性负有最终责任），该文件旨在向投资者披露公司的诸多事实。它包含的有关公司的信息可能比以前公开的要多得多。UKLA 对招股说明书的内容要求严格。即使没有它，公司也会制作一份有格调的、信息丰富的文件，作为一种吸引投资者的营销工具。

在审查招股说明书时，请记住以下几点：

- 三年的交易记录是最低要求，通常会发布近五年的详细账目。仔细检查这些注意事项——本书第 11、12 和 13 章应该会有所帮助。
- 考虑公司的发展轨迹。看看它的历史、目前地位以及董事们描绘的美好前景。你是否认同他们对行业以及公司竞争力的乐观看法？
- 如果公司正在出售新股，它是否有一个合理的策略用掉募集的资金？有时公司会用"我们正在筹集资金以拓展未来商机"或"提供营运资金"这些听起来含糊不清的词句。这可能说明，董事们主要关心的是自己的利益（更高的地位、薪水等）而不是为股东着想，他们认为有可能说服轻信的投资者出资。
- 所有企业都会面临风险。招股说明书要求董事们考虑并列出公司目前所面临的风险。例如，公司是否严重依赖一位客户？它是否过度依赖透支而不是长期贷款？它有太多债务吗？在世界上动荡的地区，其销售是否容易受到政治变化的影响？为了使投资者能够评估这些风险，招股说明书将详细说明公司的债务类型（短期或两年、五年和十年内的债务，银行贷款与债券，利息和资金收支），并说明是否有足够的营运资金。过去两年签订的所有主要合同都将详细说明。按地理区域和活动类别分析销售，将帮助你评估企业的风险，获得有关研发和对其他公司的重大投资的信息。招股说明书通常也需要专家的意见：估价师确认财产的估价，工程师对工艺或机械的可行性发表意见，会计师审查利润数据。保险起见，招股说明书必须提醒潜在股东注意董事或保荐人已察觉但尚未披露的任何风险因素。
- 谁拥有公司股份？是否有控股股东？在此提醒你，按理来说所有持有超过 3% 股份的人都必须列出。
- 你是否接受股利政策？一些公司，比如高科技公司会有特殊的政策，把所有盈利（如果有的话）投入再生产，因此在几年内不会分红。

- 审查董事和高层管理者的背景资料和奖励制度。他们还为哪些公司工作过？他们是否成立过其他公司，是否在停滞不前时放弃了？有多少人被破产清盘了？他们的薪水是多少？薪酬和绩效是否以某种方式关联，即只有在股东加大投资的情况下才能加强业绩？该公司是否与一名或多名董事的公司有业务往来（例如租用某董事私人公司的工厂）？

发现新股

英国《金融时报》和《投资者纪事报》每周都会讨论将在接下来几个月上市的公司。它们会显示最近完成的新股发行的统计信息（下面显示了一个例子）。伦敦证券交易所网站（www.londonstockexchange.com）会刊登新股的详细资料。其他关于新股发行的网站包括 www.morningstar.co.uk，www.ii.co.uk 以及 www.proactiveinvestors.co.uk。

股票经纪人通常提供新股发行服务。你将收到股票经纪人收集到的所有新股的详细资料。许多新股只对大型买家发行，比如养老基金和保险公司。但是，也会允许经纪人整理小额投资者的申请，然后通过类似机构的方式批量购买股票。

专栏 16.1

英国《金融时报》最近股票发行情况

发行时间	发行价	板块	股票	收盘价（p）	当天涨跌
2019.6.25	106	创业板	Argentex	133.67	0.53
2019.6.21	350	主板	Trainline	412.15	2.15
2019.5.30	270	主板	Watches of Switzerland	275	−6.00
2019.5.22	115	创业板	Induction Healthcare	118.50	0.00

资料来源：*Financial Times*，www.ft.com，28 June 2019.

承销

保荐人通常会把新股承销出去。作为回报，承销商将会购买未售出的股票。对于公司来说，这是一种较为保险的方式——无论如何，它都将筹集到战略目标所需的资金。保荐人通常收取发行价的2%～4%作为费用，然后向分包商（通常是大型金融机构）支付部分费用，比如1.25%～3.0%，这些分包商将在必要时购买一定数量的股票。

在绝大多数情况下，承销商不必购买任何股票就能收取数千或数百万英镑的费用。但是，偶尔也会失败，它们被迫购买别人不要的股票，导致股票（悬货）积压过多。一些公司试图将承销成本降至2%～4%以下，但大多数公司仍将此作为现行比例。对于伦敦金融城的多数机构而言，这样赚钱比较容易，它们希望保持这种状态。

公司经纪人的作用

对股票市场状况以及投资者对公司股票潜在需求提供建议方面，经纪人起着至关重要的作用。他们也为让投资者对公司产生兴趣而努力。当讨论诸如采用的方法、营销策略、发行规模、发行时间或定价之类的问题时，公司可能会考量经纪人提供的市场信息。经纪人还可以组织分承销，并在上市后的几年内与公司合作，以维持其股票的流动性和市场的信息透明。他们可以帮助组织投资者与董事的洽谈会，并整理投资者的反馈。经纪人还将对应遵守的规章提供建议，并为企业交易（例如与另一家公司合并）提供法律咨询，以及充当股息政策决策的参谋。经纪人还帮助解决后续的股票发行（例如供股）。当经纪人被聘为保荐人时，便承担两个角色的职责。如果保荐人是投资银行，那么UKLA会要求同时指定一名经纪人。

新股发行流程

30年前，最常见的新股发行方式是出售要约（offer for sale），即公司保荐人通过邀请机构投资者和个人投资者购买向公众发行的股票。通常，股票是按照公司董事及其财务顾问确定的固定价格发行的。

但是，目前最受欢迎的是更为便宜的配售方式，只需通过累计投标方式即可。在配售中，股票是向公众发售的，但此处"公众"一词是狭义的。处理发行的保荐人或经纪人将股票出售给与之有联系的机构，如养老基金和保险基金，而不是面向广大民众。与出售要约相比，这种方式的宣传成本和法律成本更低。然而这种方式的一个缺点是股东的群体范围将更加受限制。为了缓解这一问题，证券交易所坚持在新股发行后大量配售。

由于它目前处于主导地位，我们将详细研究累计投标方式。

上市过程开始时

在进入每日公定牌价并在伦敦证券交易所交易之前，通常有一个上市前准备期，一般为 12~24 周；在这段时间里，公司任命顾问讨论大致的上市程序和目标，并商定时间表。即使在这个早期阶段，也要联系 UKLA，并向其简要介绍上市计划。

入市前 4~12 周

编制会计详细查账报告（详细保密的公司会计信息，告知保荐人并让其安心），同时保荐人和经纪人对股票价格进行初步考虑。文件草稿提交给 UKLA，UKLA 就此提出一些需要董事们回答的问题。在与伦敦证券交易所举行的初次会议上，公司将对业务进行描述，并就如何确保股票上市后的市场活跃性提出构想。一份招股说明书草案是由公司及其顾问起草的（这包括一份简短的会计数据报告——对详细查账报告的删减）。保荐人和其他顾问对公司业绩、资产等以及任何上市相关文件中陈述的事实进行彻底检查，这一过程称为尽职调查。

之后，账簿管理人（bookrunner）与少数潜在投资者进行首次秘密会议，以获取公司可能的市场反应和可接受的估值反馈。这也有助于与主要的潜在投资者建立关系。

管理团队路演——只剩下两个多星期时

即将上市公司的管理团队（通常是首席执行官和首席财务官），一般在两周内会见潜在的投资者。他们会解释业务、投资和配售的理由。这些会议会在不同区域或国家举行。

发行定价

账簿管理人和公司高级管理层在路演之前，就某个价格区间进行讨论。这个价格区间可能跨度很宽，最低价格旨在吸引投资者的兴趣，最高价格则显得雄心勃勃。管理层在路演期间会接到投资者的订单。投资者可以做出不同类型的订单。例如，有些人可能会设定一个价格限制，拒绝更高的价格；有些人可能会没有价格限制；还有一些人在整个价格区间内阶梯式订单（他们将在不同价格购买不同的精确的数量）。

在管理层路演结束时，账簿管理人、公司和主要股东就价格达成一致。这样做的目的是，在尽可能募集资金与扩大缔约股东群体（不是一有机会就抛售股票）之间做出平衡。

结束董事会会议、公开发售证日和上市

关键文件的最终形式将在公司董事会上展现。结束会议后的第二天称为公开发售证日（impact day），届时将公布完整招股说明书并正式宣布上市。公司会将这些文件送交 UKLA 审批，并正式申请在伦敦证券交易所交易。通常，在公开发售证日后两天，股票在市场上通过现金交易。至此，上市完成。

零售发行

在少数情况下（现在很少有）股票发行面向一般公众要约出售，而不仅仅向和账簿管理人有关的那些机构出售。伦敦证券交易所将这种方式称为首次公开发行。也有人用首次公开发行这个词来指任何在公开证券交易所发行股票以完成首次公开募股的行为，包括账簿管理人参与的配售。零售发行时价格通常与和金融机构交易时相同，但偶尔也会有折扣，比如说，当政府将其控制的一家公司国有化时，它可能鼓励更多的人持有股票，此时会在原来价格上打5％的折扣。

对于一些公司——比如有广为认可的品牌或拥有强大客户忠诚度的公司——来说，零售发行所付出的烦琐和成本是值得的，因为它们通过吸引小额投资者抬高价格。私人投资者可以通过填写申请表或通过一种"中介发行"的手段来购买这些股票。在这里，股票被出售给金融机构，如股票经纪人，然后这些中介机构的客户可以申请购买股票。

其他上市方法

介绍上市

介绍上市不会为公司筹集任何新的资金。如果该公司的股票已经在另一家证券交易所上市，或者持股人分布广泛，超过25％的股份在公众手中，那么伦敦证券交易所允许该公司通过介绍上市。这种方法主要运用于另类投资市场公司进入主板，或让外国公司在伦敦证券交易所上市。这是最便宜的上市方法，因为它不存在承销成本并且广告支出相对较小。

反向收购

有时，较大的未上市公司与较小的上市公司进行交易，上市公司通过用新增的股票购买未上市公司的股票，来"接管"未上市公司。由于上市公司本身创造和发行的新股数量多于开始时的数量，因此，未上市公司的股东最终将获得合并后实体的大部分股份。由此，他们现在实际控制了一家上市公司。剩下的唯一任务是确定公司名称——通常会选择过去未上市公司的名称。反向收购是公司获得上市、挂牌而又不需发行新股的一种方式。

2017 年，Escape Hunt 通过反向收购上市了（参见下文）。交易之前，Dorcester 公司拥有 1 000 万股股票。之后，它又创建了 1 026 万股股票，以购买 Escape Hunt 的股票。于是，Dorcester 新股的持有人占有 51.2% 的普通股。Escape Hunt 的首席执行官理查德·哈珀姆成了 Dorcester 的首席执行官，并将公司迅速更名为 Escape Hunt。其他高层管理人员均来自原先 Escape Hunt 的团队。

密室逃脱公司将要上市

克洛伊·科尼什

　　Escape Hunt 将于下个月，成为第一家在伦敦证券交易所上市的密室逃脱公司……这种在限定时间内解决谜题、破解密码的沉浸式体验，引起了渴望独特体验的玩家们的共鸣，并成为一种新颖的团建活动。一些公司甚至通过将应聘者困在密室来作为招聘考核的一部分。Escape Hunt，作为这一新兴市场中最大的连锁企业，将通过反向收购 Dorcaster 实现上市。

　　Escape Hunt 由企业家保罗·巴托西克于 2013 年在曼谷成立，有从海得拉巴到达拉斯的 28 个特许经营店，共 214 间逃生室。税前利润依旧较低，2016 年为 40 万英镑……Escape Hunt 还未在英国扎根，不过计划在今年年底前开设 8 家。

资料来源：*Financial Times*，30 April 2017.

© The Financial Times Limited 2017. All Rights Reserved.

另类投资市场与主板上市有何区别？

另类投资市场的规则尽可能宽松，以鼓励各种各样的公司加入，并保持较低的会员费和融资成本。但是，对于希望在另类投资市场上市的公司，有必要进行一些审查程序。这一监管职责由指定顾问——任命保荐人（Nomads）——担任，公司会向他们支付费用，让他们作为调查和核实公司财务状况的非官方"保荐人"。如果将任命保荐人的时间成本和证券交易所费用、承销商、会计师、律师、印刷费等都加一起，那么融资（行政）成本通常为 9%～10%，但也可能会占到所筹金额的 30%。

另类投资市场是为了使加入成本控制在 4 万～5 万英镑，但这已经翻篇了，现在已上涨到 50 万英镑以上。大部分额外成本来自出售股票筹集资金，而不仅仅是加入另类投资市场，成本约为 10 万～20 万英镑，包括任命保荐人、经纪人等的费用。由于伦敦证券交易所强调了任命保荐人的监管作用，增加了调查费用，所以任命保荐人的费用也随之增加。

配股

配股是邀请现有股东购买公司的额外股份。这是一种非常流行的筹集资金的方法，这很容易而且相对便宜（与新股发行相比）。董事无须事先征得股东同意就能发行[①]，且伦敦证券交易所只会干预较大规模的发行（调整时间安排，使市场在同时期内不会遭受大规模发行的影响）。英国在优先购买权方面有着特别悠久的传统和法律，它要求公司通过出售股票来筹集新的股本，并率先向现有股东发行这些股票。公司所有者有权按其现在持股比例认购新股。这样，他们都能够维持现有的公司持股比例——唯一的区别是，公司的每一块蛋糕都更大，因为它拥有更多的可控制的财务资源。

这些股票通常在当前股票市值上进行大幅折扣后发行，折扣通常为

---

① 但是，可能额定股本不允许发行更多的股票。在这种情况下，公司需要召开年度股东大会或临时股东大会，以增加额定股本。董事还需要向股东分摊股份。公司还需要发布一份招股说明书，上市公司必须经过 UKLA 的审查（耗时且成本高昂——规划、撰写文件、核实和法律程序可能需要两三个月），而对于配售（见下文）整个过程可在大约一周内完成。

10%～40%。这给人一种错觉，即股东们享受到了优惠。但是，正如我们将看到的，旧股价值的下降抵消了折价带来的收益。

股东可以自己购买这些股票，也可以出售购买权给其他投资者。为了进一步保证公司将筹到预期的资金，配股通常由金融机构承销。

股东将收到暂定配股通知书（PAL），这是一种临时所有权文件，显示每个股东可申请的新股数量。若接受新股，股东需填写并返回 PAL，并附上支票或银行汇票，时间期限为 10 个工作日。

以假想的公司 Getbigger 公开股份有限公司为例，该公司发行了 1 亿股股票。它希望通过非贷款方式筹集 2 500 万英镑用于扩张公司规模。鉴于其现有股票在股市上的报价为 120 便士，这些新股必须以较低的价格发行以吸引股东，因为在公告发布至购买新股期间，市场股价有下跌的风险。公示必须保持至少两周（10 个工作日）的有效期，以便股东有时间决定是否购买新股并支付款项。在这段时间内，如果大规模配股同时发行，市场价格有可能存在跌破配股发行价格的风险。Getbigger 已决定将以每股 100 便士的价格发行 2 500 万股来获得 2 500 万英镑。因此，新股与旧股之比为 25∶100。换言之，本次发行是 "4 配 1"。即每位股东每持 4 股将获得 1 股新股。这些新股的折价为 20 便士，即 1.20 英镑的 16.7%。

如果发行前市场价格为 120 便士，整个公司的估值为 1.2 亿英镑，并且通过以 1 英镑的价格出售 2 500 万股股票又向公司注入了 2 500 万英镑，那么从逻辑上讲，配股后的市场价格就不能保持在 120 便士（假设其他所有条件都相同）。一家公司以前估值为 1.2 亿英镑，后来又增加了 2 500 万英镑（以现金的形式），那么现在应该是 1.45 亿英镑。该公司现在有 1.25 亿股，因此每股价值 1.16 英镑（1.45 亿英镑除以 1.25 亿股）。

计算除权价格的另一种方法如下：

4 股现有股票，每股 120 便士	480 便士
以 100 便士的现金换来一股新股	100 便士
5 股价值	580 便士
每股除权价值＝580 便士/5	116 便士

投资者称之为理论除权价格（TERP）。

第16章 发行股票的公司

股东们的旧股价格已经从 120 便士下跌到了 116 便士，这种幅度的下降必然是由以折扣价发行新股引起的。然而，这一损失完全被新发行的股票价值收益所抵消。它们的价格为 100 便士，但市价为 116 便士，这可以通过一个叫锡德的人的例子来说明。锡德在配股公告前拥有 100 股价值 120 英镑的股票。锡德在旧股票上损失了 4 英镑——它们现在的价值是 116 英镑。然而，他在这些新股上赚了 4 英镑：

配股成本（25×1 英镑）	25 英镑
除权价值（25×1.16 英镑）	29 英镑
收益	4 英镑

当记者们津津乐道地谈论配股"对股东来说非常有价格吸引力"时，这简直是在胡说八道。无论折价幅度有多大，都将从旧股票中剔除相同的价值，这样股东的境况不会变得更糟或更好。从逻辑上讲，折价并不能带给股东价值。股东在配股前后都拥有公司的全部股份——他们无非就是羊毛薅在羊身上。当然，因为公司现在可以进行更多的资本支出，占据市场主导地位，所以如果公司盈利前景好转，那么无论是旧股还是新股，股票的价值都会上升。但这是业务为公司创造的价值，与折扣水平无关。

下文讨论了一家陷入困境的公司的"配股发行"。

Kier 集团启动 2.64 亿英镑紧急救援配股以偿还债务

吉尔·普利默，安德鲁·惠芬

建筑和支持服务领域的 Kier 集团于上周五启动了 2.64 亿英镑的紧急救援配股，该集团警告说，各贷款机构正试图削减对英国建筑业的风险敞口。

该公司表示，计划以每股 409 便士的价格发行 6 450 万股新股，较周四收盘价折价 46%。这家富时 250 指数集团的股价本年以来已下跌逾 40%，但在宣布这一消息后，该集团股价又下跌了 17%。

Kier 集团上年营收 42 亿英镑，拥有逾 2 万名员工，拥有建筑和公共事业部门。Kier 集团称其净负债已从 6 月的 1.86 亿英镑增至 10 月底的 6.24 亿英镑。

配股将缓解人们对公司经营状况的担忧,该公司曾是对冲基金押注股价将下跌的做空最多的股票之一。Kier 集团首席执行官海顿·穆塞尔表示:"最近信贷市场对英国建筑业的看法发生了变化,各家贷款机构表示,它们将减少对该行业的敞口。这导致其他利益相关者的投资信心下降,提高对资产负债表实力的关注。"

这笔交易已全部被承销,现金将于 12 月 20 日和 21 日收到。所得款项将用于加快其净负债削减计划,并使资产负债表更稳健。

斯托克代尔证券分析师阿拉斯泰尔·斯图尔特表示:"这显然是一次以迅雷不及掩耳之势救急的配股,是由一些贷款机构要求的。几年前,包括竞争对手在内的业内人士都认为 Kier 集团是业内最保守、最稳健的公司。现在看来,银行给了它们一个月的时间来自救。"

资料来源:Financial Times, 30 November 2018.

© The Financial Times Limited 2018. All Rights Reserved.

如果有股东不想参与配股呢?

作为公司的所有者,所有股东都必须受到同等待遇。为了确保一些股东不会因为不愿意或无力购买更多股份而吃亏受损,法律要求股东除了购买或不购买新股外,还有第三种选择。就是在股票市场上把权利卖给其他人——出售未付的配股。

以贫困的锡德为例,如果他急缺 25 英镑,他可以将股份认购权出售给另一个投资者,而不必亲自去办理任何股份认购手续。事实上,优先购买权是如此深入人心,以至于即使股东不采取任何行动,公司也会代表股东出售其对新股的权利,并将所得收益汇给他。[①] 因此,锡德将从每股 16 便士中获利,总计 4 英镑(如果市场价格保持不变),这足以补偿他原先所持 100 股股票的损失。但他对公司的控制程度降低了,他的投票权份额也有所下降。

每股新股的价值为:

除权股票理论市值-认购价格=116 便士-100 便士=16 便士

[①] 另一种可能是,股东出售部分股权,为收购剩余股权提供资金,称为"吞尾"。

除权和含权

在股票市场上购买的旧股和指定的含权股都附有认购配股新股的权利。在截止日期之后,旧股除权,这意味着在此期间购买旧股的任何人将无权购买配股中的任何新股——它们仍属于原股东。

价格折扣的决定

无论 Getbigger 公司是以 100 便士的价格以 4 配 1 的方式筹集 2 500 万英镑,以每股 75 便士的价格 3 配 1 的方式筹集 2 500 万英镑,还是以其他方式筹集资金,都无关紧要。如图 16-1 所示,无论配股方法是什么,公司将获得 2 500 万英镑,股东将看到他们的旧股价格下跌,但这将被新股的价值完全抵消。

配股方法	新股数目(百万)	新股价格(便士)	筹集资金(百万英镑)
4 配 1	25	100	25
3 配 1	33.3	75	25
2 配 1	50	50	25
1 配 1	100	25	25

图 16-1 不同配股方法的对比

然而,除权价格将发生变化。3 配 1 的话是 108.75 便士:

三股 120 便士的旧股	360 便士
一股 75 便士的新股	75 便士
四股价值	435 便士
每股价值=435 便士/4	108.75 便士

如果 Getbigger 选择了 1 配 1 的发行方式,这将被视为高折扣配股(当前股价为 120 便士,新股以 25 便士的价格出售)。对于此类发行,市场价格跌破配股发行价的可能性很小,因此几乎完全可以肯定,发行价格会被接受。似乎有理由认为,机构提供的承销服务在很大程度上是多余的,而且公司可以大幅度节省开支。然而,大多数配股发行都通过承销商,有时涉及 100 家分包商。承销费过去是报价的 2%。其中,发行公司获得 0.5%,经纪人获得 0.25%,分包商获得 1.25%。最近收费已升至 3% 左右。不过,承销商并不总是赢家;

在过去的几年里，当旧股价格跌破配股折扣价时，他们中的许多人会被迫买入股票。请注意，对于私人投资者来说，高折扣有时可能是不利的，例如，如果他们出售未付的认购权，可能会面临资本利得税。

其他股票发行

一些公司辩称，与配股相关的冗长程序和费用（准备招股说明书并获得UKLA批准所需的时间和精力）阻碍了董事们及时把握机会。美国有很多公司可以自由绕过优先购买权。它们会将股票出售给证券公司，然后在市场上的其他地方发行股票。这样速度快且交易成本低。如果英国允许这样的话，那么现有股东将面临困境：他们的投票权可能会被稀释，而且股票可能以较低的价格出售，以至于新股东会以太低的价格分得公司的一席之地。英国当局已经达成了一项折中方案，根据该方案，公司必须在公司年度股东大会或临时股东大会上通过特别决议（75%以上的多数票）来获得股东批准，才能够放弃优先购买权。

即便如此，根据UKLA，主板市场公司的股票也不得以超过股价10%的折扣出售给外部投资者。主要投资机构通过优先购买权组织为这些溢价上市公司制定略有不同的准则（标准上市公司和另类投资市场公司被鼓励采用相同的规则）。同时，它们声明最大折扣应为5%。

只要向现有股东发售新股，不管是不是以高折扣发行，对现有股东而言，都没有本质区别。因为只要外部投资者获得折扣，那么价值就会从当前股东转移到新股东。

优先购买权组织坚持，在正常情况下，放弃的优先购买权仅应为已发行股本的5%（三年内非优先购买的总限额为7.5%）。但是，如果公司对另一家公司进行特定的重大资本投资或收购，则允许额外增加5%。

优先购买权组织原则声明，这一点虽然不是金科玉律，但至少可以警告企业，如果不遵守规定，那么很可能会引起股东的不安和不满，在未来，企业如果想要求股东放弃优先购买权，股东将不会合作。

配售和公开发售

在配售中，已上市公司的新股通常不需要招股说明书，企业在一两天内直接出售给少数外部投资者。① 金融机构作为现有股东，制定了防止滥发的准则，这些准则通常只允许在不考虑回拨的条件下，分配公司资本的一小部分（单年最高不超过 5%，且在三年的滚动期内，公司股本的增加率不得超过 7.5%）。

如果要回拨，现有股东有权收回这些股份，就好像他们在配股时有权得到这些股份一样。他们可以按照提供给外部投资者的价格购买它们。尽管许多公开发售都是独立存在的，与配售没有关联，但是有了回拨，这次发行也可以变成"公开发售"。公开发售与配股发行相比，最大的区别在于，如果股东不行使这一回拨权，他们将不会因其现有股票价格下跌而获得任何补偿，也就不存在可以出售的购买权。②

公开发售宣布时，登记在册的股东将收到一份文件，说明他们可以申请的股份数量和时间表。通常会为股东预留 10 个工作日（两周）填写申请表并支付款项。新股交易将在申请截止日期后一周左右开始。

机构股东的优先购买权组织表示，如果折价率大于 5%，它更希望溢价上市公司选择配股，而不是公开发售。然而，主板市场的监管规定，这一比例为 10%。虽然在配售和公开发售的规定中，当前股价 10% 折扣并不严格适用于另类投资市场股票，但主要投资者群体（保险机构和养老基金）表示，另类投资市场公司可被鼓励实施同样的限制，但对于规模较小的公司，存在较大的灵活性是合理的（当涉及富时全类股以外的主板市场公司时，它们似乎同样灵活）。

供应商配售

如果一家公司希望用新发行的股票购买一项资产——例如另一家公司的子公司或整家公司，但卖方不希望持有这些股票，买方可以安排机构投资者以现金购买新股。通过这种方式，买方获得资产，卖方（如并购或收购中目标公司的股东）获得现金，机构投资者进行投资。供应商配售通常有回拨。如果此次发行超过收购方市值的 10%，或以超过 5% 的折扣出售，则需要股东在会议上同意，除非向股东提出回拨。

---

① 如果新股少于当前股本的 10%，且面向金融机构而非公众发行，则不需要招股说明书。

② 然而，在公开发售中可以对不购买股票的现任股东进行补偿。他们获得的价值高于承销商出售未付股票时获得的认购价格。

包销交易

公司有时不向投资者出售股票，而是与证券公司达成协议，由证券公司以现金形式购买所有股票。证券公司随后将这些股票出售给其分销网络中的投资者，希望借此交易获利。证券公司常常竞相购买，出价最高者获胜。证券公司可能冒着风险，即无法以至少其所支付的价格出售股票。包销交易受到5%或10%优先购买权规则的限制。

股份收购

一些股票通常是为了企业资产或其他企业的股份而在交易所发行的。虽然这些股票发行需要股东批准，但优先购买权组织对发行规模的限制不会那么苛刻。

○ 红利股票发行

红利股票发行并不能筹集到新的资金：公司按照股东现有持股比例给予股东更多的股份。从理论上讲，每位股东股权不会改变，因为股价与增加的股份成比例下降。这亦称为"资本化发行的股票"或"送红股"，其目的是通过压低股价，使股票更具吸引力。据认为，英国投资者觉得价格定在10英镑及以上的股票吸引力不如一位数价格的股票。因此，一家股票在市场上交易价格为15英镑的公司，可能会"免费"将每位股东持有的股票多加两份，即1送2的红股发行。由于公司的资金量及其经济潜力是不变的，理论上股价将跌至5英镑。[1] 红利股票通常被视为对未来收益增长充满信心。如果这种新的乐观情绪能传递到股价上，那么它的下跌幅度可能不会像理论上所说的那么大。然而，许多人对红股收益表示怀疑，尤其是考虑到交易成本。

不少公司在保持每股分红不变的同时，每年发行一次红利股票，有效提高了利润分配水平。例如，如果一家公司按每股20便士的标准派发股息，但同时也有10股送1红股发行，那么年收入将增长10%。（一个持有10股股票的

---

[1] 红利股票发行是通过在资产负债表上提取准备金并将其资本化来实现的。例如，从"股份溢价"或"损益准备金"账户中提取1 000万英镑，并将该金额转入"已催缴股本"账户。

人，以前获得 200 便士，而现在持有 11 股，则获得 220 便士。)

以股代息略有不同：股东可以在获得现金股利和获得额外股份之间做出选择。这更像是一次配股，因为如果股东接受额外股份，他们就得牺牲现金股利。股东可以在不支付股票经纪人佣金的情况下增加持股。公司能够筹集额外的权益资本，而不需要支付配股发行的费用。

红股支付在 3 年内为欧洲集团节省了 550 亿英镑
1/8 的欧洲公司用股票代替现金支付

汉娜·墨菲

最新研究显示，过去三年，欧洲企业通过送红股的方式，减少了现金股利支出 550 亿英镑，此举"基本上没有引起注意"，这也导致了股票收益率"被高估"。

根据股票研究机构 Redburn 的分析显示，自 2014 年以来，1/8 的英国和欧洲公司使用了以股代息，这使投资者可以选择以股票而不是现金支付。

送红股是为了减少现金流出而不削减每股股息。然而，它们的代价是对现有股东股票的稀释。

Redburn 表示，在 2014—2017 财年期间，企业已通过这种方式"减少"了 550 亿英镑的现金股息支出，这相当于所有已宣布的股息中，每 14 英镑就减少 1 英镑。

金融危机爆发后，许多公司（包括大多数欧洲大型银行）转向投资者支付新股，而不是现金。2014 年油价暴跌后，壳牌、道达尔和英国石油等大型石油公司也启动了以股代息计划，不过其中一些公司回归到派发现金。

Redburn 认为，红利股票"被市场错误地认为是通过股息回报给股东的部分价值"。基于这一假设，该公司表示，在三年期内，通过红利股票，公司提前支付了其宣布的股息总额的 34%。

Redburn 的股票收益分析师玛戈特·冯·埃施说："为了迫切证明它们在低利率环境下能够提供稳健的收益，数十家公司转而以红股方式派息，这种发行会与配股具有同样的经济效果。"

因此，"英国和欧洲的公司实际上保留了数十亿英镑的资本，而这在很大程度上被忽视了。"她说。

来自摩根大通资产管理公司的欧洲股票投资组合经理托马斯·白金汉表示，一些红股计划显示出资产负债表的不稳健性。

"我们积极寻求避免那些存在收益陷阱的公司：表面上很高的股息收益率，但质量较低，不可持续。"但他指出，并非所有的发行都应"作为危险信号"，并举例说明了，投资者出于税收而需要红股，然后公司回购股票抵消稀释。他表示："我们认为，只要能够让投资者放心，以股代息只是暂时的，那么以股代息是合理的。"

资料来源：*Financial Times*，30 April 2018.

© The Financial Times Limited 2018. All Rights Reserved.

拆股是指每股股票的名义价格随着股票数量的增加而减少，股票的总账面价值保持不变。例如，一家公司可能发行 100 万股股票，每股面值 50 便士。它向现有股东再发行 100 万股股票，每股面值降至 25 便士，但总面值仍为 50 万英镑。当然，假设其他因素不变，股价将减半。然而，并非所有其他因素都是固定不变的，因为就像股票发行一样，拆股通常会对股东产生心理影响。这被视为公司未来业绩良好的一种标志。因此，股价可能没有按照我们预期的程度下跌。

如果股价过低，比如 15 便士，公司可能会决定进行股票合并。这与拆股恰恰相反：股票数量减少，剩余股票的面值上升。如果票面价值为 5 便士，公司采取五股合并一股。那么一股面值 25 便士的股票将取代五股 5 便士的面值股票，然后新股将以 5×15 便士＝75 便士的价格在市场上交易（如果投资者希望在更"正常"的价格范围内，则价格会略高一些）。

○ 股票回购和特别股息

有时，董事们会发现，公司股本过多，将部分现金交还给股东是合适的。也许是因为，公司能通过借更多钱回购来减少股票数量，从而为剩余的每一股股票带来更高的回报。也有可能是因为，董事们觉得这些股票的价值被低估了，他们以为减少了市场上的股票数量，股价就会上涨。或者是因为，董事们意识到公司正把剩余现金浪费在价值毁灭型合并上，他们希望避免这种陷阱诱惑。

当公司不确定正常现金股利是否可持续地增加时，回购会是个不错的选择。对股利可以实行稳定政策，然后在有盈余现金时回购股票。股利水平的改变通过这种双轨制的方法，避免了传递对未来增长过于乐观的信号。

公司有必要征得股东①的同意进行回购。许多公司现在定期在年度股东大会上投票（一项普通决议——50％的投票权），以决策是否在未来12个月内回购至多10％的股本。然后，董事们就有权选择在什么时候购买或者不购买股票。

第二种返还盈余资金的方法是支付特别股息。这与普通股息相同，但数额更大，而且是一次性支付的。必须向所有股东提供特殊股息。然而，股票回购并不总是对所有股东开放，因为它可以通过以下三种方式之一实现：

- 在股票市场上购买股票。
- 邀请所有股东收购其部分或全部股份。
- 与特定股东协议。

许多投资者将回购视为管理团队以所有者为导向的一个指标，并自愿缩小其规模。管理团队宁愿把现金交还股东以他用，也不愿继续投资于回报率越来越低的项目中。也有评论人士认为，回购是管理层承认扩张业务失败的表现。

就我个人而言，我更愿意支持一个坚持自己竞争优势、放弃超越能力范围事务的管理团队，而不愿支持一个傲慢的、随处挥霍股东资金的管理团队。然而，股票回购有时会成为一种风气，其目的是在短期内推动股价和每股收益的上涨，而不是出于合理的长期股东财富增长的考量。相对于企业的股本，他们经常过度借贷。在稳定的情况下，这可以提高股东的回报，但如果企业的相关现金流下降，则风险很大。因此，我们时不时会在繁荣时期以每股5英镑的价格回购股票，然后不顾一切地试图在几年后的经济衰退中以每股1英镑的价格出售股票来巩固业务。当公司的一部分股权以小额的价格交给外部人士时，现有股东会对此感到不满。因此，当我们审视（并关注）回购时，要考虑整体债务。

---

① 以及权证持有人、股票期权持有人和可转换债券/优先股股东。

第 17 章

税收和投资者

如果你有幸从投资中获得收入或资本收益，会涉及英国税务海关总署（HMRC）。偷税（故意作虚假报表或遗漏相关事实）是违法的，所以你需要仔细记录，并在适当的时候申报所得（例如，在年度自我申报纳税申报单）。

一想到要交一大笔钱，谁的心情都不会太高兴，但不要绝望。有很多种方式可以减少税负，而且是合法的。你可以利用政府推出的各种税收优惠政策——通常是为了鼓励人们以特定的方式采取行动（例如加大储蓄，或购买刚刚成立的公司的股票）。因此，投资者可以采取"节税"措施来减少税务海关总署征收的金额。不过，要小心：有些减税方式的成本可能会超过它们带来的价值。换言之，不要在税收和投资之间本末倒置。本章将介绍投资者必须承担的主要税收形式，减税的方法，以及对这些税收减免是否值得利用的一些思考。

税收规则和免税额每年都在变化。以下材料来源于 2019 年税务条例。为了及时了解最新情况，你可以参考英国税务海关总署网站（www.hmrc.gov.uk），政府网站上也有一些简单易懂的网页（www.gov.uk/browse/tax/income-tax）。

● 印花税

不管你是不是一个成功的投资者，你都必须缴纳印花税。在购买时，按主板市场股票（和其他有价证券）价值的 0.5% 收取费用。[①] 税款会自动加到你

[①] 2014 年 4 月，另类投资市场股票该税收被取消。

从经纪人那里收到的账单上。如果你使用股票转让表购买价值低于 1 000 英镑的股票，则无须缴纳印花税。

一些人对印花税非常恼火，他们说印花税阻碍了英国股市的投资，这是不公平的，因为它不以收入为基础，同时会侵蚀养老金，使企业的股本成本更高。然而，政府每年从中筹集 30 亿~40 亿英镑的资金，不可能废除这一制度。

股息税

股息，无论是来自公司、单位信托还是开放投资公司，都要缴纳所得税。股息是从扣除税款后的公司利润中支付的：公司已经支付或应支付这些利润的公司税。

股息支付给股东，不扣除个人所得税。个人每年可免税获得 2 000 英镑的股息收入。此外，基本税率纳税人支付 7.5% 的股息，高税率纳税人支付股息的 32.5%，而超高税率纳税人支付股息的 38.1%。根据你的股息收入加上你的其他应纳税所得额，才可确定你属于哪个税级。

如果你的股息收入少于 10 000 英镑，你可以要求英国税务海关总署更换税号，让股息税从工资或养老金中扣除，或者，如果你已经填写了一份自我申报纳税申报单，你可以记下股息收入。如果股息总额超过 10 000 英镑，你需要填写自我申报纳税申报单。

如果选择接受股票而不是现金股利，即所谓的期票股利或股票股息（见第 16 章），考虑到需要缴纳的所得税，这些股票的价值等同于替代的现金股利。如果没有可备参考的现金股利，则使用市场价值。如果参考的现金股利与股票市场价值相差 15% 或以上，则使用市场价值。

资本利得税

如果以高于成本的价格出售资产，你需要缴纳资本利得税（CGT）。这包括股票、单位信托、开放式投资公司和债券。① 但是，你不必为购买价和销售

---

① 金边债券不受 CGT 的约束。大多数英镑债券、公司债券、贷款票据和贷款股份都是"符合资格的企业债券"，它们也不受此限制。

价之间的差额纳税。首先，需要扣除各种费用，比如印花税和经纪人费。其次，可以用其他资产在同一年（或前一年结转）的资本损失来抵消收益。最后，也许最重要的是，你可以获得 12 000 英镑的免税年收益（称为"年度免税额"），因此只需对超过这个数字的收益纳税。

基本税率纳税人必须首先计算（就业等）应税收入，从中扣除个人免税额（通常为 12 500 英镑）。另外，从当年的应税收益中扣除资本利得税免税额，将计算结果加到就业应税收入等项中。

如果这个总数在基本所得税范围内（12 501~50 000 英镑），只要缴纳 10% 的税额。高于基本所得税（50 000 英镑）的税率为 20%。

■ 案例

缴纳资本利得税

假设你的应税收入（就业收入等减去个人津贴和任何所得税减免）为 22 000 英镑，你从股票获得的应税收益为 13 900 英镑。

首先，从应税收益中扣除资本利得税免税额。2019—2020 纳税年度的免税额为 12 000 英镑，而剩下 1 900 英镑需要纳税，把这个加到你的应税收入中。

22 000 英镑加上 1 900 英镑的总和低于 50 000 英镑的基本税率上限，因此你要按 1 900 英镑的 10% 缴纳资本利得税。

也就是说，你要缴纳 190 英镑的资本利得税。

降低资本利得税的技巧

对于大多数私人投资者来说，每年 12 000 英镑的免税额足以避免支付任何资本利得税。然而，如果你有幸获得了可观的收益，你可能想知道还有哪些节税措施。

你可以将股份转让（出售或赠与）给配偶或民事伴侣（civil partners），然后使用他们的每年 12 000 英镑的免税额。这样你们之间就有 24 000 英镑的免税额。而配偶、民事伴侣之间的转让不征税。

"隔夜换手法"（bed and breakfasting）曾经是一种非常流行的降低资本利

得税的方法。如果你希望长期持有股票，那么你可能有很多年没有用完每年的免税额。然后，当你出售时，5万英镑的资本收益只能用最后一年的免税额来抵消，所以你将面临一大笔税单。为了避免这种情况，投资者在接下来的每一年（至少是在他们获得收益的年份）会出售股票以实现资本收益，然后第二天回购这些股票。那么最后一年的资本收益就只是过去12个月左右的收益。

但是，现在这个漏洞被堵住了。如果你希望英国税务海关总署明确资本收益，你现在必须在回购前留出30天的时间间隔。30天内股价变动的风险敞口会降低这种技术的吸引力。如果你先卖出股票，然后在个人储蓄账户（ISA）中买入相同的股票，那么30天规则就不适用了——在个人储蓄账户中，没有资本利得税。如果你出售股票，然后购买相同的股票用于自主投资个人养老金，30天规则也不适用。

另外，你也可以通过购买衍生工具来减少30天内的风险敞口，衍生工具的价值随股价而上下波动，如交易期权、点差交易、差价合约（详见第8、9和10章）。

如果你在纳税年度的损失大于收益，一定要仔细记录。你必须让英国税务海关总署知道，你在用亏损结转来抵消未来几年的收益。损失必须在损失发生后的四年内向英国税务海关总署登记。注意你不能用资本损失来抵消收入，只能抵消资本收益。

如果你想在接下来的几个月里卖掉一家公司的股票，可以考虑在两个纳税年度内，通过在4月5日之前和之后出售一些股票来分散收益的可能性。当然，如果你认为股票注定要暴跌或者你需要现金，就不要冒着拖延的风险。

还有一个方法属于违规操作：把股票分发出去或人为压低价格卖给一个同伙，然后由他替你出售。英国税务海关总署正在着手解决这个问题——出于资本利得税的目的，它将以适当的市场价格对股票转让进行评估。

附息金融工具

来自银行和建房互助协会账户的部分利息是免税的（如果利息来自单位信托、投资信托、开放式投资公司、储蓄联合会、信用联合会、P2P，利息的规定是一样的）。我们每个人在每个纳税年度（当年4月6日至下年4月5日）

都有个人储蓄津贴。如果你的其他收入低于 17 500 英镑，你可以获得 5 000 英镑的免税利息。

如果你的其他收入是 17 500 英镑或更多，那么你可以得到免税的利息取决于所得税税级：基本税率纳税人为 1 000 英镑，高税率纳税人为 500 英镑，超高税率纳税人为 0 英镑。一旦这些限额被打破，你将按惯例的所得税税率纳税。

金边债券的利息是毛利率，不扣税。利息收入是要纳税的，必须作为收入的一部分在纳税申报单上申报。私人投资者不用为购买金边债券的资本利得缴税。企业债券的利息通常需要在源头上减税（20%），但超高税率纳税人将不得不支付更多。一些公司债券免征资本利得税。

遗产税

遗产税（IHT）是对个人死亡时遗产的转让所应缴纳的税款（它还包括个人生前所做的一些赠与）。少于 32.5 万英镑的转让是免税的（给孩子或孙辈的房子有更高的限额）。高过这个门槛的话，每超过 1 英镑，就有 40% 要交税。一般来说，在去世前 7 年以上向遗属提供的捐赠是免税的——每位捐赠者每年最多 3 000 英镑。在死亡七年内赠与的，税率为 40%，并按以下百分比减少：

去世前几年	0—3	3—4	4—5	5—6	6—7	大于 7
税率下调	0%	20%	40%	60%	80%	100%

请注意，遗产税是在剩余遗产传给继承人之前从遗产中扣除的。总免税额为 32.5 万英镑，而不是每个继承人 32.5 万英镑。

你在有生之年或遗嘱中献给"有资质的"慈善机构的任何捐赠都将免除遗产税。此外，那些将 10% 或以上的净资产捐给慈善机构的人，可以选择支付较低的 36% 的遗产税。

对配偶或民事伴侣的转让免除遗产税。设立信托是另一种获得免税的方式，但需要专业知识——咨询律师等专业人士。在另类投资市场上市的贸易公司的股票在持有两年后可免除遗产税，因此这些股票的价值可以有效地从所拥有的财产中转移。

第 17 章 税收和投资者

◦ 个人储蓄账户

个人储蓄账户（ISA）由诸如平台（见第 5 章）、经纪人和银行等收取费用的金融机构运营。它们本身不应被视为投资：它们是"包管账户"或者是一组相关投资。这些避税手段可以让你的投资避免缴税。相关投资可以是股票（包括另类投资市场和 NEX 交易所的股票）、单位信托、投资信托、开放式投资公司、交易所交易基金、企业债券和金边债券。你也可以把钱作为现金保存在一个 ISA 包管账户里；那么，可以从银行、房屋互助协会、信用合作社或国家储蓄产品赚取利息。有些账户有快速存取的功能，有些则需要提前通知才能取款。如果你愿意把钱"锁"起来数年，那么你可以获得更高的利润，但如果你想在固定期限到期前取出你的钱，将会受到严厉的惩罚。

ISA 的税收优惠如下：

- 在 ISA 中持有的投资无须缴纳资本利得税。
- 对股息收入不征税。
- 税收不会从 ISA 银行账户的利息中扣除。
- 债券的利息税可以退回。

每年（当年 4 月 6 日至下年 4 月 5 日），你最多可以将 2 万英镑存入 ISA，以避免纳税。你可以将投资和资金从某 ISA 转移到另一个。但是，要非常小心，不要把钱取出来后再开另一个 ISA，这样你将失去未来的税收优惠。相反，请填写新的 ISA 提供商提供的转账表。你可以在旧提供商为你出售股票或基金后实现现金转移，或者"照原样"转移，也就是通过股票和基金直接转移过来。新提供商会支付传输成本，可能是数百英镑。

除了现金 ISA（盈利利息）与股票和股权 ISA（投资于股票、单位信托等）之外，我们现在还有"创新理财 ISA"。其中的资金可以通过 P2P 或其他对企业、房地产和众筹的放款，借给其他人或公司。

你可以按照个人喜欢的任何方式在不同类型的 ISA 之间每年最多分配 2 万英镑，例如 1 万英镑投资于股票和股份 ISA，7 000 英镑投资于现金 ISA，3 000 英镑投资于创新理财 ISA（除非你收到了严格的财务建议，否则在你投资的资产中可用于 P2P 的部分不应超过 10%）。

不需要一次投资全部的钱，可以定期付款（比如每月 100 英镑），也可以全年不定期地一次性付款，只要总数不超过每年的限额。过去的情况是，即便你在同一纳税年度提取一些钱，但是每年可存入 ISA 的金额并不会增加。因此，如果你在 11 月份将 2 万英镑存入个人账户，然后在 12 月份取出 1 800 英镑，那么你就不能在该纳税年度再存入 1 800 英镑——你已经在该年度使用了你的 2 万英镑免税额。现在，许多银行提供弹性 ISA：如果钱被取走，你可以在以后的同一个纳税年度里把它存回同一个账户，不会影响你的年度限额。

你不能自己开通 ISA，可以从 ISA 提供商处购买现行的包管服务。在线基金超市（见第 5 章）提供 ISA 包管服务，其中可以投资许多不同的基金、股票和其他证券，同时也可以持有在国家主要交易所交易的海外股票。而自选 ISA 允许个人决定自己的基金购买哪些股票、金边债券、开放式投资公司、公司债券等。并不是所有的 ISA 都提供这种选择，所以需要货比三家，但要小心那些自选 ISA 的提供商所收取的费用。除了购买股票的交易费用（比如 10 英镑）之外，他们还收取与基金价值挂钩的年费——通常为 0.35% 或更高。另外，他们还会收取固定的管理年费，比如每季度 20 英镑。你需要查看每个平台的收费页面，看看收费是多少（包括股票交易费用和股息再投资费用），然后考虑选择按百分比收费还是固定收费。

许多人怀疑持有股票和股权 ISA 是否明智。鉴于每年 1.2 万英镑的限额，大多数私人投资者不太可能缴纳资本利得税。购买一个股票包管账户来实现投资，意味着你每年向一个平台缴纳 0.45% 的费用，避免股利所得税，但这可能只是微不足道的优势（无论如何，你每年有 2 000 英镑的股息免税限额）。

另一方面，有些人已经成为"ISA 百万富翁"，通过每年限额和明智的投资，他们现在是拥有超过 100 万英镑的 ISA 百万富翁了。对于这些人来说，他们在大多数年份大概率会获得超过 1.2 万英镑的资本利得。如果持有几笔 ISA 之外的获利可观的收购要约和股份出售，是很容易产生一笔巨额资本利得税账单的。他们每年将会获得大量的红利。因此相对于省下来的税收来说，每月为 ISA 包管服务支付 10 英镑的固定费用是一个很小的数目。

即使只把 10 万英镑左右的钱存入 ISA，你也会注意到减免资本所得税的好处。你的一两个投资完全有可能产生超过 1.2 万英镑的收益。在 ISA 外出售它们，可能涉及 10% 或 20% 的税率。股息收入很容易达到 4%，能免税 4 000 英镑真是太好了。

对于终身 ISA（LISA），每年可以存 4 000 英镑。英国政府也会因此奖励你 25% 的红利——每年最多增加 1 000 英镑。你可以一直这样到 50 岁。一旦加入红利，它就会在未来的几个月或几年里与你原来缴纳税款一起累积利息。LISA 只对 18~39 岁的人开放申请。基金里的钱可以用来买第一套房子，也可以为退休做准备（当你 60 岁的时候）。如果你用 LISA 的钱买了第一套房子，你可以继续使用这个账户，一直储蓄到 50 岁。

如果你的 ISA 服务提供商获得了 FCA 的授权，你将有权根据金融服务补偿计划获得赔偿（参见第 19 章）——你的 ISA 资金将受到最高 8.5 万英镑的保护。

下面文章讨论了如何通过 ISA 成为百万富翁。

ISA：谁想成为百万富翁?
受欢迎的免税储蓄账户为投资者带来了丰厚的回报

凯特·宾利

朴素的个人储蓄账户（ISA）已创立 20 年。成百上千的个人投资者已经完成一件值得庆祝的事情，他们通过免税的投资账户积累了超过 100 万英镑的投资组合，成了百万富翁。根据英国最大的在线经纪商的数据，逾 250 人拥有 100 万英镑或以上的 ISA 投资组合，还有更多的人拥有接近 7 位数额的账户。

自 1999 年创建 ISA 以来，投资者利用这些账户规避了 8.74 万亿英镑的税收，节省了逾 300 亿英镑的税收。

毫无疑问，这些投资者中的一些人早从 ISA 的前身——个人股权计划（Pep）开始他们的免税储蓄之旅。Pep 于 1987 年启动，最初的免税年度津贴是 2 400 英镑，在 1999 年稳步上升到 7 000 英镑，随后它被 ISA 取代。根据互动投资者的研究，任何在 1987—2018 年间将全部免税储蓄补贴投资于 Pep 和 ISA 的人，现在都可以达到 100 万英镑的目标。

到上一个纳税年度结束时，一个隐藏了最高年度免税额的投资者，累计总额略低于28万英镑。随着时间的推移，这笔钱如果投资于股市，其资本将会成倍增长，如果股息再投资于免税资金中，这一比例将会更高。根据互动投资者的数据，如果投资组合的表现与富时全股指数一致，那么该投资组合如今的价值将达到992 500英镑，而同样的现金投资组合在上一个纳税年度末的价值不到50万英镑。然而，自1999年ISA问世以来，投资者需要在一项投资中产生相当大的阿尔法回报——一种积极的回报，才能建立100万英镑的投资组合。

如今，ISA的百万富翁可以享受舒适的退休生活，而千禧一代利用终身ISA（也称LISA，发布于2017年）也可以成为ISA的百万富翁。年龄在18~39岁的人每年最多可存4 000英镑，并可获得25%的政府红利，最高可达1 000英镑。只要在40岁之前开户，LISA的客户每年都可以继续存钱，直到50岁。储蓄可以以现金或股票的形式存入LISA。在特定条件下，这些资金可以用于购买第一套住房，或者在60岁以后使用，其他提款行为将受到重罚。

根据在线投资平台AJ Bell的数据，22岁开始创业的人可能在65岁时成为LISA百万富翁。（假设4 000英镑买入LISA，16 000英镑买入股票ISA，并以每年2%的速度上涨。）

你能靠LISA成为百万富翁吗？

开始年龄	初始月度投资	65岁时的基金总价值的估测值
22	249英镑	1 002 509英镑
25	311英镑	1 001 668英镑
30	464英镑	1 000 209英镑
35	696英镑	1 001 221英镑
37	820英镑	1 000 675英镑

注：AJ Bell示例中涉及的假设有，LISA供款每年增加2%，当超过4 000英镑的LISA限额时，可使用股票和股权ISA；LISA红利和股息进行再投资；投资平均每年增长7%，费用持续增长1%。

资料来源：*Financial Times*，8 March 2019.

© The Financial Times Limited 2019. All Rights Reserved.

个人养老金

如果你是长期储蓄或投资的话，个人养老金是非常节税的。你投入的钱（你的供款）有资格获得全额免税。这意味着，如果你从已纳税收入中缴纳 2 880 英镑，那么政府会在基金中加回 720 英镑的税款（按总额的 20%），也就是说，3 600 英镑将加到你的养老金中。高税率纳税人会得到额外的减税——他们声称税收为其他的 20%。

一旦资金进入基金，它就可以增长，而不必对利息、股息收入或资本利得征税。

当你退休时，你可以选择各种方式从退休金中提钱。每次拿钱时，25% 是免税的，所以如果你的退休金里有 8 万英镑，当取出 2.4 万英镑时，其中的 6 000 英镑免税，其余的按你的税级缴纳。如果你有固定的收入或不定期的一笔钱，可以让剩下的钱继续用于投资，赚取股息收入等，但要承受市场波动的风险。你的部分或全部钱可以买一份年金，它将为你的余生提供定期的支付。这些通常是从受监管的保险公司购买的，因此，直到死亡前，你每月都会有收入，这能让人安心。这种投资方式没有投资风险（保险公司承担这个风险），但有一个缺点，就是如果通货膨胀将价值抵消掉，你的收入将跟不上生活成本（尽管你可以购买随着通货膨胀而上涨的年金，但这些年金的初始金额较低）。你可以货比三家，以获得最佳的年金率——比如一开始向保险公司支付 10 万英镑的年费。

你可以在 55 岁以后开始领取养老金。你不必停止工作就可以开始领取这些计划下的福利。

基金种类繁多——股票（英国或海外、被动型/跟踪基金或积极管理型基金）、企业债券、金边债券和现金。你可以把钱投到一个混合证券的基金里。例如，高端生活养老金计划在离退休还有几十年的时候主要投资于股票，然后在不到 10 年的时候逐渐转向现金和债券。

你可以将一笔固定金额定期存入个人养老金（最低金额通常为每月 20 英镑或 50 英镑）或随时一次性支付。

你现在每年可以向任何数量的养老金计划最多缴纳 4 万英镑，并获得税收减免。你存入 3.2 万英镑，再加上政府的 8 000 英镑——这是由你的养老金机构为你安排的。真是令人激动，你会看到自己的在线账户突然多出 8 000 英镑，可以投资政府提供的股票。这些可以是公司计划和个人养老金计划的混合物。因此，你每年可以获得最多相当于应税收入 100% 的养老金缴款税收减免，但终生不得超过 105.5 万英镑的免税养老金储蓄，而可以积攒的养老金金额没有上限。

存托养老金计划

存托养老金与标准个人养老金很类似，只是管理费用较低（前十年不超过养老金价值的 1.5%，之后下降至 1%）。供款可以很小（最低供款不超过 20 英镑），可以在任何时候开始和停止支付，也可以将该计划转移到其他提供商，且不受到惩罚。另外，也可以通过雇主或个人（自雇形式）提取。最显著的优势是，无论你缴了多少（每年最多缴纳 3 600 英镑的累计缴款），都被视为缴纳了基本税率。即使你不是纳税人（比如作为一个没有工作的配偶），存托养老金计划的提供商也可以为你申报这笔"税款"，因此它们一开始并没有实际扣税。高税率纳税人可以申请额外的减免税。

自助投资个人养老金

标准个人养老金的一个缺点是，无法选择基金中持有的具体投资——这由基金经理决定，你必须向他们支付一定费用。如果你对自己的股票或证券选择能力有信心，那么你可以选择自助投资个人养老金（SIPP）。这些允许你指示基金管理人，例如一个平台（见第 5 章），在 SIPP 包管服务中代表你买卖股票和其他投资。你可以获得与标准个人养老金相同的税收优惠，而且可以自己控制投资的业绩，也可以在所投资公司的年度股东大会上进行投票。

SIPP 有两种类型：
- 基本的低价 SIPP，通常是基于 Web 的（尽管你可以使用手机）。它允许有各种各样的基金（通常有超过 2 000 个单位信托、投资信托、ETF、OEIC 可供选择）和各种各样的股票、债券等。
- 全面 SIPP 可以投资于非常广泛的资产类别。除了股票、基金和债券，还可以选择商业地产、现金、黄金、非上市股票，甚至版权和其他知识产权。全面 SIPP 提供商通常要求你通过财务顾问进行投资，而不是独立投资，因此你不太可能完全自主地在线管理它。

你需要通过管理公司和受托人建立一个 SIPP，它们可以是同一组织的一部分。这听起来可能很复杂，但实际上，投资平台和其他 SIPP 提供商每天都会为数百名投资者组织这项活动。凭借一张借记卡，我在五分钟内就安排好我的线上 SIPP。政府的钱大概是在一个月以后打进来。Martin Lewis 的网站对获取 SIPP 供应商名单非常有用：www.moneysavingexpert.com。

你可以在退休后投资 SIPP，直到 75 岁。养老金中 25% 可以免税的规定同样适用于 SIPP。每当从基金里提款时，你可以利用这一点。如果你在 75 岁之前去世，受益人可以在你的 SIPP 中一次性获得这笔钱，或者作为持续收入。如果你在 75 岁之后去世，这笔钱可以给受益人，但要收税。

SIPP 可为非纳税亲属提取——英国税务海关总署将按照基本税率为该基金充值。这个上限是每年总计 3 600 英镑，所以最多可以投入 2 880 英镑。

基本的低成本 SIPP

大多数低成本 SIPP 提供商不会对投资基金收取初始费用（一种"设立费"），但它们每年收取约占基金 0.2%～0.45% 的年费。其他提供商会向你收取固定的 48～200 英镑的年费。在该基金内部买卖证券，还需要支付 10～30 英镑的经纪人费用。这些低成本 SIPP 通常只执行投资行为，不提供投资建议。然而，许多平台网站都有一些专业的文章提供指导。大多数线上 SIPP 提供商会为你实时提供资产估值服务（参见第 5 章中的平台列表）。

全面 SIPP

例如，通过投资商业地产，你可以用 SIPP 的资金买一间办公室，然后将其出租（甚至出租给自己），形成免税的租金收入，并为你的退休基金累积资本收益（你可以借很大一部分钱来购买房产，并使用 SIPP 基金中的其他资产作为借款的担保）。医生、律师和会计师都特别喜欢用 SIPP 购买他们所居住的房产。支付的租金是其业务中一项可免税的支出，SIPP 收取的租金在基金中不纳税。因此，你不能使用 SIPP 来购买住宅。

全面 SIPP 的收费结构差异很大，但其中很多都是 400 英镑左右，年费为管理基金的1.5%，或是每年500英镑，再加上交易成本（比如每次股票市场交易30英镑，多用于购买商业地产）。全面SIPP管理者通常坚持一个很高的最低初始投资额：通常是50 000英镑。事实上，考虑到高收费，你不会选择一个全面SIPP，除非你有很多钱。

SIPP提供商名单可在其联合会——成员导向型养老金计划协会——的网站上查阅：www.ampsonline.co.uk。

养老金警示

股票的风险高于债券或现金，因此，如果你距离退休只有5年或10年的时间，却将整个养老基金投资在少数几只股票上，可能很危险——这些股票也许一年内能下跌40%。为了避免股价暴跌后就退市的可能性，你有必要将基金的权重逐渐转移到债券和现金类型（如存款账户）上，也可以将基金的一部分投资于房地产。当然，除非债券或房地产市场陷入泡沫，价格被人为推高。

要小心，不要因为这样或那样的管理费用而损失你一半的基金。例如，你可能最终向单位或投资信托经理支付高额费用，同时也向SIPP提供商支付费用。

不要频繁交易。你可能会在交易成本上损失一大笔钱，获得的却很少。

供应商有时真的会对SIPP引入新的收费，所以请保持警惕。

如果提供商的服务质量不高，你要确保将养老金转移给另一个收费便宜的提供商。许多SIPP提供商花几个月的时间才将你的资产转移到另一个平台上，并收取数百英镑的费用。2019年，金融市场行为监管局要求提供商整顿自己的行为，甚至提出了禁止收取退出费的想法。

SIPP提供商持有的现金余额利率可能较低。在你注册之前，最好货比三家，询问一下。存入SIPP提供商的任何现金均受"金融服务补偿计划"保护（见第19章）。

保险公司也推出了SIPP，但持有人的投资范围往往非常有限。它们主要关注的是保险公司的自有产品。

企业投资计划

企业投资计划（EIS）是政府鼓励风险资本流向较小公司的一项倡议。直接将100万英镑（"知识密集型企业"则为200万英镑）投资给那些符合条件的公司，它们的普通股可享受30%的所得税减免。[①] 投资者将1万英镑投入一家符合EIS条件的公司，可以少缴3 000英镑的税，因此实际成本只有7 000英镑。[②] 此外，还有资本利得税的减免。在持有某EIS公司股份三年后（或在开始交易三年之后），出售该公司的股份无须缴纳资本利得税。EIS中的损失可以抵扣所得税或资本利得。两年后，EIS投资便不计遗产税。

"直接投资"是指在公司发行股票时进行投资。这并不意味着从其他投资者手中购买二级市场的股票。如果投资者持有股票的时间少于三年，就失去了税收优惠。为了从这一渠道筹集资金，公司必须一直进行"资格认证活动"——这通常不包括金融投资、农业、能源和房地产公司。公司不得出现在每日公定牌价行情表上。根据EIS，该公司在任何一年内最多可筹集500万英镑，在公司的生命周期内最多可筹集1 200万英镑。另类投资市场和NEX交易所的公司通常符合EIS的条件，但伦敦证券交易所的主板市场公司则不符合这个条件。公司的总资产不得超过1 500万英镑，员工不得超过250人。要想获得各种税收减免，投资者持有的股本或投票权（或股份和贷款资本加在一起）不得超过30%。此外，投资者不能是合伙人、董事或雇员（不接受报酬的董事除外）。投资于一系列EIS公司的基金如雨后春笋般涌现，帮助投资者分散风险，但费用可能很高。

许多根据EIS向投资者出售股份的公司都是高风险企业。你必须评估潜在企业的生存能力，不要过分追求税收减免。只有在你能承受损失的情况下才可以进行投资。

[①] 还有一种可能是将投资对上一纳税年度"亏损补报"，用投资金额抵扣当时缴纳的税款，这样就可以收回税款了。

[②] 在EIS股份分配之前36个月和之后12个月内，其他资产实现的任何收益的CGT可以延期。这适用于存入EIS基金的数额以内的收益。如果你在一些其他投资中获得了2万英镑的应征税收益，而在EIS中投入了1.8万英镑，那么在不久的将来你只需要承担2 000英镑的CGT。

一旦股票被买入，你可能会发现自己拥有一笔难以出售的金融资产。因为这些股票不太可能有二级市场交易设施。

初创企业投资计划

对于那些雇员少于 25 人、总资产在 20 万英镑以下的小型初创公司，根据初创企业投资计划（SEIS），政府还有更好的税收优惠政策。投资者每年最多可购买 10 万英镑的股票，能获得 50% 的税收减免。因此，如果投资 1 万英镑，你可以收回 5 000 英镑的所得税（如果你需要在英国纳税，以此来设定减免）。该股份的持有期限必须为自发行之日起的三年，以保留减免。只有符合条件的交易才被允许（特别地，不包括房地产和金融），而且公司在相关股票发行之日进行的交易时间必须少于两年。

你要想在出售股票时获利，可以三年后出售股票，这时没有 CGT。如果公司倒闭，你可用自己的损失抵消所得税。因此，如果你最初购买了 1 万英镑的股票，意味着你已经从英国税务海关总署收回了 5 000 英镑。现在，如果剩下的 5 000 英镑消失了，你可以用这笔钱来减税。在清盘时，投资者被允许最多有 30% 的公司股份、投票权和资产权，并且投资者不得是公司雇员。最后，通过 SEIS，公司只能获得 15 万英镑。

风险投资信托

风险投资信托公司（VCT）是上市公司，通过向投资者出售股票来筹集大笔投资资金。这些钱会被用来购买较小的非上市交易公司的股票。它们的运作方式与投资信托类似（见第 5 章）。

投资 VCT 的投资者可以享受丰厚的税收优惠。

他们本年度的所得税可立即减免 30%（即使你是低级或基本税率纳税人）。例如，如果你在 VCT 中投入 1 万英镑，就可以在纳税申报单上收回 3 000 英镑。个人申请 VCT 资金的减免税收，每年最多限制在 20 万英镑以内。首次所得税减免优惠只适用于购买新 VCT 股票（不包括在二级市场从其他投资者那里购买的 VCT 股票）并持有投资至少 5 年的投资者。

VCT 的回报（股息收入和资本利得）是免税的。无论是新发行的股票，

第 17 章 税收和投资者

还是通过证券交易所购入的二手股票，均可享受股息减免和资本利得税减免。

被投资公司的总资产不得超过 1 500 万英镑，员工人数不得超过 250 人。"未上市"一词范围较模糊，包括另类投资市场和 NEX 交易所的公司。被投资公司每年只能通过 VCT 筹集 500 万英镑。

这些信托基金为投资者提供了一种投资方式，以一种合理避税的方式，投资一些潜力巨大、不确定性较大的小公司。它们为投资者提供了在伦敦证券交易所二级市场上出售 VCT 股票的机会。然而，一些 VCT 的需求很少，所以你可能很难出售。

VCT 收取多种费用，包括初始费用、年度管理费用、额外费用和对基金经理的激励奖金。加上绩效费，总费用约为每年 3%。在购买新基金之前，请先查看现有 VCT 的五年回报表现——如有疑问，请参阅下文。

是否应该投资英国创意工厂？

雨果·格林哈勒

尽管投资英国初创企业"创意工厂"的投资者可以享受慷慨的税收优惠，但必须在高昂的费用和可能出现波动的业绩之间进行权衡。

VCT 的主要吸引力在于，投资额的 30% 可以抵扣所得税，而且任何股息都能免税——前提是你的投资期限至少是 5 年。

然而，根据 Clubfinance 为英国《金融时报》所做的分析，在此期间，投资者可能会发现，仅费用就消耗掉了他们初始投资的 1/4。

使用 AIC 数据，Clubfinance 计算出，VCT 的平均持续年收费略低于 3%，比积极管理型股票基金的平均持续年收费高出 3 倍以上。包括绩效费在内，它们可能高达 8.6%——这部分经常要加上 5% 的预付费用。

VCT 基金经理为自己的收费辩护，解释说是因为他们要投资于未上市的初创公司，但资源难以获得，可能需要长达 12 个月才能完成交易。经理们往往更"亲力亲为"，通常会在他们投资的较小企业的董事会中担任董事，并提供战略建议。

Chase de Vere 的特许理财规划师帕特里克·康诺利表示，投资公司协会只跟踪了 71 家 VCT，这意味着投资公司可以自由设定自己的费用。他说："它们的费用太高了，而它们能够这样做却不受惩罚的原因是提供服务的公司数量有限。"

有个问题是难以回避的：VCT 费用昂贵。你应该与你的财务顾问谈谈如何在预付费用上获得折扣——但不要太死板，因为你还需要考虑年度管理费和绩效费的影响（更不用说 VCT 经理的投资策略）。财富俱乐部和 Clubfinance 等许多经纪商都提供折扣，可以将 5％ 的预付费用降低至 1％。它们也不向投资者收取经纪人佣金。所以一定要货比三家！

当基金达到一定的年回报率（通常在 10％～20％）时，通常会收取绩效费。AIC 最近的数据显示，17 家 VCT 收取绩效费，平均每年使总成本增加 1.53％。

把这些费用加起来。Clubfinance 估计，按 5％ 的预付费用、2.89％ 的年费和 1.53％ 的绩效费计算，5 年的 VCT 总费用可能会占到投资的 24.2％。在此基础上，排除税收优惠的影响，这将意味着 VCT 的平均年回报率必须达到 5.7％才能实现收支平衡。

当然，投资者会希望高收费能被出色的业绩和税收优惠所抵消。然而，在 AIC 跟踪的 71 家 VCT 中，有 10 家在 1 年、3 年或 5 年内，在扣除费用后的总回报（资本增长加股息）基础上未能实现正回报。

AIC 数据显示，15 年来最耀眼的明星是 YFM 私募管理的英国较小规模企业，总回报率为 572.83％。

从长期来看，VCT 表现良好，但更传统的基金表现更好。例如，AIC 的数据显示，平均英国小型企业投资信托基金（一种同样在证券交易所上市的类似封闭式投资工具）15 年来的总回报率为 481.2％，而 VCT 扣除费用后平均增长了 306.7％。

与投资信托一样，VCT 也在证券交易所上市，但它的交易价格通常低于资产净值。Kin Capital 联合创始人理查德·霍斯金斯解释："因此，加上经纪费用，有高达 5％～15％（折扣水平）的'有效成本'。"

如果你在 5 年内以 2.49% 的前期费用和 2.87% 的年度管理费向一家 VCT 投资 20 万英镑，那么即使没有股息和资本零增长，经纪商财富俱乐部估计，如果考虑到 6 万英镑的减税优惠，投资者理论上会获得多于 2 万英镑的回报。假设资本年增长率为 5%，这个数字将升至近 6.5 万英镑。如果考虑到 10% 的增长率，再加上绩效费，那么通过减税和绩效的混合，投资将在 5 年内增长超过 10.8 万英镑。

一般来说，VCT 有四种类型可供选择：

- 宽基类：这类 VCT 可以涵盖不同行业的公司，无论是处于非常早期的阶段还是更为成熟的阶段。绝大多数 VCT 都属于这一类。
- 行业类：这类 VCT 通常仅限于一个领域，专注于环境、医疗保健、技术的 VCT 是最受欢迎的。
- 有限寿命类：也称为计划退出基金，这些基金可能会消亡，因为最近的规则变化使得在特定时间段内出售所持股份更加困难（因为符合条件的公司越来越少）。它们的设计目的是在至少 5 年以上的固定投资期内运行，以获得税收减免，并提供更高的股息，而不是高绩效。
- AIM 类：有几家 VCT 旨在投资于另类投资市场公司，比如两家 Amati VCT。这两家 VCT 的预付费都相对较低，仅为 1%，而且不收取绩效费。某些创业板股票可以享有额外的遗产税优惠。

资料来源：*Financial Times*，14 July 2017.

© The Financial Times Limited 2017. All Rights Reserved.

请注意，金融服务补偿计划中没有针对 VCT 或 EIS 和 SEI 的保护措施（见第 19 章）。

节税慈善捐赠

想象一下，你作为一个投资者已经做得很好了，现在可以慷慨地对待其他不那么幸运的人了。然后你可以把股份捐给慈善机构，这意味着你可以享受一些税收优惠。

如果你捐赠股票、单位信托或 OEIC，或者以低于市场价值的价格出售给慈善机构，你可以申请所得税减免并降低税额。该计划允许的股票包括伦敦证券交易所主板和另类投资市场的股票，以及 NEX 交易所和许多海外股票。

如果你已经获得大量的资本收益，并因此期望缴纳资本利得税，你可以将股票捐给一个不必缴纳税款的慈善机构，从而你也不必缴税。

你需要填写一份股票转让表（从公司的注册处）把名下的股份取出，然后记到慈善机构的名下。慈善机构会给你一份证明，说明它已经获得股份。

当你完成年度自我申报纳税申报单后，可以在表格上提出申请。或者，如果你通过 PAYE 纳税，你可以写信给税务局，详细说明你捐赠或出售给慈善机构的股份，以及想申请多少税收减免。税务海关总署会更改你当年的税码，以减少你每月的税单，或退你前一年的税。

第 18 章

合并和收购

本章将探讨公司管理者合并两家公司的原因，以及合并融资的方式。本章也详述整个合并过程，和防止对股东不公平的规章制度。首先，需要解决的一个首要问题是确定合并中的获益者是谁，是股东、管理者、顾问等人吗？令人意想不到的是，将近一半的公司合并案表明，受益方是收购方股东。

许多人出于各种原因，从会计和法律角度出发对"合并、兼并"（merger）、"购并"（acquisition）和"接管、收购"（takeover）等术语加以区分。然而，像大多数评论家一样，本书将交替不做区别地使用这几个术语，这么做是有充分理由的。有时很难判断两个公司的联合，是更像一次合并，还是更接近所谓的购并或者收购。合并是指规模大致相同的公司以大致相等的条件聚集在一起，股东是共同所有者，两个管理团队分担职责。收购即一家公司被另一家公司收购，同时也接管了这家公司的财务和管理。

合并的动机

源于股东利益

公司决定与其他公司合并，出于各种各样的原因。合并公告里经常出现"协同效应"这一专业术语。其背后的含义是，合并后的实体价值将大于其各部分的总和。价值之所以增加是由于收入或成本基础的优化。也许互补的技能或互补的市场网点能使合并后的公司卖出更多的商品。有时，共享供应储备或生产设施可以提高企业的竞争地位。

推动合并的最重要力量之一是试图增强市场势力。这是对产品价格进行一定控制的能力。它可以通过垄断、寡头垄断（少数生产者）或占主导生产商地位，或行业内企业之间串通（collusion）或事实上的合作（没有正式协议，但向竞争对手发出信号以避免价格竞争）等方式实现。如果一家公司在市场上占有很大份额，该公司通常会对价格有一定的定价权，它可能推高所售商品的价格，而消费者对此几乎没有话语权。即使公司的市场份额不那么集中，如果把进入市场的新公司数量减少到一定程度，也会使现存企业串通变得更容易。在一个集中的市场中，无论公开与否，企业之间都会达成协议，以便向客户收取更高的价格，而不是削弱彼此。监管部门正在密切关注这种破坏社会的行为，并对一些企业进行了处罚——例如，水泥、钢铁和化工行业的企业。

协同效应的一个重要贡献是利用规模经济的力量。规模越大，单位产出成本越低。在更少、更大的工厂合理整合生产力可以更有效地使用大型设备。通过使用共同的分销渠道或联合广告，可以产生更多营销利润。同时在管理、研发、采购和财务方面也有利可图。

如果一家公司选择进入一个特定的市场，但缺乏所需的专业技术，那么巩固自己的最快方式可能是购买该产品市场或地区市场的现有公司。如果选择通过自身努力去发展所需的技能和市场实力，很有可能在许多年内，公司都达不到可观的规模。此外，市场中新参与者的加入可能导致供应过剩和过度竞争，引发价格战，使得公司无利可图。

企业集团合并（涉及不相关业务领域）的另一个主要原因是，如果现金流来自多种产品和市场，将会降低控股公司整体收入流的不稳定性。乍一看，将不相关的收入流集中起来似乎可以改善股东的地位，让他们在不降低回报的情况下降低风险。但是这种观点的问题在于，投资者可以通过更简单、便宜的方式降低同等大小的风险。他们可以购买一系列独立的上市公司的股票。此外，这种做法使得集团企业专注力下降，管理层的注意力和资源可能就此被浪费掉。

促使股东合并的其他原因是，X公司的管理层可能比Y公司的管理层更有效率，如果合并后X公司的管理层占主导地位，则会产生收益。

许多人认为，股票市场有时会低估股票的真实价值，因此，其他公司的经理人在寻找目标时，会捡到便宜货。很有可能的是，潜在的目标公司正在以最有效的方式运作，即使世界上最能干的管理团队接手，生产力也无法提高。这样一家公司可能是因为管理层没有意识到股市良好形象的重要性，从而被股市低估。也许它们提供的信息太少，低于法定最低限度，从而产生嫌隙和不确定性。投资者讨厌不确定性，因此拒绝了该公司。另一方面，收购公司可能非常清楚自己股票的市场形象，并投入大量精力与外界建立良好的关系。

源于管理者利益

本节所述的合并原因与之前的案例差不多，不同的是，目标不是股东财富最大化，而是管理者财富最大化。

在并购活动中得利的往往是收购公司的管理团队。当合并成功后，他们最终会控制一个更大的企业。当然，管理更大的企业意味着管理层必须得到更多的报酬。他们不仅要有更高月薪的激励，还必须有更丰厚的养老金和津贴。同时掌管更大的企业和获得更高的薪水，也提高了他们的地位。或许有些人觉得自己飞黄腾达了，社交圈也开始攀上高枝。

通过兼并实现快速增长并不是动机的全部，有些人就是单纯地喜欢建立企业——毕竟创造宏伟壮观的企业会给人更大的成就感和满足感。领导他人是一种本能，甚至有些人通过计算下属员工的数量来衡量他们的社会地位。沃伦·巴菲特有言：

> 这类购并问题又因为隐藏在背后的生物原始本能而变得更复杂，许多CEO之所以能够做到这个位置，部分原因在于他们先天拥有相当丰富的动物本能与自尊，当然我们必须承认一位主管拥有这样的特质，有时对他们有极大的优势，然而这种本能在他们爬上顶峰之后并不会消失，而当CEO被其顾问们鼓励去进行购并交易时，我想他的反应跟一位青少年被父亲鼓励可以拥有正常的性生活一样，这样的做法未免有点揠苗助长。[1]

约翰·凯指出，许多管理者都享受并购的过程：

---

[1] Chairman's letter accompanying the 1994 annual report of Berkshire Hathaway Inc. Reprinted by kind permission of Warren Buffett. © Warren Buffett.

> 对于现代管理人来说，只有收购才能再现逐鹿中原、尔虞我诈。晚有商业银行的秉烛夜谈，朝有顾问电访的运筹帷幄。如果不是这样的商业博弈，世上就没有其他东西能让你炙手可热，也没有其他东西能如此简单地发扬光大、名噪一时。①

并购的四大动机——建立商业帝国、提升地位、拥有权力和更高报酬——是推动收购的强大力量。当然这种事情大家都心照不宣，也不会在收购战中大肆宣扬。

除了四个动机，还有傲慢这一点，也可以促进并购活动。这一点特别有助于解释，为何几年内经济向好、公司快速发展、管理层也得意时，并购往往发生得最多。

"傲慢"指的是过度的自信，或者换一种不那么友好的说法，意味着自大。管理者在评估并购机会时，由于对自身能力的过度自信而犯过度乐观的错误。这表明，一些收购者没有从自身的错误中吸取教训，他们自诩看到一家被低估的公司，而其他人不能。而且，他们有天分、经验和创业才能，几乎可以撼动任何一家企业，产生更高的利润表现。以下是沃伦·巴菲特关于傲慢的观点：

蟾蜍和公主

大部分管理者很明显地过度沉浸于小时候所听到的，一个变成蟾蜍的王子因美丽的公主深深一吻而被救的童话故事，而认为只要被他们优异的管理能力一吻，被购并的公司便能脱胎换骨。

如此乐观是必要的，否则公司的股东怎么会甘心以两倍的价钱买下那家好公司，而非以一倍的价格自己从市场上买进。

换言之，投资人永远可以以蟾蜍的价格买到蟾蜍，而若投资人愿意用双倍的代价资助公主去亲吻蟾蜍的话，最好保佑奇迹会发生，许多公主依然坚信她们的吻有使蟾蜍变成王子的魔力，即使在她的后院早已养满一大堆的蟾蜍。②

---

① John Kay, 'Poor odds on the takeover lottery', *Financial Times*, 26 January 1996.

② Chairman's letter accompanying the 1981 annual report of Berkshire Hathaway Inc. Reprinted by kind permission of Warren Buffett. © Warren Buffett.

请注意，傲慢假说并不要求管理者总是追求自身利益。他们可能有值得尊敬的意图，但也可能在判断上犯错误。

一般认为，合并往往涉及一个强大的收购者和一个拥有小目标的目标公司。收购者的潜在目标公司，其管理层更倾向于相信，避免被收购、被解雇或被支配的最好方法是自己发展壮大，而且要迅速。并购可以促进一种自我强化的机制，或者说是正反馈的循环，即企业并购越多，管理层越觉得自己处于弱势，也就越倾向于进行并购。公司合并可能是为了管理团队的生存，而不是主要为了股东的利益。

源于第三方利益

有许多高薪人士从并购活动中获益匪浅。顾问向投标公司收取费用，就确定目标、收购博弈规则、监管、垄断参考、财务、投标策略、股票市场公告等事项提供咨询。一般而言，咨询服务费为目标公司价值的 0.3%～1.5%，以及并购融资资金的 3%～4%，加起来有几千万英镑。顾问也会被指派到目标公司。其他密切参与到并购市场的团队还包括会计师和律师。

似乎有理由假设，从事并购的专业人士可能会试图鼓励或诱使企业考虑合并，进而从并购市场中赚取利润。有的会提供潜在目标公司的报告，试图诱使潜在客户成为收购者。作为本书作者，我绝不会建议，这些受人尊敬和有尊严的机构，仅仅为了提高费用水平而屈尊促成合并。你或许仍会这样揣测，但我不做评论。

还有媒体，从小报到专业出版物。即使走马观花，我们也会发现，媒体倾向于在文章中报道并购的积极方面。几乎很难找到负面文章，尤其是在某次收购正在进行中时。他们只追捧并购事件的刺激新闻，却很少对并购结果进行深思熟虑的评估。此外，新闻报道通常将收购方描绘为充满活力、极具前瞻性和创业精神的人。[1]

---

[1] 在我与刘易斯合著的《企业财务管理》（Pearson，2019）一书的第 20 章中有更多关于并购动机的内容。

融资并购

为了能够控制目标公司的命运，收购方需要购买目标公司的大部分股份。为了诱使目标股东出售他们的股份，公司通常提供现金、收购方新发行的股票或其他金融证券，如可转换债券。有时收购方会提供一套现金、股票或其他有价证券。

现金

使用现金支付的一个好处是，收购方的股东对自己公司维持控制权。也就是说，目标公司的新股东不会突然拥有收购方一定比例的投票权，除非收购方向目标股东提供收购方的股份。有时，股东通过拥有一定比例的公司股份来保持对公司的控制是非常重要的。持有50.1%股份的人可能会抵制将其持股比例稀释至25%，哪怕该公司的规模会因此增加一倍以上。

使用现金的第二个主要优势是，它的简单和精确会使得成功的机会更大。其他方法对交易的真实价值，多多少少都存在一些不确定性。现金的价值更直接，因此受到卖方的青睐，尤其是在市场动荡的时候。

从目标公司股东的角度来看，现金除了在价值方面更加确定之外，还有一个优势，那就是它允许通过购买范围广泛的投资组合来分散投资。股票或其他证券的接收意味着目标股东要么保留投资，要么（如果需要分散投资的话）不得不承担与出售股票相关的交易成本。

对目标公司股东来说，使用现金的一个缺点是，他们可能需要缴纳资本利得税，并在获得该笔收益时支付。另一方面，如果目标公司股东获得了收购方的股份，那么他们的投资收益就不被视为已"实现"，因此在当时不需要缴纳资本利得税。税款将被推迟到发售新股的时候缴纳——前提假设是他们最后获得了资本收益。

其他缺点还包括，现金可能会给收购方的现金流带来压力，使其资产负债比率过高。此外，任何对目标估值错误的风险都完全由收购方承担。如果股票分给目标公司的股东，那么他们可能会承担一些估值错误的风险。

股票

对目标股东来说，除了推迟缴纳资本利得税之外，获得收购方的股份而非现金的主要好处是，他们在合并后的实体公司中仍能保持利益。如果合并可以创造真正的利益，目标股东可能希望拥有合并后公司的一部分。

对收购者来说，发行股票的一个好处是不会立马有现金流出。短期内，这种支付方式对现金流的压力较小。然而，公司可能会考虑对公司资本结构（相对于股本的债务数额）的影响以及对现有股东股份的稀释。

使用股票作为考虑因素的另一个原因是可以利用市盈率（PER）。通过这种方式，公司可以通过收购 PER 低于自己的公司来提高每股收益（EPS）。尽管合并没有创造任何经济价值，但股价（在某些情况下）仍可能上涨。

假设有两家公司，Crafty 和 Sloth。两公司上年都赚了 100 万英镑，出售的股份数量相同。因此，历史上的每股收益是相同的。两家公司的不同之处在于股市对它们收益增长的看法。由于 Crafty 被认为是一家积极进取的公司，管理层决心在未来几年大幅提高每股收益，因此该公司的每股估值高达 20 倍。另一方面，Sloth 的发展前景不被投资者看好，未被视为一个快速发展的公司。与此同时，市场计算股价时，通常只是简单地用上年每股收益乘以 10 得到股价。表 18-1 是两家公司的市盈率比较。

表 18-1 市盈率比较

	Crafty	Sloth	Crafty 合并后
当期收益	100 万英镑	100 万英镑	200 万英镑
股份数	1 000 万	1 000 万	1 500 万
每股收益	10 便士	10 便士	13.33 便士
市盈率	20	10	20
股价	2 英镑	1 英镑	2.67 英镑

因为 Crafty 的股票售价正好是 Sloth 的两倍，所以 Crafty 可将自己的一份股票换成 Sloth 的两份（这是基于没有收购溢价的假设，即使支付了合理的收购溢价，接下来的论点也同样有效）。如果 Crafty 收购了 Sloth 的所有股票，其股本将增加 50%，从 1 000 万股增至 1 500 万股。相比合并前，每股收益高

出 1/3。如果市场仍给予合并后的 Crafty 高市盈率估值，或许是因为投资者认为 Crafty 将因其更具活力的管理能力带动 Sloth，并促进每股收益的增长，那么 Crafty 的价值还会再增加，而 Crafty 的股东也会感到很满意。

Crafty 的每位老股东都会享受到每股收益增长和股价上涨 33%。此外，先前 Sloth 的股东拥有价值 1 000 万英镑的 Sloth 股票，现在他们拥有价值 1 333 万英镑的 Crafty 股票。

这一切看似合理良好，但股东们所面对的估值是建立在这样一种假设之上，即管理者可以通过提高运营效率等方式实现更高的收益增长，也就是说，高市盈率公司的管理者们找到更简单地增加每股收益和提高股价的方法。

想象一下你所管理的一家公司，它的收益率很高，这正是你的投资者所希望的。为实现这一目标，你试着通过自己的高超能力，如通过改进产品实现规模经济或提高运营效率等。

或者，你也可以购买低 PER 的公司，而不必费心改变运营。从长远来看，你明白公司的收益会降低，因为你没有增加收购公司的任何价值。你可能为此支付了过高的收购溢价，却不拥有新业务领域的专业知识。

这种情况下，短期内每股收益仍可能会显著增加。然而，这种策略的问题在于，为了让收益保持上升趋势，你必须继续愚弄投资者。你必须以同样的速度继续扩张，公司才能稳定提升。总有一天扩张会停止，这时投资者会发现被收购公司的基本经济状况并没有改善（甚至可能由于管理的疏忽而恶化），随之股价将迅速下跌。美国人称这是自助（bootstrapping）游戏。对于一些长袖善舞的管理者来说，这将十分有利可图。然而对于社会、股东和员工来说，将会哀鸿遍野。

用股票支付的另一个风险是，收购方的管理者没有恰当地评估和比较他们的付出与回报。如果收购公司的股东在合并之前持有 100% 的股份，而在创建更多股份后只拥有 50% 的股份，并将其赠与目标股东，那么他们现在拥有的一半业务的价值至少应与他们过去拥有的整个业务的价值相当。但许多管理者会得意忘形，卖掉如此高比例的股份，换来的却是一个平庸的企业，每一股的价值会下降，这就摧毁了原股东的财富。或者，当他们自己的股票在股票市场上被低估的时候，购买了一家还不错的公司，从而不得不放弃公司过多的股份。

获得和付出一样多的内在价值（见第 12 章）是很重要的。因此，如果收购公司在合并前有 10 亿英镑的内在价值，它创造出相当于现有股票数量的股份来购买目标公司，那么它将付出 5 亿英镑的内在价值。如果新收购目标的内在价值中归属于收购方原始股东的那部分低于 5 亿英镑，那么原始收购方的每一股股票的内在价值将会下降。这种情况经常发生。

其他金融类型

对目标公司股票的其他支付方式——公司债券、可转换债券和优先股——相对不受欢迎，主要是因为难以确定这些证券的回报率，难以吸引目标公司的股东。此外，这些证券通常缺乏适销性，也缺少对合并后的公司的投票权。

延期付款可以有效地将关键人员引入合并后的公司（他们可能会得到一份收益支付协议），而延期付款的总额取决于未来几年绩效目标的实现情况。延期付款的一个明显的优点是减少了现金流的紧张程度。

收购游戏的规则

监管机构

收购与合并委员会为从事并购活动的公司提供主要的管理规则。它通常称为"收购委员会"或简称为"委员会"。其规则载于《城市收购与合并守则》（City Code on Takeovers and Mergers）（简称"收购守则"或"守则"）。

收购委员会最初由伦敦金融城的机构、银行家、会计师、伦敦证券交易所和英格兰银行于 1968 年创立，是一个民间自律性组织。它被视为全球自我监管的典范，因为它可以非常迅速地做出决定并执行。此外，由于它是由来自金融城的专业组织运行的，因此它可以保持高度的灵活性。例如，它可以迅速改变规则以应对新的挑战，尤其是当聪明的金融家认为他们已经找到了不受当前规范约束的方法。它还可以保持一定的随意性，为企业提供关于哪些是可以接受的和哪些是不可接受的指导，仅仅通过小手段就可以防止许多违反委员会规则精神的行为。别的方法（许多国家采用的）是基于法院监管的，牵涉着官僚主义、收费昂贵和手续缓慢的问题。

尽管现在有了法律的支持（根据 2006 年公司法和欧盟关于收购的指令），委员会还是设法保持了其原有的效率、灵活性和非正式性。它拥有一些强大的法律权力，比如有权从参与竞购的人那里获取信息。委员会的裁决具有法律效力，它仍然以高度的自律性和独立性运作。例如，它可以修改自己的规则。

它还依赖于与受管制行业之间的非正式关系，使用微妙的权力去影响规则，而不是使用一套在法庭上不断受到挑战的僵化的规则。即使是现在，它也很少现身法庭为某个决定而辩护，只有万不得已才会这样做。困扰许多其他国家的诉讼文化是伦敦金融城和政府试图避免的。

因此，我们仍有一个强调规则精神的"温和派"监管体系，其中委员会是作为亲民的咨询、指导和谈判机构，而不是严厉的规则执行者。

其所采取的制裁措施基本上与获得法定支持之前的制裁措施相同，这些制裁包括私下或公开谴责（对竞标者、目标公司或顾问造成尴尬和潜在的商业损害），以及在监管的监督下金融城机构冷落那些违反守则的人。FCA 要求，任何受到监管的公司（如银行、经纪公司或顾问公司）不得为严重违反委员会守则的客户公司提供服务（"冷对待"），同时违反守则的从业人员会被 FCA 判定为不适合从事投资业务人员。因此，金融市场监管局对金融城机构有相当大的干涉力，以防止它们纵容违规者。委员会可作出裁决，禁止任何人违反其规则行事，它还可坚持要求支付赔偿金。FCA 也可以根据市场滥用法采取法律行动，比如说，当股价被操纵时，在极少数情况下，委员会可能会暂时取消特定股东的投票权。

但请注意，委员会既不就投标的商业价值提出意见，也不就竞争或可能出现的其他公共政策问题提出意见。

收购委员会监管的基本目标是确保公平、平等地对待所有股东。主要的关注领域是：

- 股东受到不同待遇（大股东得到特殊待遇）；
- 内幕交易（有法定规则协助）；
- 违反股东最大利益的目标管理行为（接受或拒绝投标的建议必须符合股

东的最大利益，而不是自身利益）；

● 未能充分、及时、平等地向所有股东发布信息；

● 人为操纵股价，例如收购者提供股份，不能通过让同伙抬高股价，来提高报价的吸引力；

● 竞标过程拖拖拉拉，分散管理层的注意力，使他们无法完成适当的任务。

竞争与市场管理局（CMA）也关注合并，以确保合并不会"严重削弱竞争"。CMA 有权以竞争为由取消合并。一小部分拟议的合并可能会在初步筛选后进行彻底调查，之后 FCA 可能会对合并实体进行重大改革。例如，2019 年森宝利收购阿斯达的交易被 CMA 彻底阻止了，因为 CMA "对合并存在严重的垄断担忧"。2017 年，欧洲汽车零部件公司在收购安德鲁·佩奇的案例中，最终以不太激进的解决方案结束。在收购的 102 家汽车零部件分公司中，该公司被迫出售了 9 家汽车零部件分公司，在出售的公司所在城市中，原本这两家公司就是平分秋色，合并可能会使客户大大减少选择权。

FCA 的调查可能需要几个月的时间才能完成，在此期间合并要约将被搁置。欧盟内部大规模并购的另一个障碍是布鲁塞尔欧盟委员会（European Commission in Brussels）的审查。此外，对于数十个国家经营的公司，反垄断监管机构或政府对许多地方实施限制，以防止电力过剩或保护敏感部门不受外国人的影响，如电信基础设施或国防。

投标前

图 18-1 显示了合并的主要阶段。收购公司通常会聘请顾问协助其进行收购。大多数公司很少进行合并，内部缺乏专业知识，而确定合适的目标则是顾问的首要任务之一。目标一旦确定，顾问将花一段时间来评估目标。除了详细分析公司将要购买的产品外，还要从战略上考虑是否适合。他们会调查产品市场和客户类型，并进行财务分析，研究公司的历史销售、利润和回报率。同时还要对资产和负债进行评估，即使是那些真正有价值但从未记录在资产负债表上的资产（如员工在团队工作中的非凡能力）也要进行评估。

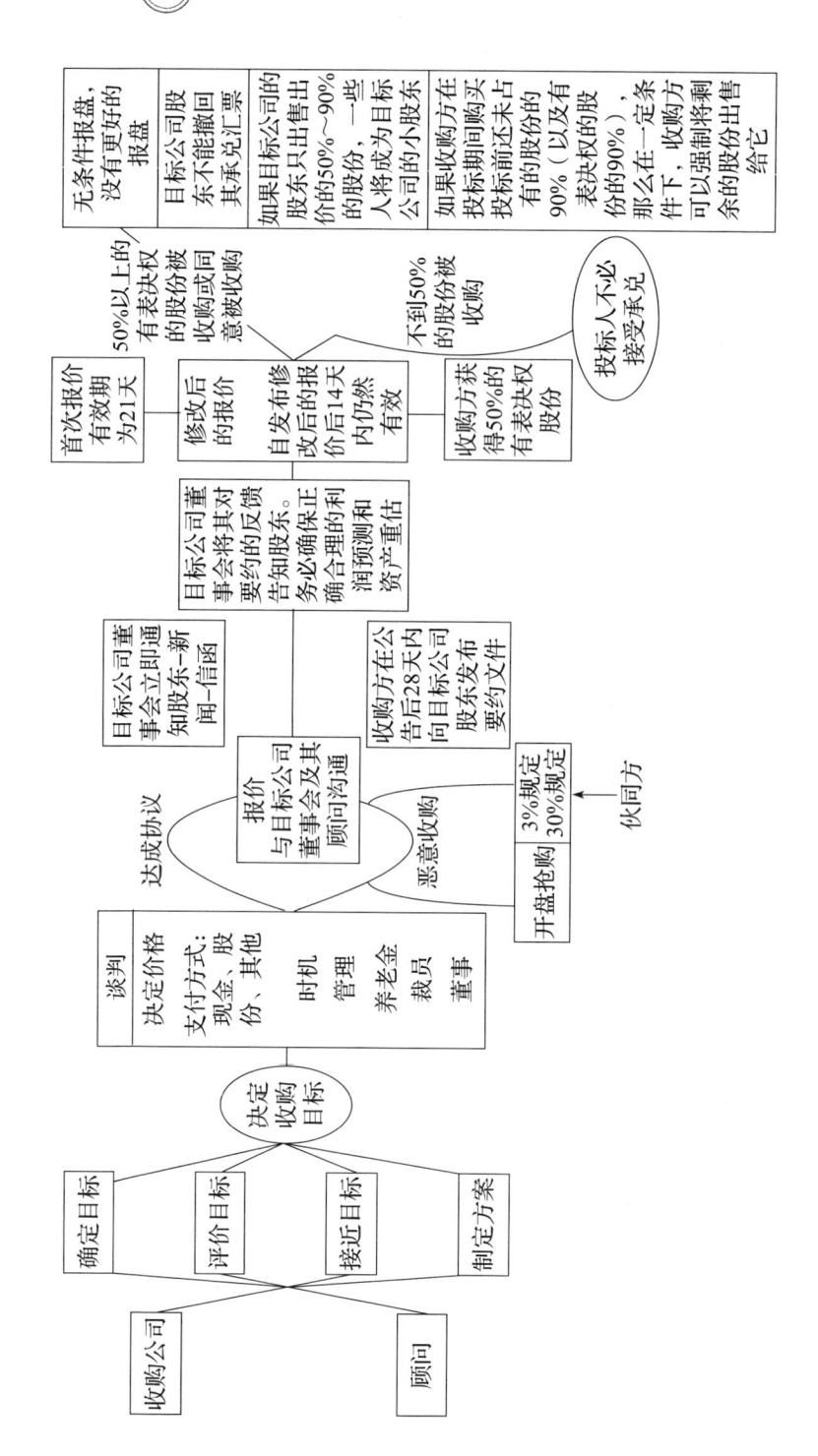

图 18-1 并购过程

第 18 章 合并和收购

如果评估阶段的结果令人满意，公司便可以尝试收购目标。在目标公司管理层的同意下收购一家公司的成本通常较低，而且合并后管理层和员工必须一起工作，因此在大多数情况下，他们会讨论出一套让股东和管理层都能接受的提案。

在谈判阶段，必须决定价格和付款方式。在多数情况下，收购方必须提供一个收购溢价——通常是收购前价格的 20%～100%，平均比例为 30%～50%。付款的时间也会考虑在内。例如，一些合并采用盈利能力支付计划，即出售方股东（通常与董事是同一个人）在一段时间内根据合并后的利润水平获得报酬。此外，还将讨论如何管理新的合并公司。谁将成为首席执行官？哪些经理会担任特定职位？必须考虑目标公司的雇主和离职员工的养老金权利，以及裁员问题，特别是董事的免职和薪酬的发放。

如果达成协议，收购方将正式向目标公司董事会和股东发出收购要约。随后，目标公司董事会将向股东提出接受收购要约的建议。

然而，双方如果无法达成协议，而收购者仍希望继续进行，就会形成恶意收购的局面。第一阶段可能是"开盘抢购"（dawn raid）。在这种情况下，收购者以如此快的速度购买目标公司的股份，以至于在目标公司的管理层有时间做出反应前，收购者就达到了获得目标公司大量股份的目的。收购者通常向投资者和做市商提供一个明显高于前一天收盘价的价格。如此高的价格只提供给那些贴近市场并且能够迅速采取行动的公司。

3%的持股水平是披露公司持股比例的重要触发点，无论是否出于合并持股。如果持有 3%的股份，则必须公开通知公司。正式通知之后，信息会发布在免费金融网站上。这一披露规则的目的是让目标公司知道谁在购买其股票，并就可能的开盘抢购提前发出警告。然后，管理层可以准备辩护，并在必要时向股东提供信息（3%的规定也适用于通过差价合约等衍生品所持有的股票）。

如果一个人或一家公司持有超过 30%投票权的股份，收购委员会通常要求其以前 12 个月支付的最高价格对目标公司的所有股票进行现金（或以股票要约）收购（"强制要约收购"）。30%的股份通常会给所有者很大的权力。股东需要时机来决定，是否继续持有一家拥有主导股东的公司股份。如果有人已经拥有该公司 30%的股份，那么其他任何人都很难成功收购。令人惊讶的是，人们经常在金融媒体上看到，一家公司或个人只购买了 29.9%的股份，以便在不引发强制要约收购的情况下尽可能多地持有股份。

过去有些时候，如果一家公司想收购另一家公司，并且避免持股 3% 时通知目标公司（或当时的 5%），或者避免在持股 30% 时进行要约收购，它会悄悄地接近目标公司的管理层和股东，并组建一个"伙同方"，通过劝说其朋友、其他公司和个人购买目标公司的股份。他们每一方的资产都低于上述门槛水平。当收购方准备发起突袭时，哪怕不占多数，它也已经拥有了较大势力。顺势把所有伙同方秘密控股的财产都集中在一起，收购一触即发。严格的伙同方准入规则被视为削弱股东革故鼎新的能力，无法纠正不良管理或糟糕策略。这些规定出于非收购情况也已放宽。因此，投资者可以伙同投票，比如，罢免一位差劲的首席执行官。股东们能就特定的公司问题组建这样的联盟，但不能长期结党聚群。

一旦一家公司成为收购目标，收购方（或关联公司）对目标公司股份的任何交易必须在交易后一个营业日的中午 12 点之前公开披露。此外，一旦要约收购开始，持有收购方或目标公司的 1% 及以上股份的持有人必须在下一个营业日中午之前公开披露交易情况。持有 1% 股份的投资者必须披露收购方或目标公司的股票、认股权证、可转换债券、差价合约、期权、其他衍生品和公司所有其他证券的交易情况。

一种常见的策略是，潜在的竞标者宣布他们正在考虑要约，而不是实际要约。他们会提出一个"指示性招股价"（称为"虚拟出价"），表示可能会出价，但不会承诺正式出价的费用和严格的时间表。目标公司的股东可能会从潜在竞购者中获益，并赞成留出时间进行竞购。另一方面，因为不符合股东利益，管理层不断承受着巨大压力。收购委员会允许指示性招股价，但在与目标公司接洽后的 28 天内，必须提交一份正式投标书（"要么行动要么闭嘴"规则），或公司必须确认其不打算出价。如果没有得到目标公司董事会的同意，至少在 6 个月内不能重返。

投标

无论是友好的还是恶意的，收购方都必须通知目标公司的董事会及其顾问，告知要进行收购。新闻界和证券交易所通常也会得到通知。目标公司管理层必须立即通知其股东（以及收购委员会）。这是通过向证券交易所发布的公告和新闻通知来完成的，之后必须紧接一封解释情况的信件。[①] 对于恶意收购，目标公司管理层倾向于使用"荒谬报价"或"完全无法接受"之类的措辞。现在，目标公司处于"报价有效期间"，公司的行为将受限制，例如不能发行新股增加合并难度。

如果投标人在报价期内或前 12 个月内购买了 10% 或以上投票权的股份，则要约必须包括投标人在此期间支付的最高价格的现金替代品。

在发出最初通知后的 28 天内，必须将要约文件邮寄给目标公司的每位股东。要约细则也会给出收购人和它的计划。发送报价要约将启动"投标时钟"。如果收购将使收购方资产总值增加 15% 以上，则需要向收购方股东通报竞购情况。如果资产增加超过 25%，那么股东必须投票赞成投标收购，他们有权对增加法定股本进行表决。

目标公司管理层在发出要约文件后的 14 天内以书面形式向其所有股东作出回应（"反收购文件"）。假设它建议拒绝，它将驳斥合并的理由和提出的价格。它也可能强调目前管理层的优点，并通过修正利润预测和资产重估来佐证这一点。接下来的一段时间内，它可能通过新闻稿和其他通信手段进行攻击和反击。公关顾问会被请来提供建议和计划策略。

目标公司股东可在要约文件公布之日起的 21 天内接受该要约。如要约被修订，则须在修订发布日期起的 14 天内继续开放。[②] 然而，为了防止无休止地拖延，收购委员会通常设定最长期限为从要约文件发布日起的 60 天。要约的最终修订日期是第 46 天，这意味着最终接受要约的期限为 14 天。也有例外：如果有另一个投标人出现，那么会有新的 60 天，并且新的第 60 天会成为两个投标人的最终日期；但如果目标公司董事会同意延期，或者如果竞标被提交给竞争与市场管理局，这时可以"停止计时"，只有在获得批准后才能继续进行。如果收购人未能在 60 天内获得控制权，则在一年内不得再次竞标，以防止持续骚扰。

在投标期间，如果投标人以高于要约价格的价格现金购买股票，则要约必须提高到该水平。

[①] 即使仅仅就收购事宜与目标公司交涉，但如果该公司谣言、绯闻缠身，或者股价出现不稳定的变动，那么也需要发布公告。

[②] 如果修改要约，所有先前接受要约的股东都有权获得增加的报酬。

防御收购策略

以下是目标公司管理层用来防止被收购或减少中标机会的一些策略：
- 抨击投标的逻辑，以及投标人的管理质量。
- 通过资产重估、利润预测、红利承诺和公关顾问，改善公司形象。
- 争取竞争与市场管理局介入调查。
- 鼓励工会、当地社区、政客、客户和供应商为你游说。
- 邀请"友好的"公司（白衣骑士）竞标。
- 员工持股计划。这些资金可以用来购买该公司的大量股份，这可能会使出价者更难收购该公司。
- 股份回购，以减少市场上可供竞购者购买的股份数量。

以下策略在英国可能会遭到收购委员会的反对，在美国和一些欧洲国家却能被采用：

- 毒丸计划：确保中标后增加额外成本，让自己不受投标人的欢迎。例如，如果收购成功，目标公司股东可以以较大的折扣购买目标公司或收购方的股票。
- 皇冠之珠：出售最具吸引力的部分业务。
- 帕克曼式防御：对投标人竞购报价。
- 资产锁定："友好的"买家购买对竞标者最有吸引力的部分业务。
- 金降落伞：如果公司被接管，管理者会获得巨额报酬。
- 讹诈赎金：主要股东试图从公司获得报酬（例如以溢价回购自己的股份），因为他们没有将股份卖给敌意收购方，或者自己成为收购方。

投标后

通常，当收购方已购买或已同意购买目标公司 50%～90% 的股份时，要约变成无条件的要约。在宣布要约为无条件要约之前，投标公司会在要约文件中表示，要约的条件是收购人获得 90%（或高于 50% 的某个数字）的有表决权股份。这使得投标公司可以收到目标股东的同意，而无须承担购买的义务。[①] 一旦收购

[①] 如果目标公司 90% 的股份提供给投标人，则必须继续进行（除非情况发生重大不利变化）。在较低的接受水平上，它可以选择是否宣布无条件接受。

被宣布为无条件，收购方就会对其尚未持有的股份发出实盘，表明没有更好的要约。在宣布无条件之前，接受收购要约的目标公司股东有权撤回接受要约；此后，不再可以这样做。

通常在宣布无条件接受之后不久，还没有接受的目标公司股东也会很快接受。另一种选择是继续作为少数股东，仍然可以获得股息（如果管理层和大股东选择支付股息），但权力集中在大股东手中。有一个规则可以避免有一小部分股东固执地拒绝出售股票。如果收购人已经购买了其投标的 9/10 的股份（以及 90% 的有表决权的股份），它可以在最后一次接受要约之日起的 3~6 个月内，坚持要求其余股东以最终发行价出售。

如果投标失效或未被宣布无条件，投标人在 12 个月内不能再次投标。但是，如果另一家公司对目标公司进行投标，或原投标人已说服目标公司董事会接受要约，则该规则无效。

重组安排计划

有一种快速、廉价的方式将两家公司合并，称为"重组安排计划"，即目标公司管理层和收购公司管理层同意允许目标公司股东就合并进行投票。如果其中 3/4 的股东投了赞成票，而且该安排得到了法院的批准，那么该计划对所有股东都具有约束力。然后，所有目标公司股东都必须将股份出售给收购方。因此，收购方可以避免少数股东持有其股份的情况。

○ 参考网站和延伸阅读

英国《金融时报》会定期报道合并竞标的启动和进展，《投资者纪事报》也是如此。大多数金融网站都会显示新闻公告。收购委员会每日会在 www.thetakeoverpanel.org.uk 上更新公布竞价人（要约人）和目标公司（被要约人）名单。

○ 谁是并购的赢家？

以下是一些关于并购的常见问题。

收购方股东是否从合并中获利？关于收购对收购方股东影响的证据的概述是，在大约一半的情况下，它们从中受益，但许多收购公司给股东的回报比非收购的公司要差。即使研究表明收购方股东获得了收益，平均收益也往往非常小。这有助于解释在宣布合并意向时收购方的股价通常下跌的原因。

目标公司股东是否从合并中获益？收购方通常需要支付高于收购前股价的大幅溢价，以说服目标公司股东出售。这方面的证据是压倒性的——目标公司股东通常从合并中获利。

员工有获益吗？有时在合并之后，目标公司的业务会大面积被关闭，随之而来的是失业。两家公司的运营部门常常合并，重叠的职能被削减，导致员工流失。然而，有时合并后的公司竞争实力增强，可以保住岗位，创造更多的就业机会。

收购方的董事会获利吗？会，他们经常获得更高的地位和权力。一般来说，他们还可以获得更高的薪酬待遇。

目标公司的董事会获利吗？至于目标公司的董事是否获利，我们还没有一个确切的答案。在媒体上，他们经常被不公平地描述为失败的管理者，他们是"管理控制市场"中的输家。事实上，他们通常会从长期的雇佣合同中获得一大笔报酬，再担任另一个高薪的董事职位。合并后，他们有可能得到另一个有吸引力的薪酬待遇。

金融机构获利吗？这一群体从兼并活动中获益匪浅。他们通常收取费用，不管他们是否站在竞标战胜方。

○ 为什么合并会失败？

由于种种原因，合并常常不能为收购方股东带来良好的回报。管理者们很容易在这件事上出错。最常见的绊脚石是：

- 公司的发展战略被误导（公司本不应进入这一业务领域）。
- 管理者对收购的未来潜力过于乐观，同时低估了改进目标公司的阻力和竞争对手的应对措施。
- 未能编制和实施包含对员工承诺的整合计划。[1]

---

[1] 在我与刘易斯合著的《企业财务管理》（Pearson，2019）一书中，有更多关于合并管理的内容。

延伸阅读

Sudi Sudarsanam's *Creating Value from Mergers and Acquisitions*,2nd edition,Financial Times Prentice Hall,2010)对并购的许多方面进行了极好的概述,易读且全面。

Acquisition Essentials(FT Publishing,2014)by Denzil Rankine and Peter Howson and Chapter 20 of *Corporate Financial Management*(Pearson,2019)by myself and Deborah Lewis 也很有用。

The Takeover Code 可从收购与合并委员会获取,网址为:www.thetakeoverpanel.org.uk。

第 19 章

投资者保护

投资股票和其他金融工具本质上是有风险的。如果企业停业清算，投资可能会变得一文不值。这是所有投资者都必须要面临的风险。然而，也有一些是投资者本不必面对的风险。例如，顾问或金融服务公司在管理投资者资金方面的无能风险和欺诈风险。有一套广泛的规章制度，旨在保护投资者免受肆无忌惮、无知和无能管理者的伤害。此外，还有一些系统可以保护投资者在遭受损失时获得赔偿。

本章介绍保护系统和退回补偿系统，并就如何保护投资者免遭上当受骗提供一些建议。

英国投资者的四种级别保护：

- 防范不守规矩的金融服务专业人士；
- 市场监管；
- 公司监管；
- 自我保护。

不守规矩的金融服务专业人士

英国投资者保护的核心机构是监管机构——金融市场行为监管局（FCA）。FCA被称为"超级监管者"，因为它监管着金融体系的方方面面，从股票经纪人、保险公司、股票市场到独立金融顾问，见图19-1。FCA可以说是半独立于政府。它的资金来自其所监管的行业，但它的权力来自法律，而且在决定规则和行为准则之前，它经常咨询金融服务公司。然而，它的基本原则需要获得政府的批准，它对财政部负责，财政部为其任命董事会。

第19章 投资者保护

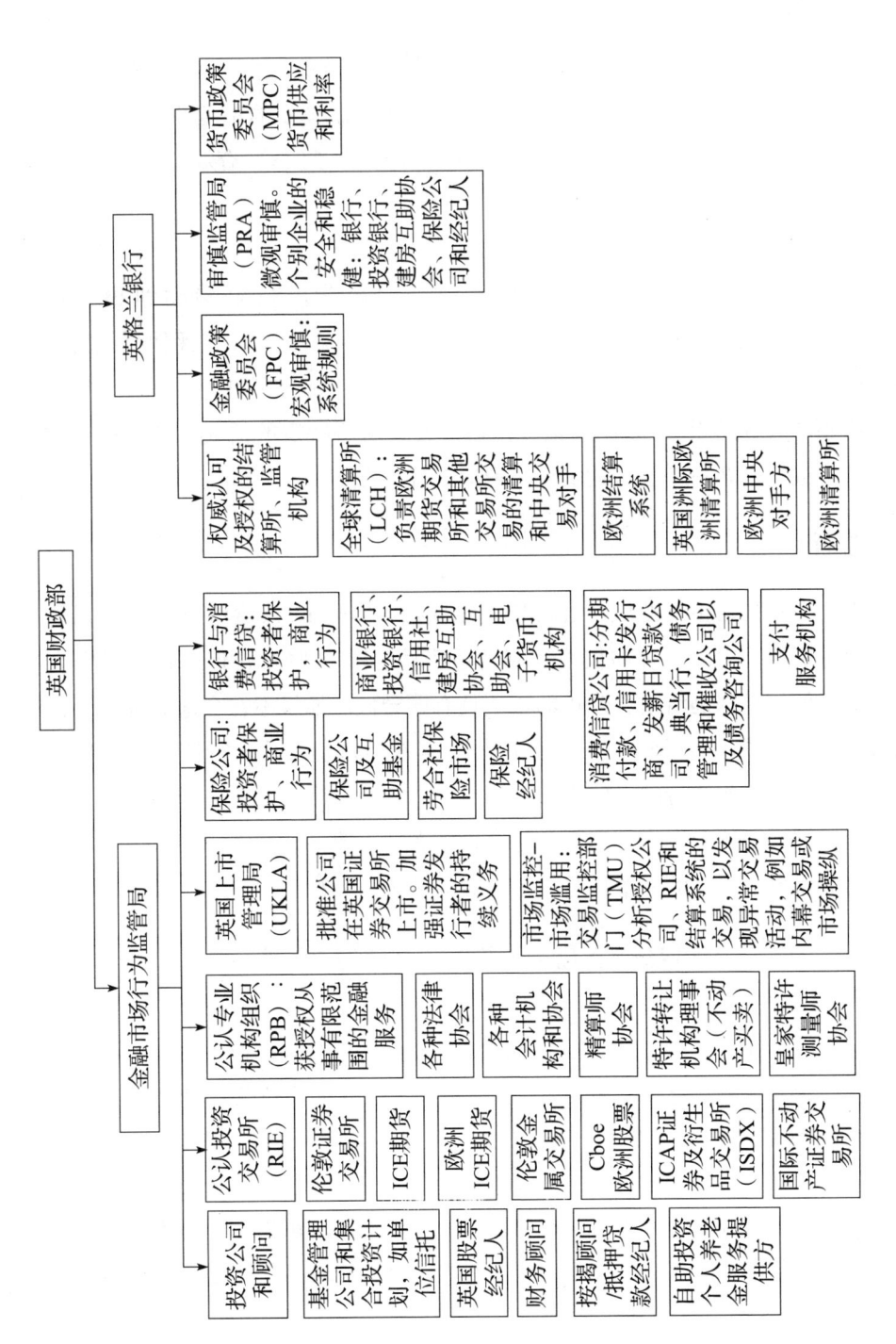

图 19-1 英国金融服务业监管

FCA 的目标是保持对金融体系的信心、保护消费者、维护市场完整性、减少金融犯罪（欺诈、内幕交易和洗钱），保持英国金融体系的稳定性以及帮助人们获得知识、能力、技能，通过促进公众对金融体系的了解，有效管理财务。

授权

在英国提供金融咨询、产品或服务的所有公司或个人都必须得到 FCA 的授权。[①] 未经授权提供咨询或服务可能会被判两年监禁。FCA 在评估授权时坚持高标准，它们要求公司或个人能力出众、财务稳健和公平对待客户。获得授权者必须"人选适当"，品行端正。公司被授权从事特定的活动，如只提供财务建议，或管理客户基金中的资金，或股票经纪业务。

监督

即使在获得初步批准后，公司也不能放松，因为 FCA 会继续监督公司管理、财务资源、内部系统和权力控制的适当性。FCA 坚持督促公司向投资者提供的任何信息都是清晰、公正的，不具有误导性。如果不符合这些标准，公司可能会被罚款，甚至停业。FCA 还与刑事部门密切合作，行使民事和刑事权力。以下是它所执行的一些规则。

金融顾问必须确保出售的产品符合投资者的需要——这需要了解消费者的个人财务状况。下面的文章正是一个失败的例子。

伦敦资本金融公司破产，客户陷入困境

凯特·贝奥利

伦敦资本金融公司（London Capital and Finance, LCF）宣布破产，涉及的客户资产总额约 2.36 亿英镑。该公司曾销售一种"固定利率 ISA"，结果证明这是一种不受监管、高风险的迷你债券计划。

本次危机，首当其冲的是谁？约有 11 500 名客户投资于 LCF，该公司承诺通过其迷你债券获得高达 8% 的回报，在某些情况下，该公司误导投资者称这份投资为固定利率的 ISA。这些投资者现在面临

[①] 或者有特殊的豁免，可以在 www.fca.org.uk 查看经 FCA 授权注册的名单。

损失大部分或全部投资的风险,而该公司在刑事调查中成为众矢之的。

FCA 最早于去年 12 月就针对 LCF 的营销行为提出担忧,称其"误导大众、不公平、不明确"。

LCF 曾宣称,其债券符合 ISA 条件,但并没说明投资者要对从中获得的所有收入纳税。

LCF 还吹嘘,当时的投资额超过 2.24 亿英镑,创下了"100%的纪录"。

除了 FCA 的调查之外,英国严重欺诈办公室(Serious Fraud Office)也对该公司展开了调查,并表示已有 4 人被捕。

50 岁的 LCF 投资者安娜·坎宁安担心自己将损失 2.1 万英镑,这是她为患有自闭症的儿子投资的一笔钱。她说:"我只得相信那是 ISA。这个公司说,它有 100% 的纪录,还有一些很棒的评价。每天我都在想这件事。我给儿子存了 10 年的钱,现在全没了,我觉得自己彻底垮了。"

一般而言,迷你债券不受英国金融服务补偿计划的保护。小企业由于高失败率,更有可能拖欠贷款,投资者面临损失大量资金的危险。此外,这些债券不能出售,这意味着如果发行人违约,投资者就无法赎回资金。

LCF 投资者能拿回他们的钱吗?看起来不太可能。与其他主流投资不同,迷你债券没有得到 FCA 的授权,这意味着,如果一家公司破产,投资者无法向英国金融服务补偿计划索赔。

但是,任何个人如果在受规管的金融顾问建议下投资于 LCF 迷你债券,可以寻求补偿,因为这构成了不适当的投资建议。

但 LCF 不是一家受规管的公司吗?从技术上讲,它的确是,但迷你债券是一种不受规管的投资。一家公司可以被 FCA 规管,但仍可销售不受规管的产品。争论的核心是该公司是否利用了其受 FCA 规管这一前提条件,来误导投资者。

资料来源:*Financial Times*, 22 March 2019.

© The Financial Times Limited 2019. All Rights Reserved.

公司必须有投诉程序和补偿那些不公平待遇的系统。

保险公司,尤其是那些提供分红保单、储蓄保险和其他储蓄产品的公司,其资产应该远远超过它们出售给客户保单所欠的资产。

"滥用"市场是不被允许的。例如,个人不得利用内幕信息进行交易,也不得通过向市场提供误导性信息等方式操纵股价。

必须明确区分客户的资金和公司的资金("围栏策略")。

以下文章描述了长期以来我们是如何受骗的,本文至少帮助我们在建立防骗系统方面有所改进。

金融世界注定重蹈覆辙

马丁·阿诺德

几个世纪以来,金融的七宗罪一直在重复上演,尽管监管审查水平有所提高,技术也有进步,但骗子还是会用同样的伎俩欺骗投资者。从1814年英国国债的投资者散布拿破仑·波拿巴被杀的假消息,到大约两个世纪后《每日镜报》"城市骗子"专栏的两位作者仍通过小道消息交易股票,在金融欺诈中不断重复着"数量有限的行为模式"。

通过追溯到225年前,英格兰银行研究了390起金融市场失当行为案例,并得出研究结论。该机构的成立是为了帮助伦敦金融城清理一系列金融丑闻。

该报告(英格兰银行/英国财政部的一份报告)指出了七种主要的金融不当行为类型:价格操纵、内幕消息、循环交易、参考价格影响(如操纵LIBOR)、串通和信息共享、不当订单处理以及误导客户。

审查发现,不当行为模式在跨国和各资产类别中重复出现,并与新技术结合。报告称:"技术并非新事物——多年来它一直是市场的一个特征,有相应的证据表明,在屏幕交易时代存在不当行为。"

"这些行为都是老调重弹,但已经应用于新媒介。"

研究发现,在价格操纵领域,发布虚假信息的媒体变了,但技术没有变。1814年,查尔斯·德·贝林格与托马斯·科克伦爵士及其他六人勾结，在英国的金边债券市场积累了大量的头寸，然后乔装成波旁军官出现在多佛，并宣称拿破仑已经被杀，为此还向伦敦海军部致函，并在伦敦桥上游行，宣布盟军胜利。受此消息影响，英国政府债券上涨，他们随即出售所持有的债券，获取巨额利润。

大约199年后，美国证券交易委员会指控，一个捏造的Twitter账户被用来传播关于科技公司奥特诗和生物技术公司萨雷普塔治疗的虚假和负面新闻。

报告还发现，有证据表明，非屏幕交易市场中的不当行为可转移到平台交易的其他资产类别中，反之亦然。

它以澳帝桦为例，美国商品期货交易委员会（Commodity Futures Trading Commission）在2012年发现，澳帝桦设计了一个名为"锤子"（Hammer）的软件程序，以确保其原油、取暖用油和纽约港汽油期货的订单排在第一位，并推动全球电子交易系统上的价格朝着对其有利的方向波动。

几年后，高频交易公司雅典娜资本研究公司重复了这种通过"操纵收盘价"操纵价格的手法，美国证券交易委员会声称，该公司在2014年开发了名为"飞来福"（Gravy）的算法，帮助其在市场收盘前的几秒钟内大量卖出或买入股票，以推动股价上涨。

资料来源：*Financial Times*，28 July 2018.

© The Financial Times Limited 2018. All Rights Reserved.

投资者投诉程序

如果你有不满，应该采取三个步骤。

向金融服务公司提出问题 所有公司都应该有一个正规的投诉程序，FCA鼓励你这么做，给公司一个改正错误的机会。毕竟，公司最适合检查自己的记录，看看发生了什么。因此，询问投诉程序的详细流程，并尝试联系最初处理你业务的人，因为他们最有可能解决问题。如果你在这一级别上没有得到满意的答复，可以去找高层，比如首席执行官（他们的名字应该会出现在公司文献、公司网站或公共图书馆上）。大多数受监管的公司都有合规官，确保公司遵守 FCA 的规定。你可以寄一份投诉信给他们。（如果该公司已停止交易，请致电 FCA 援助热线 0800 111 6768 寻求建议。）

当你投诉时，这里有一些可以遵循的建议。信件应用黑色或蓝色墨水（影印用）书写。在信的顶部写上"投诉"。清晰地、有序地描述这些事件，并附上相关的日期。还要包括参考编号（如客户咨询号）和文件的影印本（保留原件）。你的态度要坚定，同时也要保持礼貌。你自己保留一份投诉信原件。如果你打电话投诉，要记下接电话人的名字、主要观点、日期和时间。受规管的金融公司必须在 8 周内对你的投诉作出书面答复。

向投诉管理公司（CMC）咨询时要小心，因为费用可能很高。

大约有 3/4 的投诉者对公司的回应表示不满，认为这样做是徒劳的，因此选择不再追究。然而，你还可以采取进一步积极的措施。

独立投诉计划 英国金融管理局认为大多数金融服务公司都属于独立投诉计划。[①] 你的投诉将被调查，如果发现有正当理由，公司将被责令改正。只有在你与公司尽所有可能正面交锋后，才可以参加独立投诉计划。当你收到公司的一封"僵局函"，说它无法与你达成协议时，就是采取独立投诉计划的时候。FCA 通常允许公司在两个月内完成上述流程。如果在这段时间内没有收到此信函（或协议），请向金融行业调查专员公署（Financial Ombudsman Scheme，FOS）投诉。

根据 FOS[②]，调查专员收集案件的事实，并根据"常识性"的公平因素，作出在他们看来合理公平的解决方案。公司和申诉人有义务接受这一决定。[③] 这项服务对消费者是免费的。自公司最终答复之日起，你有 6 个月的时间向调查专员投诉。如果 FOS 判你胜诉，你可以要求公司赔偿。FOS 告诉企业要把它们的客户放在公平对待的位置上，坚持企业支付一定数额的金钱，或做一些事情，比如修改信用档案。

---

① 公司的文献应列出其监管机构和概要。
② www.financial-ombuller.org.uk 或拨打电话 0800 023 4567。
③ 虽然他们可以通过法院上诉，但他们只能根据专员决定的方式提出上诉，而不是根据案件的事实和案情提出上诉。

诉诸法庭 诉讼通常昂贵、耗时且令人沮丧，因此只能作为最后的手段来考虑。针对小额诉讼程序或小额索偿，法院会提供一种相对快速和非正式的服务（英格兰和威尔士的最高索偿金额为1万英镑，北爱尔兰和苏格兰为3 000英镑），不需要律师，法庭费用也很低。你甚至不必出庭，法官会根据书面证据做出判决。市民咨询局可以根据你的选择提供指引。

赔偿

如果伤害你的公司还在的话，能得到赔偿也是蛮好的。但如果它倒闭了呢？如果经批准合规的公司无力偿还欠你的款项，金融服务补偿计划[①]可补偿消费者（及小型公司）。请注意，如果你与未经批准的公司做生意，例如离岸公司，你将不受金融服务补偿计划或投诉程序的保护。这项计划对消费者和小企业是免费的。

金融服务补偿计划涵盖了你的投资（错误的建议，错误的投资管理）、账户存款（银行、建房互助协会和信用合作社）和保险产品（汽车保险，人寿保险）。

金融服务补偿计划集中于投资产品和服务，涵盖股票和债券、单位信托、期货和期权、个人退休金计划和长期保险政策，如储蓄基金。对于投资和存款，每人（每家公司）的最高支付额为8.5万英镑。对于一般保险，该计划支付90%的损失（强制保险为100%）。对于长期保险，如人寿保险、长期健康保险或失能保险，则100%能得到保护。

如果你的股票经纪人、ISA提供商或SIPP提供商在代理人CREST账户中持有你的股票（见第4章），然后破产了，不要惊慌。代理人账户资产应该被限制（在法律上独立），而不是与经纪人的资产合并。但是，你可能还是要因花费太长时间分离资产而沮丧。

市场监管

金融市场需要高质量的监管，让投资者信任它们。必须有防范措施，以防止不法的经营者。必须有一个有序运行的市场，维护公平交易和诚信。然而，

[①] www.fscs.org.uk.

这些规定不应限制得如此严格，以致扼杀创新力和阻止市场在国际上的竞争力。伦敦的金融市场拥有独特的法律、自我监管和风俗习惯，以监管其成员的活动。

FCA 负责监管交易所、进行市场监察及监督公认投资交易所（RIE）的交易，见图 19-1。RIE 与 FCA 合力保护投资者并维护市场的完整性。大部分的监督和执行工作都委托给 RIE。例如，伦敦证券交易所会对新成立的股票经纪人进行审查，确保其遵守伦敦证券交易所的规定，旨在确保其成员（做市商和经纪人）的行为符合诚信、公平、透明和效率的最高标准。

它监控做市商的报价和实际交易的价格，以确保符合其交易规则。它一直在关注偏离常规的交易模式，目的是抓住那些滥用信息的人，例如内幕交易、给其他投资者造成虚假或误导的印象或其他扭曲市场的行为——见下文。

伦敦证券交易所还与 FCA 合作，要求企业公布所有可能对其股价产生重大影响的信息。它坚持要求董事对股市做出及时、准确的声明，以确保公司股票不会出现虚假市场，并且包括伦敦证券交易所在内的免费金融网站上都可以看到该公司的股票。

瑞银因错报 1.36 亿笔交易被 FCA 罚款 2 800 万英镑

斯蒂芬·莫里斯，卡罗琳·宾汉姆

瑞银（UBS）已被英国金融监管机构处以创纪录的 2 760 万英镑罚款，原因是该行在近 10 年间虚报了 1.36 亿笔交易。这是 FCA 针对交易报告违规行为开出的最大罚单，是此前纪录的两倍多。

这家总部位于瑞士的银行已在 2005 年因类似过失受到 10 万英镑的处罚。FCA 表示，瑞银未能确保将 8 700 万宗交易的完整、准确的信息发送给监管机构。该监管机构利用这些细节，试图发现市场滥用、内幕交易和市场操纵的行为。

该公司还向英国监管机构报告了近 5 000 万笔交易，而它并不需要这么做。FCA 执行董事马克·斯图尔德表示："企业必须拥有适当的制度和控制，以确定它们在哪些市场、以何种价格、以何种数量、与谁进行了哪些交易。如果公司不能准确地报告它们的交易，就会产生根本性的风险，包括可能隐藏的市场滥用风险。"

由于管理层配合调查，该银行自行报告了大部分过失，并迅速同意接受处罚，所以该银行有资格在近 4 000 万英镑的罚款基础上获得 30% 的折扣。

FCA 前高级律师，现为布朗·卢迪尼克法律公司合伙人的杰米·辛明顿表示："近年来，FCA 在开发市场监控技术方面投入了大量资金，但这也需要公司提供高质量的数据。创纪录的罚款数额表明了 FCA 对企业的极高期望。"

FCA 的调查发现，瑞银没有设置足够的系统和控制，未能随着行业的变化更新这些系统和控制，并采用糟糕的测试方法来确保报告的准确性。这违反了欧洲 Mifid I 的规定，该规定早就在 2018 年 1 月被更严格的规定所取代。

在问题发生期间（2007 年 11 月至 2017 年 5 月），监管机构定期向瑞银派出团队，发现"瑞银用于支持其交易活动和交易报告的系统架构，因为其过于复杂而增加了风险"。

例如，银行运行了多个交易系统来登记和结算交易，而不是使用一个统一的系统。它的 IT 自动化代码出错也导致许多交易被错误分类。

有一些交易类型被错误报告或根本没有报告，包括股票衍生品、投资组合经理和自营交易员（自营交易）等交易，以及信用违约互换。该银行被发现在 150 万笔交易中用了错误的买卖指标，另有 200 万笔交易用了错误的执行地点。

资料来源：*Financial Times*，19 March 2019.

© The Financial Times Limited 2019. All Rights Reserved.

公司监管

如果你购买一家公司的股票或债券进行投资，你有权获得该公司的信息，并期望有法律和其他压力阻止管理层误入歧途、违背你的利益。企业界有各种各样的制衡机制：

- 最重要的是《公司法》的要求，这是对企业行为的有力约束。
- 会计师和审计师在某种程度上也起到了监管者的作用，有助于确保公司不会歪曲其立场。
- 此外，任何公众成员均可在公司注册处轻松访问任何公司的账户（www.companieshouse.gov.uk）。
- 媒体应保持警惕，随时准备揭露资产管理方欺诈、贪婪、违规、服务差和不胜任事件。
- 对于上市公司或其他公开股份有限公司的合并，收购与合并委员会将采取行动，以确保所有股东的公平。
- 竞争与市场管理局调查、规定和执行反竞争行为的处理方法。
- FCA是调查和处理欺诈嫌疑的几个英国组织之一。然而，伦敦金融城警方是打击经济犯罪的"国家领导力量"，其职责是创建一个卓越的欺诈调查中心，并利用其专业知识帮助英国各地的警察部队。它特别关注有组织的犯罪集团，如锅炉室骗局（见下文）和重大定罪。
- 严重欺诈办公室（SFO）调查并起诉价值超过100万英镑的重大欺诈、贿赂和腐败行为。它是刑事司法系统的一部分，但仍是一个独立的政府部门（高度自治，不受政府控制）。如果涉嫌欺诈的行为可能会引起公众的广泛关注，情况复杂时，需要专业知识进行调查，或者涉案范围具有国际性，那么倾向于交由SFO处理该问题。

自我保护

尽管现代金融和企业监管结构复杂精密，但普通投资者仍有责任采取预防措施，也就是"买家风险意识"。以下是一些建议：

- 如果你希望得到FCA规则和赔偿计划的保护，请确保金融服务公司是经过授权认证的。[①]
- 如果某件事听起来好得不像是真的，没准确实不是真的。不要被远超出常规的高回报承诺所欺骗。

[①] 请登录www.register.fca.org.uk查看FCA注册信息。

- 确保自己了解相关投资的风险。
- 不要把你所有的钱都放在一个篮子里。按某个比例分配，如果一个投资失败了，你还有其他投资。
- 有什么不懂的就要提出来。
- 确保你的经纪人或独立财务顾问给你的资金做好了防护——将其与他们自己的钱分开——这样，纵使他们真的破产了，你的钱也会是安全的。
- 如果你希望经纪人代表你做出投资决策，请确保他们充分了解你的投资目标、对风险的偏好和税务状况。
- 确认一项投资产品"担保"的含义。谁在担保，他们可靠吗？一个常见的骗局是保证有收益但你的原始资本在减少。
- 在考虑财务顾问、经纪人或保险产品销售人员的建议时，询问他们如何获得薪酬。如果是通过收取销售佣金而获得的，那你可能得半信半疑。如果佣金水平因销售的产品不同而有所不同，你可加大怀疑。这是因为如果适合你的产品无法让销售人员提取佣金，他可能就不会推荐给你。
- 鉴于金融服务补偿计划规定的上限，明智的做法是向任何一家公司投资的最高额度为8.5万英镑。
- 询问你的经纪人，他们有什么措施可以防止违反专业职责（如超出你规定的投资参数或购买错误的股票）、破产、员工欺诈、第三方欺诈和计算机行骗。
- 不要墨守成规，因为本章列出的许多保障措施并不适合所有人。
- 不要着急买入任何资产。联合基金（例如分红保单）通常提供冷静期。

诈骗

预先警告就是防患于未然，所以这里提供几个流行的骗局。

锅炉室骗局

想象一下。这些年来，你已经通过投资赚了不少钱。像往常一样你在早晨检查你的投资组合和市场。当你在享受早晨的咖啡时，接到一个声音很有魅力的男人的电话，询问你的投资和预期。他对你的成就以及你的基金已经发展到何种规模特别感兴趣。

他会暗示你,他有一个很棒的值得投资的机会。但他表现得很有礼貌,不会逼你去买。也许他会在一两个星期内再打电话过来,这次仍不对你施加压力,让你有时间消化他通过电子邮件发过来的书面材料。那么他真的是个骗子吗?

也许是为了让你能在网上查找相关细节,了解这家他说肯定会赚钱的公司。当发现它确实存在时,你会安心一些。不管你相信不相信,此时网上都是对它前景的赞誉,留言板上也到处都是赞扬。

即便它在一个遥远国家的一个不知名的市场上进行交易,但那又如何呢?一切正如给你打电话的人所说的一样。总之,当下潮流就是:南美的矿山,美国的高科技,或领先的发展中国家的新公司——财富之所在,未来之所在。而不是选择那些年回报率仅为10%左右的老牌无聊的英国公司。

他都说什么了呢?他提到,其最青睐的印尼林业公司去年和前年为股东带来了120%的增长率。人们最好在别人听到这个消息之前出手,不然价格很快会飞涨起来。

两周后他又打电话给你。他礼貌地问你过得怎么样,聊了聊市场,又不经意地提到了那个公司。他很惊讶,市场上其他人都还没听说过。他们难道不知道,在未来几个月里,它肯定会上涨至少100%吗?而且,因为彼此相处融洽,他会告诉你如何以比其他投资者更低的价格投资这家公司。你只要给他寄张支票,剩下的就交给他了。从此,就拭目以待资产翻一番吧。不过谁知道呢,没准几个月后他会给你另一个好机会。到那时你收到的报表显示第一笔投资非常成功。

但是,一份声明值多少钱?你能把它兑换成现金吗?"啊,好吧……"电话另一端的他说,"那可能需要一些时间。"

你就是锅炉室骗局的受害者。他们非常有说服力、极具煽动性,非常不道德。他们也执着得令人烦恼。他们每年从英国投资者身上拿走多达2亿英镑,许多是急需储蓄的老年人。我总是惊讶于这些老练、经验丰富的投资者居然会落入这些骗局。有些人下定决心要追回以前丢失的钱,以致当他们用完所有现金时就使用信用卡。有些人最终失去了房子,平均损失为2万英镑(有人损失了600万英镑)。

很多时候,那些股票确实存在。只不过它们是在声名狼藉的地区的非流动性股票市场(如果可以称之为股票市场的话)上交易,或者是在发达国家的市场上交易,但是由于缺乏适当的防诈骗监管,当地人非常警惕这些市场。当你想卖的时候,周围没有人愿意买。是的,但最初是谁把股票卖给你的?当然是骗子,或者是同谋,价格高得离谱。实际上,这家公司可能一文不值,但你所付出的代价,高得让梅菲尔区的古董商汗颜。

或者,该公司可能还没有获得股票市场的上市资格。但你知道它迟早会上市的。如果你现在买入,那么你将以极低的价格买入,并在股票上市时将翻至2倍、5倍、10倍。当然,它估计永远不会上市,因为一旦在股市上揭穿老底,它就一文不值了。

这些骗子通常与被提及的公司董事有密切关系。他们在海外运作,远离英国监管机构和西班牙、迪拜、南亚等地检察机关的视线和控制。他们经常会明目张胆地欺骗你,说公司总部在伦敦,受伦敦当局监管。"看!你可以查看电话号码、网站和公司简介。"结果肯定显示是伦敦。

电话并不是他们诱捕投资者的唯一工具。他们还利用口口相传、发帖、在报纸和研讨会上做广告。他们可能会向你提供一份关于你已持有股票的公司的免费研究报告,或者提供一份免费的礼物,或者交易费用的折扣。

你可以采取的行动　不要回应突如其来的来电。真正的股票经纪人和受到适当监管的金融顾问不会主动出击。告诉那些骗子,他们是骗子、不道德,然后挂断电话。

只理会由英国监管机构授权和监管的金融服务公司。你必须用在FCA网站上找到的号码给他们打回电话(他们可能用的是一家声誉很高或受监管的公司的名字)。

投资的黄金法则是:始终了解你在投资什么。在你承诺购买证券之前,不要因为害怕表现无知而不去询问一些关键问题。例如,公司如何赚钱?有哪些风险?有什么防护措施?

诈骗犯如果不是像下文所显示的那样诡计多端,投资者也就不会面对如此多的威胁了。

英国监管机构警告石墨烯"投资"计划

乔纳森·埃利

英国金融监管机构警告称,消费者正越来越多地成为"可疑"公司的目标,这些公司声称投资于石墨烯领域,石墨烯是一种基于碳的神奇材料,具有广泛的潜在应用前景。

FCA 将于周一在其网站上发布新的警告,称一些"不择手段的经纪人似乎在炒作石墨烯,并利用其未来的不确定性来吸引消费者投资"。

在其调查的一个英国疑似"锅炉室骗局"的计算机服务器后,发现了与一家石墨烯投资公司有关的细节,FCA 决定采取行动。

FCA 的执法和金融犯罪主管特雷西·麦克德莫特说:"我们所强调的骗局是基于这样一个事实:尽管很多人已经听说过石墨烯,但他们可能没有意识到距离石墨烯产品上市还需要一段时间。为石墨烯找到一个准确的价格是非常困难的,而且它的价值预计会在未来几年下降。"

与股票和基金不同,石墨烯不是一种受监管的产品,将其作为投资推广的公司无须获得 FCA 的批准。与未经授权的公司打交道的消费者,无法受金融行业调查专员公署(该服务旨在解决金融服务公司与消费者之间的纠纷)的保护,也不能获得金融服务补偿计划(金融服务补偿计划为投资者提供了一些防范破产公司的保障)的保护。

FCA 表示,它怀疑推动石墨烯投资的公司或个人此前曾参与销售其他不受监管的产品,如碳信用、稀土金属、海外土地和农作物,投资者在这些产品上损失惨重。它还说,有一种危险是,作为石墨烯出售的东西实际上可能是其他东西,比如碳溶液、石墨或碳纳米管。

"骗局背后的无耻之徒总是在寻找新的方法来敛财。他们会根据媒体报道谈论什么创建投资计划,"麦克德莫特补充道。

资料来源:*Financial Times*, 29 December 2013.

© The Financial Times Limited 2013. All Rights Reserved.

看到骗子被关进监狱总是件好事。

第19章 投资者保护

伦敦280万英镑锅炉室诈骗案5人入狱

汉娜·墨菲

5人因参与伦敦一桩复杂的锅炉室诈骗案而被判入狱近18年,这起诈骗案造成了280万英镑的损失。这对提起本案公诉的英国市场监管机构而言是一大突破。

在对五家不同的锅炉室诈骗公司进行调查之后,FCA提起刑事诉讼,这是检获证据数量第二大案件,其中一家公司声称是"英国最大的财富咨询公司之一"。

第六名被告迈克尔·纳西门托也将于下周在南沃克刑事法院宣判,他曾是一名保镖,被FCA形容为"会控制思想、是煽动者和欺诈的主要受益者"。

锅炉室是未经批准授权的经纪公司,他们利用电话推销和其他高压销售策略,向毫无戒心的公众出售毫无价值或定价过高的投资。

FCA称,在2010年7月至2014年4月期间,公众被游说投资一家拥有马德拉岛土地的公司。投资者被告知,这片土地——也就是公司的股票——将升值,会获得高达228%的回报,但实际上该公司从未支付任何报酬。170多名投资者在这场骗局中损失惨重。

法院裁定被告犯有串谋诈骗、欺诈、洗钱和妨碍司法公正的罪行,以及违反市场法规。这起案件发生之际,FCA正努力发挥其作为金融犯罪调查人员和检察官的作用,打击日益复杂的锅炉室诈骗行为。

在"蒂德沃斯行动"期间,检方发现被告以四季酒店和希尔顿酒店的名义伪造文件,以此诱使投资者认为连锁酒店有意购买马德拉开发项目。

不过,280万英镑的损失规模,与其他被侦破的针对英国投资者的跨境诈骗案例相比,相对较小。资深经纪人查兰吉·特桑杜被判处五年半监禁。休·爱德华兹和斯图尔特·雷亚都是被招募的销售经纪人,他们被判处三年零九个月的徒刑。纳西门托的私人助理珍妮·刘易斯被判两年半监禁,瑞安·帕克被判两年监禁。

FCA 负责执法和市场监督的执行董事马克·斯图尔德表示:"这些欺诈者往往很无情,将目标锁定在年老、脆弱的投资者身上,对他们撒谎,让他们拿出大笔资金。"

"这次是 FCA 有史以来最大的调查,能够确保这些罪犯面临法律制裁并最终锒铛入狱,尽管他们曾努力地隐藏和销毁证据。"斯图尔德补充到,监管机构"决心"根据犯罪法,为投资者从被告那里追回尽可能多的资金。

主审法官,名誉法官海希尔说:"一些受害者已经失去了他们所拥有的一切,"并补充说,"让那些犯下这些罪行的人务必受到严厉的惩罚"。

资料来源:*Financial Times*,4 September 2018.

© The Financial Times Limited 2018. All Rights Reserved.

预收费诈骗

假如骗子发现你拥有一家公司的股份,他可能会提出以高于市场价值的价格购买你手中的股票。"这有什么不对吗?"你可能好奇。此外,他将预先要求你提供保证金或其他形式的担保,并明确对你表明,如果交易不进行,将退还你的保证金。当然,之后你将再也不会收到他的任何消息。

第 20 章

衡量绩效：指标与风险

在判断你的股票投资组合的表现时，除了检查绝对收益之外，你要观察你相对于整个市场的表现如何，或者相对于市场的某个特定部分（比如，科技股）。此外，你或许对根据投资组合的风险来判断业绩感兴趣。你的表现会优于市场，但或许为此承担了极高的风险？对于额外的回报，你所承担的风险水平是否可以接受？

本章将介绍用于比较不同时期表现的主要指标，同时说明计算股票和投资组合风险最常用的方法。

指标

单独关于个别公司的信息不如在公司同行群体背景下或与一般上市公司比较时所收集的信息有用。例如，如果玛莎百货的股价在某一天下跌了5%，投资者可能很想知道，当天整个市场是涨是跌，起伏多大。

如何计算指标？

市场指数是随时间推移跟踪的一组股票的总价值。但是计算的方式各不相同，你可以用不同的方式进行汇总。

道琼斯指数 第一个指数，道琼斯工业平均指数（DJIA，the Dow），创建于100多年前。查尔斯·亨利·道收集了12只大型美国股票的价格，并简单地算出了它们的平均价格（该统计数据发表在《华尔街日报》上）。

如果一家公司的市值是另一家公司的20倍，这一差距会被忽略，因为该指数只参考股价。之后，这一指数扩大了，现在道琼斯指数中包括30只股票。尽管人们不会过分拘泥细节，但准确地说，道琼斯指数根本不是一个指数，而是一个平均值。

价格加权指数与市值加权指数（市值加权） 仅仅用价格——价格加权指数——来代表市场是有困难的。

■ **案例**

价格加权指数

想象一下由两家公司组成的指数，法恩伯勒公开股份有限公司和纳恩公开股份有限公司。法恩伯勒的定价为每股3英镑，纳恩的定价为每股6英镑。在价格加权平均中，纳恩占指数的更大比例，大概2/3。

因此，如果该指数从4.50英镑起步，第二天法恩伯勒的价格上涨40%至4.20英镑，而纳恩的价格上涨10%至6.60英镑，那么整体指数就会从4.50英镑升至5.40英镑。这是20%的涨幅（开盘平均价格为3×0.5+6×0.5=4.50英镑。收盘平均价格为4.20×0.5+6.60×0.5=5.40英镑）。

然而，如果法恩伯勒上涨了10%，而纳恩上涨了40%，我们看到该指数的涨幅要更大。法恩伯勒现在的价格是3.30英镑，纳恩是8.40英镑，使得价格加权平均值达到5.85英镑（3.30×0.5+8.40×0.5）。所以"市场"上涨了更大的百分比（30%），仅仅是因为权重大的公司波动大。

指数编制者突然想到，一种更具代表性的方法是根据公司规模进行加权。因此，大公司股价10%的变动对指数的影响要大于小公司股价10%的变动。

■ **案例**

市值加权指数

如果我们现在知道法恩伯勒发行了10亿股股票，而纳恩的股东只持有5 000万股股票，那么法恩伯勒的市值为10亿×3=30亿英镑，而纳恩的市值为5 000万×6=3亿英镑。对于一个市值加权指数，法恩伯勒将占指数的90.9%，而纳恩只占9.1%。

如果我们回到上一例假设，法恩伯勒价格增长10%，纳恩上升了40%，市值加权指数由大规模公司主导，仅上涨12.7%（10%×0.909+40%×

0.091)。如果纳恩的市值更大，那么该指数的涨幅将更接近40%。

大多数现代指数都是市值加权的，因此，壳牌或沃达丰等公司对指数的影响力，远远大于市值只有其1/10的中型工程公司。

注意，以上我们只考虑了股价的变化，忽略了股息。下面讨论的主要指数既有以市值加权计算的，也包括以股息回报的"总回报"形式计算的。

但是，你所看到的大多数图表，以及新闻广播，都未包含红利。这在短期内没有太大区别，但在比较多年的业绩时，必须考虑股息。当然，股价在2019年之前的19年里变化不大，如果我们排除掉股息（累计19年的股息，每年为3%～4%），那么我们计算的股票回报率就是扭曲的。

英国主要市场指数

英国《金融时报》（FT）与证券交易所（SE）在1995年联手创建了富时国际（FTSE International），取代、接管了一些股票指数的计算（与英国精算师协会合作），2014年，伦敦证券交易所集团旗下的富时指数公司接管了美国指数编制机构罗素（Russell），成立了富时罗素（FTSE Russell）。富时罗素编制的20万个指数显示了整个市场或市场选定行业的状况。以下指数为市值加权指数。[①]

专栏20.1

英国《金融时报》公布的主要英国股票指数

富时精算师股票指数英国系列

（与英国精算师协会合编）

指数（指数股票数量）	8月1日指数值（英镑）	每日变化%	一年前指数	股息率%	股利保证倍数	市盈率	完全收益指数
富时100指数（100）	6 679	−0.76	6 648	3.49	2.13	13.49	4 970
富时250指数（250）	15 403	−0.60	15 630	2.62	2.17	17.59	10 328

---

① 如果大部分股份不是以自由流通方式持有，而是由与业务密切相关的人（如董事和大股东）持有，则部分股票的权重将降低。

续表

指数（指数股票数量）	8月1日指数值（英镑）	每日变化%	一年前指数	股息率%	股利保证倍数	市盈率	完全收益指数
富时250指数不包括投资公司（211）	16 662	−0.64	16 374	2.65	2.33	16.21	11 385
富时350指数（350）	3 623	−0.73	3 560	3.36	2.13	13.98	5 446
富时350指数不包括投资公司（311）	3 607	−0.74	3 585	3.37	2.15	13.80	2 791
富时小型公司指数（283）	4 365	−1.01	4 094	2.30	1.81	24.03	5 763
富时全股指数（633）	3 559	−0.74	3 531	3.32	2.12	14.17	5 414
富时微型股票指数（107）	6 831	−0.45	5 640	2.73	−0.56	n/a	11 890
富时所有小盘股指数（390）	3 017	−0.98	2 807	2.33	1.66	25.94	5 116
富时AIM全股指数（839）	762	−0.81	724	1.00	2.37	42.46	805
富时行业指数							
石油和天然气（22）	9 036	−0.27	8 429	3.80	1.91	13.78	7 045
石油和天然气生产商（14）	8 551	−0.25	7 945	3.84	1.90	13.72	6 889

资料来源：The Financial Times，www.ft.com，1 August 2017.

富时100指数

该指数基于100家最大的上市公司（通常市值超过40亿英镑），这些公司约占伦敦证券交易所主板总市值的80%。大型且相对安全的公司被称为"蓝筹股"。自1984年初推出以来，该指数上涨了大约7倍，当时的估值为1 000英镑。这是投资者最关注的指标。它是实时计算的，因此可以在免费网站上观察其全天的变化。

下面表格显示了2019年7月富时指数的组成部分。请注意，随着一些公司市值下降，它们可能会被快速增长的公司所取代，因此，最大的100家公司的名单会定期变化。为了与时俱进，富时指数每三个月进行一次审查，看看是否有必要将一些公司剔除，并将其他公司纳入指数。它没有严格到一旦某只股票跌至市值前100的水平以下就立即换公司的地步——那将过于具有破坏性。它会进行判断和观察，看看下跌是不是暂时的。因此，从技术上讲，指数并非纯粹的100强成分股，因为起码提升或降低该指数中的公司位置需要一些时间。

第 20 章 衡量绩效：指标与风险

专栏 20.2

2019 年 7 月富时 100 强公司名单

3I 集团	翠丰集团
英国联合食品	兰德证券
海军上将集团	英国法通保险公司
英美资源集团	劳埃德银行集团
安托法加斯塔	伦敦证券交易所集团
阿什泰德集团	玛莎百货
阿斯利康	梅尔罗斯工业
汽车贸易集团	上海微福思软件科技有限公司
剑维	蒙迪
英杰华	莫里森
BAE 系统	国家电网公司
巴克莱银行	Next 公司
巴莱特建筑发展公司	NMC health
伯克利集团控股	奥凯多
必和必拓	培生集团
英国石油公司	Persimmon 公司
英美烟草	Phoenix 集团
英国土地	保诚集团
英国电信集团	荷兰皇家壳牌
本泽商贸	利洁时集团
博柏利	悦刻
嘉年华公司	能多结集团
森特理克集团	Rightmove
可口可乐希腊装瓶公司	力拓集团
康帕斯	劳斯莱斯控股
老城堡国际建材集团	苏格兰皇家银行集团
禾大国际	RSA 保险集团
DCC PLC 公司	Sage 集团
帝亚吉欧	塞恩斯伯里超市

直达线保险公司	施罗德
耶弗拉兹	苏格兰抵押投资信托
益百利	Segro
弗格森公司	塞文·特伦特
Flutter 娱乐	施乐辉
弗雷斯尼洛	史密斯水彩
葛兰素史克	史密斯集团
嘉能可	司墨飞·卡帕集团
豪迈国际	斯派莎克工程
哈格里夫斯-兰斯多恩公司	苏格兰和南方能源公司
希斯科斯保险公司	圣詹姆斯地方有限公司
汇丰银行	渣打银行
帝国烟草	标准人寿阿伯丁有限公司
英富曼集团	泰勒温佩公司
洲际酒店集团	乐购
天祥	途易集团
国际航空集团	联合利华
英国独立电视公司	联合公用事业集团
JD Sports	沃达丰集团
庄信万丰	惠特布雷德公司
Just Eat	WPP 集团

富时 100 指数在成立的头 16 年里,一路飙升。对投资者来说,这段时期是一个大好时机。但 2000 年互联网泡沫破裂后,投资者不再那么幸运,他们经历了一些大起大落。

在判断自己的投资组合表现时,进行相似的比较是很重要的。因此,如果你没有投资任何(或者不是很多)排名前 100 的公司,而更喜欢中型股(市值中等的公司),那么你可以与富时 250 指数进行比较。你可以在免费网站上轻松地完成这一对比,这些网站会记录你过去几年的投资组合表现,并将其与富时 250 指数(或其他你选择的指数)的图表放在一起比较。

专栏 20.3

富时 100 指数时间曲线（仅限价格）

英国富时100指数（英镑）
开盘：7553.14　最高点：7571.34
最低点：7539.29　目前：7541.99（-11.15 / -0.15%）

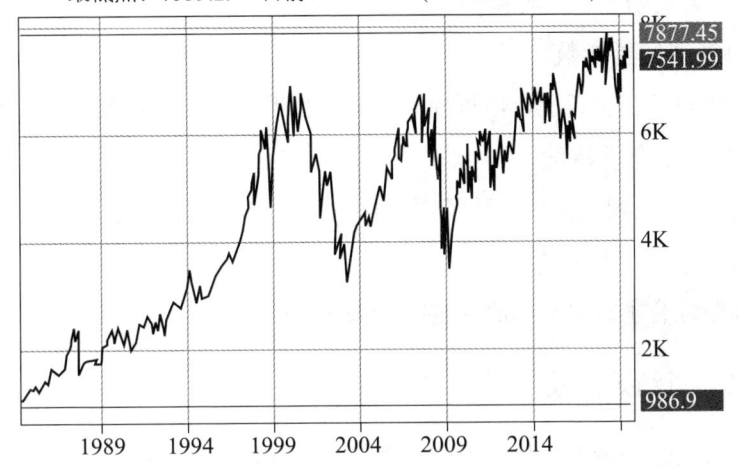

资料来源：www.uk.advfn.com。

富时 250 指数

它不是前 250 名的意思。该指数是基于规模仅次于百强的 250 家主板公司，占英国总市值的 15%～16%。市值一般在 8 亿～40 亿英镑。

富时全股指数

该指数最具代表性，因为它反映了伦敦证券交易所主板市场约 630 只股票的平均走势，约占伦敦主板市场市值的 98%～99%。请注意，并非"所有"股票都包括在内，仅占主板市场股票的 60%～80%。该指数被细分为若干商业和工业领域，以便投资者和企业能够使用特定行业的衡量标准，比如矿业或化工行业。由于该指数以市值为权重，排名前 10 的公司在该指数中所占比重超过 35%。富时全股指数成分股公司的总市值大约超过 7 000 万英镑。它是富时 100 指数、富时 250 指数和富时小型公司指数的总和。

富时 350 指数

该指数基于最大的 350 家主板公司。它结合了富时 100 指数和富时 250 指数。这批股票也被分成高股息率和低股息率两组。之前表格里的第二个富时350指数不包括投资信托。

富时小型公司指数

该指数是指去除富时 350 指数成分股后的富时全股指数中的公司，其市值约为 7 000 万英镑至 8 亿英镑。

富时微型股票指数

该指数包括在主板上市但规模太小而无法进入富时全股指数的公司。

富时 AIM 全股指数

所有 AIM 公司的指数（除了那些自由浮动和流动性低的公司）。

富时所有小盘股指数

该指数综合了富时小盘股和富时新兴股的公司。

集合投资绩效比较

有些月度金融杂志，如《资金管理》和《投资指南》都有业绩表，显示特定单位信托、OEIC 和投资信托在 1 年、3 年、5 年和 10 年期间的表现。你还可以访问 www.morningstar.co.uk 和 www.ft.com 网站获取相关数据。

海外投资-国际指数

美国

标准普尔 500 指数追踪美国 500 大公司的表现，因此比道琼斯 30 指数更能代表美国股票。它涵盖在纳斯达克上市的公司（见下文），如微软和苹果，以及在纽约证券交易所上市的公司，后者的市值占美国上市股票市值的 70％～80％。该指数首次发行于 1957 年。

专业投资者更关注这一指数，而不是有严重缺陷的道琼斯指数，不过新闻报刊还未这么做。排名前十的公司占该指数的 22％以上，其中包括微软、苹果、亚马逊、脸书、伯克希尔-哈撒韦、强生、摩根大通、Alphabet（谷歌）、埃克森美孚和 Visa。

纳斯达克[①]市场于1971年开始作为纽约证券交易所的另一个交易场所。它现在是世界上第二大交易所，吸引着众多高科技公司加入它。

标准普尔股票价格指数涵盖了约2 500家公司，包含许多工业部门的公司，但其最大的组成部分是技术、电信和互联网公司（如脸书）。它属于市值加权指数。

纳斯达克100指数追踪纳斯达克市场上100家左右的大公司（截至本文撰写时为103家），主要为高科技公司（亚马逊、苹果、英特尔和Alphabet）。

日本

日本拥有世界上最著名的日经225指数。日经指数成立于1950年9月，它是为数不多的价格加权指数之一，由东京证券交易所225家主要公司组成。

其他重要指标

世界上还有许多其他机构计算指数。主要的基准如下所示。

专栏20.4

重要股市指数

指数	国家或地区
纳斯达克综合指数	美国
道琼斯工业平均指数	美国
标准普尔500指数	美国
富时MIB指数	意大利
德国DAX指数	德国
欧洲斯托克50指数	欧元区
法国CAC 40指数	法国
荷兰AEX指数	荷兰
比利时20指数	比利时
葡萄牙PSI General指数	葡萄牙
日经225指数	东京
恒生指数	中国香港
印度孟买Sensex指数	印度
巴西圣保罗证交所指数	巴西

---

① 其全称为美国全国证券交易商协会自动报价表，现在干脆简称纳斯达克。

续表

指数	国家或地区
富时新加坡海峡时报指数	新加坡
上证综合指数	中国内地
澳交所普通股指数	澳大利亚
西班牙 IBEX 35 指数	西班牙
泛欧绩优股 300 指数	欧洲
富时环球指数	世界
明晟世界指数	23 个成熟市场
明晟新兴市场指数	26 个新兴市场
明晟 ACWI 指数	23 个成熟市场和 24 个新兴市场

风险

最大的风险来自股票买家不知道他们买的是什么。他们常常不知道公司运转的方式。伟大的投资者告诉我们，降低风险的最好方法是调查你买的是什么。[①] 不要因为一时的心血来潮、一个小道消息甚至是经纪人的建议就买这买那。了解你的投资对象（公司的董事）、行业状况（见第 14 章）、公司是否有特殊资源（见第 15 章）以及公司的财务状况（见第 11、12 和 13 章）。

> 无知比其他因素更能滋生风险！

与投资者不知道购买什么相比，下面描述的问题有些微不足道。不过，很多分析师和新闻都提到过它们，所以你需要知道它们在说什么。稍后我们将讨论杰出投资者所使用的风险衡量方法。你会发现它们根本不是技术性的——它们是定性的，需要敏锐的判断，而不是通过带有希腊字母的数学公式。

分散投资——最接近免费午餐的投资方式

我们都听过一句格言："不要把所有的鸡蛋放在一个篮子里"。这不仅适用

---

① 参见我的四本书：*The Financial Times Guide to Value Investing*，2nd edition（Financial Times Prentice Hall，2009），*Great Investors*（FT Prentice Hall，2010），*The Deals of Warren Buffett* Vol 1 and 2（Harriman House，2017，2020），或 www.glen-arnold-investments.co.uk。

于投资组合，也适用于生活的其他方面。如果你把所有的钱都投在一家公司，任一家公司很容易受到负面消息（产品故障、首席执行官辞职、政策改变）的影响，价格暴跌。因此，投资组合只持有一家公司股票通常波动更大。

如果你把资金分拆投资两家公司，这时很可能，某家公司的坏消息会被另一家公司的好消息抵消，这样整体投资组合的回报不会有那么大的波动。如果你的投资组合中有三、四、五只股票，这一原则的效果会更好。

冰淇淋和雨伞

为了说明分散投资的好处，举一个极端的例子。这一例子的目的是消除利润的所有波动，这样无论潜在环境如何，股东每年都能获得同样的回报。也就说，利润始终不变，股东永远有良好的回报。

想象一下，你在一个海边小镇开了一家冰淇淋店。如果夏天很热，相应的利润会很高。如果夏天较冷，相应的钱赚得也会少——意味着那一年你付出了很多努力却没有回报。如果夏季是典型的英国夏季，既有阵雨又有阳光，那么你就能获得适中的利润。这些适中的利润作为你投资的回报率是完全可以接受的。

当然，当你买下这家公司的时候，根本不知道未来 10 年的天气会怎样，你只能逆来顺受。每年的利润是不稳定的，但十年之后，你所投资的钱将会有一个可观的回报，平均起来应该还可以。

现在我将展示分散投资的好处。你不是把所有的钱都投入到冰淇淋生意中，而是把一半的钱用于冰淇淋，另一半用于销售雨伞。现在会发生什么？阳光明媚的时候，你的冰淇淋生意利润丰厚，而雨伞生意赔钱，导致总体平均回报可以接受，但并不辉煌。而在阴雨天气，雨伞生意很好，但是你在冰淇淋生意上亏钱，总的来说，利润也还可以接受。当天气好坏参半时，这两桩生意都能产生一定的回报。

这样我们就有了免费的午餐。单纯投资于冰淇淋可以带来"可接受的回报"，比如长期来看平均年回报率为 10%。投资于包含两项业务的投资组合也是如此：每年 10% 的回报率。然而，投资组合给了更多别的好处。在不牺牲任何回报的情况下（短期内），你将波动性降到零。

股市的不同之处在于，两家公司（如玛莎百货和劳斯莱斯）之间的回报率每年或每个月的走势并不完全相反。一般情况下会有小程度的不同，但不多。

尽管如此，这已经足够了，哪怕投资组合只有10～15只股票，分散投资也效果显著。你不能消除所有的波动，但你可以在不牺牲整体回报的情况下降低它。①

典型的股票市场分散投资效应如图20-1所示。

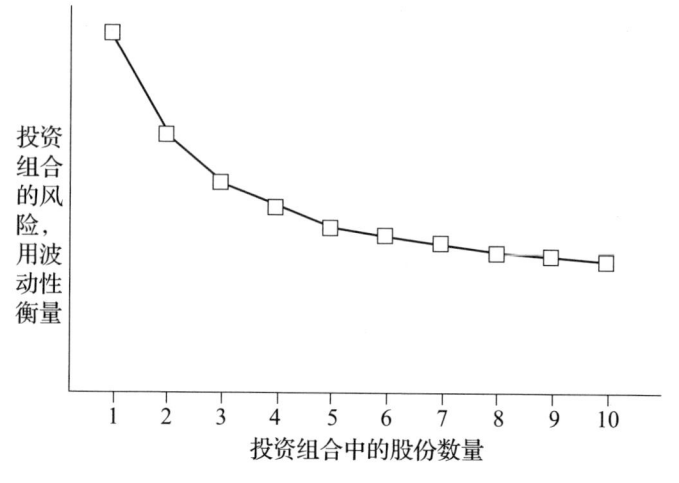

图 20-1　通过分散投资降低风险

分散投资是一种既便宜又实用的降低风险的方法，强烈建议投资人这样做。但是请注意，在图20-1中，在投资组合中持有不同的股票，当分散投资达到一定程度，虽然风险仍有所降低，但是降低的幅度已收窄。

我建议，私人投资者不应过度分散投资，因为此时额外收益已变得微不足道，而你却无法完全了解所有公司。如果试图跟踪几十只股票，不仅在购买股票时不能做到全面了解公司，而且也无法应对其他更多新信息。

同时也要注意到，如果购买同一行业领域的股票（比如所有电信股），分散投资的好处会大大减少，因为它们的波动趋势很可能是一样的。

波动性

接下来让我们好好理解下"波动性"这一术语。注意，这可能有点数学

---

① 值得注意的是，即使股票朝同一方向变动，分散投资也行之有效。不过，这种联合不可能是"完美的"——参见下面的完全正相关。

化，但是你可以跳过关于数学的细节，也可以做到理解波动性的大体意思。

图 20-2 显示了两家公司在 8 周内的股价波动。从图中可以明显看出，极度活跃公司的股价波动要比稳定公司的股价波动大得多。波动性描述的是股价在其平均水平周围的波动（在本例中，两只股票的平均价格都是 1 英镑）。

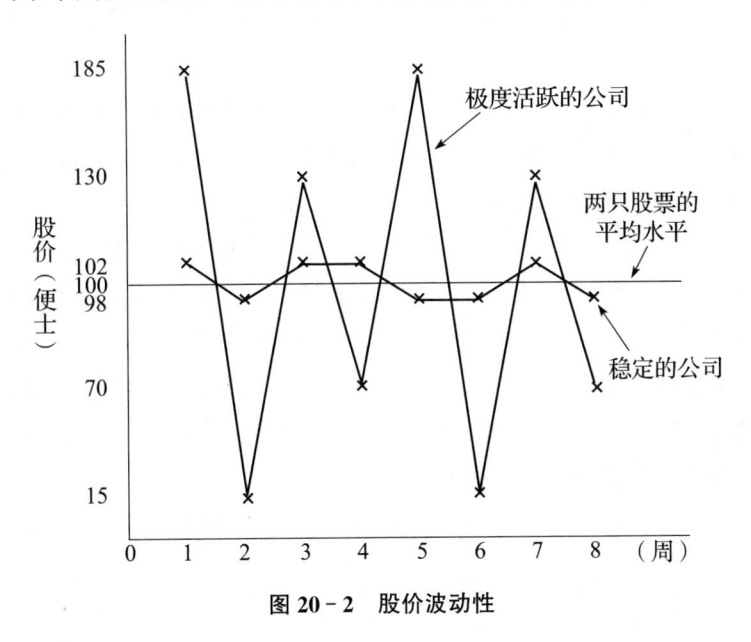

图 20-2　股价波动性

在这种情况下，对于极度活跃的股票围绕其平均股价的变动，这类波动比较容易看出来。然而，用数字（统计数据）表示波动程度会更有用，特别是当我们研究变化更微妙的情况或不能通过图表来衡量相对波动时。最常用的衡量上下波动平均值的方法叫作标准差。它的计算方法是观察整个研究期间（本例中是 8 周）的平均股价与每周实际股价的差值。在公司稳定的情况下，每周差值为 2 便士（102 便士－100 便士或 100 便士－98 便士）。每个差值（偏差）平方后，再对其平方求和：

$$2\times2+2\times2+2\times2+2\times2+2\times2+2\times2+2\times2+2\times2=32$$

32 除以统计次数——这里是 8（周）。最后我们得出 8 周内公司股价的方差为 4，这是一种衡量风险的方法。

这与每周平均波动（只有 2 便士）相比是一个很大的数字，因为我们对每周差值进行了平方计算。所以为了观察原始数据的变化，我们需要再对其进行平方根计算，4的平方根是2，2为标准差（以便士为单位）。

如果我们对股价极度活跃公司采取同样的步骤：

$$85 \times 85 + 85 \times 85 + 30 \times 30 + 85 \times 85 + 85 \times 85 + 30 \times 30 = 32\,500$$

用32 500除以8得到方差4 062.5便士^2，然后取平方根得标准差63.7便士。

所以现在，我们不但对股价极度活跃的公司有了总体印象，而且有了精确的衡量标准：股价波动大的公司，其标准差为63.7便士，比股价稳定的公司（仅为2便士）高出许多倍。高标准差被认为是一件坏事，因为投资者不希望遭遇市场价格下跌。他们喜欢步步高升，但考虑到固定的整体回报率，他们更喜欢接近平均值的波动。对于他们，股票表现不佳带来的痛苦，远大于股票等量上涨的快乐。

实际上在计算标准差时，分析师关注的时间一般超过8周。他们可能使用三年的月度数据、一年的每日数据或两年的每周数据。此外，除了股价，还可以分析总回报（包括股息和价格变动）。

对于标准差，有一个粗略的经验法则。[①] 对于某项资产的多年回报率做分析，其中有68%的回报率分布在平均数左右的一个标准差范围内。举例来说，如果一只股票在过去20年中的平均年回报率为10%，标准差为4%，那么该股票年回报率在6%~14%的年份，在过去所有年份中占比68%（如果收益率是正常分布的，低于6%的概率为16%，大于14%的概率为16%）。距平均值小于两个标准差的概率为95%，即有95%年份的年回报率在2%~18%。

请注意，作为投资者，我们更关注未来亏损的可能性。方差和标准差反映了过去的波动性。单纯地认为未来会像过去一样，只是一种信仰之跃；你需要验证一下，看看这样的想法是否合理。务必关注同一家公司的标准差是如何随时间变化的。通常，两年前计算出的波动率指标将该公司归入低风险类别，但根据上月数据计算的波动率指标将其归入高风险类别（反之亦然）。也就是说，标准差会根据数据是每日、周度、月度、季度还是年度而变化。

---

① 假设回报观测值呈"正态分布"（钟形曲线）。显然，股价极度活跃和稳定公司的回报率绝对不是标准的正态分布。

相关性

相关性衡量的是两种资产的收益率之间波动性的相关密切程度。相关性数值范围从-1到+1。完全正相关（+1）意味着这两种资产彼此同步变化。因此，如果随着时间的推移，乐购的股价持续上涨或下跌某个百分比，而塞恩斯伯里超市的股价也上升或下降相同的百分比，那么乐购和塞恩斯伯里超市将具有完全的正相关性。完全相关股票的投资组合并没有降低波动性，只是平均了波动幅度。

相关系数为-1是完全负相关。譬如我们的雨伞公司和冰淇淋公司就是情况完全相反。如果它们大部分时间都朝相反的方向移动，但并不完全相反，假定相关系数是-0.5。没有任何相关变动的资产（如果一个资产上涨，另一个可能上涨或下跌）的相关性为0。

分散投资对于负相关的股票是最有效的。你可能已经注意到，当伦敦股市上涨时，美国和欧洲股市也（通常）上涨。通过计算主要市场之间的相关性可以证实这种想法，这些相关性一般约为0.6~0.9。

贝塔系数和阿尔法系数

贝塔系数衡量的是，历史上当市场整体上涨或下跌时，某股票也上涨或下跌的程度，它是指股票对市场走势的敏感性。贝塔系数为1表明，过去股市上涨10%时，该股一般（平均）会上涨10%。贝塔系数为2表明股票过去对市场走势高度敏感。如果市场上涨10%，这部分股票往往会上涨20%。如果情况良好，这也不错——你的表现优于市场。另一方面，如果市场下跌10%，你的股票就会下跌20%，从而放大市场走势。从历史上看，贝塔系数低于1的股票比整体市场更稳定。故而，贝塔系数为0.5的股票在市场下跌10%时，一般只会下跌5%。

在面向未来的投资决策中，依赖贝塔系数的危险在于，投资者会假设它与整体市场的关系将持续下去，而通常并非如此。[1]

---

[1] 关于依赖贝塔系数作为风险度量的深层讨论，请参阅我与刘易斯合著的《企业财务管理》(Pearson, 2019) 第6版的第8章。

阿尔法系数是基于贝塔系数衡量股票表现是大于或小于市场整体水平的指标。它是股票回报的一部分，无法用于整体市场相关性解释。

夏普比率

投资者不能简单地看业绩数据，然后判断一个投资组合或一个基金经理是否比另一个做得更好。他们需要考虑每个投资组合所面临的风险水平。例如，假设基金经理 X 实现了 10% 的回报率，而基金经理 Y 实现了 11% 的回报率。我们不能直观地认为基金经理 Y 表现最佳。也许真实情况是基金经理 Y 让投资者的钱面临的风险更高，只是碰巧今年得到了回报，但未来几年可能不会再这么幸运。

夏普比率（也称为"收益波动比率"）是根据风险判断收益的指标，其计算过程为该投资组合的预期报酬率减去无风险资产（例如通过购买英国国债向英国政府放贷）利率，再除以该组合的标准差。因此，如果目前无风险回报率是 4%，基金经理 X 的基金标准差为 5%，而基金经理 Y 的基金是 9%，通过计算我们可以发现基金经理 X 综合考虑风险后其表现更好。

基金经理 X：(10−4)/5＝1.2
基金经理 Y：(10−4)/9＝0.78

特雷诺比率

特雷诺比率（也称为"收益与波动性比率"）是根据贝塔系数来衡量业绩，而不是像夏普比率那样根据标准差来衡量业绩。特雷诺比率是收益率减去无风险收益率除以贝塔系数。特雷诺比率越高，表明相对于所承担的风险，该投资组合或基金的表现越好（这里假设风险可以被视为贝塔系数——但大多数金融学者甚至更多的从业人员都怀疑贝塔系数是不是一个衡量风险的好指标）。

其他风险类型

以下是其他类型的风险：

流动性风险 流动性是指一项资产在不造成价值损失的情况下能够迅速、容易地出售的程度。房地产资产的流动性相对较差，因为它们可能需要数周才

第 20 章 衡量绩效：指标与风险

能售出。如果需要快速销售，通常需要降价。股票通常比房地产更具流动性，但要想在不影响股价的情况下迅速卖出股票仍然很难。如果其他投资者和做市商看到你持有很多不常交易的股票，他们很可能会降低价格。较小公司的股票往往流动性最差。有一些中等规模的公司，其大部分股份由一个家庭或几个亲密的伙伴持有。这样的交易可能很少且缺乏流动性。一些股票市场上市公司每月只有一笔交易。

事件风险 "9·11"事件、伊拉克战争和 2008 年金融危机对航空公司产生了深远影响。事件风险是指由于不可预见的事件而遭受损失的风险。它可能没有战争那么具有戏剧性，但更具体地针对一家公司，比如合并、重大合同的损失或波音 737 Max 的坠毁。

政治风险 政府或政策的变化可能会影响投资者。这种情况在发展中国家更为常见，在这些国家，没收或强制国有化可能会剥夺海外持有股份的所有价值。2012 年，阿根廷政府干脆从西班牙雷普索尔公司手中收购了一家石油公司。唐纳德·特朗普对华政策影响了包括华为在内的许多公司，甚至股息限制也会产生影响。请注意，从事海外活动的英国上市公司的投资者可能会受到其他国家政治事件的影响。

汇率风险 即使股票价值（以海外货币计价时）保持不变，也有可能因为外汇汇率而在海外投资中亏损。然而，如果你是国际分散投资，尚可保持有得有失的心态。

市场风险 你的投资可能会受到整个股市普遍下跌的影响。股票不应被视为短期投资，因为市场的意外下跌经常发生——你需要留出时间让股票拥有良好表现。

经理人风险 大多数基金经理（ISA、单位信托、OEIC、投资信托、养老金等）并不总是优于市场指数平均水平。考虑到这一事实，如果你想节省主动型基金经理的高额费用，要么自己管理投资，要么选择低收费的跟踪型指数基金或交易所交易基金。

通胀风险 如果选择"安全"投资，如建房互助协会账户或政府债券，你可能会遭受通胀风险。也就是说，在通胀率为 2% 时看似合理的回报率，当通胀率升至 10% 后将失去购买力。20 世纪 70 年代政府债券投资者损失惨重，当时通胀率大幅上升至 20%，而固定收益率为 5%。2019 年，债券投资者接受每年0.7%左右的固定利率，同意在10年或更长时间内贷款给英国政府。在我看来，他们是孤注一掷，打赌通胀率会保持在较低水平。应对通胀风险的更安全的方法是以相对于长期前景而言合理的价格购买股票。在金融史上，债券有时是风险较高的投资。这一点，与传统思维相反。

优秀投资者对风险的看法

优秀的投资者认为衡量风险的最佳标准是什么？或许令人惊讶的是，他们没有使用市场上那些聪明的年轻毕业生经常谈论的基于数学的衡量方法。那么难道他们只是对风险抱着简单朴素观点的老古董，无法应对近来创建的宏伟数学模型吗？也许是这样。

或者，他们是否通过关注那些不可能精确测量却更重要的因素来达到更深远的目的？就我个人而言，近似的正确好过精确的错误，因此我坚持对风险进行主观衡量。除此之外，优秀投资者关注的是长期的损失，而不是数天或数周的损失。顾名思义，投资者应该立足长远。

沃伦·巴菲特

我们认为投资人应该真正评估的风险是他们从一项投资在其预计持有的期间内所收到的税后收入加总（也包含出售股份所得），是否能够让他保有原来投资时拥有的购买力，再加上合理的利率，虽然这样的风险无法做到像工程般的精确，但它至少可以做到足以做出有效判断的程度，在做评估时主要的因素有下列几点：

（1）这家公司长期竞争能力可以衡量的程度；

（2）这家公司管理层发挥公司潜能以及有效运用现金可以衡量的程度；

（3）这家公司管理层将企业获得的利益确实回报给股东而非中饱私囊可以衡量的程度；

（4）买进这家公司的价格；

（5）投资人的净购买力所得，须考虑税负与通货膨胀等因素必须从投资收益总额中扣除的部分。

这些因素对于许多分析师来说，可能是丈二金刚摸不着头脑，因为他们根本无法从现有的数据库中找到这些信息，但是取得这些精确数字的难度高并不代表他们就不重要或是无法克服。

第 20 章 衡量绩效：指标与风险

就长期而言，可口可乐与吉列所面临的产业风险，要比任何计算机公司或是通路商小得多，可口可乐占全世界饮料销售量的44%，吉列则拥有60%的刮胡刀市场占有率（以销售额计），除了称霸口香糖的箭牌公司之外，我看不出还有哪家公司可以像它们一样长期以来享有傲视全球的竞争力。

……品牌的力量、产品的特质与配销通路的优势，使得他们拥有超强的竞争力，就像是树立起高耸的护城河来保卫其经济城堡，相对的，一般公司却要每天耗尽心思去打没有意义的游击战。

可口可乐与吉列的竞争力在一般产业观察家眼中实在是显而易见的，然而其股票的贝塔系数却与一般平庸、完全没有竞争优势的公司相似，难道只因为这样我们就该认为在衡量公司所面临的产业风险时，完全不须考虑它们所享有的竞争优势吗？或者就可以说持有一家公司部分所有权——也就是股票的风险，与公司长期所面临的营运风险一点关系都没有？我们认为这些说法，包含衡量投资风险的贝塔系数在内，一点道理都没有。

沃伦·巴菲特（1993）
伯克希尔-哈撒韦公司1993年致股东的信
经沃伦·巴菲特的同意转载。© Warren Baffett

本杰明·格雷厄姆

由于术语"风险"和"安全性"以两种不同的意义用于证券，结果导致了思想混乱。

一个债券，当它不能偿还利息或本金时，可以清楚地证明是不安全的。同样，如果一个优先股或者一个普通股是带着能连续支付红利的期望而被购买的，那么，红利的减少或不支付则意味它是不安全的。当价格低于成本时，如果存在持有者不得不在这时卖出的可能性，那么投资包含着风险也就是真的。

然而，风险的思想经常被扩充到用于一个证券价格的可能下跌，甚至这个下跌可能是周期性的或暂时的，并且持有者也没有被强迫在这时出售……但我相信，这里所含的东西并不是真正的风险。那些持有建筑物抵押的人，如果他被迫在不适宜的时间出售，那么将可能不得不承受巨大的

> 损失。在判断普通不动产抵押的安全性和风险时，并没有考虑到那个因素，唯一的标准是按期付款的可靠性。同理，与普通商业业务相联系的风险是用它损失钱的可能性来衡量，而不是用如果拥有者被迫出售时将会发生什么来衡量……
>
> ……真正的投资者不会仅仅因为他所持有的证券的市场价格下跌而遭受损失，因而下跌的可能发生并不意味着他正承受损失的真正风险。如果一组经过认真选择的普通股投资，通过几年的衡量，表明有一个令人满意的总回报，那么这组投资证明是"安全"的。在投资期间，市场价值注定要波动，并且很可能在这个购买者的成本之下出售一段时间。如果这个事实使得投资"有风险"，那么它将不得不在同时被称为有风险的和安全的。如果我们将风险的概念仅用于价值的损失，这个损失或者是通过实际出售所造成，或者由公司地位的急剧恶化而引起，或者是与证券内在价值相关联的过分的价格支付的结果，那么这个困惑就可避免。
>
> 本杰明·格雷厄姆，*The Intelligent Investor：The Definitive Book on Value Investing-A Book of Practical Counsel*（HarperBusiness，2006）

○ 参考网站和延伸阅读

大多数免费的金融网站提供股票的波动性指标。以下网站是关于集合基金的风险信息：

www.market.ft.com/data/funds/uk

www.morningstar.co.uk

www.standardandpoors.com/en_EU/web/guest/entity-browse

富时罗素指数网站（www.ftserussell.com）可以下载很多非常有用的信息，就像上面列出的许多网站一样。

投资组合理论、贝塔系数、阿尔法系数和有效市场假说在我与刘易斯合著的《企业财务管理》（第6版）（Pearson，2019）中有详细解释。

第 21 章

投资俱乐部

投资充满乐趣,你可以通过寻找不被多数投资者认可的廉价股票,购买并简单持有它们,并随之乘风破浪,这是多么令人振奋的过程。甚至有些人对投资极为热衷,以至于成为一种爱好和积累资本的方式。如果能与同道中人一同穿越股市的起起伏伏,无论投资成功抑或是失败,这都是一个让人激动的经历。

投资俱乐部由这样一群人组成,他们每人每月缴纳几英镑(通常是 25～40 英镑),然后把所有钱汇集起来以俱乐部的名义购买股票。英国有数以千计的投资俱乐部,其会员超过 10 万人。

俱乐部的社交属性非常重要——俱乐部大多数成员原本是朋友或同事,大约一半的俱乐部聚会在酒吧里进行。除了例行会议之外,通常会有许多轻松的玩乐和频繁的社交活动,比如年度晚宴,甚至俱乐部成员会一起出国旅行。

如果你对个人投资的前景感到恐惧,投资俱乐部是一个很好的开始。你可以从别人身上学到很多东西,也可以在不用拿出毕生积蓄打赌的情况下,享受市场中的惊险刺激。即使是经验丰富的投资者,也很看重俱乐部,因为它能帮助投资者与志趣相投的人交往,并有机会互相分享技巧和想法。许多会员除了每月向俱乐部缴纳会费外,还建立了自己的个人投资组合,以便更多地接触他们认为被低估的股票。

俱乐部成员通常在各自的工作生活中积累了多年的特定行业经验,因此在俱乐部的会议上可能会产生各类独特的见解。一些俱乐部鼓励成员考察不同的公司或行业,以使他们获得深入的知识,而不是试图成为博而不精的万事通。

◦ 如何成立俱乐部

投资俱乐部通常从两三个朋友定期见面讨论投资开始。而这些人每个人又可能认识两三个愿意加入的人，很快俱乐部的人数就会到 10～20 人。但是，大多数俱乐部的成员不超过 20 人（平均 11 人）。因为人数太多时，俱乐部的良好气氛可能会被破坏掉，俱乐部会议也会因此尾大不掉。

在俱乐部第一次会议上，成员需要就见面的频率和地点达成一致（会员的家和酒吧是最受欢迎的选择）。同时，还必须就招募额外会员的规则达成一致——俱乐部内部必须保持信任和某种融洽的关系，因此在发出邀请时需要谨慎。每月的会员费也需要达成一致意见，最低可以是 10 英镑。此外，俱乐部会员通常一次性支付会费，以便在俱乐部成立之初可以立即进行数百或数千英镑的投资，而不必等到每月上交会员费时。

俱乐部需要任命三名俱乐部官员：一名主席主持会议，一名名誉秘书负责记录会议进程和记录会议纪要，以及一名名誉司库负责收取每月会费（通常发定期支付指示）并向经纪人付款。这些官员每月的工作时间不应超过一小时。他们在俱乐部成立大会或随后的会员大会上，通过多人投票选出。等到任期满后，他们通过年度股东大会辞职，但也有权再次竞选连任。此外，俱乐部可根据需要设立其他行政职位。

成员们需要决定俱乐部的名称，并讨论一般的投资理念和界限（长期或短期交易重点，是投资海外股票还是交易期权）。

另外，需要起草一本规则手册或章程来处理实际问题。会员离开时怎么处理？会员离开应提前多长时间通知俱乐部？如何计算会员离开时应付的款项？修改章程有什么规定？达成投资决策的投票率需要多大比例？推选新成员的标准是什么？

《ProShare 投资俱乐部手册》里包含一份章程草案，任何人可以直接采纳或经修改后使用。

单位估值系统

重要的是，每个成员都应该清楚如何计算其在俱乐部拥有份额的价值。ProShare，英国投资俱乐部的主要支持机构，它建议俱乐部采用单位估值制度。俱乐部成立后，会员每交1英镑，就拥有一单位。此后，计算单位的价值时，可将俱乐部的净资产除以单位数量。每月基金都需要重新估价以产生新的单位价值。然后根据它的值计算出每月会员费可以购买的单位数。

这个系统允许加入新成员，如果现有成员希望购买额外单位，这一系统也可以实现这一点。此外，会员也可出售部分所持单位。假设几年后某个会员可能在俱乐部持有大约2万英镑，并希望将其中的一部分兑换成现金。[①] ProShare可提供相应的计算机程序来辅助操作单位系统。交易时间网站（www.timetotrade.eu）提供更详细的单位估值系统和投资俱乐部的其他方法。

银行账户

大型银行可以为俱乐部提供特殊账户（"俱乐部和社团"或"司库"），通常需要两人签字。有些账户支付利息，有些提供支票服务。

经纪人

许多股票经纪人热衷于帮助投资俱乐部，收费标准与个人相同。出于交易的便捷与效率，俱乐部通常会选择股票经纪代理账户（见第4章）。俱乐部通常选择一种"仅限执行"的服务，这种服务较便宜，同时允许俱乐部成员做出

[①] 单位估值系统的一个缺点是，几年后，成员会有一大笔利息，比如每人25 000英镑。如果一个成员离开，这可能会破坏俱乐部的资金平衡，因为新成员可能只投入1 000英镑左右。这可能会导致那些利益攸关者主导舆论，并制造紧张局势。对此，其中一个已经尝试过的替代方案，即让新成员与老成员的股份相匹配。另一个方案，要求成员离开时，交纳1 000~2 000英镑，从而降低俱乐部成员的整体风险，这也助于保持彼此之间的友谊、平等，让俱乐部依然充满乐趣。

投资决定（确保投资人不会失去股东权利，比如接收公司的信息和报告，投票和参加股东会议）。经纪人通常要求查看投资俱乐部的章程副本，以防俱乐部出现内部分歧。俱乐部需要指定两名会员代表本会行事，所有文件均须由这两人签署。网站 www.proshareclubs.co.uk 列出 ProShare 认证的专门为投资俱乐部提供服务的股票经纪人。

税收

通过俱乐部投资没有特殊的税收优惠。每个成员都要单独纳税，每个人都有义务为其股息份额缴纳所得税，为股价的上涨（当股价上涨时）缴纳资本利得税。司库或秘书将向每名会员提供该年度的利润或亏损及股息的详情。由会员在个人纳税申报单上申报俱乐部的利润或亏损额。当地税务海关总署希望收到俱乐部存在的相关通知，并每年获取俱乐部的收益税费。

www.proshareclubs.co.uk——ProShare 投资俱乐部网址。

www.timetotrade.eu 网站上有关于单位估价系统的详细介绍。

T. Bond, *The Company of Successful Investors* (Financial Times Prentice Hall, 2001).

Authorizedtranslation from the English language edition, entitled The Financial Times Guide to Investing: The Definitive Companion to Investment and the Financial Markets, 4e, 9781292214078 by Glen Arnold, Copyright © Glen Arnold 2004, 2010 (print) © Glen Arnold 2014, 2020 (print and electronic). This translation of FT Guide to Investing is published by arrangement with Pearson Education Limited.

All rights reserved. No part of this book may be reproduced or transmitted in any form or by any means, electronic or mechanical, including photocopying, recording or by any information storage retrieval system, without permission from Pearson Education.

CHINESE SIMPLIFIED language edition published by CHINA RENMIN UNIVERSITY PRESS CO., LTD., Copyright © 2022.

本书中文简体字版由培生教育出版公司授权中国人民大学出版社出版，未经出版者书面许可，不得以任何形式复制或抄袭本书的任何部分。

本书封面贴有Pearson Education（培生教育出版集团）激光防伪标签。无标签者不得销售。

图书在版编目（CIP）数据

阿诺德投资学：第4版/（英）格伦·阿诺德著；
卢斌，张小敏译. -- 北京：中国人民大学出版社，
2022.2
　ISBN 978-7-300-29942-6

　Ⅰ.①阿… Ⅱ.①格… ②卢… ③张… Ⅲ.①投资经
济学 Ⅳ.①F830.59

中国版本图书馆CIP数据核字（2021）第195180号

阿诺德投资学（第4版）
[英] 格伦·阿诺德　著
卢　斌　张小敏　译
Anuode Touzixue

出版发行	中国人民大学出版社	
社　　址	北京中关村大街31号	邮政编码　100080
电　　话	010-62511242（总编室）	010-62511770（质管部）
	010-82501766（邮购部）	010-62514148（门市部）
	010-62515195（发行公司）	010-62515275（盗版举报）
网　　址	http://www.crup.com.cn	
经　　销	新华书店	
印　　刷	北京宏伟双华印刷有限公司	
规　　格	170 mm×230 mm　16开本	版　次　2022年2月第1版
印　　张	28 插页1	印　次　2022年2月第1次印刷
字　　数	447 000	定　价　98.00元

版权所有　侵权必究　　印装差错　负责调换